Karl Bartsch

Der Nibelungen

Nôt mit den Abweichungen von der Nibelungen Liet

Karl Bartsch

Der Nibelungen
Nôt mit den Abweichungen von der Nibelungen Liet

ISBN/EAN: 9783743653955

Hergestellt in Europa, USA, Kanada, Australien, Japan

Cover: Foto ©Andreas Hilbeck / pixelio.de

Weitere Bücher finden Sie auf **www.hansebooks.com**

Einleitung.

Nachdem ich in meinen „Untersuchungen über das Nibelungen-
lied" (1865) die Entstehung der auf uns gekommenen Texte und
ihr Verhältniss zueinander dargelegt, und in der Ausgabe, welche
als dritter Band der von Franz Pfeiffer begründeten Sammlung
„Deutsche Classiker des Mittelalters" erschien (1866, 2. Aufl. 1869),
die dem verlorenen Original am treuesten sich anschliessende Bear-
beitung kritisch bereinigt, trete ich mit der vorliegenden grössern
Ausgabe hervor, welche den Abschluss meiner Forschungen über
das Nibelungenlied bildet. Sie enthält im ersten Theile den Text
beider Bearbeitungen, während der zweite den vollständigen
kritischen Apparat und ein den Wortvorrath erschöpfendes Wör-
terbuch bietet. In ihr wird, so hoffe ich, noch klarer als durch
die Beweisführung in den „Untersuchungen" werden, wie die bei-
den Bearbeitungen zueinander und zu ihrer gemeinsamen Quelle
sich verhalten.

Die Einrichtung ist die, dass die Bearbeitung, auf welche auch
meine Ausgabe in den „Classikern" fusst, zu Grunde gelegt ist; am
untern Rande sind in kleinerm Drucke sämmtliche Abweichungen der
andern Bearbeitung verzeichnet. Unter dieser, durch einen Strich
abgesondert, steht, so weit sie erkennbar ist, die Lesart des bei-
den vorgelegenen Originals. Es versteht sich von selbst und ist
schon in den „Untersuchungen" betont worden, dass nicht alle in
die letzte Kategorie fallenden Lesarten als sicher gelten dürfen.
Eine ziemliche Anzahl von ihnen ist unzweifelhaft, nämlich die-
jenigen, in welchen der metrische Gebrauch der Bearbeiter von
dem des Originals abwich oder ihnen nicht geläufige Sprachformen
von beiden, aber auf verschiedene Weise, beseitigt wurden. Da-
gegen ist in den Fällen über eine wenn auch glaubhafte Conjectur
häufig nicht hinauszukommen, in welchen die Assonanzen der

gemeinsamen Vorlage von den nach Reinheit der Reime streben-
den Umarbeitern entfernt wurden, weil hier fast immer der Mög-
lichkeiten mehrere, oft viele sind. Der möglichst nahe Anschluss
an die Ausdrucksweise der Ueberlieferung musste hier zunächst
massgebend sein. Ich habe an vielen Stellen auf die betreffende
Seitenzahl der „Untersuchungen" verwiesen, weil dort aus den Dich-
tungen des 12. Jahrhunderts Analogien beigebracht sind.

Das Nibelungenlied ist uns in folgenden Handschriften und Hand-
schriftenbruchstücken erhalten, unter denen, soviel wir wissen, nur
eine ist, die nicht auch die Fortsetzung des Liedes, die Klage, umfasst.
A. Die Münchener Handschrift Cod. germ. 34, Pergament,
119 S. in Quart, nach Schmeller vom Jahre 1280 („Die deutschen
Handschriften der Hof- und Staatsbibliothek zu München", I, 4),
jedenfalls aus der zweiten Hälfte des 13. Jahrhunderts, ehemals in
Hohenems, seit 1810 in München, enthält S. 1—94 vorwärts das
Nibelungenlied, S. 94 rückwärts—116 vorwärts die Klage. Sie ist
von zwei wenig zierlichen und sorgfältigen Händen geschrieben,
deren zweite 1721, 3 beginnt. Ich habe sie im Herbste 1868 an
Ort und Stelle mit Lachmanns Ausgabe, welche wesentlich auf A
fusst, genau verglichen.
B. Die Handschrift 857 der Stiftsbibliothek zu St.-Gallen,
Pergament, Folio, Mitte des 13. Jahrhunderts, enthält auf S. 291 bis
415 (nach jetziger Bezifferung) das Nibelungenlied, auf S. 416 bis
451 die Klage. Ehemals gehörte sie dem schweizerischen Ge-
schichtschreiber Aegidius Tschudi, noch früher den Grafen von
Werdenberg nicht weit von Hohenems, seit 1773 der Stiftsbiblio-
thek. Eine Hand schrieb bis Nib. 21, 1 *geheizen*, die zweite, sehr
sorgfältige, die auch den Parzival derselben Handschrift schrieb,
bis 392, 4, das übrige die dritte, die an Sorgfalt viel zu wünschen
übrig lässt. Durch Vermittelung des Germanischen Museums er-
hielt ich sie im Herbst 1864 nach Nürnberg gesendet und habe
sie in Musse, das Nibelungenlied mit Hagens grosser Ausgabe von
1820, die Klage mit Lachmanns Texte vergleichen können.
C. Die Lassbergische Handschrift, ehemals in Hohenems, seit
Lassbergs Tode in der fürstlich Fürstenbergischen Bibliothek zu
Donaueschingen (Barack, Die Handschriften der fürstlich Fürsten-
bergischen Hofbibliothek, S. 39—41), Pergament, Klein-Quart,

ursprünglich 120, jetzt nur 114 Blätter, Anfang des 13. Jahrhunderts; enthält auf Bl. 1—89 das Nibelungenlied, Bl. 89—114 die Klage. Es fehlen sechs Blätter, 57, 59—62 und 64, d. h. das erste, dritte und vierte Doppelblatt einer Lage von acht Blättern, mit Str. 1450, 3 nach dem Worte *siben* bis 1470, 13, wo der Text mit *wir mugen* wieder anhebt; 1496, 2 von *gere* bis 1591, 3 *ich;* 1617, 1 *wart* bis 1642, 3, wo der Text mit *man* wieder eintritt. Von dieser schön und sorgfältig geschriebenen Handschrift hat Lassberg im vierten Bande seines „Liedersaals" (1821) einen genauen Abdruck veranstaltet, zu welchem ich das, was Holtzmann als Resultat seiner Nachvergleichung in seiner Ausgabe (1857) mittheilt, hinzugezogen habe. Zur Geschichte der Handschrift vergleiche Barack in Pfeiffers Germania, X, 505—507.

D. Die Münchener Handschrift Cod. germ. 31, Pergament, 168 Blätter in Quart, 13.—14. Jahrhundert („Die deutschen Handschriften zu München", I, 4) enthält auf Bl 1—143 mit der Ueberschrift *Daz ist das Buch Chreimhilden* das Nibelungenlied, auf Bl. 144—168 die Klage, welche aber mit Z. 3140 der von mir vorbereiteten Ausgabe auf der nicht ganz ausgeschriebenen vierten Spalte von Bl. 168 abbricht. Es ist dies die ehemals auf dem Schlosse Prunn an der Altmühl befindliche, daselbst von Wiguleis Hund 1575 entdeckte und der herzoglich bairischen Bibliothek übergebene Handschrift; vgl. Zarncke in Pfeiffers Germania, I, 202 fg. Auch D habe ich im Herbste 1868 neu verglichen.

E. Zwei Blätter in Klein-Quart, Pergament, 13. Jahrhundert, enthaltend 251, 3—297, 4, abgedruckt in Leichtlens Forschungen, Bd. I, Heft 2, S. 17—32, mit dem Abdruck verglichen von A. Holtzmann (s. dessen Ausgabe von 1857, S. vi). Ehemals dem Ritter Zorn von Plobsheim gehörig, jetzt im Besitze des Freiherrn Karl von Röder in Offenburg.

F. Ein Pergamentblatt in Quart, auf der Batthyany'schen Bibliothek zu Karlsburg in Siebenbürgen, enthaltend Str. 1967 bis 1977, 2 *erlieten*, abgedruckt zuerst in von der Hagens Ausgabe von 1820 als Nachtrag, aber nur in wenigen Exemplaren derselben befindlich, daher wiederholt in von der Hagens Germania, I, 337 bis 338.

G. Ein zerrissenes Pergamentdoppelblatt in Quart, aus dem Archive zu Beromünster im Kanton Luzern, in Lassbergs Besitze und daraus

jetzt in der Bibliothek zu Donaueschingen (Barack, S. 41), enthält
nur Bruchstücke der Klage: Z. 1773—1791, 1807—1820, 1841 bis
1655, 1875—1894, 2723—2742, 2757—2776, 2791—2812, 2826 bis
2845 Lassberg; da jedoch keine Handschrift der Klage ohne das
Nibelungenlied existiert, so wird sie auch dieses enthalten haben.

II. Zwei Pergamentdoppelblätter in Gross-Quart, von Docen
wahrscheinlich auf der Münchener Bibliothek entdeckt, aber seit-
dem nicht wieder aufgefunden, enthalten Str. 1290, 3 *geschieden*
bis 1343, 2 *chom er* und Str. 1560, 2 *des wart* — 1609, 4 *bechant*,
und sind durch von der Hagen in seiner Germania, I, 322—337
herausgegeben.

I. Die Berliner Pergamenthandschrift, 68 Blätter in Klein-
Folio, 14. Jahrhundert, aus Tirol stammend, wo sie im Jahre 1797
im Besitze eines Grafen Mohr war, und von Beda auf Schloss
Montani im Vintschgau entdeckt (vgl. Pfeiffers Germania, IX, 381).
Ausgelassen sind die Strophen 7—12 und 1516—1627.

K. Zwei Pergamentblätter in Folio, 13.—14. Jahrhundert,
von Ernst Dronke in Koblenz gefunden, jetzt auf der königlichen
Bibliothek in Berlin, enthalten Str. 1774, 3 — 1836, 1 und 2317,
3 *gewinnen* bis 2376, 4; die dritte Spalte der Vorderseite und die
erste der Rückseite beider Blätter sind zum grössten Theile weg-
geschnitten; dadurch fehlen die Strophen 1794, 2 — 1815, 2 und
2337, 1—2357, 4 bis auf wenige Silben in jeder Zeile. Die Blätter
sind mit Ergänzung des Fehlenden aus I in von der Hagens Ger-
mania, III, 1—17 abgedruckt und dieser Abdruck von mir mit dem
Originale verglichen worden.

L. Zwei Pergamentblätter in Klein-Quart und eine Anzahl
Pergamentstreifen, 14. Jahrhundert, von Görres gefunden, jetzt auf
der Berliner Bibliothek, in mitteldeutschem Dialekte von zwei
Händen geschrieben, enthalten Folgendes: die beiden Blätter Str.
1565, 4 *Do gie ime hin in gegē vi* (das übrige der Zeile fehlt) bis
1592, 1; ausser einzelnen Silben fehlen durch Wegschneiden
Str. 1572, 2 *daz* — 3 *knehte*. Sie sind abgedruckt durch W.
Grimm in den Altdeutschen Wäldern, III, 241—246. Die Perga-
mentstreifen, 20 an der Zahl, enthalten 906, 3 — 909, 2; 913, 2
bis 915, 4 und die Ueberschrift der XVI. Aventiure; 946, 4 — 949,
3 *entrinnen;* 953, 3 — 956, 2; 1000, 4; 1001, 1. 4 bis *waz sie*, und
den Anfang der Ueberschrift von Aventiure XVII; 1002, 3. 4; 1007 bis

1009 immer Z. 2. 3; 1014, 1. 2; 1015, 1. 2; 1016. 1020, 4; 1021, 1, 4; 1022, 1. 4; 1023, 1—3; 1027, 3. 4; 1028, 3. 4; 1034, 2. 3; 1035, 2. 3; 1041, 1. 2; 1042, 1. 2 (von beiden Zeilen nur wenige Worte) 1047, 4. 1048, 1. 4 (4 nur wenige Worte). 1049, 1 (nur einige Silben). 1054, 3. 4. 1055, 3. 4. 1056, 3—1057, 2. 1061, 2. 3. 1062, 2. 3. 1063, 2—1064, 1. 1068, 1. 2 (nur je eine Silbe). 1069, 1. 2. 1070, 1. 2. 1075, 3. 4. 1076, 3. 4. Sie sind vollständig abgedruckt durch Lachmann in der Zeitschrift für deutsches Alterthum, I, 111 bis 116, die zuerst aufgefundenen sechs ausserdem in den Altdeutschen Wäldern, III, 247—249.

M. Ein Pergamentblatt in Folio, 13. Jahrhundert, dem Museum Francisco-Carolinum zu Linz gehörig, enthaltend Str. 1389 bis 1424, ist abgedruckt durch von der Hagen in seiner Germania, V, 1—11. Der Anfang einer neuen Aventiure bei Str. 1422 ist nicht bezeichnet.

N. Ein Blatt und zwei Falze einer Pergamenthandschrift in Folio, aus dem 14. Jahrhundert, auf der Universitätsbibliothek zu Würzburg, und ein ganzes Doppelblatt sowie zwei in Falze zerschnittene Doppelblätter derselben Handschrift, ehemals dem Freiherrn von Aufsess, jetzt dem Germanischen Museum in Nürnberg gehörig (Nr. 2841ᵃ und 4365). Die Zusammengehörigkeit der in mitteldeutscher Mundart geschriebenen Bruchstücke zu derselben Handschrift ist von mir in Pfeiffers Germania, XIII, 195 — 196 nachgewiesen. Sie bildeten die Bl. 37, 41, 48, 53, 56, 66 und 67 der Handschrift. Das Würzburger Blatt umfasst Str. 1602—1645, 2 *mit* und ist zuerst von Fr. Roth in von der Hagens Germania, V, 210—214, dann durch Reuss im Serapeum, 1852, S. 12—16 und durch K. Roth in seinen Kleinen Beiträgen, Bd. IV, Heft 16, 17, S. 65 fg. abgedruckt. Die Falze enthalten Str. 1443, 1—3. 1475, 2—4; 1891, 4 *si wolden* — 1892, 2; 1901, 1 *edel* — 4 *ungerochē;* 1912, 1 *haben* — 4 *wie.* 1921, 3. 4, und sind ausser bei Roth in Hagens Germania, VII, 116—118 herausgegeben. Die Nürnberger Bruchstücke, die von einer Incunabel von Conr. Fyner zu Esslingen (vor 1470) abgelöst wurden, hat Frommann im Anzeiger für Kunde der deutschen Vorzeit, 1853, Sp. 10 — 12 besprochen und von der Hagen in den Monatsberichten der Berliner Akademie 1853, S. 402 fg. abdrucken lassen; ich habe diesen Abdruck mit dem Original verglichen und daraus ergänzt. Sie enthalten Str. 1437,

3 — 1480, 1 *wir suln daz;* 1886, 4 *ob si* — 1926, 2 *flehen;* 2085,
1 *binam* — 2125, 2 *daz noch.* 2205, 2 *geben* — 2244, 4. Beide
Doppelblätter sind in Falze geschnitten, von denen einige fehlen
und nur zum Theil durch die Würzburger Falze ergänzt werden:
es fehlen daher 1446, 3 *che* — 4; 1454, 1 schliesst mit *swe* und
fehlt bis 4 bis auf *den baz;* 1458, 3. 4, doch sind von *nch selben
widerseit* die untern Spitzen der Buchstaben noch vorhanden.
1465, 1 *degen* — 3 *wand ir:* von *habt* sind noch die untern Spitzen
da; 1468, 2 *künce* — 4 *kintliche,* doch von *künic deheiner ob des*
noch die obern Spitzen; 1475, 2 *rin* — 4 *gun;* 1478, 3. 4, doch
die obern Spitzen von *oder waz* bis *des* sind erkennbar, ebenso
die untern von *niemen niwan frumcheit ichen;* 1895, 1. 2; 1905, 2
cheinen haz — 4, doch sind von *leide* bis *nicht* die untern Spitzen
der Buchstaben sichtbar; 1915, 2 *wol* — 4 *wol ge;* 1924, 3 *vlôs* —
4. 2086, 2 — 4 *nimmer;* 2096, 3 *uns tzu* — 4 (von *lichen tut* in
Z. 2 sind die obern Spitzen erhalten); 2106, 2 *von* — 4 *dehe;*
2116, 1—3, wovon nur übrig *schenket bezzer win;* 2206, 2 *mer* —
4 *der;* 2216, 1 *an* — 4 *maze,* doch sind von *spruch* und *graven ir
welt* die obern Spitzen erkennbar; 2226, 1 *daz* — 4 *wen;* 2235, 4
mere — 2236, 1 *her.* Durch die Würzburger Falze ergänzt werden
1892, 1. 2; 1902, 2—4; 1912, 2—4; 1921, 3. 4. Die beiden unzer-
schnittenen Blätter, die innern einer Lage, gehören der Klage an
(Z. 1075—1482) und sind ebenfalls durch von der Hagen heraus-
gegeben.

O. Ein Stück eines Pergamentdoppelblattes in Gross-Folio,
dreispaltig, im 13. Jahrhundert geschrieben, die innern Blätter
einer Lage bildend, aus von der Hagens Nachlass in die Berliner
Bibliothek gekommen, enthaltend Str. 1112, 5 — 1119, 1 *Noch;*
1126, 2 — 1135, 1 *soll min,* aber hier von jeder Zeile nur wenige
Silben, weil die zweite Spalte, sowie die dritte ganz, weggeschnit-
ten ist; 1177, 4 *mohten sin* — 1185, 3 *chunech fun,* in demselben
Zustande wie die vorige Spalte erhalten; 1194, 2 *min* — 1202, 1
Rudeger, wo ebenfalls manches weggeschnitten ist. Von der zwei-
ten Hälfte des Doppelblatts sind nur die vorderen Silben der
ersten Spalte der Vorderseite und die letzten der dritten Spalte
der Rückseite erhalten; jene umfassen 1211, 1 *Des ant* — 1216, 3
zen u; diese 1291, 1 *riten* — 1298, 1 *Der.* Herausgegeben durch
von der Hagen mit Ergänzungen aus I in den Monatsberichten der

Berliner Akademie 1852, S. 445—458. Sehr wahrscheinlich hat Hagen gemacht, dass wir in diesem Doppelblatt ein Bruchstück des „Helldenpuchs an der Etsch" besitzen, von welchem Kaiser Maximilian I. in den ersten Jahren des 16. Jahrhunderts Abschrift machen liess.

Q. [1]) Zwei Pergamentdoppelblätter, die beiden äussern einer Lage, von einer Quarthandschrift des 14. Jahrhunderts, die Grieshaber in Rastatt gehörten, enthalten Str. 969, 4 *rat* — 992, 3 *scha*; 1035, 4 — 1057, 2 *pfaffen*. Durch Beschneiden der Blätter fallen jedoch weg 972, 2 *nege* — 3 *dem*; 974, 4 *herc* — 975, 1 *mere*; 977, 3 *ast* — 4; 980, 3 *sprang* — 981, 2 *der*; 983, 3 *oder* bis 984, 4 *des*; 986, 3 *tôt* — 987, 2 *libes*; 989, 3 *des* — 990, 1 *wirt*; ebenso auf den beiden hintern Blättern 1038, 1 — 3; 1040, 4 — 1041, 2 *grözen*; 1043, 2 *hen* — 1044, 1 *noch*; 1048, 4 *en Sifr.* bis 1049, 1 *swester*; 1051, 4 *waellichen* — 1052, 1 *münster*; 1054, 3 *messe* — 4 *dô.* Herausgegeben durch Fr. Pfeiffer in seiner Germania, 1, 207—213.

R. Ein und ein halbes Pergamentblatt in Quart, Anfang des 13. Jahrhunderts, früher dem Buchhändler Kirchhoff in Leipzig gehörend, von A. Holtzmann erworben und dem Germanischen Museum in Nürnberg geschenkt, enthält Str. 1319, 3 — 1324, 2 *von*; 1335, 4 — 1339, 4 *der sit* (von 4ᵇ noch *vil*); 1469, 1 *wer lant* — 1470, 15 (von 16 noch *alle*); 1471, 2 *dar* — 1476, 3 *helen*; 1477, 1 bis 1481, 4 *hinnen mä*; 1482, 2 *lant* — 1487, 2 *tugende.* Herausgegeben durch A. Holtzmann in Pfeiffers Germania, III, 51—56.

S. Zwei Pergamentdoppelblätter einer Quarthandschrift aus dem Anfange des 13. Jahrhunderts. Das erste, auf der Universitätsbibliothek zu Prag, Bl. 1 und 8 der ersten Lage der Handschrift, ist nur zum kleinsten Theile erhalten; auf der ersten Spalte ist nur die Ueberschrift und die Initiale *U* sowie die senkrecht untereinander stehenden Buchstaben (roth) *NSIS* (*Uns is*) übrig, auf der zweiten Str. 5, 1—4 *starchiu*; die Rückseite des Blattes ist abgeschabt und mit böhmischer Schrift überschrieben. Auf Bl. 8 sind erhalten Str. 219, 4 — 220, 3 *iache daz*; 228, 3 *vn ands* — 229, 1 *helde*; 237; 245, 2 *chunige* — 246, 2

---

[1]) P fällt weg, weil die so bezeichneten Nürnberger Bruchstücke mit N zu derselben Handschrift gehören.

ersla. Das zweite Doppelblatt, aus dem Nachlasse von Šafařik
in den Besitz des Ministerialrathes Jyreček in Wien übergegangen,
enthält Str. 914, 3 *vñ ouch* — 918, 2 *gesovmet vil;* 922, 3 *'en haz*
bis 927, 2 *vñ;* 932, 1 — 936, 4 *di siñ;* 941, 1 *doz* — 946, 1 *ouh;*
950, 1 *man* — 955, 1 *ziere;* 959, 1 *chuchte* — 964, 1 *tragen;* 968,
2 *vñ* — 973, 2 *mir;* 977, 3 *starchē* — 982, 3 *vor.* Herausgegeben
durch Pfeiffer in seiner Germania, VIII, 187—196.

T. Zwei Pergamentblätter einer Handschrift des 13. Jahrhun-
derts in Octav, im Besitz von Serrûre in Gent, Bruchstücke einer
niederländischen Uebersetzung, enthalten Str. 943, 3 — 963, 1 und
1037, 2—1057. Das erste ist abgedruckt in Mones Anzeiger, IV,
191—193, und danach wiederholt in von der Hagens Germania, I,
339 — 343; das zweite in Serrures Vaderlandsch Museum voor
nederduitsche Letterkunde, 1855, danach in Pfeiffers Germania,
I, 213—217.

a. die Papierhandschrift der fürstlich Wallersteinschen Biblio-
thek zu Mayhingen, 260 Blätter in Klein-Folio, 15. Jahrhundert,
von zwei Schreibern geschrieben, deren erster äusserst nachlässig
war, enthält auf Bl. 1—191 rückwärts das Nibelungenlied, Bl. 191
rückwärts — 260 vorwärts die Klage. Der Anfang des Liedes, Str. 1 bis
325, fehlt; dafür steht folgender prosaischer Eingang: *Da mann*
tzalt vonn ekrist gepurde Sibenn Hunndertt Jar darnach Inn dem
Victzistenn iar Da was Pipanus vonn Frannkchreich romischer
Augustus der Hueb Sich zc Ram vnd satztt Sich genn ekostann-
tinopell vonn ungehorsam der Römär vnd versuer das er nimer
mer dar chäm Auch Satztt er zce vogt ann seiner statt Her-
dietreich chunig zw gottlanntt denn Mann die tzeit nennt Herr-
dietreich vonn pernn pey denn tzeitē lebt der Weis römer Boetzius
denn Herdietreich vieng vmb das daz er die Romär vast vor Im
frist mit seiner iccishaitt vnd lay geuangē enntz ann seinenn tod
Pein Herdietrichs tzeitten dez Romischenn vogtz vergienng sich die
auennteur dez puechcs vonn denn Rekchenn vnd vonn Kreymhilldenn.
Ausgelassen sind ausserdem, ohne dass eine Lücke in der Hand-
schrift wäre, Str. 344—393, 1 und 722, 1 nach *maisten den* — 777, 4.
Einen Abdruck der die Lücken in C ergänzenden Strophen lieferte
Fr. Zarncke in den Berichten der königl. sächs. Gesellschaft der
Wissenschaften, VIII, 245—263. Ich habe eine von dem Freiherrn
von Löffelholtz zu Wallerstein in ein durchschossenes Exemplar

der Lassbergschen Ausgabe eingetragene sorgfältige Collation benutzt; das Resultat meiner an Ort und Stelle (September 1868) vorgenommenen Nachvergleichung von Nibelungen und Klage gestattete mir Herr von Löffelholtz in das Exemplar einzutragen.

b. Die ehemals Hundeshagen gehörige Papierhandschrift, jetzt im Besitze der königl. Bibliothek zu Berlin (Ms. germ. fol. 855), 192 Blätter in Folio, 15. Jahrhundert, enthält auf Blatt 3ᵃ—158ᵇ das Nibelungenlied, Bl. 159ᵃ — 188ᵇ die Klage, die aber unvollständig mit den Worten *daz getrösten chund* (Z. 3957) abbricht. Leer sind die Blätter 1, 2, 4, 183—187 und 189—192. Sie ist die einzige Bilderhandschrift des Nibelungsliedes: die Bilder, in Wasserfarben, sind roh wie in den meisten Papierhandschriften des 15. Jahrhunderts; jeder Aventiurenanfang ist durch ein Bild bezeichnet. Es fehlen Str. 1—19, d. h. die erste Aventiure, und Str. 33, 3—43, 8, d. h. bis zum Schluss der zweiten Aventiure; die Ueberschrift der dritten ist da, aber nicht das dazu gehörige Bild, welches auf dem fehlenden Blatte stand; es sind daher nur 37, nicht 39 Bilder. Eigenthümlich sind dieser Handschrift eine grössere und eine kleinere Interpolation; die grössere am Anfang der 26. Aventiure, für deren erste Strophe (1718) die Handschrift b 23 Strophen hat; die kleinere hat statt 2376, 3—2377, 2 zwölf Zeilen. Das Alter dieser Interpolationen ist wol nicht über den Ausgang des 13. Jahrhunderts herabzusetzen; vgl. Pfeiffers Germania, XIII, 197 fg.

c. Die Verse, welche Wolfgang Lazius in seiner Schrift „De gentium aliquot migrationibus" aus einer angeblich alten Pergamenthandschrift mittheilt; ist die Angabe richtig, dann hat er den Text jämmerlich entstellt. Er citiert Str. 71—74; 1875; 1876; 1921, 1. 2; 1957—1963, 1; 2135—2138, 2; 2139, 1. 2; 2169, 3—2170, 3; 2195, 3. 4; 2218, 3 — 2219, 2.

d. Die Ambraser Handschrift in Wien, Pergament, 238 Blätter in Gross-Folio, dreispaltig, vom Anfang des 16. Jahrhunderts (von Sacken, „Die k. k. Ambraser Sammlung", Wien 1855, II, 228—235) enthält auf Bl. 95—127 mit der Ueberschrift *Ditz Puech heysset Chrimhilt* das Nibelungenlied, Bl. 131 rückwärts — 139 mit der Aufschrift *Ditz puech haysset klagen* die Klage, die aber mit V. 4206 abbricht. Die Strophen 7—12 (wie in I) und 1818—1848 (XXX. Aventiure), 1921—2027 (XXXII.—XXXIV. Aventiure) fehlen; das Nibelun-

genlied schliesst mit Str. 2134 (XXXVI. Aventiure), mitten auf der
Seite, das nächste Blatt ist ausgeschnitten, dann folgen zwei leere
Blätter, und auf der Kehrseite des dritten beginnt die Klage. Für
die übersprungenen Aventiuren ist Raum gelassen. Ich habe die
Handschrift im August 1868 an Ort und Stelle verglichen. Sie
wurde auf Befehl Kaiser Maximilians I. von Johann Ried von
1504 — 1515 geschrieben (Pfeiffers Germania, IX, 381 fg.); das
Original von d ist O.

    g.[1]) Siebzehn Papierblätter in der Heidelberger Handschrift
844 (Wilcken, S. 543), 15. Jahrhundert, enthalten Str. 1248, 3 bis
1352, 2; 1559, 4 — 1611, 2; 1637, 2 — 1689, 2; 2279, 2 — 2292, 2
dic. Das erste Bruchstück ist durch von der Hagen in Büschings
Wöchentlichen Nachrichten (1817), die übrigen durch denselben in
seiner Germania, I, 180 — 194, herausgegeben. Die Bruchstücke
sind, wie Hagen richtig bemerkte, Abschrift aus L.

    h. Papierhandschrift des 15. Jahrhunderts, früher im Besitz
des Freiherrn von Meusebach, jetzt auf der königl. Bibliothek zu
Berlin, enthält auf 144 Blättern das Nibelungenlied, auf 33 Spal-
ten die Klage. Von dem ersten Blatte (Str. 1—27) ist nur ein
Stückchen übrig. Die Handschrift ist aus I abgeschrieben.

    i. Ein Papierblatt des 15. Jahrhunderts in Octav, ehemals
Hoffmann von Fallersleben gehörig, jetzt auf der Berliner Biblio-
thek, enthält Str. 224—239, 1. Abgedruckt in den Altdeutschen
Blättern, I, 47—49.

    k. Die Papierhandschrift des Piaristen-Collegiums in Wien,
in Quart, 15. Jahrhundert, durch J. Feifalik aufgefunden, enthält
unter dem Titel *der Nibelunger liet* eine völlige Umarbeitung des
alten Gedichtes. Nähere Auskunft und Mittheilungen hat A.
Holtzmann in Pfeiffers Germania IV, 315 — 337 gegeben; eine
vollständige Ausgabe durch J. M. Wagner steht in Aussicht.

    l. Fünf Doppelblätter einer Papierhandschrift des 14. Jahr-
hunderts in Klein-Quart, in alemannischem Dialekt, der mittel-
alterlichen Sammlung in Basel gehörig, enthalten Str. 1356 bis
1370; 1401, 4 — 1464, 2; 1494, 2 — 1510, 2; 1544, 4 — 1561, 2;
1608, 4 (von 3 nur *E* von *Else* erhalten) — 1644, 3; 1669, 4 bis

---

[1]) e und f fallen weg, sie dienten bei Lachmann früher zur Bezeichnung
der Bruchstücke, die er später L nannte.

1705, 4 *Bechelare*. Ausgabe: Sechs Bruchstücke einer Nibelungen-
handschrift, herausgegeben von W. Wackernagel (Basel 1866).
m. Pergamentblatt aus dem Anfange des 15. Jahrhunderts,
in Klein-Folio, im Staatsarchive zu Darmstadt; es hatte als Um-
schlag eines aus einem Mainzer Klosterarchive stammenden Acker-
buchs gedient und trägt die Aufschrift *ackerbuch* mit der Jahr-
zahl 1540. ˙Das Bruchstück bietet nur ein Verzeichniss von Aven-
tiuren mit Angabe der Blattzahl der Handschrift, woraus wir deren
bedeutenden Umfang ersehen. Abgedruckt durch K. Weigand in
der Zeitschrift für deutsches Alterthum, X, 142—146. Ich werde
es weiter unten mittheilen und besprechen.

Es haben sich also, wenn man Uebersetzung und Ueberarbei-
tungen mitrechnet, zehn vollständige Handschriften und Bruchstücke
von achtzehn Handschriften erhalten. Da bei den Bruchstücken
die Angabe der Zeilenzahl wichtig ist, um bei etwaigen neuen
Funden bestimmen zu können, ob dieselben zu schon bekannten
Handschriften gehören, so lasse ich hier, soweit die Angaben reichen,
eine Uebersicht der Zeilenzahl einer Seite oder Spalte folgen:

Zeilen.		Zeilen.	
26	g.	33—34	G.
27	L.	34	E.
28	Q.	36	M T.
29	R.	43—46	S.
30 etwa	m.	49	N.
30—32	i.	52	K.
30—33	l.	74	O.

Was die äussere Einrichtung betrifft, so haben die alten
Handschriften keine Abtheilung nach Langzeilen, sondern sind
fortlaufend wie Prosa geschrieben, nur die Strophen beginnen
meist mit einer neuen Zeile. A I L M T b g h i k l setzen die
Langzeilen ab, also keine Handschrift, die über das Ende des
13. Jahrhunderts hinaufreicht. Wenn Lachmann (Anmerkungen,
S. 153) behauptet: „Die Zeilen bis an den stumpfen Reim gehen
zu lassen, scheint in unserer Sammlung ältere Weise, als die andere,
nach der bei den Reimen nicht abgesetzt wird", so widerspricht
dem schon die Thatsache, dass gerade die ältern Handschriften
bei den Reimen nicht absetzen. Aber noch mehr: die Hand-

schrift A, auf welche doch wol Lachmann vorzugsweise seine Be-
hauptung stützt, weist auf eine Vorlage, in welcher bei den Rei-
men nicht abgesetzt war. In Str. 902, 1. 2 sind ausgelassen die
Worte *wunden — in dem;* ein Ueberspringen von der einen Lang-
zeile in die andere wäre nur dann erklärlich, wenn etwa ein
gleiches oder ähnliches Wort vorhergegangen; offenbar stand in
der Vorlage:

> Ich melde cz vf genade vil lieber frivnt
> dir. daz du dine triwe behaltest anc
> mir. da man da mach verhowen den mi
> nen lieben man. daz laze ich dich horen dest
> Do von des drachen ꝭ uf genade getan.
> wnden vloz daz heize blůt. do badete in dem
> blůte sich der riter gůt. do viel im zwi

Der Schreiber übersprang also eine volle Zeile; dass der Schluss
der vorhergehenden Strophe mit dem Anfang der folgenden auf
einer Zeile stand, finden wir häufig; auch die Vorlage, aus welcher
die Kudrun in d floss, hatte diese Einrichtung, vgl. meine Bei-
träge zur Kudrun, S. 17. Ein zweiter Beweis liegt in Str. 2343,
wo A schreibt:

> ê ich so lesterliche uz einem gadme fluhe
> fluhe maister Hildebrant u. s. w.

Offenbar rechnete der nachlässige Schreiber *fluhe* noch zu diesem
Verse; das würde er nicht gethan haben, wenn in seiner Vorlage
mit *fluhe* die neue Zeile begonnen hätte. 788, 2 hatte die Vor-
lage von A:

> Nu was ouch chomen sifrit mit den si
> nen man. man sach die helde wenden wi u. s. w.

von den beiden nebeneinanderstehenden *man* liess der Abschreiber
das eine aus, was schwerer zu erklären wäre, wenn das erste am
Schluss, das zweite am Anfang einer Zeile stand.

Die Eintheilung in Abschnitte der Erzählung hatte schon das
gemeinsame Original, wie aus dem Uebereinstimmen beider Be-
arbeitungen, mit Ausnahme eines einzigen Abschnittes (bei 2009),
sich ergibt. Nicht ganz so sicher ist, ob die Abschnitte durch
Ueberschriften bezeichnet waren; denn B hat keine solche, ebenso
wenig K M, welche letztern beiden auch den Aventiurenanfang
durch keine grössere Initiale hervorheben. Der Ausdruck *aventiure*

fand sich ohne Zweifel nicht in der gemeinsamen Vorlage; sicher
ist er nur für die eine Bearbeitung (C), deren Handschriften
sämmtlich diese Bezeichnung haben; in der andern fehlt er vielen
Handschriften, A hat ihn nur bei der letzten Aventiure in der
Abkürzung $a\overline{v}$, regelmässig haben ihn Dd. Das Uebereinstimmen
der Ueberschriften mancher Aventiuren in den Handschriften bei-
der Bearbeitungen und ihr Vorkommen in Handschriften der
Gruppe, der auch B angehört, macht jedoch wahrscheinlich, dass
Ueberschriften schon in der gemeinsamen Vorlage vorhanden
waren; die nicht seltene Abweichung in nahe verwandten Hand-
schriften erklärt sich dadurch, dass die prosaische Fassung der
Ueberschriften der Willkür grössern Spielraum liess als die Ge-
bundenheit des Verses. Auf eine Vorlage mit Bildern scheint nur
in D einmal eine Ueberschrift (zu Str. 20) zu weisen, was durch die
Bilder in der mit D nächst verwandten Handschrift b bestätigt wird.

Sämmtliche Handschriften sondern sich in zwei Klassen:
I. A B D H I K L M N O Q S b c d g h i l.
II. C E F G R a.
Sie stellen zwei von einander unabhängige Bearbeitungen dar,
denen ein uns verlorenes Original des 12. Jahrhunderts vorlag.
Das Original war zum Theil noch in der das 12. Jahrhundert be-
herrschenden Form von Assonanzen abgefasst, und diese formelle
Beschaffenheit veranlasste am Ausgange des Jahrhunderts, als
Genauigkeit der Reime Erforderniss geworden, zwei Dichter, un-
abhängig von einander, zu einer Umarbeitung, gerade so wie auch
im 12. Jahrhundert, nur etwas früher, zwei französische Dichter
das alte Rolandslied durch Verwandlung der Assonanzen in ge-
naue Reime den Bedürfnissen ihrer Zeit anpassten. Mit einer
fast allen mittelalterlichen Umarbeitern eigenen Inconsequenz
liessen sie jedoch hin und wieder, selten übereinstimmend, Reim-
freiheiten des Originals stehen. Beider Werk wurde in zahlreichen
Abschriften verbreitet, die zum Verluste des Originals beitrugen,
weil die Ueberarbeitungen dem verwöhntern Geschmack und dem
strengern Formsinn der spätern Zeit mehr entsprachen als die
wenn auch dichterisch bedeutendere Grundgestalt.
Somit stellt die Uebereinstimmung von Handschriften beider
Bearbeitungen den Text der gemeinsamen Vorlage, und also auch
b

den ursprünglichen Text jeder Bearbeitung dar; welche Beschränkung dieser kritische Grundsatz erleidet, wird sich bei Betrachtung der Gruppen ergeben, in welche die erste Bearbeitung sich zerlegt. Hier eine allgemeine Bemerkung: es gibt eine Uebereinstimmung, zu welcher Schreiber von Handschriften verschiedener Klassen durch eigenmächtige Besserungsversuche gelangen können und die daher nicht original ist. Um ein oft vorkommendes Beispiel anzuführen: in der Ergänzung von Senkungen durch Füllwörter (vgl. Untersuchungen, S. 231—242) treffen häufig Handschriften verschiedener Klassen überein, am häufigsten vielleicht, wo ein den Vers oder die Halbzeile beginnendes *unde* erste Hebung und Senkung bildet.

Folgende Tabelle stellt das Verhältniss der Handschriften übersichtlich dar.

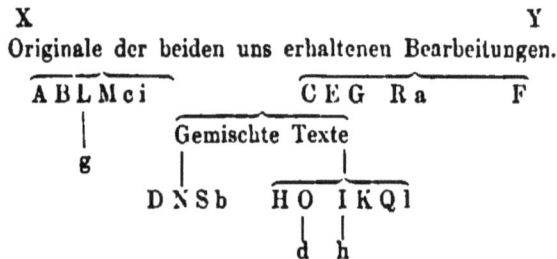

X   Y
Originale der beiden uns erhaltenen Bearbeitungen.

A B L M c i   C E G   R a   F
    | Gemischte Texte
    g | |
        D N S b   H O   I K Q l
                   | |
                   d   h

Erste Bearbeitung.

Erste Gruppe.

Die wichtigste Stelle unter den Handschriften dieser Gruppe nimmt B ein; ihr Werth würde noch gewinnen, wenn die sorgfältige zweite Hand das ganze Lied geschrieben hätte; der folgende Schreiber hat namentlich manche Alterthümlichkeit in den Sprachformen der Vorlage verwischt, die sein Vorgänger mit herübernahm. In nächster Verwandtschaft mit B stehen L M c g i, g ist, wie oben bemerkt, Abschrift von L. Ein näheres Eingehen auf das Verhältniss dieser Handschriften untereinander, sowie auf die Schreibung der Haupthandschrift B ist passender für den zweiten Theil, in welchem der Apparat vorgelegt wird.

Nahe verwandt mit B ist auch A, oder vielmehr deren Vor-
lage, die eine alte und gute war (Untersuchungen, S. 63). Sie
theilt mit B Fehler, die auf eine ältere Vorlage zurückgehen;
charakteristisch namentlich ist das Fehlen von 523, 4 — 524, 3,
indem der Schreiber von dem Reimworte *lant* 523, 3 auf das
gleiche Reimwort in 524, 3 übersprang und das dazwischen liegende
ausliess.[1]) Ferner erwähne ich die Auslassung von *dan*, nach
dem gleich auslautenden *man*, 36, 1; *die berge* statt *herberge*
1296, 2, wo b g den Fehler theilen; *Ruedger* statt *der künec* 1416,
1, wo M denselben Fehler hat; die Auslassung von *Etzelen* 1322,
4. Dieser nicht fehlerfreien Vorlage folgt jedoch B mit ungleich
grösserer Treue als A, welche an Auslassungen von Buchstaben,
Silben, Worten überreich ist, wie ich, Untersuchungen, S. 63—83,
eingehend dargelegt habe. Allein die Nachlässigkeit erstreckt sich
auf mehr als einzelne Worte: Ueberspringen einer ganzen Zeile
der Vorlage war S. XVI besprochen; ein anderer Fall ist 323, 4
(Untersuchungen, S. 303). Ganze Strophen sind am häufigsten in
der VI.—XI. Aventiure ausgelassen; bei einem ziemlichen Theile
dieser Uebergehungen bieten sich ungesucht graphische Erklä-
rungsgründe dar (Untersuchungen S. 304—305), bei anderen ist
jedoch eine Absicht nicht zu verkennen, wie wenn zweimal A
Strophen weglässt, die mit der vorausgehenden durch den Sinn
zusammenhangen (695, 1659), wenn man auch an der zweiten
Stelle den Satz nicht nothwendig weiter führen muss. Denn dass
nicht blos Nachlässigkeit, sondern auch Absicht den Schreiber
von A leitete, davon zeugen bewusste Umänderungen ganzer Zei-
len, die einen bestimmten, und zwar den Charakter der höfischen
Lyrik und Epik des 13. Jahrhunderts an sich tragen. Dahin ge-
hören Ausdrucksweisen wie:

    293, 1 Er neig ir minneclîchen,   genâde er ir bôt.

        si twanc gên ein ander   der scueden minne nôt.

    406, 4 dô begunde Sîfrit   den hovesite sagen.

    920, 4 daz vil wunderschœne wîp.

    963, 4 hei waz man rîterspîse truoc!

    1032, 4 daz dô ir herze vol durchsneit.

    1047, 4 ir ougen wurden nazzes blint.

---

[1]) Aehnliche Fälle aus andern Handschriften s. Untersuchungen, S. 303
bis 304.

b*

Vergleicht man damit den Text der beiden Bearbeitungen, so kann die Nichtursprünglichkeit der Wendungen in A nicht entgehen. Wären sie ursprünglich, so würde ein so höfisch gesinnter Bearbeiter, wie der zweite (C) ist, sie sicherlich nicht beseitigt haben.

Zweite Gruppe.

Diese bilden die Handschriften D N S b; das Charakteristische derselben besteht darin, dass ihr Text bis 269, 1 (oder 2, denn diese Zeile bietet keine entscheidende Lesart) der zweiten Bearbeitung, von 269, 2 (oder 3) bis zum Schlusse der ersten folgt.[1]) Dies kann nur dadurch erklärt werden, dass die Stammhandschrift dieser Redaction aus zwei verschiedenen Vorlagen zusammengesetzt war. Der Schreiber der Stammhandschrift hatte entweder eine Handschrift der zweiten Bearbeitung vor sich, die nur bis 269, 1 reichte, und schrieb das übrige aus einer Handschrift der ersten Bearbeitung ab, oder, was wahrscheinlicher, seine Vorlage war eine Handschrift der ersten Bearbeitung, der der Anfang (bis 269, 1) fehlte, und er ergänzte diesen Mangel aus einem Exemplare der zweiten. Analogien hierfür bietet die noch zu besprechende Ueberarbeitung k; auch die Vorlage von a war lückenhaft, nur fand hier keine Ergänzung statt. Ist doch der erste vollständige Druck des Nibelungenliedes auch aus einer solchen Vermischung entstanden! Bodmer hatte aus der in Hohenems befindlichen Handschrift C den letzten Theil des Gedichts (von 1642, 4) herausgegeben (1757); später liess er sich eine Abschrift des ersten Theils besorgen, welche aber nach der ebenfalls in Hohenems befindlichen Handschrift A gemacht wurde, und so erschien Myller's Ausgabe (1782), welche von 1—1642, 3 den Text von A, von 1642, 4 bis zum Schlusse den Bodmerschen Text von 1757, d. h. den Text C hat.

Gemeinsam ist den Handschriften dieser Gruppe die fehlerhafte Auslassung von 1457, 2—1458, 1, indem der Schreiber der Stammhandschrift von dem Reimworte *lant* 1457, 1 auf das gleiche

---

[1]) Von Db ist dies sicher, aber auch von S (vgl. Untersuchungen, S. 381), und von N darf es wegen der auffallenden Uebereinstimmung mit b als sicher gelten.

in 1458, 1 übersprang; genau derselbe Fall wie in der Vorlage von
A B (vgl. S. xix). Die Stammhandschrift schloss sich nahe an A
an, und A am nächsten steht b, beide theilen eine Anzahl von
Lesarten, auch fehlerhafte, selbst solche Fehler, die auch Lach-
mann, der doch von Lesarten in A zu halten sucht, was nur irgend
gehen will, als Fehler erkannte. Andere Fehler sind A mit der
ganzen Gruppe gemeinsam, so die Entstellung von 1740, 3. 4 auch
in den Reimen: statt *het ich mich baz verdâht* (: *brâht*), hat A

ob ich mich baz kan verstân.
b *ob ich mich kan verstân.*
D *als ich mich kan verstân,*

wo die stufenweise Umänderung ersichtlich ist: *baz* hatte A noch
aus seiner Vorlage beibehalten, dadurch aber war der Vers über-
laden worden, und diesen suchten D b zu bessern. Mit b steht
N in näherem Zusammenhange als D, welche am meisten den
Charakter selbständiger bewusster Aenderungen, namentlich aus
metrischen Gründen, an sich trägt.

Dritte Gruppe.

Ihr gehören die Handschriften H I K O Q d h 1 an, welche
sich wieder in zwei kleinere Gruppen, H O d und I K Q h 1, son-
dern. Charakteristisch für diese Gruppe ist die Aufnahme einer
Zahl von Strophen aus der andern Bearbeitung: es sind die Stro-
phen 813, 5—12; 905, 5—8; 915, 5—8; 969, 5—8; 1001, 5—8;
1112, 5—12; 1124, 5—8; 1261, 5—8; 1573, 5—8; 1584, 5—16;
1837, 5—8; 1898, 5—12; 1900, 5—12; 1911, 5—8, wozu noch zwei
Strophen kommen, welche d[1]) mit der anderen Bearbeitung ge-
meinsam hat, 330, 5—12, und denen d allein[2]) eine dritte
Strophe hinzufügt, welche der andern Bearbeitung fehlt. Die
grössere Zahl von Strophen, die die zweite Bearbeitung vor der
ersten voraus hat, mangelt der dritten Gruppe. Der Schreiber
der Stammhandschrift dieser Gruppe hatte neben dem Texte der
ersten Bearbeitung ein Exemplar der zweiten vor sich und ent-
nahm aus diesem eine Anzahl Strophen. Enthielt das Exemplar
sämmtliche Zusatzstrophen der andern Bearbeitung, dann wählte

---

[1]) Mithin hatte sie auch O, ebenso standen sie in der Vorlage von k
(Germania, IV, 323).

[2]) Doch auch die Vorlage von k hatte sie.

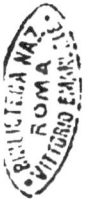

er nur eine kleinere Zahl aus derselben aus. Wahrscheinlicher ist
jedoch, dass sein Exemplar überhaupt nicht mehr Zusatzstrophen
enthielt. Dies wird dadurch glaublich, dass die von ihm auf-
genommenen Strophen sich von den übrigen Zusatzstrophen durch
den Mangel des Cäsurreims, den die zweite Bearbeitung liebt,
unterscheiden (Untersuchungen, S. 316).

Die Stammhandschrift der ersten Bearbeitung, welche dem
Redactor dieser Gruppe vorlag, schloss sich am nächsten an B
an; unter den Handschriften der ganzen Gruppe hat d (= O) die
nächste Verwandtschaft mit B. Das beweisen Fehler, die d mit
B theilt, und darunter auffallende, wie 2084, 2 die Weglassung
von *der*. B schreibt:

Sich hub ein sturm herte zu den
gesten san. Danchwart Hagen bru-
der vil snelle man. spranch von

Die Theilung des Wortes *bruder* in zwei Zeilen war Anlass,
dass der Schreiber meinte, *der*, womit die dritte Zeile beginnt,
sei schon der Artikel, und diesen ausliess. In d, wo die Zeilen-
eintheilung anders ist, blieb *der* ebenfalls weg. Gleichwol ist d oder
vielmehr dessen Original O, nicht etwa aus B abgeschrieben, denn
d vermeidet Fehler, die B hat, wie die Auslassung von 523, 4—524,
3, und die fehlerhaften Lesarten in 1322, 4; 1416, 1. Es stellt
sich demnach die Verwandtschaftslinie der ersten Abtheilung die-
ser Gruppe so:

O — d — H.

Die zweite Abtheilung entfernt sich von der Stammhandschrift
stärker und hat viele eigenmächtige Aenderungen; am wenigsten
K, demnächst Q, dagegen viele und zum Theil sehr starke I und
deren Abschrift h, darunter manche in ritterlich höfischem Stile,
wie mehrere in A; so liest I h statt 571, 3. 4:

glizeudiu fürbtlege,   diu ziunel gäben schal
mit süezem gedœne,   daz vil hêrlichen hal.

Ein Theil der Aenderungen verdankt sprachlichen Formen,
die dem Bearbeiter anstössig waren, seine Entstehung. Doch
ist auch die Umarbeitung in I h nicht jünger als die Mitte
des 13. Jahrhunderts, wie man aus den darin gehandhabten
metrischen Grundsätzen ersehen kann. Ebenfalls eigenmächtige
Aenderungen in nicht geringem Umfange erlaubt sich der Schrei-

ber von 1, die sicherlich erst von ihm herrühren und nicht aus
seiner Vorlage stammen, da sie den Charakter des 14. Jahrhun-
derts nach Form und Inhalt nicht verleugnen. Der Verwandt-
schaftsgrad dieser kleinern Gruppe ist demnach

$$K - Q - I \, h - 1.$$

Da die Stammhandschrift dieser dritten Gruppe aus einer,
wenn auch nebensächlichen Mitbenutzung eines Exemplars der
zweiten Bearbeitung hervorgegangen ist, so ist klar, dass, auch
abgesehen von den Zusatzstrophen, die aus demselben aufgenom-
men wurden, Lesarten der zweiten Bearbeitung in die Stamm-
handschrift übergegangen sein können. Daher ist auf Ueberein-
stimmung von Handschriften dieser Gruppe mit der zweiten Be-
arbeitung kein Gewicht zu legen.

Zweite Bearbeitung.

Sie umfasst die Handschriften C E F G R a. Unter diesen
stehen nur R a in einem besonders nahen Zusammenhange, einem
so nahen, dass man Grund hat, a wenn nicht unmittelbar aus R
abgeschrieben, so doch als Copie derselben Handschrift zu be-
trachten, von der auch R eine Abschrift ist (Untersuchungen,
S. 380).[1]) C E G sind Abschriften aus einer und derselben Hand-
schrift, während F weiter absteht. C steht aber auch mit R a in
einem Zusammenhange und theilt mit ihnen Fehler, die also schon
in ihrer Vorlage sich fanden: der auffallendste ist das Fehlen von
2034, 4ᵇ — 2035, 4ᵃ. Der Schreiber sprang von *Hagene* auf das-
selbe Wort an gleicher Stelle der nächsten Strophe über. Aller-
dings hat a (R fehlt hier zur Vergleichung) statt 2035, 4ᵇ in C
vielmehr 2034, 4ᵇ und lässt die ganze Strophe 2035 aus; allein
trotzdem war in der Vorlage von a (= R) die Ueberlieferung wie
in C, nur merkte der Schreiber, dass der Reim gestört sei und
änderte daher die Worte *uz der Burgonden lant* (2035, 4ᵇ) in *ich*

---

1) Die Vorlage von a war unvollständig; die Länge einer Zeile dersel-
ben ergibt sich aus dem Ueberspringen einer Zeile der Vorlage 1454, 3. 4;
die Worte
    chlagen. des muoz si herzenleide diche in ir
müssen auf einer Zeile gestanden haben. Der Vorlage fehlte der Anfang
(Str. 1—325), und im weitern Verlaufe werden an zwei Stellen jedesmal zwei
Blätter gemangelt haben, wenn man jedes Blatt zu etwa 26 Strophen berechnet.

wil zwâre in bestân (: gân). Dass er in dieser Aenderung dem
Ausdruck der verlorenen Halbzeile *ich wil in eine bestân* nahe kam,
ist sehr natürlich, da dieser Gedanke nach dem Zusammenhange
sich von selbst ergab und kaum anders auszudrücken war. Ob
auch E G diesen Fehler theilten, wissen wir nicht.

Die zweite Bearbeitung hat das auch der ersten vorgelegene
Originalgedicht in Assonanzenform nicht nur umgearbeitet, son-
dern auch mit Zusätzen vermehrt, ausserdem den ursprünglichen
Titel *der Nibelunge nôt*, weil derselbe nur auf den zweiten Theil
zu passen schien, in *der Nibelunge liet* verwandelt. Von Zusätzen
ist vielleicht auch jener Bearbeiter nicht freizusprechen, aber sie
sind weniger charakteristisch als die des zweiten. Diese Zusätze
sondern sich in zwei Gruppen:

1) diejenigen, welche in die Textgruppe 3 der ersten Bear-
   beitung übergiengen;

2) diejenigen, welche der zweiten Bearbeitung ausschliesslich
   eigen sind.

Formell unterscheiden sich die zwei Gruppen durch die Vor-
liebe für den Cäsurreim in der zweiten (Untersuchungen, S. 311).
Wir haben eine zweifache Redaction des zweiten Bearbeiters anzu-
nehmen: in der ersten fügte er eine kleinere, in der zweiten eine
grössere Zahl von Strophen dem ursprünglichen Texte hinzu und gab
einigen von jenen erstern (969, 5—8; 1001, 5—8; 1573, 5—8) in
der zweiten Redaction eine andere Stellung als in der frühern.

Das Alter der zweiten Bearbeitung lässt sich mit Sicherheit
feststellen: sie gehört dem letzten Jahrzehnt des 12. Jahrhun-
derts an. Sie früher zu setzen verwehrt das durchgreifende Umrei-
men, welches kaum noch in den achtziger Jahren stattgefunden hätte.
Später als 1200 aber kann sie nicht fallen, weil Wolfram im ach-
ten Buche seines Parzival, das um 1205 gedichtet ist, deutlich auf
eine Zusatzstrophe dieser Bearbeitung Bezug nimmt.

Parzival, VIII, 685

> wurdet ir mirs niemer holt,
> ich tæte ê alse Rûmolt,
> derm künge Gunthere riet,
> do er von Wormze gein den Hiunen schiet:
> er bat in lange sniten bæn
> und ineme kezzel umbe dræn,

was sich dem Wortlaute nach nur auf 1568, 5 — 9 beziehen
kann:

> Ob ir niht anders hétet   des ir möht geleben,
> ich wolde in einer spise   den vollen immer geben,
> sniten in öl gebrouwen: deist Rûmoldes rât,
> slt ez sus angestlichen   erhaben dâ zen Hiunen stât.
> Ich weiz daz mîn frou Kriemhilt   in nimmer wirdet holt.

Dazu stimmt das Alter der Handschriften; C und R gehören
dem Anfange des 13. Jahrhunderts an und weisen durch gemein-
same Fehler auf eine ältere schon fehlerhafte Vorlage, die aus
dem noch ältern Original abgeschrieben war.

Auch die erste Bearbeitung fällt in dieselbe Zeit; fehlt es
hier auch an festen chronologischen Daten, so macht doch der
sprachliche und metrische Charakter eine jüngere Zeit nicht wohl
annehmbar. Die Verwendung von Formen wie *rittere*, *helet*, *samet*,
Gunthere, *beidere*, *niemenne*, *eriste* u. a. sprechen bestimmt für
das 12. Jahrhundert; wenn auch der Bearbeiter sie in seinem Ori-
ginale vorfand, er würde sie, wenn er einer spätern Zeit ange-
hörte, ebenso wenig unverändert gelassen haben, wie die Schreiber
der einzelnen Handschriften oder die Redactoren der einzelnen
Gruppen, welche in allen diesen Fällen sich Aenderungen erlaubt
haben.

Es bleiben noch die theilweise Umarbeitung m, die nieder-
ländische Uebersetzung und die vollständige Umdichtung in k in
ihrem Verhältnisse zu den ihnen vorliegenden Bearbeitungen zu
besprechen. Das Verzeichniss von Aventiuren, welches allein von
m uns übrig ist, lautet:

1. Abinture wie siferit wusch zu stride und wie
   er hurnyn wart vnd der nebulunge hurt gewan
   E er ritter wart   —ij
2. Abinture wie siferit reit vz sinez vater lande
   mit zwolf kune reckin vnd wie er kam zu gunter
   vnd sine hilde   jx
3. Abinture wie hagin sach siferide zum erste vnd
   sagete syme herre von siner groszin chinture   xj
4. Abinture wie siferit ludegast vnd sine brudir
   hirtzogin ludegere gein wormez brachte gefangin   xjx

---

[1]) Wol statt jLxxxx = 89.

Wir sehen aus diesem Verzeichniss, dass m, ähulich wie b,
nur stärker, mehrere Interpolationen enthielt: der Inhalt des Lie-
des vom hürnen Seifrid scheint vollständig hineinverarbeitet ge-
wesen zu sein, doch ein anderer Text als der uns erhaltene lag
dem Interpolator vor. An zwei verschiedenen Stellen schob er ihn
ein: die Strophen 1—15 des hürnen Seifrid auf Bl. 2—9, auf sieben
Blättern, in etwa 75 Strophen; den Inhalt der Strophen 16—167
auf Bl. 27—52, auf 25 Blättern, d. h. in etwa 375 Strophen. Die
einleitenden Strophen des Nibelungenliedes (die 1. Aventiure)
waren nicht als besondere Aventiure bezeichnet, sondern die 1.
Aventiure in m begann erst mit Str. 20 auf Bl. 2, was zu der Be-
rechnung der Strophenzahl eines Blattes auch genau stimmt.
Aventiure 2 des Liedes war durch die Interpolation (Bl. 2—9) er-
setzt; 3. 4 entsprechen den Aventiuren 2—4 in m; hier war die
Abtheilung anders: die 2. wird etwa Str. 44—78 (Bl. 9 — 11)
umfasst haben, die dritte begann bei Str. 79 und umfasste einen
Theil des Sachsenkrieges bis zur Gefangenschaft Liudegasts,
die 4. enthielt den Schluss der 4. Aventiure des Liedes, etwa
Str. 198 — 264. Die 5. entsprach der 5.; statt 6 und 7 trat
die zweite Interpolation, Aventiure 6—9, ein. Erst mit der
10. (= 8 des Liedes) begann die Uebereinstimmung wieder:

10—11 = 8—9. Aventiure 12. 13 in m entsprechen der 10. Aventiure, die demnach in zwei Abschnitte gespalten war, deren erster 47, der zweite 64 Strophen umfasste. Die 14. Aventiure in m entspricht der 11. des Liedes; 15 und 16 der 12., die also wiederum in zwei Theile zerfiel; wahrscheinlich enthielt der Anfang der 15. eine Interpolation, da Bl. 69—71 der Handschrift etwa den Strophen 724—733 des Liedes entsprach; etwas der Art deutet auch die Ueberschrift von 15 an. 17—21 decken sich mit 13—17 des Liedes; 22 dagegen umfasste zwei Aventiuren (18 und 19) des Liedes; umgekehrt ist Aventiure 20 in zwei Abschnitte (23 und 24) in m vertheilt, der zweite wird etwa bei Str. 1224 begonnen haben, wie man aus der Ueberschrift sieht. 25—27 in m entsprechen 21—23 des Liedes; die 28. (= 24.) begann auf Bl. 114. Jedes Blatt enthielt etwa 15 Strophen. Der Text, welchen m vor sich hatte, näherte sich am meisten der Gruppe, der d angehört, wie sich namentlich aus den Ueberschriften zu 22, 25 und 27 ergibt; aber auch mit D finden sich einige Uebereinstimmungen in den Aufschriften der Aventiuren 11, 19 und 23.

Die niederländische Uebersetzung ist dies nicht in dem Sinne, wie wir häufig oberdeutsche Gedichte von niederdeutschen Schreibern in ihre Mundart übertragen finden, sondern der Uebersetzer hat sich seine Aufgabe weniger leicht gemacht, hat wirklich versucht, alles was in Reimen und im Ausdruck dem niederländischen Idiom widersprach, zu beseitigen. Dass ihm dies nicht vollständig gelungen, wird bei einem mittelalterlichen Uebersetzer niemand befremden. Der ihm vorliegende deutsche Text gehörte der ersten Bearbeitung, und zwar der ersten Gruppe derselben an; zwei in der zweiten Bearbeitung fehlende Strophen (1053, 1054) sind hier vorhanden; die von Pfeiffer (Germania, I, 215) bemerkten Stellen, in welchen T und C übereinstimmen, haben nichts zu bedeuten, weil sie leicht sich ergebende Aenderungen des Uebersetzers sind, der einen treuen Anschluss an den Wortlaut seiner Vorlage nicht erstrebte.

Die Umarbeitung in k schliesst sich dagegen grösstentheils dem Texte der zweiten Bearbeitung an, jedoch war das Exemplar derselben lückenhaft und wurde aus einer Handschrift der ersten Bearbeitung ergänzt. Str. 1—459 und 859—928 folgen der ersten, der übrige Text der zweiten Bearbeitung, und zwar einer

Handschrift, welche die Lücke 2034, 4ᵇ—2035, 4ᵃ (vgl. S. XXIII) nicht
enthielt, wahrscheinlich war danach die Lesart von 2035, 2 in der
zweiten Bearbeitung:

> daz si in eine liezen　　Hagenen bestan,
> k hat daz si in hagen liessen　　alein bestan mit wer.

Die Gruppe, welcher das benutzte Exemplar der ersten Be-
arbeitung zumeist verwandt war, scheint die dritte gewesen zu
sein; die in d allein 'erhaltene Zusatzstrophe 330, 13—16 findet
sich auch in k, anderseits waren aber die in l d fehlenden Stro-
phen 7—12 in der Vorlage vorhanden. k ist nicht nur ein völlig
umgearbeiteter, sondern auch durch Zusatzstrophen vermehrter
Text; Strophe 14 ist in zwei Strophen erweitert, ebenso Str. 2356;
aus den Str. 2350—2352 sind durch Einschiebung von zwei Zeilen
am Anfang und zweien am Schluss, vier Strophen geworden. Die
erste vollständige Zusatzstrophe findet sich nach 411:

> Sein fater haisst Sigmunde　　ein edler kunig reich
> im dint manch edler furste　　man fint mit sein geleich
> er ist so wunderkune　　gebreisst fur ander man
> er hat bey seinen tagen　　vil hertter sturm getan.

Ebenso findet sich je eine Zusatzstrophe nach 1352; 1506;
1508; 1534; 1574; 1817; 1868; 1905; 1925; 2222, 8; 2335; 2359;
eine zwischen 2186, 1. 2, welchen Zeilen sechs in k entsprechen, und
ebenso zwischen 2333, 3. 4 und 2376, 1. 2. Der grösste Zusatz
sind drei Strophen nach 2080. Sämmtliche Zusätze rühren erst
von dem Umarbeiter her, nicht etwa fand er sie schon in seiner
Vorlage; die meisten sind Erweiterungen, wo das Original eine
Lücke zu haben schien, oder blosse Ausschmückung der Erzäh-
lung; am meisten berechtigt war eine Ergänzung vielleicht bei den
nach 2222, 8 eingefügten Versen. Aus der Klage, die also auch
in seiner Vorlage stand, hat er die drei Strophen nach 2089 ent-
lehnt, wie Untersuchungen, S. 351 dargethan ist.　　.

Die gemeinsame Vorlage der beiden Bearbeitungen zu gewin-
nen, was ich als das höchste Ziel der Kritik bezeichnete (Unter-
suchungen, S. 384), darauf müssen wir verzichten, bis etwa ein
günstiger Zufall eine Handschrift oder ein Bruchstück des Origi-
nals zu Tage fördert. Doch lässt sich annähernd an einer klei-
nern Stelle der Versuch machen; ich bezeichne dabei alles, was

sich einer nur einigermassen sichern Herstellung entzieht, durch
Punkte:

1979 Der küene videlære   rief über die menege
»daz gadem ist wol beslozzen,   friwent Hagene.
jâ ist alsô verscranket   diu Etzelen türe.
von zweier helede handen   dâ gênt wol tûsent rigele füre.»

1980 Dô von Tronege Hagene   die türe sah sô behuot,
den scilt warf ze rucke   der mære helet guot:
alrêrst begond er rechen   daz im getân was:
dâ von sînen vînden   harte leide gescach.

1981 Dô der voget von Berne   daz rehte ersach,
daz Hagene der starke   sô manegen helm brach,
der küene von Amelunge   spranc ûf eine banc;
er sprach »hie scenket Hagene   daz aller wirsiste tranc.»

1982 Der wirt het grôze sorge   umbe sîne man
(waz man im lieber vriwende   vor sînen ougen nam!),
wand er vor sînen vînden   vil kûme dâ genas.
er saz vil angestlîche: waz half in daz er küenec was?

1983 Kriemhilt diu . . .   rief Dietrîchen an
«nu hilf, rîtære,   mîme lîbe dan,
durch aller fürsten tugende   von Amelunge lant:
wan erreichet mich Hagene,   ich hân den tôt an der hant.»

1984 «Wie sol ich iu gehelfen»,   sprach Dietrich,
«edeliu küneginne?   nu sorge ich umbe mich.
ez sint sô sêre erzürnet   die Guntheres man,
daz ich an disen zîten   gefriden niemenne kan.»

1985 «Neinâ, herre Dietrich,   vil edel ritter guot,
lâzâ hiute schînen   dînen tugentlîchen muot,
daz du mir helfest hinnen: oder ich belîbe tôt.
   . . . .

1986 «Daz wil ich versuochen,   ob ich iu gehelfen kan;
wande ich iu langen zîten   nie gesehen hân

1979, 3 oder *ez ist*. — 4 *helede* ist wahrscheinlicher als *recken*, wegen der
Alliteration. — 1986, 2 oder *niht*.

sô bitterlich erzürnet   manegen ritter guot.
jâ sihe ich durch die helme   von swerten ... daz pluot.'»

1987 Mit kraft begonde ruofen   der degen ûz erkorn,
daz im sîn stimme erlûte   alsam ein wisentes horn
und daz diu burc wîte   von sîner kraft erdôz.
diu sterke Dietrîches   was unmæzlîche grôz.

1988 Dô gehôrte Gunther   ruofen disen man
in dem ... sturme: losen er began.
er sprach «Dietrîches stimme   ist in mîn ôre komen:
ich wæn im unser degene   haben etwen hie benomen.

1989 Ich sihe in ûf dem tische: er winket mit der hant.
ir friwent unde mâge   von Burgonden lant,
gehabet ûf des strîtes,   lât hœren unde sehen,
waz hie deme degene   von .... sî geschehen.»

1990 Dô der küene Gunther   bat und ouch gebôt,
si habeten ûf mit swerten   in des strîtes nôt.
daz was gewalt vil grôzer   daz dâ niemen sluoc.
dô redeten mit ein ander   die recken küen unde guot.

1991 Er sprach «vil edel Dietrich,   waz ist iu hie getân
von den mînen friwenden?   willen ich des hân,
buoze unde suone   bin ich iu bereit.
swaz iu iemen tæte,   daz wær mir inn_cclichen leit.»

1992 Dô sprach der herre Dietrich   «mir ist niht getân   .
von den iuwern recken,   daz mir müge getarn.
lât mich von dem strîte   mit dem gesinde mîn:
daz wil ich .....   immer dienende sîn.»

Ein Gedicht, das auf 14 Strophen oder 28 Reimpaare nur
5 assonierende Reimpaare hat[1]), kann kaum früher als um 1175
verfasst sein. Unter diesen Assonanzen ist aber eine, die durch
ihre grössere Freiheit und Alterthümlichkeit auf eine frühere Zeit
hindeutet: dem Reime *menege: Hagene* entspricht in der ganzen

---

1990, 2 oder *sturmes.* — 1991, 2 oder *mâgen.* — 3 oder *suone unde buoze.*

[1]) Vielleicht sechs, wenn man annimmt, dass 1985, 3. 4 auch eine Asso-
nanz war; denn auf das Reimwort *nôt* konnten beide Bearbeiter selbständig
kommen.

Poesie des 12. Jahrhunderts genau nur éin Reim, *menege: sagene* in der Kaiserchronik, und ähnliche Reime kommen nur in Dichtungen vor, die spätestens 1150 verfasst sind (Untersuchungen, S. 6). Ein Dichter zwischen 1170 — 1180 würde ihn nicht gebraucht haben; er konnte ihn aber stehen lassen, wenn er ihn in seiner Vorlage fand, ebenso wie die eine Bearbeitung um 1200 ihn noch unverändert herübernahm, wiewol um diese Zeit eine solche Assonanz noch viel unerhörter war als 25 Jahre früher. Die Nothwendigkeit der Annahme einer noch älteren Vorlage springt daher in die Augen; sie ist nicht eine willkürliche, sondern auf die Thatsachen, die die Entwickelung der deutschen Poesie im 12. Jahrhundert an die Hand gibt, gestützt. Die älteste Gestalt des Nibelungenliedes, die wir verfolgen können, reicht bis in die Mitte des 12. Jahrhunderts zurück. Die Heimat des Dichters aber werden wir nach den wenigen sprachlichen Merkmalen und den geographischen Angaben folgend, in der Donaugegend von Passau bis Wien abwärts zu suchen haben, wo der Dichter sich am meisten ortkundig zeigt. Ein Oesterreicher war auch der erste der beiden Bearbeiter am Ausgang des 12. Jahrhunderts, wie sich aus der fehlerhaften Einführung von *Zeizenmûre*, die an einer Stelle (1336, 1) alle Handschriften dieser Bearbeitung haben, während an der zweiten (1332, 3) die der einen Gruppe das Richtige bieten, mit Wahrscheinlichkeit ergibt. Weiter nach Westen lag wol die Heimat des zweiten Bearbeiters, der am Rheine besser Bescheid weiss als der erste (911, 3), ja vielleicht besser als der Dichter selbst, denn schon dieser kann den Fehler verschuldet, ein ortkundiger Bearbeiter ihn gebessert haben.

Rostock, Weihnachten 1869.

Karl Bartsch.

DER NIBELUNGE NÔT.

I. ÂVENTIURE.

1 Uns ist in alten mæren   wunders vil geseit
von heleden lobebæren,   von grôzer arebeit,
von fröuden, hôchgeziten,   von weinen und von klagen,
von küener recken striten   muget ir nu wunder hœren sagen.

2 Ez wuohs in Burgonden   ein vil edel magedin,
daz in allen landen   niht schœners mohte sin,
Kriemhilt geheizen: si wart ein scœne wip.
dar umbe muosen degene   vil verliesen den lip.

3 Der minneclichen meide   trinten wol gezam.
ir muoten küene recken: niemen was ir gram.
âne mâzen schœne   sô was ir edel lip:
der juncvrouwen tugende   zierten anderiu wip.

4 Ir pflâgen drie künege   edel unde rich,
Gunther unde Gêrnôt,   die recken lobelich,
und Giselher der junge,   ein ûz erwelter degen.
diu frouwe was ir swester,   die fürsten hetens in ir pflegen.

5 Die herren wâren milte,   von arde hôhe erborn,
mit kraft unmâzen küene,   die recken ûz erkorn.
dâ zen Burgonden   sô was ir lant genant.
si frumten starkiu wunder   sit in Etzelen lant.

6 Ze Wormze bi dem Rine   si wonden mit ir kraft.
in diende von ir landen   vil stolziu ritterscaft
mit lobelichen êren   unz an ir endes zît.
si sturben jæmerliche sint   von zweier edelen frouwen nit.

1, 3 von freude unt hôchgeziten.
2. 3   diu wart ein schœne wip.
5 folgt nach 7.
6, 4 si sturben jæmerliche   sit von zweier frowen nit.

7 Ein rîchiu küneginne,   frou Uote ir muoter hiez: 7
   ir vater der hiez Dancrât,   der in diu erbe liez   (4)
   sît nâch sîne lebene,   ein ellens rîcher man,
   der ouch in sîner jugende   grôzer êren vil gewan.

8 Die drîe künege wâren,   als ich gesaget hân.
   von vil hôhem ellen: in wâren undertân
   ouch die besten recken,   von den man hât gesaget,
   starc und vil küene,   in scarpfen strîten unverzaget.

9 Daz was von Tronege Hagene   und ouch der bruoder sîn.
   Danewart der vil snelle,   von Metzen Ortwîn,
   die zwêne marcgrâven   Gêre und Ekkewart,
   Volkêr von Alzeije,   mit ganzem ellen wol bewart.

10 Rûmolt der kuchenmeister,   ein ûz erwelter degen,
   Sindolt und Hûnolt,   dise herren muosen pflegen
   des hoves unt der êren,   der drîer künege man.   •
   si heten noch manegen recken,   des ich genennen niene kan.

11 Danewart der was marscalch: dô was der neve sîn
   truhsæze des küneges,   von Metzen Ortwîn.
   Sindolt der was scenke,   ein ûz erwelter degen.
   Hûnolt was kamerære: si kunden hôher êren pflegen.

12 Von des hoves krefte   und von ir wîten kraft,
   von ir vil hôhen werdekeit   und von ir ritterscaft,
   der die herren pflâgen   mit vröuden al ir leben,
   des enkunde iu ze wâre   niemen gar ein ende geben.

13 In disen hôhen êren   troumte Kriemhilde.
   wie si zôge einen valken,   starc scœn und wilde,
   den ir zwên aren erkrummen,   daz si daz muoste sehen:
   ir enkunde in dirre werlde   leider nimmer gescehen.

14 Den troum si dô sagete   ir muoter Uoten.
   sine kundes niht besceiden   baz der guoten:
   «der valke, den du ziuhest,   daz ist ein edel man:
   in welle got behüeten,   du muost in sciere vloren hân.»

15 «Waz saget ir mir von manne,   vil liebiu muoter mîn?
   âne recken minne   sô wil ich immer sîn.
   sus scœne ich wil belîben   unz an mînen tôt,
   daz ich von mannes minne   sol gewinnen nimmer nôt.»

   •

9, 2 Danewart der snelle.
11, 3   ein wætlîcher degen.
                         •

16 «Nu versprich ez niht ze sêre»,   sprach aber ir muoter dô.   16
«soltu immer herzenliche   zer werlde werden vrô,   (15)
daz geschiht von mannes minne.   du wirst ein scœne wîp,
ob dir noch got gefüeget   eins rehte guoten ritters lip.»

17 «Die rede lât beliben»,   sprach si, «frouwe mîn.
ez ist an manegen wîben   vil dicke worden scîn
wie liebe mit leide   ze jungest lônen kan.
ich sol si mîden beide: son kan mir nimmer missegân.»

18 Kriemhilt in ir muote   sich minne gar bewac.
sit lebete diu vil guote   vil manegen lieben tac,
daz sine wesse niemen   den minnen wolde ir lîp.
sit wart si mit êren   eins vil küenen recken wîp.

19 Der was der selbe valke,   den si in ir troume sach,
den ir besciet ir muoter.   wie sêre si daz rach
an ir nehsten mâgen,   die in sluogen sint!
durch sîn eines sterben   starp vil maneger muoter kint.

II. ÂVENTIURE.

VON SÎFRIDE.

20 Dô wuohs in Niderlanden   eins edelen küneges kint,
des vater der hiez Sigemunt,   sîn muoter Sigelint,
in einer rîchen bürge,   wîten wol bekant,
nidene bî dem Rîne: diu was ze Santen genant.

21 Sîvrit was geheizen   der snelle degen guot.
er versuochte vil der rîche   durch ellenthaften muot.
durh sînes lîbes sterke   er reit in menegiu lant.
hey waz er sneller degene   sît zen Burgonden vant!

16, 1   sprach ir muoter dô.
   3 daz kumt von mannes minne
   4 ob dir got gefüeget.
17, 1 Die rede lât beliben,   vil liebiu frouwe mîn.
18, 4   eins vil werden recken wîp.
21, 3   suocht er fremdiu lant.
   5—8 Ê daz der degen küene   vol wüehse ze man,   (21)
   dô het er solhiu wunder   mit sîner hant getân,
   dâ von man immer mêre   mac singen unde sagen;
   des wir in disen stunden   müezen vil von im gedagen.

22 In sînen besten zîten,   bî sînen jungen tagen,   23
man möhte michel wunder   von Sîvride sagen,   (22)
waz êren an im wüchse   und wie scœne was sîn lip.
sît heten in ze minne   diu vil wœtlîchen wîp.

23 Man zôch in mit dem vlize   als im daz wol gezam.
von sîn selbes muote   waz tugende er an sich nam!
des wurden sît gezieret   sînes vater lant,
daz man in zallen dingen   sô rehte hêrlîchen vant.

24 Er was nu sô gewahsen   daz er ze hove reit.
die liute in sâhen gerne: manec frouwe und manec meit
im wunschten daz sîn wille   in immer trüege dar.
holt wurden im genuoge: des wart der herre wol gewar.

25 Vil selten âne huote   man rîten lie daz kint.
in hiez mit kleidern zieren   Sigmunt und Sigelint.
sîn pflâgen ouch die wîsen,   den êre was bekant.
des mohte er wol gewinnen   beidiu liut unde lant.

26 Nu was er in der sterke   daz er wol wâfen truoc:
swes er dar zuo bedorfte,   des lag an im genuoc.
er begunde mit sinnen   werben scœniu wîp:
die trûten wol mit êren   des küenen Sivrides lip.

27 Dô hiez sîn vater Sigemunt   künden sînen man,
er wolde hôhgezîte   mit lieben vriwenden hân.
diu mœre man dô fuorte   in ander künege lant.
den vremden und den kunden   gab er ross und gewant.

28 Swâ man vant deheinen   der ritter solde sîn
von art der sînen mâge,   diu edelen kindelîn
diu ladet man zuo dem lande   durh die hôhgezît:
mit dem jungen künege   swert genâmen si sît.

29 Von der hôhgezîte   man möhte wunder sagen.
Sigemunt unde Sigelint   die mohten wol bejagen
mit guote michel êre: des teilte vil ir hant.
des sah man vil der vremden   zuo zin rîten in daz lant.

22, 4 des heten in ze minne.
23, 2 von sin selbes tugenden   waz zuht er an sich nam!
24 fehlt.
25, 2 in hiez mit wæte zieren   sin muoter Sigelint.
26, 3 dô begunder sinnen   werben schœniu wip:
       die trûten wol mit êren   den sinen wætlichen lip.
27, 4   gap man ross mit gewant.
28, 4 mit samt dem jungen künige.
29, 2   die kunden wol bejagen.

30 Vier hundert swertdegene   die solden tragen kleit   31
samet Sivride.   vil manec scœniu meit   (29)
von werke was unmüezec,   wan si im wâren holt:
vil der edelen steine   die frouwen leiten in daz golt,

31 Die si mit porten wolden   wurken ûf ir wât
den jungen stolzen recken: des newas niht rât.
der wirt der hiez dô sidelen   vil manegen küenen man,
ze einen snnewenden,   dâ Sivrit ritters namen gewan.

32 Dô gie ze einem münster   vil manec richer kneht
und manec edel ritter.   die wisen heten reht
daz si den tumben dienden,   als in was ê getân.
si heten kurzwîle   und ouch vil maneger vreuden wân.

33 Gote man dô zen êren   eine messe sanc.
dô huop sih von den liuten   vil michel der gedranc,
dâ si ze ritter wurden   nâh ritterlicher ê
mit alsô grôzen êren,   daz wœtlîch immer mêr ergê.

34 Si liefen dâ si funden   gesatelt manec marc.
in hove Sigemundes   der bûhurt wart sô starc,
daz man erdiezen hôrte   palas unde sal.
die hôhgemuoten degene   die heten grœzlîchen scal.

35 Von wisen und von tumben   man hôrte manegen stôz,
daz der scefte brechen   gein den lüften dôz.
trunzûne sach man vliegen   für den palas dan
von maneges recken hende: daz wart mit vlîze getân.

36 Der wirt der bat ez lâzen: dô zôch man dan diu marc.
man sach ouch dâ zebrochen   vil manege buckel starc,
vil der edelen steine   gevellet ûf daz gras
ab liehten schildes spangen: von hurte daz geschehen was.

30, 2 mit dem jungen künige.
    3 mit werke was unmüezic.
31, 2 den stolzen swertdegenen.
    4   da er die hôchzît wolde hân.
32, 2 unt vil der edeln ritter.
33, 2 dô wart von den liuten.
34, 4   .   heten vrœlichen scal.
35, 4 dâ sâhen kurzewîle   beldiu wîp unt ouch die man.
36, 1 Der künic bat iz lâzen.

31, 4   dâ sîn snne swert genam. (Unters. 16.)
36, 1 Der wirt bat ez lâzen (219).

37 Dô giengens wirtes geste   dâ man in sitzen riet.   38
vil der edelen spise   si von ir müede sciet   (36)
unt win der aller beste,   des man in vil getruoc.
den vremden und den kunden   bôt man èren dâ genuoc.

38 Swie vil si kurzwîle   pflâgen al den tac,
vil der varender diete   ruowe sich bewac:
si dienden nâch der gâbe   die man dâ riche vant.
des wart mit lobe gezieret   allez Sigemundes lant.

39 Der herre hiez lîhen   Sivrit den jungen man
lant unde bürge,   als er het ê getân.
sînen swertgenôzen   den gap dô vil sîn hant:
dô liebet in diu reise,   daz si kômen in daz lant.

40 Diu hôhgezit werte   unz an den sibenden tac.
Sigelint diu riche   nâch alten siten pflac
durh ir sunes liebe   teilen rôtez golt.
si kundez wol gedienen   daz im die liute wâren holt.

41 Vil lützel man der varnder   armen dâ vant.
ross unde kleider   daz stoup in von der hant,
sam si ze lebene hêten   niht mêr deheinen tac.
ich wæn ie ingesinde   sô grôzer milte gepflac.

42 Mit lobelîchen êren   sciet sich diu hôhgezit.
von den richen herren   hôrte man wol sit
daz si den jungen wolden   ze eime herren hân:
des engerte niht her Sivrit,   der vil wætliche man.

37, 2   si von der müede schiet.
    3   den man mit vollen truoc.·
38, 1 Solcher kurzewîle   si pflâgen al den tac.
39, 1 Der herre hiez dô lîhen   sînen sun den jungen man.
    2   als er ê het getân.
    den sînen swertgenôzen   gap dô vil sîn hant.
40, 3 durch ir kindes liebe   geben rôtez golt.
    4   daz si ir suno wâren holt.
41, 1 Lützel keinen varnden   armen man dâ vant.
    3   mêr deheinen tac.
42, 2 von den landes herren.   .
    3   zeime vogete hân.
    des enwolde in dô niht volgen   Sifrit der wætliche man.

37, 3   des man in vil truoc.

43 Sit daz noch beide lebeten,　Sigmunt und Sigelint,　　　　　　11
　　niht wolde tragen krône　ir beider liebez kint:　　　　　　　(42)
　　doch wolder wesen herre　für allen den gewalt
　　des in den landen vorhte　der degen küen unde balt.

III. ÂVENTIURE,
WIE SÍFRIT ZE WORMZE KOM.

44 Den herren muoten selten　deheiniu herzen leit.
　　er hôrte sagen mære　wie ein scœniu meit
　　wære in Burgonden,　ze wunsche wol getân:
　　von der er sît vil vreuden　und ouch arebeit gewan.

45 Diu ir unmâzen scœne　was vil wîten kunt,
　　und ir hôhgemüete　zuo der selben stunt
　　an der juncfrouwen　sô manec helt ervant:
　　ez ladete vil der geste　in daz Guntheres lant.

46 Swaz man der werbenden　nâh ir minne sach,
　　Kriemhilt in ir sinne　ir selber nie verjach,
　　daz si deheinen wolde　ze eime trûte hân.
　　er was ir noch vil vremde,　dem si wart sider undertân.

47 Do gedâht ûf hôhe minne　daz Sigelinde kint.
　　ez was ir aller werben　wider ein wint.
　　er mohte wol verdienen　scœner frouwen lîp.
　　sît wart diu edele Kriemhilt　des küenen Sivrides wîp.

43, 2　　　　　　　　　　noch ir liebez kint.
43, 5—8 In dorfte niemen schelten　sît do er wâfen genam.　　　(43)
　　ja gernowete vil selten　der recke lobesam
　　suochte niwan striten.　sîn ellenthaftiu hant
　　tet in zallen zîten　in vremeden richen wol bekant.

44, 3 in Burgonden wære.
　　4 dâ von er sît vil arebeit　unt ouch freuden gewan.
45, 2 unt ir vil hôch gemüete
46, 1 Swaz man nâch ir minne　der werbenden sach.
47, 4　　　　　　　　　　des starken Sifrides wîp.

43, 2　　　　　　　　　　iru liebez kint.

48 Im rieten sine mâge   und gennoge sine man,   49
   sit er ûf staete minne   tragen wolde wân,   (18)
   daz er dan eine wurbe   diu im möhte zemen.
   dô sprach der küene Sîvrit   «sô wil ich Kriemhilden nemen,

49 Die scœnen juncfrouwen   von Burgonden lant
   durch ir unmâzen scœne,   daz ist mir wol bekant,
   nie keiser wart sô riche,   der wolde haben wip,
   im zaeme wol ze minnen   der richen küneginne lip.»

50 Disiu selben maere   gehôrte Sigemunt.
   ez reiten sine liute: dâ von wart im kunt
   der wille sines kindes   was im harte leit,
   daz er werben wolde   die vil hêrlichen meit.

51 Ez gevriesc ouch Sigelint,   des edelen küneges wip.
   si hete grôze sorge   umbe ir kindes lip,
   wan si wol erkande   Gunthern und sine man.
   den gewerp man dem degene   sêre leiden began.

52 Dô sprach der küene Sivrit   «vil lieber vater min,
   ân edeler frouwen minne   wolde ich immer sin,
   ih enwurbe dar min herze   vil grôze liebe hât.
   swaz iemen reden kunde,   des ist deheiner slahte rât.»

53 «Unt wil du niht erwinden»,   sprach der künec dô,
   «sô bin ich dines willen   waerlichen vrô,
   und wil dirz helfen enden   so ich aller beste kan.
   doch hât der künec Gunther   vil manegen höhferten man.

48, 2 sit daz er ûf minne   vlizen sich begun,
      daz er eino naeme.
   4 dô sprach der herre Sifrit.
49, 1 Die edelen juncfrouwen   ûz Burgonden lant
      durch ir vil grôzen schœne.   von sago ist mir bekant.
   4   der jungen küneginne lip.
50, 1   vernam dô Sigemunt.
      ez reite sin gesinde.
   3   was im grimme leit.
51, 3 den vorhte si verliesen   von Guntheres man.
      den gewerp man dô dem degene.
52, 1 Dô sprach der starke Sifrit.
53, 1 Sit du niht wil erwinden.
   3 unt wil dirz helfen füegen.
   4   vil manigen übermüeten man.

48, 2 sit er ûf staete minne   sich wolde vlizau (16).
50, 1   vernam Sigemunt

54 Ob ez ander niemen wære   wan Hagene der degen,   55
der kan mit übermüete   der hôhverte pflegen,   (60)
daz ich des sêre fürhte,   ez müg uns werden leit,
ob wir werben wellen   die vil hêrlichen meit.»

55 «Waz mag uns daz gewerren?»   sprach dô Sivrit.
«swaz ich friwentliche   niht ab in erbit,
daz mac sus erwerben   mit ellen dâ min hant.
ich trouwe an im erdwingen   beidiu liut unde lant.»

56 Dô sprach der fürste Sigemunt   «diu rede diu ist mir leit.
wan wurden disiu mære   ze Rine geseit,
dune dörftest nimmer   geriten in daz lant.
Gunther unde Gêrnôt   die sint mir lange bekant.

57 Mit gewalte niemen   rewerben mac die maget»,
sô sprach der küene Sigemunt;   «daz ist mir wol gesaget.
wil aber du mit recken   riten in daz lant,
ob wir iht haben vriwende,   die werdent sciere besant.»

58 «Des enist mir niht ze muote»,   sprach aber Sivrit,
«daz mir sulen recken   ze Rine volgen mit
durh deheine hervart   (daz wære mir vil leit),
dâ mit ich solde ertwingen   die vil hêrlichen meit.

59 Si mac wol sus erwerben   dâ min eines hant.
ich wil selbe zwelfte   in Guntheres lant.
dar sult ir mir helfen,   vater Sigemunt.»
dô gap man sluen degenen   ze kleidern grâ unde bunt.

60 Do vernam ouch disiu mære   sin muoter Sigelint.
si begunde trûren   umbe ir liebez kint:
daz vorhte si verliesen   von Guntheres man.
diu edele küneginne   vil sêre weinen began.

54, 3 daz ich vil sêre fürhte   deiz uns werde leit.
      jâ ist mir solher mære   dicke vil von in geseit.
55, 3 daz mac doch mit ellen   erwerben wol min hant.
      ich trowe im an ertwingen.
56, 4   sint mir lange wol bekant.
57, 4 unsern besten friwenden   sol diu reise sin bekant.
58, 1   sprach dô Sifrit.
59, 2 ich wil mit zwelf gesellen.
60, 3 jâ vorhte si vil sêre   die Guntheres man.
  __ 4 _____   dar umbe weinen begun.

55, 3 daz mac mit ellen   erwerben min hant.
58, 1   sprach Sivrit.

61 Sivrit der herre   gie dâ er si sach;   *
   wider sine muoter   er güetlichen sprach
   «frouwe, ir sult niht weinen   durh den willen min.
   jâ wil ich âne sorge   vor allen wiganden sin.

62 Und helfet mir der reise   in Burgonden lant,
   daz ich und mine recken   haben sôlch gewant,
   daz alsô stolze helde   mit êren mügen tragen.
   des wil ich in genâde   mit triuwen wærlichen sagen.»

63 «Sit du niht wil erwinden»,   sprach frou Sigelint,
   «sô hilf ich dir der reise,   min einigez kint,
   mit der besten wæte,   die ritter ie getruoc,
   dir und dinen gesellen: ir sult ir füeren genuoc.»

64 Dô neic der küneginne   Sivrit der junge man.
   er sprach «ih wil zer verte   niemen mére hân
   niwan zwelef recken: den sol man prüeven wât.
   ich wil daz sehen gerne   wiez umbe Kriemhilde stât.»

65 Dô sâzen scœne frouwen   naht unde tac,
   daz lützel ir deheiniu   ruowe gepflac,
   unze man geworhte   die Sivrides wât.
   er wolde siner reise   haben deheiner slahte rât.

66 Sin vater hiez im zieren   sin ritterlich gewant,
   dâ mit er wolde rûmen   daz Sigemundes lant,
   und ir vil liehten brüneje   die wurden ouch bereit,
   und ir vesten helme,   ir schilde scœn unde breit.

61, 1 Dô gie der herre Sivrit   da er die frouwen sach.
   3 ir ensult niht weinen
62, 1 Nu helfet mir der reise.
   3 daz sô stolze degene.
   4 des wil ich genâde   in mit triuwen immer sagen.
63, 1   sprach dô Sigelint.
   4 dir unt den dinen degenen.
64, 1 Des neig ir mit zühten   der vil küene man.
   4 ich wil versuochen gerne.
65, 2 lützel keiner muoze   ir deheiniu pflac,
      unze si geworhten.
   4 er wolde siner verte.
66, 2 dâ mit er varn wolde   in Burgonden lant.
      die ir vil liehten brünne.
   4 unt ir vil guoten helme.

61, 3 ir sult niwet weinen.
63, 1   sprach Sigelint.

62
(61)

67 Dô nâhet in ir reise   zen Burgonden dan.   68
um si begunde sorgen   wîp unde man,   (67)
ob si immer komen solden   heim wider in daz lant.
die helde in hiezen soumen   beide wâfen und gewant.

68 Ir ros diu wâren scœne,   ir gereite goldes rôt.
lebt iemen übermüeter,   des enwas niht nôt,
denne wære Sivrit   und die sîne man.
urloubes er dô gerte   zuo den Burgonden dan.

69 In werten trûreclîchen   der künec und sîn wîp.
er trôste minneclîchen   dô ir beider lîp.
er sprach wir suln niht weinen   durch den willen mîn:
immer âne sorge   sult ir mînes lîbes sîn.»

70 Ez was leit den recken,   ez weinte ouch manec meit.
ich wæn in het ir herze   rehte daz geseit,
daz in sô vil der friwende   dâ von gelæge tôt.
von schulden si dô klageten: des gie in wærliche nôt.

71 An dem sibenden morgen   ze Wormez ûf den sant
riten die vil küenen.   allez ir gewant
was von rôtem golde,   ir gereite wol getân.
ir ross in giengen ebene,   des küenen Sivrides man.

72 Ir schilde wâren niuwe,   lieht unde breit,
und vil scœne ir helme,   dâ ze hove reit
Sivrit der vil küene   in Guntheres lant.
man gesach an heleden   nie sô hêrlîch gewant.

73 Diu ort ir swerte giengen   nider ûf die sporn:
ez fuorten scärpfe gêren   die ritter ûz erkorn.

67, 2 si heten umbe in sorge,   wiez im solde ergân.
   3   wider in daz lant.
   dô soumte man den degenen   von dannen wâfen unt gewant.
68, 4 wie schœne er urloubes   gerte zen Burgonden dan!
69, 1 In werte trûreclîche.
   4   muget ir wol mînes lîbes sîn.
70, 2 ich wæn in hete rehte   ir herze daz geseit,
   daz in sô vil ir friwende.
   4   des gie in endelîche nôt
71, 1 An dem sehsten morgen.
   4 ir ros diu giengen ebene   des herren Sifrides man.
72, 1   stare unde breit,
   unt vil lieht ir helme.

68, 4 urloubes er gerte   zuo den Burgonden dan.
71, 4 ir ros giengen ebene (275).

Sivrit der fuort ir einen   wol zweier spannen breit,
der ze sinen ecken   vil harte vreislichen sneit.

74 Die goltvarwen zoume   fuortens an der hant,   75
sidiniu fürbüege: sns kòmens in daz lant.   (71)
daz vole si allenthalben   kapfen an began:
dô liefen in engegene   vil der Guntheres man.

75 Die hôhgemuoten recken,   ritter unde kneht,
die giengen zuo den herren   (daz was michel reht)
und enpfiengen dise geste   in ir herren lant,
und nâmen in die mœre   mit den schilden von der hant.

76 Diu ros si wolden dannen   ziehen an gemach.
Sivrit der vil küene,   wie snelle er dô sprach
«lât uns stên die mœre,   mir und minen man.
wir wellen sciere hinnen: des ich guoten willen hân.

77 Swem sin kunt diu mære,   der sol mich niht verdagen,
wa ich den künee vinde,   daz sol man mir sagen,
Gunthern den vil richen   ûz Burgonden lant.»
dô sagetez im ir einer   dem ez rehte was bekant.

78 «Welt ir den künee vinden,   daz mac vil wol gescehen.
in jenem sale witen   hân ich in gesehen
bi den sinen helden.   dâ sult ir hine gân;
dâ muget ir bi im vinden   manegen hêrlichen man.»

79 Nu wâren dem künige   diu mære geseit
daz dâ komen wæren   ritter vil gemeit,

73, 4   harte vreislichen sneit.
74, 1 Die goldes rôten zoume.
     4   des künic Guntheres man.
75, 2 die sprungen in begegene.
     4 si nâmen in die mœre   unt ir schilde von der hant.
76, 1   ziehen an ir gemach.
Sifrit der vil starke   zuo den helden sprach
«lât uns noch die mœre   eine wile stân.
77, 1 Man sol ouch unser schilde   ninder von uns tragen.
78, 2 ûf jenem sal witen.
     3 bi den sinen degenen.   welt ir zuo zim gân,
ir muget dâ vor im vinden   manigen ûz erwelten man.
79, 1 Dô wâren ouch dem künige   diu mære nu geseit,
daz ûfme hove wæren.

77, 1 Wir wellen unser schilde   selbe behaben (26).

die fuorten wîze brünne   und hêrlîch gewant:
sin erkande niemen   in der Burgonden lant.

80 Den künec des hete wunder,   von wannen koemen dar   81
die hêrlîchen recken   in wæte lieht gevar   (40)
und mit sô guoten scilden,   niuwe unde breit.
daz im daz sagete niemen,   daz was Gunthere leit.

81 Des antwurt dem künege   von Metzen Ortwîn
(rîch unde küene   mohte er wol sîn)
«sît wir ir niht erkennen,   sô sult ir heizen gân
nâch mînem œheim Hagenen: den sult ir si sehen lân.

82 Dem sint kunt diu rîche   und ouch diu vremden lant.
sint im die herren künde,   daz tuot er uns bekant.»
der künec bat in bringen   unde sîne man:
man sach in hêrlîche   mit recken hin ze hove gân.

83 Waz sîn der künec wolde,   des vrâgte Hagene.
«ez sint in mîme hûse   unkunde degene,
die niemen hie bekennet: habt ir si ie gesehen,
des sult ir mir, Hagene,   der rehten wârheite jehen.»

84 «Daz tuon ich», sprach Hagene: zeim venster er dô gie,
sin ouge er dô wenken   zuo den gesten lie.
wol behagete im ir geverte   und ouch ir gewant:
si wâren im vil vremde   in der Burgonden lant.

85 Er sprach, von swannen koemen   die recken an den Rîn,
ez möhten selbe fürsten   oder fürsten boten sîn.

79, 3 die fuorten liehte brünne.
80, 1 Den wirt des hete wunder.
   3 unt mit sô schœnen schilden.
   4 daz im daz niemen sagete.
81, 2 starc unde küene.
   4   den sul wir si sehen lân.
82, 2 mag er si bekennen.
   3 in bat der künic bringen   mit den sînen man.
   man sach in zühteclîche   ze hove für den künic gân
83, 2   vremde degene.
   3   ob ir si ie gesehen
   habt in vremden landen,   des sult ir, Hagene, mir verjehen.
84, 1 Daz tuon ich sicherlîche.
85, 1 Er sprach, von swannen füeren.

————————

80, 1 Den wirt hete wunder (219).

«ir ros diu sint scœne,   ir kleider harte guot».
von swannen si füeren,   «si sint hôhe gemuot.»

86 Alsô sprach dô Hagene.   «ich wil des wol verjehen,   87
swie ich Sivriden   nimer habe gesehen,   (**.)
sô wil ich wol gelouben,   swie ez dar umbe stât,
daz ez sî der recke,   der dort sô hêrlîchen gât.

87 Er bringet niuwemere   her in ditze lant.
die küenen Nibelunge   sluoc des heldes hant,
Schilbunc und Nibelungen,   diu richen küneges kint.
er frumte starkiu wunder   mit sîner grôzen krefte sint.

88 Dâ der helt al eine   ân alle helfe reit,
er vant vor einem berge,   daz ist mir wol geseit,
bî Nibelunges horde   vil manegen küenen man:
die wâren im ê vremde,   unz er ir künde dâ gewan.

89 Hort der Nibelunges   der was gar getragen
ûz einem holen berge.   nu hœret wunder sagen,
wie in wolden teilen   der Nibelunge man.
daz sach der degen Sîvrit: den helt es wundern began.

90 Er kom zuo zin sô nâhen   daz er die helde sach
und ouch in die degene.   ir einer drunder sprach
«hie kumet der starke Sîvrit,   der helt von Niderlant.»
vil seltsæniu mære   er an den Nibelungen vant.

91 Den recken wol enpfiengen   Scilbunc und Nibelunc.
mit gemeinem râte   die edelen fürsten junc
den scaz in bâten teilen,   den wætlîchen man,
und gerten des mit vlîze: der herre loben inz began.

85, 3 ir ros diu sint sô schœne.
4 von swannen si joch rîten.
86, 1   als ich mich kan verstân.
swie ich Sifriden   noh nie gesehen hân,
sô wil ich wol getrouwen,   swie ez sich gefüeget hât,
sô ist ez der recke.
89, 3 wie in teilen wolden.
90, 1   daz er die recken sach.
91, 3   den vil küenen man,
unt bâtens in sô lange   unz er inz loben dô began.

---

86. 1 Alsô sprach dô Hagene.   «ich mac daz wol sagen.
swie ich Sivriden   nie gesehen habe (30),
sô wil ich wol gelouben,   swie ez dar umbe stât.
sô ist ez der recke,   der dort sô hêrlîchen stât (30).

92 Er sach sô vil gesteines,   sô wir hœren sagen,   93
hundert kanzwägene   ez möhten niht getragen: (92)
noch mê des rôten goldes   von Nibelunge lant:
daz solde in allez teilen   des küenen Sivrides hant.

93 Dô gâben si im ze miete   daz Nibelunges swert.
si wâren mit dem dienste   vil übele gewert,
den in dâ leisten solde   Sivrit der helt guot.
ern kundez niht verenden: si wâren zornec gemuot.

94 Si heten dâ ir friunde   zwelf küener man,
daz starke risen wâren: waz kundez si vervân?
die sluoc sît mit zorne   diu Sivrides hant,
und recken siben hundert   dwang er von Nibelunge lant

95 Mit dem guoten swerte,   daz hiez Balmunc.
durch die starken vorhte   vil manec recke junc,
die si zem swerte hêten   und an den küenen man,
daz lant zuo den bürgen   si im tâten undertân.

96 Dar zuo die richen künige   die sluog er beide tôt.
er kom von Albriche   sît in grôze nôt.
der wânde sine herren   rechen dâ zehant,
unz er die grôzen sterke   sît an Sivride vant.

97 Done kunde im niht gestriten   daz starke getwerc.
alsam die lewen wilde   si liefen an den perc,
da er die tarnkappen   sît Albriche ane gewan.
dô was des hordes herre   Sivrit der vreisliche man.

93, 2 si wurden mit dem dienste.
    3   der vil küene man.
    4   dô wart der helt von in bestân.
93, 5—8 Den schatz er ungeteilet   beliben muose lân.   (94)
    do begunden mit im striten   der zweier künige man.
    mit ir vater swerte.   daz Palmunc was genant.
    erstreit ab in der küene   den hort unt Nibelunge lant.
94, 2 die starc als risen wâren.
95 fehlt.
97, 3   Albriche ane gewan.
    dô wart des hordes herre   Sifrit der vil küene man.

93, 3   Sifrit der küene man.
    des wurden si dem lebede gram (30).

98 Die dâ torsten vehten,   die lâgen alle erslagen.   99
den scaz den hiez er balde   füeren unde tragen   (98)
dâ in dâ vor dâ nâmen   die Nibelunges man.
Albrîch der vil starke   dô die kameren gewan.

99 Er muos im sweren eide,   er diente im sô sîn knecht.
aller hande dinge   was er im gereht.»
sô sprach von Tronege Hagene.   «daz hât er getân:
alsô grôzer krefte   nie mêr recke gewan.

100 Noch weiz ich an im mêre   daz mir ist bekant.
einen lintrachen   sluoc des heledes hant.
er badet sich in dem bluote: sîn hût wart hurnîn.
des snîdet in kein wâfen: daz ist dicke worden scîn.

101 Wir sullen den herren   enpfâhen deste baz,
daz wir iht verdienen   des jungen recken haz.
sîn lip der ist sô küene,   man sol in holden hân:
er hât mit sîner krefte   sô menegin wunder getân.»

102 Dô sprach der künec riche   «du maht wol haben wâr.
nu sich wie degenliche   er stêt in strites vâr,
er und die sînen degene,   der vil küene man.
wir sulen im engegene   hin nider zuo dem recken gân.»

103 «Daz mugt ir», sprach dô Hagene,   «wol mit êren tuon.
er ist von edelem künne,   eins richen küneges sun.
er stêt in der gebære,   mich dunket, wizze Krist,
ez ensîn niht kleiniu mære   dar umbe er her geriten ist.»

98, 1 Die dâ getorsten strîten.
    2 den schatz hiez er dô balde.
    3 dâ in ê dâ nâmen.
99, 2 aller hande dienste.
100, 3 dô badet er in dem bluote: des ist der helt gemeit
      von alsô vester hiute   daz in nie wâfen sît versneit.
101, 1 Nu suln wir den recken.
    2   den sînen starken haz.
    4 er hât mit sînen ellen.
102, 2   er stêt gein strites vâr.
    3   der wunderküene man.
103, 2 er ist von hôhem künne.

98, 2 den scaz hiez er balde.
100, 3 er badet sich in dem bluote: dô wart des heledes lîp
      von hurnîner hiute: des in versneit kein wâfen sît (31).

104 Dô sprach der künec des landes   «nu sî uns willekomen.   103
    er ist edel und küene,   daz hân ich wol vernomen: (104)
    des sol ouch er geniezen   in Burgonden lant.»
    dô gie der herre Gunther   dâ er Sîvriden vant.

105 Der wirt und sîne recken   enpfiengen sô den gast
    daz in an ir zühten   vil wênec iht gebrast.
    des begunde in nîgen   der wætliche man,
    daz si in heten grüezen   sô rehte scône getân.

106 «Mich wundert dirre mære»,   sprach der künec zehant,
    «von wanne ir, edel Sîvrit,   sît komen in ditze lant,
    oder waz ir wellet werben   ze Wormez an den Rîn.»
    dô sprach der gast zem künege   «daz sol iuch unverdaget sîn.

107 Mir wart gesaget mære   in mines vater lant,
    daz hie bî iu wæren   (daz het ich gerne erkant)
    die küenesten recken   (des hân ich vil vernomen),
    die ie künec gewunne: dar umbe bin ich her bekomen.

108 Ouch hœre ich iu selben   der degenheite jehen,
    daz man künec deheinen   küener habe gesehen.
    des redent vil die liute   über elliu disiu lant:
    nune wil ich niht erwinden   unz ez mir werde bekant.

109 Ich bin ouch ein recke   und solde krône tragen.
    ich wil daz gerne füegen   daz si von mir sagen
    daz ich habe von rehte   liute unde lant:
    dar umbe sol mîn êre   und ouch mîn houbet wesen pfant.

110 Nu ir sît sô küene,   als mir ist geseit,
    sone ruoche ich, ist ez iemen   liep oder leit:
    ich wil an iu ertwingen   swaz ir muget hân,
    lant unde bürge,   daz sol mir werden undertân.»

104, 1 Dô sprach der wirt des landes.
    4 dô gie der künic Gunther.
105, 2   wênic iht gebrast.
    3   der vil küene man.
    man sach in zühteclîche   mit den sînen recken stân.
106, 1   sprach der wirt zehant.
    2   sît komen in duz lant,
    oder waz ir werbet.
108, 1 Ouch hôrt ich iu selben.
    3 des giht iu vil der liute.
110, 2 jane ruoche ich, ist ez iemen.
    4   daz sol mir wesen undertân.

111 Den künec hete wunder   und sine man alsam   110
umbe disiu mære   diu er hie vernam,   (111)
daz er des hete willen,   er næme im sînin lant.
daz hôrten sine degene: dô wart in zürnen bekant.

112 «Wie het ich daz verdienet»,   sprach Gunther der degen,
«des min vater lange   mit éren hât gepflegen,
daz wir daz solden vliesen   von iemannes kraft?
wir liezen übele schînen   daz wir ouch pflegen ritterschaft.»

113 «Ine wil es niht erwinden»,   sprach aber der küene man.
«ez enmüge von dinen ellen   din lant den fride hân,
ich wil es alles walden: und ouch diu erbe mîn,
erwirbest duz mit sterke,   diu sulen dir undertænee sin.

114 Din erbe und ouch daz mine   sulen geliche ligen.
sweder unser einer   am andern mac gesigen,
dem sol ez allez dienen,   die liute und ouch diu lant.»
daz widerredete Hagene   unde Gérnôt zehant.

115 «Wir hân des niht gedingen»,   sprach dô Gérnôt,
«daz wir iht lande ertwingen,   daz iemen drumbe tôt
gelige vor heldes handen.   wir haben richiu lant:
diu dienent uns von rehte,   ze niemen sint si baz bewant.»

116 Mit grimmigem muote   dâ stuonden friwende sin.
dô was ouch dar under   von Metzen Ortwin:
der sprach «disiu suone   ist mir harte leit.
in hât der starke Sîvrit   unverdienet widerseit.

117 Ob ir und iuwer bruoder   hetet niht die wer,
und ob er danne fuorte   ein ganzez küneges her,
ih trûte wol erstriten   daz der küene man
diz starkez übermüeten   von wâren schulden müese lân.»

118 Daz zurnde harte sêre   der helt von Niderlant.
er sprach «sich sol vermezzen   niht wider mich din hant.

113, 4 erwirbestuz mit ellen,   diu suln von rehte wesen dîn.
114, 1 Dîn lant und ouch daz mîne.
    4 daz widerredet aleine   der herre Gérnôt zehant.
115, 3 gelige vor recken handen.
116, 1 In vil grimmem muote.
    2   der herre Ortwin.
    3   ist mir von herzen leit.
117, 2   ein michel küniges her.
    4 die grôzen übermüete.
118, 2 sich ensol niht vermezzen   wider mich din hant.

ich bin ein küene riche,   sô bistu küneges man:
iane dörften mich din zwelve   mit strite nimmer bestân.»

119 Nâch swerten rief dô sêre   von Metzen Ortwin: 118
er mohte Hagenen swester sun   von Tronege vil wol sin.   (119)
daz der sô lange dagete,   daz was dem künege leit.
dô understuond ez Gêrnôt,   der ritter küen unt gemeit.

120 Er sprach ze Ortwine   «lât inwer zürnen stân:
uns enhât der herre Sivrit   solhes niht getân.
wir mügenz noch wol sceiden   mit zühten, dêst mîn rât,
und haben in ze friwende: daz uns noch lobelicher stât.»

121 Dô sprach der starke Hagene   «uns mac wol wesen leit,
allen dinen degenen,   daz er ie gereit
durch striten her ze Rine.   er soldez haben lân:
im heten mine herren   sölher leide niht getân.»

122 Des antwurte Sivrit,   der kreftige man,
«müet iuch daz, her Hagene,   daz ich gesprochen hân,
sô sol ich lâzen kiesen   daz die hende min
wellent vil gewalder   hie zen Burgonden sin.»

123 «Daz sol ich eine wenden»,   sprach aber Gêrnôt
allen sinen degenen   reden er verbôt
iht mit übermüete   des im wære leit.
dô gedâhte ouch Sivrit   an die vil hêrlichen meit.

124 «Wie zæme uns mit in striten?»   sprach aber Gêrnôt,
«swaz helde nu dar under   müesen ligen tôt,
wir hetens lützel êre   und ir vil kleinen frmn.»
des antwurte ime dô Sivrit,   des künec Sigemundes sun.

125 «War umbe bîtet Hagene   und ouch Ortwin,
daz er niht gâhet striten   mit den friwenden sin,

118, 4 ja enzimt dir niht mit strite   deheinen minen gnôz bestân.
120, 4   daz uns vil lobelicher stât.
121, 1 Des antwurte Hagene.
       2 allen inwern degenen.
122, 1 Dô sprach aber Sifrit.
123, 1   sprach dô Gêrnôt.
124, 3   ob wir ez wolden tuon.
       des antwurte Sifrit.

123, 1   sprach Gêrnôt.
124, 3 wir hetens lützel êre   und ir vil kleinen frumen.
       des antwurte Sivrit.   des künec Sigemundes sune (15).

der er hie sô manegen   zen Burgonden hât?»
si muosen rede vermiden: daz was Gêrnôtes rât.

126 «Ir sult uns wesen willekomen»,   sô sprach daz Uoten kint,   125
   «mit iuwern hergesellen,   die mit in komen sint.   (126)
wir sulen iu gerne dienen,   ich und die mâge mîn.»
dô hiez man den gesten   scenken den Guntheres wîn.

127 Dô sprach der wirt des landes   «allez daz wir hân,
geruochet irs nâch êren,   daz si iu undertân,
und sî mit iu geteilet   lîp unde guot.»
dô wart der herre Sivrit   ein lützel sanfter gemuot.

128 Dô hiez man in behalten   allez ir gewant.
man suochte herberge,   die besten die man vant,
Sivrides knehten: man scuof in guot gemach.
den gast man sît vil gerne   dâ zen Burgonden sach.

129 Man bôt im michel êre   dar nâch ze manegen tagen,
tûsent stunden mêre   danne ich iu kan gesagen.
daz hete versolt sîn ellen.   ir sult gelouben daz,
in sach vil lützel iemen   der im wære gehaz.

130 Sich vlizzen kurzwîle   die künege und ouch ir man.
sô was er ie der beste,   swes man dâ began:
desn kund im gevolgen niemen,   sô michel was sîn kraft,
sô si den stein wurfen   oder schuzzen den scaft.

131 Swâ sô bî den frouwen   durch ir höfscheit
kurzewîle pflâgen   die ritter vil gemeit,
dâ sah man ie vil gerne   den helt von Niderlant.
er het ûf hôhe minne   sîne sinne gewant.

125, 3 der er alsô manigen   hie ze lande hât.
126, 1   sprach Giselher daz kint,
   unt inwer hergesellen.
   4   schenken Guntheres wîn.
128, 2 man gab in herberge.
   3 Sivrides knappen.
129, 2   danne ich iu kunde gesagen.
   3   ir sult wol wizzen daz.
130, 3 des kunde im volgen niemen.
131, 1 Swâ sô vor den frouwen.
   3   den helt ûz Niderlant.
   5—8 Ze hove die schœnen frouwen   vrâgten mære.
   wer der stolze vremde   recke wære.
   «sîn lîp der ist sô schœne,   vil rîche sîn gewant.»
   dô sprâchen ir genuoge   «ez ist der künic von Niderlant.»

132 Swes man ie begunde,   des was sîn lip bereit. ,   131
er truoc in sîme sinne   ein minnecliche meit,   (132)
und ouch in ein din frouwe   die er noh nie gesach,
diu im in heinliche   vil dicke güetlichen sprach.

133 Swenne ûf dem hove wolden   spilen dâ diu kint,
ritter unde knehte,   daz sach vil dicke sint
Kriemhilt durch diu venster,   diu küneginne hêr:
deheiner kurzwile   bedorftes in den zîten mêr.

134 Wess er daz in sæhe   die er in herzen truoc,
dâ het er kurzewile   immer von genuoc.
sæhen sie sîn ougen,   ich wil wol wizzen daz,
daz im in dirre werlde   kunde nimmer werden baz.

135 Swenn er bi den helden   ûf dem hove stuont,
alsô noch die liute   durch kurzewile tuont,
sô stuont sô minnecliche   daz Sigelinde kint,
daz in durch herzen liebe   trûte manec frouwe sint.

136 Er gedâht ouch manege zîte   «wie sol daz geschehen
daz ich die maget edele   mit ougen müge sehen,
die ich von herzen minne   und lange hân getân?
diu ist mir noch vil vremde: des muoz ich trûric gestân.»

137 Sô ie die künege riche   riten in ir lant,
sô muosen ouch die recken   mit in al zehant.
dâ mite muos ouch Sîvrit: daz was der frouwen leit.
er leit ouch von ir minne   dicke michel arebeit.

132, 1 Swes man dâ begunde.
  2 er truoc in sînem muote.
133, 2 ritter unde knappen.
  4   bedorft diu küniginne mêr.
134, 1 Unt wesser daz in sæhe.
  2   immer ane genuoc.
  solt ouch er si schouwen,   ir sult wizzen daz.
135, 1 Swenn er bi den recken.
126, 4   des muoz ich dicke trûric stân.
137. 1 Sô die künige riche.
  2 sô muosen ie die recken.
  3 dâ mite reit ouch Sifrit: daz was den fronwen leit.
  er het durch hôhe minne.

136, 4   des muoz ich trûriger stân.
137, 2 sô muosen die recken. (235).
  4 er leit von ir minne (235).

138 Sus wond er bi den herren,   daz ist alwâr,   137
    in Guntherês lande   volleclich ein jâr,   (139)
    daz er die minneclichen   die zite nien gesach,
    dâ von im sit vil liebe   und ouch vil leide gescach.

IV. ÂVENTIURE,

WIE ER MIT DEN SAHSEN STREIT.

139 Nu nâhent vremdiu mære   in Guntheres lant,
    von boten die in verre   wurden dar gesant
    von unkunden recken   die in truogen haz.
    dô si die rede vernâmen,   leit was in wærliche daz.

140 Die wil ich in nennen: ez was Liudegêr
    ûzer Sahsen lande,   ein rîcher fürste hêr,
    und ouch von Tenemarke   der künec Liudegast.
    die brâhten in ir reise   vil manegen hêrlichen gast.

141 Ir boten komen wâren   in Guntheres lant.
    die sine widerwinnen   heten dar gesant.
    dô vrâgte man der mære   die unkunden man.
    man hiez die boten balde   ze hove für den künec gân.

142 Der künec si gruozte scône;   er sprach »sit willekomen.
    wer iuch her habe gesendet,   desn hân ich niht vernomen:
    daz sult ir lâzen hœren«,   sprach der künec guot.
    dô vorhten si vil sêre   den grimmen Guntheres muot.

138, 4 von der im sit vil liebe.

139, 1 Dô kòmen vremdiu mære
     2 von boten die im verre   wàren dar gesant.
     4   leit was in inneeliche daz.
140, 4 an dem sinen friunden   ganzer helfe nie gebrast.
141, 1   in Burgonden lant,
       die ir widerwinnen.
     4 dô brâhte man si balde   ze hove für den künie stân.
142, 1 Dô sprach der künic Gunther   «nu sit willekomen.
     3   sprach der ritter guot.

141, 4 dô hiez man si balde.
142, 1 Der gruozte si scône.

143 «Welt ir, künec, erlouben,   daz wir iu mære sagen,   142
din wir iu dâ bringen,   sone suln wir niht verdagen,   (144)
wir nennen iu die herren   die uns her habent gesant:
Liudegast und Liudegêr   die wellent suochen her enlant.

144 Ir habet ir zorn verdienet.   jâ hôrten wir wol daz,
daz iu die herren beide   tragent grôzen haz.
si wellent herverten   ze Wormez an den Rin:
in hilfet vil der degene,   daz wizzet ûf die triuwe mîn.

145 Inre zwelf wochen   diu reise muoz geschehen.
habt ir iht guoter friwende,   daz lâzet balde sehen,
die iu vriden helfen   die bürge und iuwer lant.
hie wirt von in verhouwen   vil manec helm unde rant.

146 Oder welt ir mit iu dingen,   so enbietet ez in dar:
sone ritent iu sô nâhen   niht die manegen scar
der iuwer starken vinde   ûf herzenlichiu leit,   .
dâ von verderben müezen   vil guote ritter gemeit.»

147 «Nu bitet eine wîle»,   sprach der künec guot,
«unz ich mich baz versinne: ich künd iu mînen muot.
hân ich getriuwer iemen,   die sol ich niht verdagen
disiu starken mære   sol ich mînen friwenden klagen.»

148 Gunthere dem rîchen   wart leide genuoc.
die rede er tougenlichen   in sîme herzen truoc.
er hiez gewinnen Hagenen   und ander sîne man
und bat ouch harte balde   ze hove nâch Gêrnôte gân.

149 Dô kômen die besten   swaz man der dâ vant.
er sprach «man wil uns suochen   her in unser lant

143, 1 Welt ir uns, künec, erlouben.
    4   dio wellent suochen iuwer lant.
144, 1 Ir habt ir haz verdienet: ir sult gelouben daz,
    daz iu die recken beide
    4   des sult ir âne zwîfel sîn.
145, 1   ir reise sol geschehen.
    habt ir iemen vriunde,   daz lât vil balde sehen.
    4   vil manic hêrlicher rant.
146, 2   niht die starken schar
    ze Wormez zuo dem Rîne.
    4   die guoten ritter gemeit.
148, 1 Dem künige disiu mære   wâren leit genuoc.
149, 1 Dô kômen im die besten.

144, 1   jâ hôrten wir daz (240).
145, 2 habet ir iht friwende.

mit starken herverten;   daz lât iu wesen leit.»
des antwurte Gêrnôt,   ein ritter küen unt gemeit,

150 «Daz wer et wir mit swerten»,   sô sprach Gêrnôt.   149
«dâ sterbent wan die veigen: die lâzen ligen tôt.   (151)
dar umbe ich niht vergezzen   mac der êren mîn.
die unser viande   suln uns willekomen sîn.»

151 Dô sprach von Tronege Hagene   «daz endunket mich niht guot.
Liudegast unt Liudegêr   die tragent übermuot.
wir mugen uns niht besenden   in sô kurzen tagen»;
sô sprach der küene recke.   «wan muget irz Sivride sagen?»

152 Die boten herbergen   hiez man in die stat.
swie vient man in wære,   vil schône ir pflegen bat
Gunther der riche,   daz was wol getân,
unz er revant an friwenden   wer im dâ wolde gestân.

153 Dem künege in sînen sorgen   was idoch vil leit.
dô sah in trûrende   ein ritter vil gemeit,
der niht mohte wizzen   waz ime was geschehen:
dô bat er im der mære   den künec Gunther verjehen.

154 «Mich nimet des michel wunder»,   sprach dô Sivrit,
«wie habt ir sô verkêret   die vrœlichen sit
der ir mit uns nu lange   habet alher gepflegen.»
des antwurt ime dô Gunther,   der vil zierliche degen,

155 «Jane mag ich allen liuten   die swære niht gesagen
die ich muoz tougenliche   in mîme herzen tragen:
man sol stæten vriwenden   klagen herzen nôt.»
diu Sivrides varwe   wart dô bleich unde rôt.

149, 4 ez ist gar âne schulde   daz si uns habent widerseit.
150, 1   sprach dô Gêrnôt.
   2   die mñezen ligen tôt.
   4 die unser widerwinnen.
151, 1 Dô sprach der starke Hagene.
152, 2   doch schône ir pflegen bat.
153, 2   ein degen vil gemeit,
   der niht wizzen kunde.
154, 1 Mich wundert harte sêre.
155, 4   wart beidiu bleich unde rôt.

150, 1   sprach Gêrnôt.
154, 1 Mich wunteret harte (220).

156 Er sprach zuo dem künege   «ine hân in niht verseit.   155
  ich sol in helfen wenden   ellin iuwer leit.   (157)
  welt ir vriwent suochen,   der sol ich einer sîn,
  unt trouwe ez wol volbringen   mit éren an daz ende mîn.»

157 «Nu lône iu got, her Sivrit: din rede mich dunket guot.
  und ob mir nimmer helfe   iwer ellen getuot,
  ich freu mich doch der mære,   daz ir mir sît sô holt.
  leb ich deheine wîle,   ez wirdet umb iuch wol versolt.

158 Ich wil iuch lâzen hœren   war umbe ich trûree stân.
  von boten mîner vînde   ich daz vernomen hân
  daz si mich wellen suochen   mit herverten hie.
  daz getâten uns noch degene   her zuo disen landen nie.»

159 «Daz lât iuch ahten ringe».   sprach dô Sivrit,
  «unt senftet iuwerm muote: tuot des ich iuch bit,
  lât mich iu erwerben   êre unde frumen,
  und bittet iuwer degene   daz si iu ouch ze helfe kumen.

160 Swenne iuwer starke vînde   zir helfe möhten hân
  drîzec tûsent degene,   sô wold ich si bestân,
  und het ich niwan tûsent: des lât iuch an mich.»
  dô sprach der künec Gunther   «daz diene ich immer umbe dich.»

161 «Sô heizet mir gewinnen   tûsent iuwer man,
  sit daz ich der mînen   bî mir niht enhân
  niwan zwelf recken: sô wer ich iuwer lant.
  iu sol mit triuwen dienen   immer Sivrides hant.

162 Des sol uns helfen Hagene   und ouch Ortwin,
  Danewart und Sindolt,   die lieben recken dîn.
  ouch sol dâ mit rîten   Volkêr der küene man:
  der sol den vanen füeren;   baz ichs niemen engan.

163 Unt lât die boten rîten   heim in ir lant:
  daz si uns sehen sciere,   daz tuo man iu bekant,

156, 1   daz habet ûf mînen eit.
  4 unt trouwe ez wol mit éren   volbringen an daz ende mîn.
157, 4   ez sol werden wol versoholt.
158, 3 daz si mich suochen wellen.
159, 3 êre unt ouch den frumen,
  ê daz iwer vinde   her ze disen landen kumen.
161, 4 iu sol immer dienen   mit triuwen Sifrides hant.
163, 1 Nu lât die boten rîten   wider in ir lant.
  daz si uns dâ sehen schiere.

sô daz unser bürge   müezen vride hân.»
dô hiez der künec besenden   beide mâge unde man.

164 Die boten Lindegéres   ze hove giengen dô.   163
daz si ze lande solden,   des wâren si vil vrô.   (165)
dô bôt in rîche gâbe   Gunther der künec gnot,
und senof in sîn geleite: des stuont in hôhe der muot.

165 «Nu saget», sprach dô Gunther,   «den vianden mîn,
si mugen mit ir reise   wol dâ heime sîn.
welln aber si mich suochen   her in mîniu lant,
mirn zerinne mîner vriwende,   in wirdet arebeit erkant.»

166 Den boten rîche gâbe   man dô für truoc:
der het in ze gebene   Gunther gennoc.
dine torsten niht versprechen   die Lindegéres man.
dô si urloup genâmen,   si schieden vrœliche dan.

167 Dô die boten wâren   ze Tenemarke komen,
unt der künec Liudegast   hete daz vernomen
wie si von Rîne kômen,   als im daz wart geseit,
ir starkez übermüeten   was im wærlichen leit.

168 Si sagten daz si hêten   vil manegen küenen man:
ouch sâhen si dar under   einen recken stân,
«der was geheizen Sivrit,   ein helt ûz Niderlant.»
ez leidete Liudegaste,   do er daz mære rehte ervant.

169 Dô die von Tenemarke   ditze hörten sagen,
dô îlten si der friwende   deste mê bejagen,
unze daz her Liudegast   sîner küenen man
zweinzec tûsent degene   zuo sîner reise gewan.

170 Do besande ouch sich von Sahsen   der künec Liudegér,
unz si vierzec tûsent   heten unde mér,

163, 3   vride müezen hân.
166, 2   der riche künic gennoc.
    4 urloup si dô nâmen   unt fuoren vrœlichen dan.
167, 3 wie si ze Rîne redeten.
    4   was im âne mâze leit.
168, 1 Man saget im daz si hêten   manigen küenen man.
    dar under sach man einen   vor Gunthere stân.
    4   do er diu mære reht ervant.
169, 2 dô îlten si der helfe.
    3 sô daz der künic Liudegast   sîner mâge unt man
    wol zweinzic tûsint degene   zuo der reise gewan.

168, 2 dar under si sâhen   einen recken stân.

mit den si wolden riten   in Burgonden lant.
dô het ouch sich hie heime   der küene Gunther besant

171 Mit den sînen mâgen   und sîner bruoder man,   170
die si wolden füeren   durch urlinge dan,   (172)
und ouch die Hagenen recken: des gie den helden nôt.
dar umbe muosen degene   sider kiesen den tôt.

172 Si vlizzen sich der reise.   dô si wolden dan,
den vanen muose leiten   Volkêr der küene man,
alsô si wolden riten   von Wormez über Rin.
Hagene von Tronege   der muose scarmeister sîn.

173 Dâ mite reit ouch Sindolt   unde Hûnolt,
die wol gedienen kunden   daz Guntheres golt.
Danewart Hagenen bruoder   und ouch Ortwin,
die mohten wol mit êren   in der herverte sîn.

174 «Her küene, sit hie heime»,   sprach dô Sivrit,
«sit daz iuwer recken   mir wellent volgen mit:
belibet bi den frouwen   und traget hôhen muot.
ich trouwe iu wol behüeten   beidiu êre unde guot.

175 Die iuch dâ wolden suochen   ze Wormez an den Rin,
daz wil ich wol behüeten,   si mugen dâ heime sîn.
wir sulen in geriten   sô nâhen in ir lant,
daz in ir übermüeten   werde in sorgen erwant.»

176 Von Rine si durch Hessen   mit ir helden riten
gegen Sahsen lande: dâ wart sit gestriten.

170, 3   in Guntheres lant.
    dô heten ouch sich hie heime   die drie künige besant
171. 1 Mit den Burgonden   unt ander ir hôhen man,
    die si durch urliuge   füeren wolden dan.
    si îlten sich bereiten.
    4 dar under muosin degene.
172. 1 Si vlizzen sich zer reise.
    2 Volkêr dem küenen   bevolhen wart der vane,
    dô si varen wolden.
    4 Hagene der starke.
173. 2   richer künige golt.
    Danewart der snelle.
174. 3   unt habet hôhen muot.
    ich trouwe iu wol behereten
175. 2 daz sol ich wol behüeten   daz in iht schade sin
176. 2 gegen der Sahsen lande.

172, 2 Volkêr der küene   leite den vanen (17).

mit roube und ouch mit brande   wuosten si daz lant,
daz ez den fürsten beiden   wart mit arebeit bekant.

177 Si kômen ûf die marke: die knehte zogeten dan.   176
     Sivrit der vil starke   vrâgen des began,   (174)
     «wer sol des gesindes   uns nu hüeten hie?»
     jâne wart den Sahsen   geriten schedelicher nie.

178 Si sprâchen «lât der tumben   hüeten ûf den wegen
     den küenen Dancwarten;   der ist ein sneller degen.
     wir vliesen deste minre   von Lindegêres man.
     lât in und Ortwinen   hie die nâhhnote hân.»

179 «Sô wil ich selbe riten»,   sprach Sivrit der degen,
     «unde wil der warte   gegen den vinden pflegen,
     unz ich rehte ervinde   wâ die recken sint.»
     dô wart gewâfent seiere   der scœnen Sigelinden kint.

180 Daz volc bevalh er Hagenen,   dô er wolde dan,
     unde Gêrnôte   dem vil küenen man:
     dô reit er eine dannen   in der Sahsen lant.
     des wart von im verhouwen   des tages manec helmebant.

181 Dô sah er here daz grôze   daz ûf dem velde lac,
     daz wider siner helfe   mit unfuoge wac:
     des was wol vierzec tûsent   oder dannoch baz.
     Sivrit in hôhem muote   sach vil vrœlichen daz.

182 Dô het ouch sich ein recke   gein den vinden dar
     erhaben ûf die warte: der was ze vlize gar.
     den sach der herre Sivrit,   und in der küene man:
     ietweder dô des andern   mit nîde hüeten began.

183 Ich sage iu wer der wære,   der der warte pflac.
     ein lichter scilt von golde   im vor der hende lac.

177, 2   vrâgen dô began.
178, 2 den vil küenen marschalch.
179, 3 unz ich vil rehte ervinde.
     4 dô wart gewâfent balde.
180, 2 unt ouch Gêrnôte.
     4 da er diu rehten mæro   wol mit êren sit ervant.
181, 4 der helt in hôhem muote.
182, 1   von den vinden dur.
     4   mit nîde goumen began.
183, 1   der hie der warte pflac.

177, 2   vrâgen began
180, 4 dâ im an den vinden   harte scône gelanc (17).

ez was der küene Liudegast: der huote siner schar.
dirre gast vil edele   sprancte hêrlichen dar.

184 Nu het ouch in her Liudegast   vientlich erkorn,   183
ir ros si nâmen beide   zen siten mit den sporn,   (185)
si neigten ûf die scilde   die scefte mit ir kraft.
des wart der küene riche   mit grôzen sorgen behaft.

185 Diu ros nâch stiche truogen   diu richen küneges kint
beide für ein ander,   sam si wæte ein wint.
mit zoumen wart gewendet   vil ritterlichen dan:
mit swerten ez versuochten   die zwêne grimmige man.

186 Dô sluoc der herre Sivrit   daz al daz velt erdôz.
dô stoup ûz dem helme   sam von brenden grôz
die viwerrôten vanken   von des heldes hant.
ir ietweder den sînen   an dem anderen vant.

187 Ouch sluog im her Liudegast   vil manegen grimmen slac.
ir ietwederes ellen   ûf schilden vaste lac.
dô heten dar gehüetet   wol drizec siner man:
ê daz im die kœmen,   den sie doch Sivrit gewan

188 Mit drin starken wunden   die er dem künege sluoc
durch eine wîze brünne,   diu was guot genuoc.
daz swert an sînen ekken   brâht ûz wunden bluot.
des muost der küene Liudegast   haben trûrigen muot.

189 Er bat sich leben lâzen   und bôt im sîniu lant
und sagte im daz er wære   Liudegast genant.
dô kômen sine recken: die heten wol gesehen
waz dâ von in beiden   ûf der warte was geschehen.

183, 4   ernande hêrlichen dar.
184, 4 des wart der künic hêre.
185, 2 mit hurte für ein ander.
    4   die zwêne grimme starke man.
186, 3 die rôten fiures vanken   von des recken hant.
    dô streit vil mähteclichen   der küene voget ûz Niderlant.
187, 1 Dô sluoc ouch im her Liudegast.
    4 ê im der helfe kœme.
188, 2 durch eine liehte brünne.
    4 des gewan der künic Liudegast   einen trûrigen muot.

186, 4 ir ietwederes wâfen   ûf dem andern erklanc (17).
187, 4 ê im die kœmen.

190 Er wolde in fûeren dannen: dô wart er an gerant   189
     von drîzec sînen mannen.   dô wert des heldes hant   (190)
     sînen rîchen gîsel   mit ungefûegen slegen.
     sît tet scaden mêre   der vil zierliche degen.

191 Die drîzec er ze tôde   vil werliche sluoc.
     er liez ir leben einen: balde er reit gennoc
     und sagte hin diu mære,   waz hie was geschehen.
     ouch mohte mans die wârheit   an sîne rôtem helme sehen.

192 Den von Tenemarke   was vil grimme leit,
     ir herre was gevangen,   do in daz wart geseit.
     man sagte ez sînem bruoder: toben er began
     von ungefûegem zorne,   wand im was leide getân.

193 Liudegast der recke   was gefûeret dan
     von Sîvrides gewalte   zuo Guntheres man.
     er bevalh in Hagenen: do in daz wart geseit
     daz ez der künec wære,   dô was in mazlîche leit.

194 Man hiez den Burgonden   ir vanen binden an.
     «wol ûf», sprach Sîvrit,   «hie wirt mêr getân,
     ê sich der tac verende,   sol ich haben den lîp.
     daz müet in Sahsen lande   vil manec wætlîchez wîp.

195 Ir helde von dem Rîne,   ir sult mîn nemen war:
     ich kan iuch wol geleiten   in Liudegêres scar.
     sô seht ir helme houwen   von guoter helede hant.
     ê daz wir wider wenden,   in wirdet sorge bekant.»

190, 1 Do er in dannen fuorte.
     4   Sîfrit der ûz erwelte degen.
192, 3 man seit ez Lindegêre.
193, 1 Liudegast der rîche.
     3   der küene recke guot,
     do er vernam diu mære,   dô wart er frœlîch gemuot.
194, 1 Er hiez den Burgonden.
     2 wol ûf, sô sprach Sîfrit,   hie wirt noch mê getân.
     4   etlîches guoten recken wîp.
195, 3 dâ seht ir helme houwen.
     4   in der Burgonden lant.

190, 4   Sîfrit der zierliche degen.
193, 3   dô man in des gewuoc,
     daz ez der künic wære,   si gewunnen vrœlichen muot (31).
195, 4 ê daz wir wider wenden,   wir slahen manigen swertes swanc (17).

196 Zen rossen gâhte Gêrnôt   unde sine man.   **195**
     den vanen zuhte balde   der starke spileman,   (197)
     Volkêr der herre: dô reit er vor der scar.
     dô was ouch daz gesinde   ze strite hêrlichen gar.

197 Si fuorten doch niht mêre   niwan tûsent man,
     dar über zwelf recken.   stieben dô began
     diu molte von den strâzen: si riten über lant.
     dô sah man von in scînen   vil manegen hêrlichen rant.

198 Dô wâren ouch die Sahsen   mit ir scharn komen
     mit swerten wol gewahsen,   daz hân ich sît vernomen.
     diu swert diu sniten sêre   den helden an der hant:
     dô wolden si den gesten   weren bürge unde lant.

199 Der herren scarmeister   daz vole dô fuorten dan.
     dô was ouch komen Sivrit   mit den sinen man,
     die er mit im brâhte   ûzer Niderlant.
     des tages wart in sturme   vil manee pluotigin hant.

200 Sindolt und Hûnolt   und ouch Gêrnôt
     die sluogen in dem strite   vil manegen helt tôt.
     ê si daz rehte erfunden   wie küene was ir lip.
     daz muose sît beweinen   vil manee wætlîchez wip.

201 Volkêr und Hagene   und ouch Ortwin
     die laseten ime strite   vil maneges helmes schin
     mit vliezendem bluote,   die sturmküene man.
     dâ wart von Danewarte   vil michel wunder getân.

202 Die von Tenemarke   versuochten wol ir hant.
     dô hôrte man von hurte   erdiezen manegen rant,
     und ouch von scärpfen swerten,   der man dâ vil geslnoe.
     die strîtküenen Sahsen   tâten scaden dâ gennoe.

---

196. 1   unt ouch sine man.
     Volkêr der küene   den vanen zuhte dan,
     der starke videlære.

198, 2   als wir hân sît vernomen.
     3   den recken an der hant.

199, 3 die er dâ mit im brâhte.
     4   vil manic bluotiger rant.

200, 2 die vrumten in dem strite.

201, 3   ez wâren küene man.

202. 4   tâten scaden ouch gennoe.

196, 2 Volkêr der küene   zuhte den van (17).
202. 4   scaden tâten gennoe.

203 Dô die von Burgonden   drungen in den strit,   202
von in wart erhouwen   vil mance wunde wît.   (204)
dô sah man über sätele   fliezen daz bluot.
sus wurben nâch den êren   die ritter küene unde guot.

204 Man hôrt dâ lûte erhellen   den helden an der hant
diu vil scarpfen wâfen,   dô die von Niderlant
drungen nâch ir herren   in die herten scar:
si kômen degenliche   mit samt Sivride dar.

205 Volgen der von Rine   niemen man im sach.
man mohte kiesen vliezen   den bluotigen bach
durch die lichten helme   von Sivrides hant,
unz er Liudegêren   vor sinen hergesellen vant.

206 Drie widerkêre   het er nu genomen
durch daz her anz ende: nu was Hagene komen,
der half im wol ervollen   in sturme sinen muot.
des tages muose ersterben   vor in vil mance ritter guot.

207 Dô der starke Liudegêr   Sivriden vant,
und daz er alsô hôhe   truog an siner hant
den guoten Balmungen   und ir sô manegen sluoc,
des wart der herre zornec   unde grimmic genuoc.

208 Dô wart ein michel dringen   und grôzer swerte klanc,
dâ ir ingesinde   zuo zein ander dranc.
do versuochten sich die recken   beide deste baz,
die scar begunden wichen: sich huop dâ græzlicher haz.

209 Dem vogete von den Sahsen   was daz wol geseit,
sin bruoder was gevangen: daz was im harte leit.
wol wess er daz ez tæte   daz Sigelinde kint.
man zêh es Gêrnôten: vil wol ervant er ez sint.

210 Die slege Liudegêres   die wâren alsô starc
daz im under satele   strûchte daz marc.

205, 3 durch die vil liehten helme.
206, 2 des hers an ein ende: nu was ouch Hagene komen.
     3   in strite sinen muot.
     4   von in vil manic ritter guot.
207, 2 unt daz er sô hôhe.
     3 daz vil scharpfe wâfen.
     4 dar umbe wart der küene   vor leide zornic genuoc.
208, 1   unt grôz der swerte klanc.
     3   beidenthalben baz.

dô sich daz ross erholte, der küene Sîvrit
der gewan in dem sturme einen vreislîchen sit.

211 Des half im wol Hagene und ouch Gêrnôt, 210
Dancwart und Volkêr: des lag ir vil dâ tôt. (212)
Sindolt und Hûnolt und Ortwîn der degen,
die kunden in dem strîte zem tôde manegen nider legen.

212 In sturme ungesceiden wâren die fürsten hêr.
dô sah man über helme vliegen manegen gêr
durch die liehten schilde von der helde hant.
man sah dâ var nâch bluote vil manegen hêrlîchen rant.

213 In dem starken sturme erbeizte manec man
.nider von den rossen. ein ander liefen an
Sîvrit der küene und ouch .Liudegêr.
man sach dâ scefte vliegen unde manegen scärpfen gêr.

214 Duo flouc daz schiltgespenge von Sîvrides hant.
den sie gedâht erwerben der helt von Niderlant
an den küenen Sahsen der man vil wunder sach.
hei waz dâ liehter ringe der küene Dancwart zebrach!

215 Dô het der herre Liudegêr ûf eime schilde erkant
gemâlet eine krône vor Sîvrides hant.
wol wesser daz ez wære der kreftige man.
der helt zuo sînen friwenden lûte ruofen began

216 «Geloubet iuch des sturmes, alle mîne man.
sun den Sigemundes ich hie gesehen hân:
Sîvriden den starken hân ich hie bekant.
in hât der übele tiuvel her zen Sahsen gesant.»

211, 2 Ortwîn unt Volkêr.
  3   die zwêne küene man,
   von den vil manic frouwe schaden grôzen dâ gewan.
212, 1   wârn die künige hêr.
  3   von der degene hant.
  4   manigen hêrlichen rant.
213, 4 dâ striten wol nâch êren die helede küen unde hêr.
214, 3   die dolten ungemach.
215, 3   der übermüete man.
216, 1   mâge unt mîne man.
  3 von Niderlant den starken.

211, 3 Sindolt und Hûnolt und Ortwîn der degen:
  von den vil manic recke muose vliesen daz leben (45).
214, 3   swie vil der was (27).

217 Die vanen hiez er lâzen   in dem sturme nider.   216
    vrides er dô gerte: des werte man in sider.   (218)
    doch muos er werden gîsel   in Guntheres lant:
    daz het an im betwungen   des küenen Sivrides hant.

218 Mit gemeinem râte   sô liezen si den strît.
    dürkel vil der helme   und ouch der schilde wît
    si leiten von den handen;   swaz sô man der vant,
    die truogen bluotes varwe   von der Burgonden hant.

219 Si viengen swen si wolden: des heten si gewalt.
    Gérnôt und Hagene,   die recken vil balt,
    die wunden hiezen bâren: si fuorten mit in dan
    gevangen zuo dem Rîne   fünf hundert wœtlicher man.

220 Die sigelôsen recken   ze Tenemarken riten.
    done heten ouch die Sahsen   sô hôhe niht gestriten
    daz man in lobes jœhe: daz was den heleden leit.
    dô wurden ouch die veigen   von vriwenden sêre gekleit.

221 Si hiezen daz gewœfen   wider sommen an den Rîn.
    ez hete wol geworben   mit den helden sîn
    Sivrit der recke,   der het ez guot getân:
    des im jehen muosen   alle Guntheres man.

222 Gegen Wormez sande   der herre Gérnôt.
    heim zuo sîne lande   den vriwenden er enbôt,
    wie gelungen wœre   im und sînen man:
    ez heten die vil küenen   wol nâch êren getân.

223 Die garzûne liefen: von den wart ez geseit.
    dâ freuten sich vor liebe,   die ê heten leit,
    dirre lieben mœre   diu in dâ wâren komen.
    dâ wart von edelen frouwen   michel vrâgen vernomen,

217, 1 Die vanen wurden lâzen.
    4 daz het an im ertwungen.
219, 4 zuo den Burgonden.
221, 2   mit den recken sîn
    Sifrit der starke   het ez guot getân.
222, 3 wie im gelungen wœre   unt den sînen man.
223, 2 dâ freuten sich die schœnen.
    3 der vil lieben mœre   diu in wâren komen.
    4   vil michel vrâgen vernomen

222, 3 wie im gelungen wœre   unde sînen man.

224 Wie gelungen wære   des richen küneges man.
man hiez der boten einen   für Kriemhilde gân.
daz geschach vil tougen: jane torstes über lût;
wan si hete dar under   ir vil liebez herzen trût.

225 Dô si den boten komende   zir kemenâten sach,
Kriemhilt diu scœne   vil güetlîchen sprach
«nu sag an liebiu mære: jâ gib ich dir mîn golt,
tuost duz âne liegen,   ich wil dir immer wesen holt.

226 Wie sciet ûz dem strîte   mîn bruoder Gêrnôt
und ander mîne friwende?   ist uns iht maneger tôt?
oder wer tet dâ daz beste?   daz solt du mir sagen.»
dô sprach der bote sciere   «wir heten ninder einen zagen.

227 Ze ernste und ze strîte   reit niemen alsô wol,
vil edeliu küneginne,   sît ichz iu sagen sol,
sô der gast vil edele   ûzer Niderlant:
dâ worhte michel wunder   des küenen Sîvrides hant.

228 Swaz die recken alle   in strîte hânt getân,
Danewart und Hagene   und ander sküneges man,
swaz si striten nâch êren,   daz ist gar ein wint
unz eine an Sîvriden,   des küuec Sigemundes kint.

229 Si frumten in dem sturme   der helde vil erslagen:
doch möhte iu daz wunder   niemen wol gesagen
waz dâ worhte Sîvrit,   swenn er ze strîte reit.
den frouwen an ir mâgen   tet er diu grœzlîchen leit.

230 Ouch muoste dâ belîben   vil maneger frouwen trût.
sîne slege man hôrte   ûf helmen alsô lût,

224, 2   zuo Kriemhilden gân.
225, 3 sag an liebiu mære.
     4 tuostuz âne triegen.
226, 2   ist mir iht maniger tôt?
     wer tet dû daz beste?
     4 dô sprach der bote biderbe.
227, 1 Ze vorderst ame strîte.
     2   sît manz iu sagen sol.
228, 3 swaz iemen streit nâch êren.
     4 wider Sifriden.
229, 2 doch enkund iu daz wunder.
     3   swenn er ze sturme reit.
     4   frumt er diu grœzlîchen leit.
230, 1   vil maniges wîbes trût.

227, 1 Ze êrest anme strîte (188).

daz si von wunden brâhten   daz fliezende bluot.
er ist an allen tugenden   ein ritter küen unde guot.

231 Swaz dâ hât begangen   von Metzen Ortwin   230
(swaz er ir mohte erlangen   mit dem swerte sîn,   (232)
die mnosen wunt beliben   oder meistec tôt),
dâ tet iuwer bruoder   die aller græzisten nôt

232 Diu immer in den stürmen   kunde sîn gescehen.
man muoz der wârheite   den ûz erwelten jehen:
die stolzen Burgonden   habent sô gevaren
daz si vor allen scanden   ir êre kunnen wol bewaren.

233 Man sach dâ vor ir handen   vil manegen satel blôz,
dâ von liehten swerten   daz velt sô lûte erdôz.
die recken von dem Rîne   die habent sô geriten
daz ez ir vîanden   wære bezzer vermiten.

234 Die küenen Tronegære   die frumten grôziu leit,
dâ mit volkes kreften   daz her zesamene reit.
dâ frumte manegen tôten   des küenen Hagenen hant,
des vil ze sagene wære   her ze Burgonden lant.

235 Sindolt und Hûnolt,   die Gêrnôtes man,
und Rûmolt der küene,   die hânt sô vil getân
daz ez Liudegêre   mag immer wesen leit
daz er den dînen mâgen   ze Rîne hete widerseit.

236 Strît den aller hœhsten   der inder dâ gescach
ze jungest und zem êrsten,   den ie man gesach,
den tet vil willecliche   diu Sîvrides hant.
er bringet rîche gisel   in daz Guntheres lant.

237 Die twanc mit sînen ellen   der wætlîche man,
des ouch der künec Liudegast   muoz den scaden hân,

231, 1 Dû hât ouch vil begangen.
232, 3   die habent sô gevarn.
233, 2 dû von den liehten swerten   daz velt vil lût erdôz.
       3   die habent sô gestriten.
234, 1 .   die tâten grôziu leit,
       dû man mit volkes kreften   zuo zein ander reit.
       4   her zer Burgonden lant.
235, 2   die hântz sô guot getân.
       4 daz er den mînen herren   het ze Rîne widerseit.
237, 2   schaden vil gewan,

233, 2   daz velt lût erdôz.
237, 2   grôzen schaden nam (17).

und ouch von Sahsen lande   sin bruoder Liudegêr.
nu hœret miniu mære,   vil edeliu küneginne hêr.

238 Si hât gevangen beide   diu Sivrides hant.   237
nie sô manegen gisel   man brâht in ditze lant   (239)
sô von sînen schulden   nu kumet an den Rîn.»
ir kunden disiu mære   nimmer lieber gesîn.

239 «Man bringet der gesunden   fünf hundert oder baz,
unt der verchwunden   (frouwe, wizzet daz)
wol ahzec rôte bâre   her in unser lant,
die meistec hât verhouwen   des küenen Sivrides hant.

240 Die durch übermüeten   widersageten an den Rîn,
die müezen nu gevangen   die Guntheres sîn:
die bringet man mit vreuden   her in ditze lant.»
do erblüete ir liehtiu varwe   dô si diu mære reht ervant.

241 Ir schœnez antlütze   daz wart rôsenrôt,
do mit liebe was gescheiden   ûz der grôzen nôt
der wætliche recke,   Sivrit der junge man.
si freute ouch sich ir friwende;   daz was von schulden getân.

242 Dô sprach diu minnecliche   «du hâst mir wol geseit.
du solt haben dar umbe   ze miete rîchiu kleit
und zehen marc von golde,   die heiz ich dir tragen.»
des mac man sölhiu mære   rîchen frouwen gerne sagen.

243 Man gab im sîne miete,   daz golt und ouch diu kleit.
dô gie an diu venster   vil manec scœniu meit.
si warten ûf die strâze: rîten man dô vant
vil der hôhgemuoten   in der Burgonden lant.

244 Dâ kômen die gesunden: die wunden tâten sam.
si mohten grüezen hœren   von friwenden âne scam.
der wirt gein sînen gesten   vil vrœlichen reit:
mit vreuden was verendet   daz sîn vil græzliche leit.

245 Do enpfie er wol die sîne,   die vremden tet er sam:
wan dem rîchen künege   anders niht enzam

237, 3 und ouch von den Sahsen.
238, 2 ez enwart nie meniger gisel   brâht in ditze lant
sô nu von sînen schulden   kumet an den Rîn.
239, 3   in Burgonden lant.
240, 1 Die durch ir übermüeten.
241, 1 Ez wart ir lieht antlütze   vor liebe rôsen rôt.
3 der minnecliche recke.

wan danken güetliche   den die im wâren komen,
daz si den sie nâh êren   in sturme hêten genomen.

246 Gunther bat im mære   von sînen vriwenden sagen,   245
wer im an der reise   ze tôde wær erslagen.   (247)
dô het er vloren niemen   niwan sehzec man.
verklagen man die muose   sô sît nâch heleden ist getân.

247 Die gesunden brâhten   zerhouwen manegen rant
und helme vil verscrôten   in Guntheres lant. .
daz volc erbeizte nidere   für des küneges sal:
ze liebem antpfange   man hôrte vrœlichen scal.

248 Dô hiez man herbergen   die recken in die stat.
der künec sîner geste   vil scône pflegen bat.
er hiez der wunden hüeten   und scaffen guot gemach.
wol man sîne tugende   an sînen vianden sach.

249 Er sprach ze Liudegaste   «nu sît mir willekomen.
ich hân von iuwern sculden   scaden vil genomen:
der wirt mir nu vergolten,   ob ich gelücke hân.
got lône mînen vriwenden: si hânt mir liebe getân.»

250 «Ir muget in gerne danken»,   sprach dô Liudegêr:
«alsô hôher gîsel   gewan nie künec mêr.
umbe scœne huote   wir geben michel guot,
daz ir genædecliche   an iuwern vianden tuot.»

251 «Ich wil iuch beide lâzen»,   sprach er, «ledec gên.
daz mîne viande   hie bî mir bestên,
des wil ich haben pürgen,   daz si miniu lant
iht rûmen âne hulde.»   des bôt dô Liudegêr die hant.

245, 3   die im wâren komen.
247, 1   verhouwen manigen rant.
   3 si stuonden von den rossen   nider für den sal.
248, 1   die wegemüeden man.
   der künic sînen gesten   danken vil began.
249, 1 Er sprach ze Liudegêre.
   3 der wirt mir nu gebüezet.
250, 3   wir bieten michel guot.
   4   au mir unt mînen friunden tuot.
251, 1 Ich wil iuch ledec lâzen,   sprach der künic, gên.
   4   des sichert dô ir bêder hant.

248, 1 Dô hiez man herbergen   die recken in die stat.
   der künic sîner geste   harte schône pflac (31).

252 Man brâhte si ze ruowe und senof in ir gemach.
den wunden man gebettet vil güetlichen sach:
man schancte den gesunden met und guoten win.
dô kunde daz gesinde nimmer vrœlicher sin.

253 Ir zerhouwen schilde behalten man truoc.
vil bluotiger sätele der was dâ genuoc:
die hiez man verbergen, daz weinten niht diu wip.
dâ kom hermüede maneges guoten ritters lip.

254 Der künec pflac siner geste vil grœzliche wol.
der vremden und der kunden diu lant wâren vol.
er bat der sêre wunden vil güetliche pflegen.
dô was ir übermüeten vil harte ringe gelegen.

255 Die erzenie kunden den bôt man richen solt,
silber âne wâge, dar zuo daz liehte golt,
daz si die helde nerten nâch des strites nôt:
dar zuo der künec den gesten gâbe grœzlichen bôt.

256 Die wider heim ze hûse heten reise muot,
die bat man noch beliben alsô man vriwenden tuot.
der künec gie ze râte wier lônte sinen man:
si heten sinen willen nâch grôzen êren getân.

257 Dô sprach der herre Gêrnôt «man sol si riten lân.
über sehs wochen si in daz kunt getân
daz si komen widere zeiner hôhgezit:
so ist maneger geheilet der nu vil sêre wunder lit.»

258 Dô gerte ouch urloubes Sivrit von Niderlant.
dô der künec Gunther den willen sin ervant,

.

252, 1   unt schuof in guot gemach.
253, 1   man behalten truoc.
   bluotiger sätele.
  3 die hiez man ouch verbergen.
  4 dô kom hermüede vil maniges küenen ritters lip.
254, 1 Der wirt pflac siner geste.
  2   was daz lant sô vol.
  man hiez der sêre wunden.
255, 1   den bôt man grôzen solt.
256, 1   der reise heten muot.
258, 1   der helt von Niderlant.

252, 1   und scuof in gemach.
253, 4   maneges rittæres lip (193).

er bat in minnecliche   noch bî im bestân.
niwan durch sîne swester,   sone wær ez nimmer getân.

259 Dar zuo was er ze rîche,   daz er iht næme solt.   258
er het daz wol verdienet,   der künec was im holt.   (260)
sam wâren sîne mâge: die heten daz gesehen,
waz von sinen kreften   in dem strite was gesehen.

260 Durch der scœnen willen   gedâht er noch bestân,
ob er si gesehen möhte.   sît wart ez getân:
wol nâch sînem willen   wart im diu maget bekant.
sît reit er vrœliche   in daz Sigemundes lant.

261 Der wirt hiez ze allen zîten   ritterscefte pflegen:
daz tet dô willecliche   vil manec junger degen.
die wîle hiez er sidelen   vor Wormez an den sant
den die im komen solden   zuo der Burgonden lant.

262 In den selben zîten,   dô si nu solden komen,
dô het diu scœne Kriemhilt   diu mære wol vernomen,
er wolde hôhgezîte   durch liebe vriwende hân.
dô wart vil michel vlîzen   von scœnen frouwen getân

263 Mit wæte und mit gebeude   daz si dâ solden tragen.
Uote diu vil rîche   diu mære hôrte sagen
von den stolzen recken   die dâ solden komen.
dô wart ûz der valde   vil rîcher kleider genomen.

264 Durch ir kinde liebe   hiez si bereiten kleit:
dâ mite wart gezieret   vil frouwen und manec meit
und vil der jungen recken   ûz Burgonden lant.
ouch hiez si vil der vremden   prüeven hêrlich gewant.

258, 4 wan durch Kriemhilde.
259, 4 waz von sînem ellen   in dem sturme was geschehen.
260, 2 die er vil gerne sæhe.
3 al nâch sînem willen   wart si im wol bekant.
4   heim in sînes vater lant.
262, 2 dô het diu vrouwe Kriemhilt.
3 er wolde hôchgezîten   mit mâgen und mit man.
263, 3 von den stolzen degenen.
4   guoter wæte vil genomen.
264, 4 dâ wart ouch vil der vremden   bereitet hêrlich gewant.

260, 3 nâch sîneme willen.

V. ÂVENTIURE,

WIE SIFRIT KRIEMHILT ÈRSTE GESACH.

265 Man sach si tägelichen   nu riten an den Rin,   264
    die zer hôhgezite   gerne wolden sin.   (266)
    die durch des küneges liebe   kômen in daz lant,
    den bôt man sumelichen   ross und hêrlich gewant.

266 In was ir gesidele   allen wol bereit,
    den hœhsten und den besten,   als uns daz ist geseit,
    zwein und drîzec fürsten,   dâ zer hôhgezit.
    dâ zierten sich engegene   die scœnen frouwen wider strit.

. 267 Ez was dâ vil unmüezec   Giselher daz kint.
    die geste mit den kunden   vil güetliche sint
    die enpfieng er und Gêrnôt   und ouch ir beider man.
    jâ gruozten si die degene,   als ez nâch êren was getân.

268 Vil goltrôter sätele   si fuorten in daz lant,
    zierliche scilde   und hêrlich gewaut
    brâhten si ze Rine   zuo der hôhgezit.
    manegen ungesunden   sah man vrœlichen sit.

269 Die in den betten lâgen   und heten wunden nôt,
    die muosen des vergezzen,   wie herte was der tôt.
    die siechen ungesunden   muosen si verklagen.
    si vreuten sich der mære   gein der hôhgezite tagen,   ·

265, 3 die durch der künige liebe.
    4   bêdiu ross unt ouch gewant.
266, 4 dâ zierte sich engegene   vil manic juncfrowe sit.
267, 1 Ez was vil unmüezic.
    2 die vremden unt ir mâge.
    3 enpfieng er unt Gêrnôt.
268, 1 Die goltvarwen sätele   si brâhten in daz lant,
    die zierlichen schilde.
    3 durch des wirtes liebe.
    4 vil manigen ungesunden.
269, 1 Die in den peyen lâgen.

266, 4 dâ zierte sich engegene   vil manic wætlichez wip (17).

270 Wie si leben wolden   dâ zer wirtscaft.
    wünne âne mâze,   mit vreuden überkraft,
    heten al die liute,   swaz man ir dâ vant.
    des huop sich michel vreude   über al daz Guntheres lant.

271 An einem pfinxtmorgen   sah man füre gân,
    gekleidet wünnecliche,   vil manegen küenen man,
    fünf tûsent oder mêre,   dâ zer hôhgezît.
    sich huop diu kurzewile   an manegem ende wider strît.

272 Der wirt der hete die sinne,   im was daz wol erkant,
    wie rehte herzenliche   der helt von Niderlant
    sîne swester trûte,   swier si niene gesach,
    der man sô grôzer scœne   vor allen juncfrouwen jach.

273 Dô sprach zuo dem künege   der degen Ortwin
    «welt ir mit vollen êren   zer hôhgezîte sin,
    sô sult ir lâzen scouwen   diu wünneclichen kint
    die mit sô grôzen êren   hie zen Burgonden sint.

274 Waz wære mannes wünne,   des vreute sich sin lip,
    ez entæten scœne mägede   und hêrlichiu wîp?
    lâzet iuwer swester   für iuwer geste gân.»
    der rât was ze liebe   vil manegem helde getân.

275 «Des wil ich gerne volgen»,   sprach der künec dô.
    alle diez erfunden,   die wârens harte vrô.
    ernbôt ez froun Uoten   und ir tohter wol getân,
    daz si mit ir mägeden   hin ze hove solde gân.

270, 4 des huop sich michil wünne.
271, 4 der lop vil vollecliche   an den Burgonden lit.
272, 1   im was wol bekant.
    5—8 Er sprach «nu râtet alle,   mäge unt mine man,
        wie wir die hôchgezite   sô lobeliche hân
        daz man uns drumbe iht schelte   her nâch dirre zit,
        ein ieslich lop vil stæte   ze jungest an den werken lit.
273, 1 Dô sprach üzer Metzen.
    4 die mit sô vollen êren.
274, 1   des freute sich ir lîp.
    3 ir lâzet iuwer swester.
    4   vil manigem degene getân.
275, 3 man saget ouch daz froun Uoten.

271, 4 dâ heten kurzwile   beide man unde wîp (18).

276 Dô wart ûz den schrîuen   gesuochet guot gewant,
    swaz man in der valde   der edelen wæte vant,
    die bouge mit den porten,   des was in vil bereit.
    sich zierte flizeclîche   vil manec wætlichiu meit.

277 Vil manec recke tumber   des tages hete muot,
    daz er an ze sehene   den frouwen wære guot,
    daz er dâ für niht næme   eins rîchen küneges lant.
    si sâhen die vil gerne   die si nie hêten bekant.

278 Dô hiez der künec riche   mit sîner swester gân,
    die ir dienen solden,   wol hundert sîner man,
    ir und sîner mâge: die truogen swert enhant.
    daz was daz hovegesinde   von der Burgonden lant.

279 Uoten die vil rîchen   die sach man mit ir komen.
    diu hete scœne vrouwen   geselleclich genomen
    wol hundert oder mêre: die truogen rîchiu kleit.
    ouch gie dâ nâch ir tohter   vil manec wætlichiu meit.

280 Von einer kemenâten   sah man si alle gân:
    dô wart vil michel dringen   von helden dar getân,
    die des gedingen hêten,   ob kunde daz geschehen,
    daz si die maget edele   solden vrœlichen sehen.

281 Nu gie diu minneclîche   alsô der morgenrôt
    tuot ûz den trüeben wolken.   dâ sciet von maneger nôt
    der si dâ truog in herzen   und lange het getân:
    er sach die minneclîchen   nu vil hêrlîchen stân.

282 Jâ lûhte ir von ir wæte   vil manec edel stein:
    ir rôsenrôtiu varwe   vil minneclîchen scein.
    ob iemen wünscen solde,   der kunde niht gejehen,
    daz er ze dirre werelde   hete iht scœners gesehen.

276, 1 Dô wart ûz den kisten.
     2   der liehten wæte vant.
        porten unde pouge.
     4 sich zierte minneclîche.
277, 3 daz er dâ für næme   niht eines küniges lant.
     4   die si heten nie bekant.
278, 4   ûzer Burgonden lant.
279, 2 diu hete frouwen schœne.
     4 nu gie mit Kriemhilde.
280, 2 dô wart vil michel schouwen   von recken dar getân.
     4 daz si Kriemhilde.
282, 3 swer sô wünschen solde,   der enkunde niht gejehen
        daz er in dirre werelde   hete schœners iht gesehen.

283 Sam der lichte mâne vor den sternen stât, 282
des scîn sô lûterliche ab den wolken gât, (283)
dem stuont si nu geliche vor maneger frouwen guot.
des wart dâ wol gehœhet den zieren heleden der muot.

284 Die richen kamerære sah man vor in gân.
die hôhgemuoten degene diene wolden daz niht lân,
sine drungen dâ si sâhen die minneclichen meit.
Sivride dem herren wart beide lieb unde leit.

285 Er dâhte in sînem muote «wie kunde daz ergân,
daz ich dich minnen solde? daz ist ein tumber wân.
sol aber ich dich vremeden, sô wære ich sanfter tôt.»
er wart von den gedanken vil dicke bleich unde rôt.

286 Dô stuont sô minnecliche daz Sigemundes kint,
sam er entworfen wære an ein permint
von guotes meisters listen, als man ime jach,
daz man helt deheinen nie sô scœnen gesach.

287 Die mit der frouwen giengen, die hiezen von den wegen
wichen allenthalben: daz leiste manec degen.
diu hôhe tragenden herzen vreuten manegen lip.
man sach in hôhen zühten manec hêrlichez wip.

288 Dô sprach von Burgonden der herre Gêrnôt
oder iu sînen dienest sô güetlichen bôt,
Gunther, vil lieber bruoder, dem sult ir tuon alsam
vor allen disen recken: des râts ich nimmer mich gescam.

283, 3 dem stuont si vil geliche.
4 des wart vil wol gehœhet.
284, 1 die sach man vor in gân.
4 Sifride dem edelen was beidiu lieb unde leit.
285, 2 als ich gedingen hân,
4 er het von ir schulden tougen lieb unde nôt.
286, 3 von guoter meister listen, als man im dô jach.
4 nie sô wætlichen sach.
287, 1 Die mit Kriemhilde giengen.
4 man sach in grôzen zühten vil manic hêrlichez wip.
288, 2 sô minnecliche bôt,
Gunther, lieber bruoder.
4 vor allen disen degenen.

---

283. 3 dem stuont si geliche.
4 des wart wol gehœhet.
285, 4 er hete von gedanken einen trûrigen muot (18).
287, 1 Die mit iro giengen.

289 Ir heizet Sívríden   zuo míner swester kumen,   288
   daz in diu maget grüeze: des habe wir immer frumen.   (291)
   diu nie gegruozte recken,   diu sol in grüezen pflegen:
   dâ mite wir haben gewunnen   den vil zierlîchen degen.»

290 Dô giengens wirtes mâge   dâ man den helt vant.
   si sprâchen zuo dem recken   ûzer Niderlant
   «iu hât der künec erloubet,   ir sult ze hove gân,
   sîn swester sol iuch grüezen: daz ist zen êren iu getân.»

291 Der herre in sînem muote   was des vil gemeit.
   dô truog er ime herzen   lieb âne leit,
   daz er sehen solde   der scœnen Uoten kint.
   mit minneclîchen tugenden   si gruozte Sívríden sint.

292 Dô si den hôhgemuoten   vor ir stênde sach,
   do erzunde sich sîn varwe.   diu scœne maget sprach
   «sît willekomen, her Sivrit,   ein edel ritter guot.»
   dô wart im von dem gruoze   vil wol gehœhet der muot.

293 Er neig ir flîzeclîche: bî der hende si in vie.
   wie rehte minneclîche*   er bî der frouwen gie!
   mit lieben ougen blicken   ein ander sâhen an
   der herre und ouch diu frouwe: daz wart vil tougenlîch getân.

294 Wart iht dâ friwentlîche   getwungen wîziu hant
   von herzen lieber minne,   daz ist mir niht bekant.

289, 1   den Sigemundes sun,
    gên zuo Kriemhilde,   ob ir wol wellet tuon.
   4 dâ mite wir zeinem friwende   haben den zierlîchen degen.
290, 1   dâ man den recken vant.
    si sprâchen zuo dem künige.
   3 der wirt hât in erloubet.
291, 1 Dô wart der degen guote   der mære vil gemeit.
    jâ truog er in dem muote.
   3   daz wünnecliche kint.
292, 2 do enzunde sich ir varwe.
293, 1   bî hende si in vie.
   2   der recke bî ir gie!
   4   daz wart tougenlich getân.
294, 2   daz ist mir unbekant.

289, 1 Ir heizet Sifriden,   den Sigemundes sune,
    gên zuo Kriemhilde: des habe wir immer frumen (15).
293, 2   er bî ire gie!

doch enkan ich niht gelouben   daz ez wurde lân:
si het im holden willen   kunt vil sciere getân.

295 Bi der sumerzite   und gein des meijen tagen   294
dorft er in sine herzen   nimmer mêr getragen   (297)
sô vil der hôhen vreude   denn er dâ gewan,
dô im diu gie enhende   die er ze trûte wolde hân.

296 Do gedâhte manec recke   «hey wær mir sam gescehen,
daz ich ir gienge enhende,   sam ich in hân gesehen,
oder bî ze ligene!   daz liez ich âne haz.»
ez gediente noch nie recke   nâch einer küneginne baz.

297 Von swelher künege lande   die geste kômen dar,
die nâmen al geliche   niwan ir zweier war.
ir wart erloubet küssen   den wætlichen man:
im wart in dirre werlde   nie sô liebe getân.

298 Der künec von Tenemarke   der sprach sâ zestunt
«diss vil hôhen gruozes   lît maneger ungesunt,
des ich vil wol enpfinde,   von Sivrides hant.
got enlâze in nimmer mêre   komen in mîniu künges lant.»

299 Man hiez dô allenthalben   wichen von den wegen
der scœnen Kriemhilde.   manegen küenen degen
sah man gezogenliche   ze kirchen mit ir gân.
sît wart von ir gesceiden   der vil wætliche man.

300 Dô gie si zuo dem münster: ir volgete manec wip.
dô was ouch sô gezieret   der küneginne lîp,
daz dâ hôher wünsce   maneger wart verlorn.
si was dâ zougen weide   vil manegem recken geborn.

294, 3 doch enmac ich niht gelouben.
      4   harte schiere kunt getân.
295, 2 kund er in sinem herzen.
      3 minneclîcher freuden   denn er ir dô gewan,
        dô im diu gie sô nâhen.
296, 1   unt wær mir sam geschehen.
297, 1 Von swelher künige lunden.
      2 die nâmen al gemeine.
      4 im wart bî sinem lebene.
298, 4   komen in mîniu fürsten lant.
299, 1 Dô hiez man allenthalben.
      2 den minneclîchen frouwen.   vil manigen küenen degen.
      3   ze hove mit ir gân.
300, 2   der Kriemhilde lîp.

299, 3   samet ire gân.

301 Vil kûme erbeite Sivrit   daz man dâ gesanc.
daz im diu was sô wæge   die er in herzen truoc:
ouch was er der scœnen   holt von sculden gennoc.

302 Dô si kom ûz dem münster   sam er ê hete getân,
man bat den degen kûenen   wider zuo zir gân.
alrêst begunde im danken   diu minneclîche meit,
daz er vor manegem helde   sô rehte hêrlîchen streit.

303 «Nu lôn iu got, her Sivrit»,   sprach daz scœne kint,
«daz ir daz habet verdienet   daz iu die recken sint
sô holt mit rehten triuwen   als ich si hœre jehen.»
do begund er minneclîche   an froun Kriemhilden sehen.

304 «Ich sol in immer dienen»,   alsô sprach der degen,
«und enwil mîn houbet   nimmer ê gelegen,
ih enwerbe nâch ir willen,   sol ich mîn leben hân.
daz ist nâch iuwern hulden,   mîn frou Kriemhilt, getân.»

305 Inre tagen zwelven,   der tage al ieslîch,
sah man bî dem degene   die maget lobelîch,
sô si ze hove solde   vor ir vriwenden gân.
der dienest wart dem recken   durch grôze liebe getân.

306 Vreude unde wünne,   vil græzlîchen scal
sah man aller tägelîche   vor Guntheres sal,
dar ûze und ouch dar inne,   von manegem kûenen man.
Ortwîn unde Hagene   vil grôzer wunder began.

307 Swes iemen pflegen solde,   des wâren si bereit
mit volleclîcher mâze,   die helde vil gemeit.
des wurden von den gesten   die recken wol bekant.
dâ von sô was gezieret   allez Guntheres lant.

302, 1 Dô si kom für daz münster.
  2 man sah in friuntlîche   zuo Kriemhilde gân.
      dô begunde im danken   diu vil schœniu meit,
      daz er vor ir mûgen.
303, 3 sô holt von wâren schulden.
304, 3 ich engedien ir hulde   als ich des willen bûn.
      des ist ein teil, frou Kriemhilt,   nâch iuwern hulden ergân.
305, 2 sach man bî dem recken.
  3   vor den fürsten gân.
      diu êre wart dem degene.
306, 2 sach man dâ tägelîche.
  4   grôzer wunder dâ began.
307, 4 dâ von was gezieret.

308 Die dâ wunde lâgen,   die sah man für gân: 307
si wolden kurzwîle   mit dem gesinde hân,   (310)
schirmen mit den scilden   und schiezen manegen scaft.
des hulfen in genuoge: si heten grœzlîche kraft.

309 In der hôhgezîte   der wirt hiez ir pflegen
mit der besten spîse.   er hete sich bewegen
aller slahte scande   die ie künec gewan.
man sah in vriwentlîche   zuo den sînen gesten gân.

310 Er sprach «ir guoten recken,   ê daz ir sceidet hin,
sô nemet mîne gâbe: alsô stêt mîn sin
daz ichz immer diene.   versmæhet niht mîn guot:
daz wil ich mit iu teilen.   des hân ich willigen muot.»

311 Die von Tenemarke   sprâchen sâ zehant
«ê daz wir wider rîten   heim in unser lant,
wir gern stæter suone.   des ist uns recken nôt:
wir hân von iuwern degenen   manegen lieben vriwent tôt.»

312 Liudegast geheilet   sîner wunden was:
der vogt von den Sahsen   nâch strîte wol genas.
etelîche tôten   si liezen dar enlant.
dô gie der künec Gunther   dâ er Sivriden vant.

313 Er sprach zuo dem recken   «nu râte wie ich tuo.
die unser widerwinnen   die wellent rîten vruo,
und gerent stæter suone   an mich und mîne man:
nu râtâ, degen Sivrit,   waz dich des dunke guot getân.

314 Waz mir die herren bieten,   daz wil ich dir sagen.
swaz fünf hundert mœre   goldes mügen tragen,

308, 1 Die ê dâ wunde lâgen.
      2 si wolden kurzwîlen   mit des küniges man.
309, 1   der wirt der hiez ir pflegen.
      3 aller hande schande.
      4 man sach in minneclîche.
310, 1 Er sprach «ir guoten degene.
      2 sô nemt die mîne gâbe.
311, 3   unt geben michel guot,
      unt setzen iu des sicherheit   swie iuch des selben dunket guot.
313, 1 Er sprach zuo dem degene.
      2   wellent rîten fruo.
      4 nu râtâ, degen küene.
314, 1 Waz mir die helde bieten.

311, 3 wir gern stæter suone   unt geben michel guot.
      wir hân von von iuwern degenen   manegen lieben vriwent tôt (45).

daz gæben si mir gerne,   wold ich si ledec lân.»
dô sprach der starke Sîvrit   «daz wær vil übele getân.

315 Ir sult si ledeclîchen   hinnen lâzen varn: 314
     und daz die recken edele   mêre wol bewarn   (317)
     vîentlîchez rîten   her in iuwer lant,
     des lât iu geben sicherheit   hie der beider herren hant.»

316 «Des râtes wil ich volgen.»   dâ mite si giengen dan.
     den sînen vîanden   wart daz kunt getân,
     ir goldes gerte niemen   daz si dâ büten ê.
     dâ heime ir lieben vriwenden   was nâch den hermüeden wê.

317 Manege scilde volle   man dar scatzes truoc:
     er teiltes âne wâge   den vriwenden sîn genuoc,
     bî fünf hundert marken,   und eteslîchen baz.
     Gêrnôt der vil küene   der riet Gunthere daz.

318 Urloup si alle nâmen,   alsô si wolden dan.
     dô sah man die geste   für Kriemhilde gân
     und ouch dâ frou Uote   diu küneginne saz.
     ezn wart noch nie degenen   mêre geurloubet baz.

319 Herberge wurden lære   dô si von dannen riten.
     noch bestuont dâ heime   mit hêrlîchen siten
     der künec mit sînen mâgen,   vil manec edel man.
     die sah man tägelîche   zuo froun Kriemhilde gân.

320 Urloup ouch nemen wolde   Sîvrit der helet guot:
     er trûwete niht erwerben   des er dâ hete muot.

314, 4 dô sprach der herre Sîvrit.
315, 2 unt daz die recken beide.
     3 daz si immer mêr gerîten   mit here in iuwer lant,
        des lât iu sicherheite   tuon der beider herren hant.
316, 2 den sînen widerwinnen.
317, 1 Vil manige schilde volle.
318, 2 dô sach man die recken.
319, 2   mit ritterlîchen siten.
     4   für froun Kriembilde gân.
320, 2 ern trûte niht verenden.

315, 2 unde daz die recken   mêre bewarn (240).

der künec daz sagen hôrte   daz er wolde dan:
Giselhèr der junge   in von der reise gar gewan.

321 «War woldet ir nu riten,   vil edel Sivrit?   320
belibet bî den recken,   tuot des ich iuch bit,   (323)
bî Gunthere dem künege   und ouch bî sînen man.
hie ist vil sœner frouwen,   die sol man iuch gerne sehen lân.»

322 Dô sprach der starke Sivrit   «diu ros lâzet stân.
ich wolde hinnen riten: des wil ich abe gân.
und traget ouch hin die scilde.   jâ wold ich in mîn lant:
des hât mich her Giselher   mit grôzen triuwen erwant.»

323 Sus beleip der küene   durch vriwende liebe dâ.
jâ wær er in den landen   ninder anderswâ
gewesen alsô sanfte.   dâ von daz gescach
daz er nu tägeliche   die sœnen Kriemhilde sach.

324 Durch ir unmâzen sœne   der herre dâ beleip.
mit maneger kurzewîle   man nu die zît vertreip,
wan daz in twanc ir minne: diu gab im dicke nôt.
dar umbe sît der küene   lac vil jæmerlîche tôt.

320, 4   den degen vlègen dô begnn.
321, 2 belibet bî den degenen.
     4   die sol man gerne iuch sehen lân.
322, 1   diu ros diu lâzet stân.
323, 1 Sus beleip der küene recke.
     3   dâ von nu daz geschach,
       daz er nu swenn er wolde.
324, 1   der herre dô beleip.
     2   man im die zît vertreip.

320, 4 Giselher der junge   im die reise benam (18).

VI. ÂVENTIURE,

WIE GUNTHER GÊN ÎSLANDE NÂCH PRÜNHILT FUOR.

325 Iteniuwe mære   sich huoben über Rîn.　　　　　324
man sagte daz dâ wære   manec scœne magedîn.　　(327)
der gedâht im eine erwerben   Gunther der künec guot:
dâ von begunde dem recken   vil sêre hôhen der muot.

326 Ez was ein küneginne   gesezzen über sê:
ir gelîche enheine   man wesse ninder mê.
diu was unmâzen scœne,   vil michel was ir kraft.
si scôz mit snellen degenen   umbe minne den scaft.

327 Den stein warf si verre,   dar nâch si wîten spranc.
swer ir minne gerte,   der muose âne wanc
driu spil an gewinnen   der frouwen wol geboren:
gebrast im an dem einen,   er hete daz houbet sîn verloren.

328 Des het diu juncfrouwe   unmâzen vil getân.
daz gevriesch bî dem Rîne   ein ritter wol getân,
der wande sîne sinne   an daz scœne wîp:
dar umbe muosen helede   sît verliesen den lîp.

325, 1   sich huoben umben Rîn.
ez sprâchen zuo dem künige   die hôsten mâge sîn
war umbe er niht ennæme   ein wip zuo sîner ê.
dô sprach der künic rîche   «ine wil niht langer bîten mê.
5—8 Des wil ich mich berâten,   wâ ich die müge nemen,　(328)
diu mir unt mîme rîche   ze frouwen müge zemen
an edel unt ouch an schœne: der gib ich mîniu lant.
als ich die reht ervinde,   si sol iu werden wol bekant.»
326 Aventiurenanfang.
327, 2 swer an si wenden wolde   sînen gedanc,
driu spil muos er ir an behaben.
328, 1 Des het diu küniginne.
2 do gevriesch ez bî dem Rîne.
3   an daz hêrlîche wîp.
5—8 Dô si eines tages sâzen,   der künic unt sîne man,
manigen ende si ez mâzen   beidiu wider unt dan,
welhe ir herre möhte   zeinem wîbe nemen,
diu in ze frouwen töhte   unt ouch dem lande möhte zemen.

327, 2 swer an si die sinne   hête gewant (18),
driu spil muos er ir an behaben.

4*

329 Dô sprach der vogt von Rine   «ich wil nider an den sê   328
    hin ze Prünhilde,   swie ez mir ergê.   (333)
    ich wil durch ir minne   wâgen mînen lip:
    den wil ich verliesen,   sine werde mîn wîp.»

330 «Daz wil ich widerrâten»,   sprach dô Sivrit.
    «jâ hât diu küneginne   sô vreisliche sit,
    swer umb ir minne wirbet,   daz ez im hôhe stât.
    des muget ir der reise   haben wærlîchen rât.»

331 «Sô wil ih iu daz râten»,   sprach dô Hagene,
    «ir bitet Sivrîde   mit iu ze tragene
    die vil starken swære,   daz ist nu mîn rât;
    sît im daz ist sô kündec   wiez umbe Prünhilde stât.»

332 Er sprach «wil du mir helfen,   edel Sivrit,
    werben die minneclîchen?   tuostu des ich dich bit,
    und wirt mir zeime trûte   dáz minneclîche wîp,
    ich wil durch dînen willen   wâgen êre unde lîp.»

333 Des antwurte Sivrit,   der Sigemundes sun,
    «gîstu mir dîne swester,   sô wil ich ez tuon,

329, 3 durch ir unmâzen schœne   sô wâge ich mînen lîp.
330, 5 Dô sprach der künic Gunther   «nie geborn wart ein wîp   (335)
    sô starc unt ouch sô küene,   ine wolde wol ir lîp
    in strîte betwingen   mit mîn selbes hant.»
    «swîget», sprach dô Sifrit,   «iu ist ir ellen unbekant.
    9 Unt wæren iuwer viere,   dine kunden niht genesen   (336)
    von ir vil grimmen zorne: ir lût den willen wesen.
    daz rât ich iu mit triuwen.   welt ir niht ligen tôt,
    sone lât iu nâch ir minne   niht ze sêre wesen nôt.»
    [13 «Nu sî swie starc si welle,   ine lân der reise niht
    hin ze Prünhilde,   swaz halt mir geschiht.
    durch ir unmâzen schœne   muoz ez gewâget sin.
    waz ob mir got gefüeget   daz si mir volget an den Rîn?»]
331, 1 Sô wil ich iu wol râten.
    3 die vil starken sorge.
332, 1   degen Sifrit,
    die minneclîche erwerben?
    3   daz hêrlîche wîp.
333, 1   swie mir mîn dinc dâ kum.
    2   sô bin ich dir frum.

_____

333, 1 Des antwurte Sivrit,   der Sigemundes sune,
    gîstu mir dîne swester,   sô wil ich dir frumen (14).

die scœnen Kriemhilde,   ein küneginne hér:
sô ger ich keines lônes   nâch mînen arebeiten mér.»

334 «Daz lobe ich», sprach dô Gunther,   «Sivrit, an dîne hant,   333
und kumt diu scœne Prünhilt   her in ditze lant,   (340)
sô wil ich dir ze wîbe   mîne swester geben:
sô mahtu mit der scœnen   immer vrœliche leben.»

335 Des swuoren si dô eide,   die recken vil hér.
des wart ir arebeiten   verre deste mér,
ê daz si die frouwen   brâhten an den Rîn.
des muosen die vil küenen   sît in grôzen sorgen sîn.

336 Sivrit der muose füeren   die kappen mit im dan,
die der helt vil küene   mit sorgen gewan
ab eime getwerge,   daz hiez Albrîch.
sich bereiten zuo der verte   die recken küen unde rîch.

337 Alsô der starke Sivrit   die tarnkappen truoc,
sô het er dar inne   krefte genuoc,
zwelf manne sterke   zuo sîn selbes lîp:
er warp mit grôzen listen   daz vil hêrliche wîp.

338 Ouch was diu selbe tarnhût   alsô getân
daz dar inne worhte   ein ieslicher man
swaz er selbe wolde,   daz in doch niemen sach.
sus gewan er Prünhilde: dâ von im leide geschach.

333, 4 ine ger dehoiner miete.
334, 3   die mîne swester geben.
335, 3 ê si die wol getânen.
      4   starke sorgende sîn.
      5 Von wilden getwergen   hân ich gehœret sagen,   (342)
         si sîn in holn bergen,   unt daz si ze scherme tragen
         einz, heizet tarnkappen,   von wunderlîcher art:
         swerz hât an sîme lîbe,   der sol vil gar wol sîn bewart
      9 Vor slegen unt vor stichen;   in müge ouch niemen sehen,   (343)
         swenn er sî dar inne.   beide hœren unde spehen
         mag er nâch sînem willen,   daz in doch niemen siht;
         er sî ouch verre sterker,   als uns diu âventiure gibt.
336, 1 Mit im fuorte Sifrit   die tarnkappen an.
      4   die degen küene unde rîch.
337, 3 zwelf ander manne sterke,   als uns ist geseit.
         er gewan mit grôzen listen   die vil hêrlichen meit.
338, 4 sô gewan er Prünhilde.

337, 3 zwelf manne sterke,   giengez an den strît.
         er warp mit grôzen listen   daz vil hêrliche wîp.

339 «Nu sage mir, degen Sivrit,　ê daz min vart ergê,　　　　338
　　daz wir mit vollen êren　komen an den sê,　　　　　　　　(317)
　　suln wir iht recken füeren　in Prünhilde lant?
　　drîzec tûsent degene　die werdent sciere besant.»

340 «Swie vil wir volkes füeren»,　sprach aber Sivrit,
　　«ez pfliget diu küneginne　sô vreislicher sit,
　　die müesen doch ersterben　von ir übermuot.
　　ich sol iuch baz bewisen,　degen küene unde guot.

341 Wir suln in recken wise　varn ze tal den Rîn.
　　die wil ich dir nennen,　die daz sulen sîn.
　　selbe vierde degene　varn wir an den sê:
　　so erwerben wir die frouwen,　swiez uns dar nâch ergê.

342 Der gesellen bin ich einer,　der ander soltu wesen,
　　der dritte daz sî Hagene　(wir mugen wol genesen),
　　der vierde daz sî Dancwart,　der vil küene man.
　　uns endürfen ander tûsent　mit strite nimmer bestân.»

343 «Diu mære wesse ich gerne»,　sprach der künec dô,
　　«ê daz wir hinnen füeren　(des wære ich harte vrô),
　　waz wir kleider solden　vor Prünhilde tragen,
　　diu uns dâ wol gezæmen:　daz sult ir Gunthere sagen.»

344 «Wât die aller besten　die ie man bevant,
　　die treit man zallen zîten　in Prünhilde lant.
　　des sulen wir rîchiu kleider　vor der frouwen tragen,
　　daz wirs iht haben scande,　sô man diu mære hœre sagen.»

345 Dô sprach der degen guoter　«sô wil ich selbe gân
　　zuo mîner lieben muoter,　ob ich erwerben kan

339, 1 Du solt mir sagen, Sifrit,　ê unser vart ergë.
　　3 suln wir iht ritter füeren.
　　4 zwei tûsint degene.
340, 1　　　　　　　　　　sprach dô Sifrit.
　　3 die müesen alle ersterben.
　　4 ich wil iuch baz bewîsen.
341, 2 die wil ich iu nennen.
　　3 zuo uns zwein noch zwêne,　unde niemen mê.
342, 1 Der gesellen sît ir einer,　der ander sol ich wesen,
　　　　Hagene sî der dritte.
　　3 Dancwart sî der vierde.
343, 1 Diu mære ich wiste gerne.
　　2 ê daz wir hinnen schieden.
　　4　　　　　　　　　daz sult ir mir bi zîte sagen.
　　─────────────────────────────
340, 1　　　　　　　　　　sprach Sivrit.
　　3 die müesen ersterben.

daz uns ir scœnen mägede   helfen prüeven kleit,
diu wir tragen mit êren   für die hêrlîchen meit.»

346 Dô sprach von Tronege Hagene   mit hêrlîchen siten   (354)
«wes welt ir iuwer muoter   sölher dienste biten?
lât iuwer swester hœren   wes ir habet muot:
sô wirdet iu ir dienest   zuo dirre hovereise guot.»

347 Do enbôt er sîner swester   daz er si wolde sehen,
und ouch der degen Sivrit.   ê daz was geschehen,
dô hete sich diu scœne   ze wunsche wol gekleit.
daz komen der vil küenen   daz was ir mæzlîche leit.

348 Dô was ouch ir gesinde   geziert als im gezam.
die fürsten kômen beide,   dô si daz vernam,
dô stuont si von dem sedele.   mit zühten si dô gie
dâ si den gast vil edelen   und ouch ir bruoder enpfie.

349 «Willekomen sî mîn bruoder   und der geselle sîn.
diu mære ich wiste gerne»,   sô sprach daz magedîn,
«waz ir herren woldet,   sît ir ze hove gât.
daz lât ir mich hœren   wiez iu edelen recken stât.»

350 Dô sprach der künec Gunther   «frouwe, ich wilz iu sagen.
wir müezen michel sorgen   bî hôhem muote tragen.
wir wellen hôfscen rîten   verre in vremdiu lant:
wir solden zuo der reise   haben zierlîch gewant.»

351 «Nu sitzet, lieber bruoder»,   sprach daz küneges kint,
«und lât mich rehte hœren   wer die frouwen sint,
der ir dâ gert mit minnen   in ander künege lant.»
die ûz erwelten beide   nam diu frouwe bî der hant.

346, 3   wes wir haben muot.
       si ist sô künste riche   daz diu kleider werdent guot.
347, 2 unt ouch der herre Sifrit.   ê daz daz was geschehen.
      4 daz si sie sehen wolden,   des was si vrô unt ouch gemeit.
348, 1   geziert als ir gezam.
349, 2 diu mære wist ich gerne.
      3 waz ir werben woldet.
      4 daz lât mich beide hœren   wiez iu hôchgemuoten stât.
350, 1 Dô sprach der künic riche.
351, 2 lât mich diu mære hœren.
      3   in ander fürsten lant.

349, 3 waz ir here woldet.
      4 daz lâzet mich hœren.
351, 2 unde lât mich hœren.

352 Dô gie si mit in beiden　　dâ si ê dâ saz,　　　　　347
ûf matraz diu rîchen,　　ich wil wol wizzen daz,　　　(360)
geworht von guoten bilden,　　mit golde wol erhaben.
si mohten bî den frouwen　　guote kurzwîle haben.

353 Friwentliche blicke　　und güetlichez sehen,
des mohte dâ in beiden　　harte vil geschehen.
er truoc si ime herzen,　　si was im sô der lip.
sît wart diu scœne Kriemhilt　　des starken Sivrides wîp.　　　ˏ

354 Dô sprach der künec rîche　　«vil liebiu swester mîn,
âne dine helfe　　kund ez niht gesin.
wir wellen kurzwîlen　　in Prünhilde lant:
da bedorften wir ze habene　　vor frouwen hêrlich gewant.»

355 Dô sprach diu juncfrouwe　　«vil lieber bruoder mîn,
swaz der mînen helfe　　dar an kan gesin,
des bringe ich iuch wol innen,　　daz ich iu bin bereit.
versagt iu ander iemen,　　daz wære Kriemhilde leit.

356 Ir sult mich, ritter edele,　　niht sorgende biten:
ir sult mir gebieten　　mit hêrlichen siten.
swaz iu von mir gevalle,　　des bin ich iu bereit,
unt tuon ez willecliche»,　　sprach diu wünneclichiu meit.

357 «Wir wellen, liebiu swester,　　tragen guot gewant.
daz sol helfen prüeven　　iuwer edeliu hant:
des volziehen iuwer mägede,　　daz ez uns rehte stât;
wande wir der verte　　hân decheiner slahte rât.»

352, 1 Dô gie si mit den degenen　　dâ si selbe saz.
matraz diu rîchen,　　ir sult gelouben daz,
lâgen allenthalben　　an dem vletze nider.
si heten bî den frouwen　　guote kurzwile sider.
353, 1 Vil lieplîcher blicke　　unt minneclichez sehen.
4 er erwarp mit starkem dienste　　daz si doch sider wart sin wip.
354, 1 Dô sprach der künic Gunther　　«vil edel swester mîn.
2 　　　　　　sone kundez niht gesin.
4 da bedorften wir ze tragene.
355, 1 Dô sprach diu küniginne.
356, 2 jâ sult ir mir gebieten.
3 swaz sô iu gevalle,　　des bin ich bereit.
4 　　　　　　sprach diu hêrliche meit.
357, 2 　　　　　　iuwer wîziu hant.
4 wand ich dirre verte.

352, 2 ûf matraz diu rîchen,　　ich wil wol wizzen daz,
geworht von guoten bilden,　　mit golde durchslagen.
si mohten bî den frouwen　　guote kurzwile haben (45).

358 Dô sprach diu juncfrouwe   «nu merket waz ich sage.   349
    ich hân selbe siden: nu scaffet daz man trage   (366)
    gesteine uns ûf den scilden: sô wurken wir diu kleit.»
    des willen was dô Gunther   und ouch Sivrit bereit.

359 «Wer sint die gesellen»,   sprach diu künegin,
    «die mit in gekleidet   ze hove sulen sîn?»
    er sprach «ich selbe vierde: zwêne mine man,
    Dancwart unde Hagene,   suln ze hove mit mir gân.

360 Ir sult vil rehte merken   waz ich iu, frouwe, sage,
    daz ich selbe vierde   ze vier tagen trage
    ie drier hande kleider   und alsô guot gewant,
    daz wir âne scande   rûmen Prûnhilde lant.»

361 Mit guotem urloube   die herren schieden dan.
    dô hiez ir juncfrouwen   drîzec meide gân
    ûz ir kemenâten   Kriemhilt diu künegin,
    die zuo sölhem werke   heten grœzlichen sin.

362 Die arâbischen siden   wîz alsô der snê
    unt von Zazamane der guoten   grüen alsam der klê,
    dar in si leiten steine;   des wurden guotiu kleit.
    selbe sneit si Kriemhilt,   diu vil hêrliche meit.

363 Von vremder visce hiuten   bezoc wol getân,
    zo sehene vremden liuten,   swaz man der gewan,

358, 1   ine wil iu niht versagen.
     2   nu heizet uns her tragen
    gestein ûf den schilden: sô machen wir diu kleit,
    daz ir si traget mit êren   für die hêrlichen meit.
359, 3 daz bin ich unt Sifrit   unt zwêne miner man.
     4   die suln mit uns ze hove gân.
360, 1 Nu merket, liebiu swester,   rehte waz wir sagen,
    daz wir vier gesellen   ze vier tagen tragen.
361, 1 Daz lobte si den recken.
    4 die vil wercspæhen   ze künste heten grôzen sin.
362, 1 Aller hande siden,   unt wîz sô der snê,
    von Zazamanc dem lande,   grüen alsô der klê.
     4   diu vil minnecliche meit.
363, 2 ze sehen werden liuten.

358, 1   daz muget ir vil wol haben.
    ich hân selbe siden: nu heizet her tragen (16).
    4 des willen ir dô Gunther   unde Sivrit geneic (18).
362, 2   grüen als der klê.

die dahten si mit siden, só si se solden tragen.
nu hœret michel wunder von der lichten wœte sagen.

364 Von Marroch ûz dem lande und ouch von Lybîân 355.
die aller besten siden die ie mêr gewan (372)
deheines küneges künne, der heten si genuoc.
wol lie daz sînen Kriemhilt daz si in holden willen truoc.

365 Sit si der hôhen verte heten nu gegert,
härmîne vedere dûhten si unwert.
pfelle drobe lâgen swarz alsam ein kol:
daz noch snellen heleden stüende in hôhgeziten wol.

366 Ûz arâbischem golde vil gesteines secin.
der frouwen unmuoze diu newas niht klein:
inre siben wochen bereiten si diu kleit.
dô was ouch ir gewœfen den guoten recken bereit.

367 Dô si bereitet wâren, dô was in ûf den Rin
gemachet flizeclîchen ein starkez sciffelin,
daz si tragen solde vol nider an den sê.
den edelen juncfrouwen was von arebeiten wê.

368 Dô sagte man den recken, in wæren nu bereit,
diu si dâ füeren solden, ir zierlichen kleit,
alsô si dâ gerten. daz was nu getân:
done wolden si niht langer bî dem Rîne bestân.

369 Nâch den hergesellen wart ein bote gesant,
ob si wolden scouwen niuwez ir gewant,

363, 3 die dahte man mit siden, golt dar in getragen.
man möhte michel wunder.
364, 4 diu frouwe lie wol schînen.
365, 1 Wand sis zer hovereise heten sô gegert,
die hermînen vedere.
3 swarz alsam der kol:
daz noch snellen degenen.
366, 3 inre sehs wochen.
4 den guoten degenen bereit.
367, 2 bereitet vlîzeclîche.
3 vol nider ûf den sê.
den schœnen juncfrouwen tet ir arebeiten wê.
368, 3 alsô die helde gerten.
369, 1 wart balde dô gesant,
ob si schouwen wolden.

365, 1 bêten gegert (234. 238).
368, 3 alsô si gerten.

ob ez den helden wære   ze kurz und ze lanc.
ez was in rehter mâze: des sageten si den frouwen danc.

370 Für alle die si kômen   die muosen in des jehen   (378)
daz si zer werlde hêten   bezzers niht gesehen.
des mohten si se gerne   dâ ze hove tragen:
von bezzer recken wæte   kunde niemen niht gesagen.

371 Vil grœzliche danken   wart dâ niht verdeit.
dô gerten urloubes   die recken vil gemeit:
in ritterlîchen zühten   die herren tâten daz.
des wurden liehtiu ougen   von weinen trüeb unde naz.

372 Si sprach «vil lieber bruoder,   ir möhtet noh bestân
unt wurbet ander frouwen   (daz hiez ich wol getân),
dâ iu sô sêre enwâge   stüende niht der lip.
ir muget hie nâher vinden   ein alsô hôchgeboren wîp.»

373 Ich wæn in saget ir herze   daz in dâ von geschach.
si weinten al gelîche,   swaz iemen gesprach.
ir golt in vor den brüsten   wart von trähenen sal:
die vielen in genôte   von den ougen hin ze tal.

374 Si sprach «herre Sîvrit,   lât iu bevolhen sin
ûf triuwe und ûf genâde   den lieben bruoder mîn,
daz im iht gewerre   in Prünhilde lant.»
daz lobte der vil küene   in froun Kriemhilde hant.

375 Dô sprach der degen riche   «ob mir mîn lip bestât,
sô sult ir aller sorgen,   frouwe, haben rât.
ich bringen iu gesunden   her wider an den Rîn:
daz wizzet sicherlîchen.»   im neic daz scœne magedin.

376 Ir goltvarwen scilde   man truog in ûf den sant
unde brâhte in zuo zin   allez ir gewant.

369, 3   ze rehte kurz unt lanc.
        des sageten si den frouwen   von schulden grœzlichen danc.
370, 2   schœners niht gesehen.
        4 von bezzer helde wæte   kunde iu nieman niht gesagen.
371, 1 Vlizzeliche danken.
        2 urloubes von in gerten.
        4   weinens trüebe unde naz.
373, 2 si weinten al gemeine,   swaz ieman drumbe sprach.
374, 4 daz lobt ir der herre   mit guotem willen in die hant.
375, 1 Dô sprach der degen küene.
        4 daz habt ûf mîme lîbe.
376, 1 Ir goltrôten schilde   die truog man ûf den sant,
        unt brâht in zuo dem schiffe.

ir ros hiez man in ziehen: si wolden riten dan.
dà wart von scœnen frouwen   vil michel weinen getân.

377 Dô stuonden in den venstern   diu minneclichen kint.   366
ir seif mit dem segele   daz ruorte ein hôher wint.   (385)
die stolzen hergesellen   die sâzen ûf den Rin.
dô sprach der künec Gunther   «wer sol nu seifmeister sin?»

378 «Daz wil ich», sprach Sivrit: «ich kan inch ûf der fluot
hinnen wol gefûeren,   daz wizzet, helede guot.
die rehten wazzerstrâzen   die sint mir wol bekant.»
si scieden vrœlichen   ûz der Burgonden lant.

379 Sivrit dô balde   ein scalten gewan:
von stade begunde schieben   der kreftige man.
Gunther der küene   selbe ein ruoder nam.
dô huoben sich von lande   die snellen ritter lobesam.

380 Si fuorten riche spîse,   dar zuo guoten win,
den besten den man kunde   vinden umben Rin.
ir ros diu stuonden scône,   si heten guot gemach.
ir seif daz gie vil ebene: vil lützel leides in gescach.

381 Ir vil starken segelseil   wurden in gestraht:
si fuoren zweinzec mile   ê daz ez wurde naht,
mit eine guoten winde   nider gegen dem sê.
ir starkez arebeiten   tet sît den hôhgemuoten wê.

376, 3   si wolden varn dan.
dô wart von schœnen frouwen.
377, 3   vluzzen zetal den Rin.
378, 1 Dô sprach der starke Sivrit.
4 mit freuden si dô schieden.
379, 1 Der künic von Niderlanden   ein schalten genam.
2   der helt vil lobesam.
3   selbe ein ruoder truoc.
si huoben sich von lande   unt wären vrœlich genuoc.
380, 1   dar zuo den besten win,
den man inder kunde.
3 Dancwart, Hagenen bruoder,   der saz unde zôch
an eime starken ruoder: er truoc den muot unmâzen hôch.
381, 2 si fuoren manige mile.
3 mit freuden si dô kômen   vol nider an den sê.

___

379, 1 Sifrit dô balde   eine scalten nam:
von stade begundo schieben   der kreftige man (13).
Gunther der küene   selbe ein ruoder huop.
si huoben sich von lande   und heten vrœlichen muot (31).

382 An dem zwelften morgen,   sô wir hœren sagen,   371
heten si die winde   verre dan getragen   (390)
gegen Îsensteine   in Prünhilde lant:
daz was ir deheinem   niwan Sivride erkant.

383 Dô der künec Gunther   sô vil der bürge sach
und ouch die witen marke,   wie balde er dô sprach!
«saget mir, friwent Sivrit,   ist iu daz bekant,
wes sint dise bürge   und ouch daz hêrliche lant?»

384 Des antwurte Sivrit   «ez ist mir wol bekant.
ez ist Prünhilde   liut unde lant
und Îsenstein diu veste,   als ir mich hôrtet jehen.
dâ muget ir noch hiute   vil scœner frouwen gesehen.

385 Unt wil iu helden râten,   ir habet einen muot,
ir jehet geliche,   jâ dunket ez mich guot,
swenne wir noch hiute   für Prünhilde gân,
sô müezen wir mit sorgen   vor der küneginne stân.

386 Sô wir die minneclîchen   bî ir gesinde sehen,
sô sult ir, helede mœre,   wan einer rede jehen,
Gunther sî mîn herre,   und ich sî sîn man:
des er dâ hât gedingen,   daz wirdet allez getân.»

387 Des wâren si bereite   swaz er si loben hiez.
durh ir übermüete   deheiner ez niht liez,
si jâhen swes er wolde: dâ von in wol gescach,
dô der künec Gunther   die scœnen Prünhilde sach.

382, 1 Inre tagen zwelven.
  4 daz het von Tronege Hagene   ê vil selten bekant.
383 Aventiurenanfang.
  5—8 Ine hân bi mînen ziten,   ine wolde lüge jehen,   (392)
    sô wol erbouwen bürge   mêre nie gesehen
    in deheinem einem lande,   als ir hie vor uns stât.
    er mac wol wesen riche   der si hie gebouwen hât.»
384, 2 ez ist froun Prünhilde.
  4   schœner frouwen vil gesehen.
385, 2 daz wir jehen geliche.
386, 2 sô sult ir, helede guote.
  3   ich sî sîn eigen man.
    sô mag unser wille   harte wol an ir ergân.

---

386. 3   ich sî sîn man.

388 «Jane lob ihz niht sô verre   durch die liebe dîn   (397)
sô durch dîne swester,   daz schœne magedîn.
diu ist mir sam mîn sêle   und sô mîn selbes lîp:
ich wil daz gerne dienen   daz si werde mîn wîp.»

VII. ÂVENTIURE,

WIE GUNTHER PRÜNHILDE GEWAN.

389 In den selben zîten   dô was ir scif gegân
der bürge alsô nâhen: dô sah der künec stân
oben in den venstern   vil manege scœne meit.
daz er ir niht erkande,   daz was Gunthere leit.

390 Er vrâgte Sivride,   den gesellen sîn,
«ist iu daz iht künde   umb disiu magedîn,
die dort her nider scouwent   gein uns ûf die vluot?
swie ir herre heize,   si sint vil hôhe gemuot.»

391 Dô sprach der herre Sivrit   «nu sult ir tougen spehen
under den juncfrouwen,   und sult mir danne jehen
welhe ir nemen woldet,   hetet irs gewalt.»
«daz tuon ich», sprach Gunther,   ein ritter küen unde balt.

392 «Sô sihe ich ir eine   in jenem venster stân,
in snêwîzer wæte: diu ist sô wol getân,

388, 1 Ich enlob ez niht sô verre   durch den willen dîn
sô durch Kriemhilde.
3   unt sô mîn eigen lîp.

389, 4 dô begunde vrâgen   der recke küene unt gemeit.
390, 1 Saget mir, friunt Sifrit,   durch den willen mîn,
bekennet ir die frouwen   unt ouch diu magedîn.
3   zuo zuns ûf die fluot?
si gebârent dem gelîche   daz si hôhe sint gemuot.
391, 1 Dô sprach der küene Sifrit   «ir sult von hinnen spehen
tougen in dem muote.
4 «daz tuon ich», sprach dô Gunther,   der ritter küen unde balt.
392, 1 Sô sihe ich undr in eine.

388, 3   unde sô mîn lîp.

die wellent mîniu ougen   durch ir scœnen lîp.
ob ich gewalt des hête,   si müese werden mîn wîp.»

393 «Dir hât erwelt vil rehte   dîner ougen schîn: 381
ez ist diu edel Prûnhilt,   daz scœne magedîn,   (402)
nâch der dîn herze riñget,   dîn sin unt ouch der muot.»
elliu ir gebærde   diu dûhte Guntheren guot.

394 Dô hiez diu küneginne   ûz den venstern stân
ir hêrlîche mägede: siu solden dâ niht stân
den vremden an ze sehene.   des wâren si bereit.
waz dô die vrouwen tâten,   daz ist uns sider ouch geseit.

395 Gegen den unkunden   strichen si ir lîp,
des ie site hêten   diu wætlîchen wîp.
an diu engen venster   kômen si gegân,
dâ si die helde sâhen: daz wart durh schouwen getân.

396 Ir wâren niwan viere,   die kômen in daz lant.
Sifrit der küene   ein ros zôch ûf den sant;
daz sâhen durch diu venster   diu wætlîchen wîp:
des dûhte sich getiuret   des künec Guntheres lîp.

397 Er habt im dâ bî zoume   daz zierlîche marc,
guot unde schœne,   vil michel unde starc,
unz der künic Gunther   in den satel gesaz.
alsô diente im Sifrit: des er doch sît vil gar vergaz.

398 Dô zôh er ouch daz sîne   von dem schiffe dan.
er hete solhen dienest   vil selten ê getân,
daz er bî stegereife   gestüende ie helede mêr.
daz sâhen durch diu venster   die vrouwen schœn unde hêr.

399 Rehte in einer mâze   den helden vil gemeit
von snêblanker varwe   ir ros unt ouch ir kleit

392, 3   vil schœn ist ir der lîp.
393, 2 ez ist diu starke Prünhilt.
    3 die dîn herze minnet,   der lîp unt ouch der muot.
394, 2 ir minneclîchen meide: sine solden niht dâ stân.
395, 4 dâ si die recken sâhen.
396, 2 Sifrit der starke   ein ros zôch an der hant.
    3   diu minneclîchen wîp:
    des wart sît getiuret.
398, 2   selten ê getân,
    daz er den stegereif   gehabt ie helede mêr.
399, 1   den rittern vil gemeit.

wâren vil geliche,   ir schilde wol getân:
die lûhten von den handen   den vil wætlichen man.

400 Ir sätele wol gesteinet,   ir fürbüege smal: 385
si riten hêrliche   für Prünhilde sal: (409)
dar an hiengen schellen   von lichtem golde rôt.
si kômen zuo dem lande   als ez ir ellen in gebôt,

401 Mit spern niuwesliffen,   mit swerten wol getân,
diu ûf die sporn giengen   den wætlichen man:
diu fuorten die vil küenen,   scharpf unde breit.
daz sach alliz Prünhilt,   diu vil hêrliche meit.

402 Mit im kom dô Danewart   unt ouch Hagene.
wir hœren sagen mære,   wie die degene
von rabenswarzer varwe   truogen richiu kleit.
ir schilde wâren schœne,   michel, guot unde breit.

403 Von Indîâ dem lande   man sah si steine tragen:
die kôs man an ir wæte   vil hêrliche wagen.
si liezen âne huote   ir schiffel bî der fluot:
sus riten zuo der bürge   die helde küene unde guot.

404 Sehs unt ahzec türne   si sâhen drinne stân,
drî palas wîte   unt einen sal wol getân
von edelem marmelsteine   grüene alsam ein gras,
dar inne selbe Prünhilt   mit ir ingesinde was.

405 Diu burc was entslozzen,   vil wîte ûf getân.
dô liefen in engegene   die Prünhilde man
unt enpfiengen dise geste   in ir vrouwen lant.
ir ros hiez man behalden   unt ir schilde von der hant.

399, 3 ez wâren vil geliche.
400, 3 dar an sô hiengen schellen.
401, 3   scharpf unt dar zuo breit.
    4   diu vil minnecliche meit.
402, 1 Mit im kom ouch Danewart   unde Hagene.
       nu hœret disiu mære.
    4   vil guot, michel unde breit.
404, 4 dar inn diu küniginne.
405, 1 Diu porte stuont entslozzen,   diu burc ûf getân.
    3 unt enpfiengen wol die küenen.
    4 ir ros man hiez behalten.

402, 1 Mit im kom Danewart (235).
405, 3 unt enpfiengen die geste.

406 Dô sprach ein kamerære «ir sult uns geben diu swert   390
    unt ouch die liehten brünne.» «des sît ir ungewert»,   (415)
    sprach von Tronege Hagene: «wir wellens selbe tragen.»
    dô begonde im Sifrit dâ von diu rehten mære sagen

407 «Man pfliget in dirre bürge, daz wil ich iu sagen,
    daz neheine geste hie wâfen sulen tragen.
    nu lât si tragen hinnen: daz ist wol getân.»
    des volgte vil ungerne Hagene Guntheres man.

408 Man hiez den gesten scenken unt scaffen ir gemach.
    vil manigen snellen recken man dâ ze hove sach
    in fürstlicher wæte allenthalben gân:
    doch wart michel schouwen an die küenen getân.

409 Dô wart vroun Prünhilde gesaget mit mæren
    daz unkunde recken dâ komen wæren
    in hêrlîcher wæte gevlozzen ûf der fluot.
    dâ von begonde vrâgen diu maget scœne unde guot.

410 «Ir sult mich lâzen hœren», sprach diu künegîn,
    «wer die vil unkunden recken mügen sîn,
    die in mîner bürge sô hêrlîche stân,
    unt durch wes liebe die helde her gevaren hân.»

411 Dô sprach ein ir gesinde «vrouwe, ich mac wol jehen
    daz ich ir deheinen nie mêr habe gesehen:
    wan gelîche Sifride einer drunder stât.
    den sult ir wol enpfâhen: daz ist mit triuwen mîn rât.

412 Der ander der gesellen der ist sô lobelîch:
    op er gewalt des hête, wol wær er künic rîch
    op wîten fürsten landen, und maht er diu hân.
    man siht in bî den andern sô rehte hêrliche stân.

406, 3 sprach Hagene der küene.
407, 3 ir sult si lân behalten.
    4 daz tet dô vil ungerne Hagen der Guntheres man.
408, 1 Den gesten hiez man schenken.
    4 dâ wart michel schouwen an die vil küenen getân.
409, 1 Dô tet man Prünhilde kunt mit mæren,
    daz dâ vremde recken komen wæren
    in vil rîcher wæte.
410, 4 unt durch welhe schulde.
412, 3   ob er diu möhte hân.

408, 1   unt scaffen gemach.
409, 1 Dô tet man Prünhilde kunt diu mære.

413 Der dritte der gesellen   der ist sô gremelîch,   (422)
unt doch mit schœnem lîbe,   küneginne rîch,
von swinden sînen blicken,   der er sô vil getuot.
er ist in sînen sinnen,   ich wæne, grimme gemuot.

414 Der jungeste drunder   der ist sô lobelîch:
magtlîcher zühte   sih ich den degen rîch
mit guotem gelæze   sô minneclîche stân.
wir möhtenz alle fürhten,   het im hie iemen iht getân.

415 Swie blîde er pflege der zühte,   und swie scœne sî sîn lîp,
er möhte wol erweinen   vil wætlîchiu wîp,
swenn er begonde zürnen.   sîn lîp ist sô gestalt,.
er ist in allen tugenden   ein degen küene unde balt.»

416 Dô sprach diu küneginne   «nu brinc mir mîn gewant.
unt ist der starke Sîfrit   komen in ditze lant
durch willen mîner minne,   ez gât im an den lîp.
ine fürhte in niht sô sêre   daz ich werde sîn wîp.»

417 Prünhilt diu schœne   wart schiere wol gekleit.
dô gie mit ir dannen   vil manic schœniu meit,
wol hundert oder mêre: gezieret was ir lîp.
ez wolden sehen die geste   diu vil wætlîchen wîp.

418 Dâ mite giengen degene   dâ ûz Îslant,
die Prünhilde recken: die truogen swert enhant,
fünf hundert oder mêre.   daz was den gesten leit.
dô stuonden von dem sedele   die helde küene unt gemeit.

419 Dô diu küneginne   Sîfriden sach,
nu muget ir gerne hœren   wie diu maget sprach.
«sît willekomen, Sîfrit,   her in ditze lant.
waz meinet iuwer reise?   gerne het ich daz bekant.»

413, 1   der ist vil gremelîch.
     4   ich wæn vil grimme gemuot.
414, 1 Der der jungest ist dar under.
     2 in magtlîchen zühten.
     4 wir möhtenz fürhten alle.
415, 1   unt swie schœn im sî der lip.
416, 2   komen in daz lant.
417, 1 Dô wart diu küniginne   schiere wol gekleit.
     3 wol hundert unde mêre.
     4   diu vil minneclîchen wîp.
418, 1 Dâ mit giengen recken   ûzer Îslant,
     die Prünhilde degene.
419, 2 diu maget zühteclîche   zuo dem recken sprach.
     4 waz iuwer reise meine.

420 «Vil michel iwer genâde,   mîn vrou Prünhilt,   399
    daz ir mich ruochet grüezen,   fürsten tohter milt,   (429)
    vor disem edelen recken,   der hie vor mir stât;
    wan der ist mîn herre: der êren het ich gerne rât.

421 Er ist geborn von Rîne: waz sol ich sagen mêr?
    durch die dîne liebe   sîn wir gevarn her.
    der wil dich gerne minnen,   swaz im dâ von geschiht.
    nu bedenke dichs bezîte: mîn herre erlât dich es niht.

422 Er ist geheizen Gunther   unt ist ein künic hêr.
    erwurbe er dîne minne,   sone gert er nihtes mêr.
    ja gebôt mir her ze varne   der recke wol getân:
    möht ich es im geweigert haben,   ich het iz gerne verlân.»

423 Si sprach «ist er dîn herre   unt bistû sîn man,
    diu spil diu ich im teile,   und getar er diu bestân,
    behabt er des die meisterschaft,   sô wird ich sîn wîp:
    unt ist daz ich gewinne,   ez gêt iu allen an den lîp.»

424 Dô sprach von Tronege Hagene   «frouwe, lât uns sehen
    iuwer spil diu starken.   ê daz iu müeste jehen
    Gunther mîn herre,   dâ mües iz herte sîn.
    er trouwet wol erwerben   ein alsô schœne magedîn.»

425 «Den stein schol er werfen   unt springen dar nâch,
    den gêr mit mir sciezen.   lât iu niht ze gâch.
    ir muget wol hie verliesen   die êre und ouch den lîp:
    des bedenket iuch vil ebene»,   sprach daz minneclîche wîp.

426 Sîfrit der küeno   zuo dem künege trat,
    allen sînen willen   er in reden bat

420, 3 vor disem küenem recken.
421, 1   daz tuot er dir bekant.
        er hât durch dînen willen   gesuochet ditze lant.
422, 4 wan daz ich entorste.
423, 2   unt tar er diu bestân.
      3   sô minne ich sînen lîp.
        anders muoz er sterben   ê ich werde sîn wîp.
424, 1   frowe, nu lât uns sehen.
      4 er mac noch wol gewinnen.
425, 1 Den stein den sol er werfen.
      2   lât iu niht sîn ze gâch.
        des bedenket iuch vil ebene,   sprach daz vil schœne wîp.
        gebrist im an dem einen,   ez gêt iu allen an den lîp.
426, 1 Sîfrit der starke.

5*

gegen der küneginne; er solde ân angest sîn:
«ich sol iuch wol behüeten vor ir mit den listen mîn.»

427 Dô sprach der künec Gunther «küneginne hêr,   406
nu teilt swaz ir gebietet. unt wær es dannoch mêr, (436)
daz bestüende ich allez durch iuwern schœnen lîp.
mîn houbet wil ich vliesen, ir enwerdet mîn wîp.»

428 Dô diu küneginne sîne rede vernam,
der spile bat si gâhen, als ir daz gezam.
si hiez ir gewinnen ze strîte guot gewant,
ein prünne rôtes goldes unt einen guoten schildes rant.

429 Ein wâfenhemde sîdin daz leit an diu meit,
daz in deheime strîte wâfen nie versneit,
von pfelle ûzer Lybîâ. ez was vil wol getân:
von porten licht gewürhte daz sach man schînen dar an.

430 Die zît wart disen recken mit gelfe vil gedreut.
Dancwart unt Hagene die wâren ungefreut.
wie iz dem künege ergienge, des sorget in der muot.
si dâhten «unser reise ist uns recken niht ze guot.»

431 Die wîle was ouch Sifrit, der wætliche man,
ê iz iemen erfunde, in daz schif gegân,
da er sîne tarnkappen verborgen ligen vant.
dar in slouf er vil schiere: dô was er niemen bekant.

432 Er îlte hin widere: dô vant er recken vil,
dâ diu küneginne teilte ir hôhen spil.
dar gie er tougenlîche (von listen daz geschach),
alle die dâ wâren, daz in dâ niemen ensach.

426, 3 mit der küniginne; ez kunde im geschaden niht.
    ez wirt al anders gendet des sich ir übermuot versiht.
427, 3 daz bestüende ich alliz gerne.
    4 mîn houbet wil ich wâgen.
428, 2   als ir dô daz gezam.
  si hiez ir dar gewinnen balde ir strîtgewant.
  eine veste brünne.
429, 1   daz leit an sich diu meit.
430, 1   harte vil gedreut.
431, 1   der listige man.
  3 da er dio tarnkappen.
432, 4   daz in dâ niemen gesach.

426, 3   ez kunde im niht getaren:
  «ich sol dich vor der vrouwen mit mînen listen bewaren» (45).

433 Der rinc der was bezeiget,   dâ soldez spil geschehen   412
vor manigem küenen recken,   die daz solden sehen.   (442)
mêr danne siben hundert   die sah man wâfen tragen:
swem an dem spil gelunge,   daz ez die helde solden sagen.

434 Dô was komen Prünhilt: gewâfent man die vant
sam ob si solde striten   umb elliu küniges lant.
jâ truoc si ob den sîden   vil manigen goldes zein:
ir minneclîchiu varwe   dar under hêrlichen schein.

435 Dô kom ir gesinde: die truogen dar zehant
von alrôtem golde   einen schildes rant,
mit stahelherten spangen,   vil michel unde breit,
dar under spilen wolde   diu vil minneclîche meit.

436 Der vrouwen schiltvezzel   ein edel porte was.
dar ûffe lâgen steine   grüene sam ein gras.
der lûhte maniger hande   mit schîne wider daz golt.
er müeste wesen vil küene   dem diu vrouwe wurde holt.

437 Der schilt was under bukeln,   als uns daz ist gesaget,
wol drîer spannen dicke,   den tragen solt diu maget.
von stahel unt ouch von golde   rîch er was genuoc:
den ir kamerære   selbe vierde kûme truoc.

438 Alsô der starke Hagene   den schilt dar tragen sach,
mit grimmigem muote   der helt von Tronege sprach
«wâ nu, künic Gunther?   wie vliese wir den lîp!
der ir dâ gert ze minnen,   diu ist des tiuveles wîp.»

433, 4 swer daz spil gewunne.
434, 1 Dô was nu komen Prünhilt.
   2 sam ob si strîten solde.
   3   vil manigen stahelzein.
435, 1 Dô kom ouch ir gesinde.
   2 von vil rôtem golde   einen liehten schildes rant.
   4   diu vil hêrlîche meit.
436, 2   grüener denne ein gras;
   die lûhten maniger hande.
   4 der si solde minnen,   der het iz hôhe verscolt.
437, 2 wol drîer hende dicke.
438, 2 in grôzem unmuote.
   3 wie nu, künic Gunther.
   4   diu ist des vâlandes wîp.

434, 3   vile manigen zein.
. 435, 2 von rôteme golde.

439 Vernemt noch von ir wæte: der hete si genuoc.   (445)
     von Azagouc der sîden   einen wâfenroc si truoc,
     edel unde rîche: ab des varwe schein
     von der küneginne   vil manic hêrlîcher stein.

440 Dô truoc man dar der vrouwen   swære unde grôz
     einen gêr vil scharpfen,   den si alle zîte schôz,
     starc unt ungefüege,   michel unde breit,
     der ze sînen ecken   harte vreislîchen sneit.

441 Von des gêres swære   hœret wunder sagen.
     wol vierdehalbiu messe   was dar zuo geslagen.
     den truogen kûme drîe   Prünhilde man.
     Gunther der edele   vil harte sorgen began.

442 Er dâhte in sînem muote   «waz sol ditze wesen?
     der tiuvel ûz der helle   wie kunder dâ vor genesen?
     wær ich ze Burgonden   mit dem lebene mîn,
     si müeste hie vil lange   vrî vor mîner minne sîn.»

443 Dô sprach Hagenen bruoder,   der küene Dancwart,
     «mich riuwet inneclîchen   disiu hovevart.
     nu hiezen wir ie recken: wie vliese wir den lîp,
     suln uns in disen landen   nu verderben diu wîp!

444 Mich müet daz harte sêre   daz ich kom in daz lant.
     unt hete mîn bruoder Hagene   sîn wâfen an der hant,
     unt ouch ich daz mîne,   sô möhten sanfte gân
     mit ir übermüete   alle Prünhilde man.

439, 3 vil edel unt vil rîche.
440, 1   swære unt dar zuo grôz
     einen gêr vil starken.
     3 scarpf unt ungefüege.
441, 3 in truogen kûme drîe.
     4 Gunther der vil küene   harte sorgen began.
442, 2 der tiufel von der helle.'
     3 unt wær ich dà ze Rîne   mit dem lîbe mîn.
     5—8 Im was in sînen sorgen,   daz wizzet, leit genuoc.   (452)
     allez sîn gewæfen   man im einen truoc:
     dà wart der künic rîche   wol gewâfent in.
     vor leide hete Hagene   vil nâch verwandelt den sin.
443, 1 Dô sprach von Burgonden.
     2 mich muoz immer riuwen.
444, 4 durch ir übermüete.

445 Daz wizzet sicherlîchen, si soldenz wol bewarn. (455)
 unt het ich tûsent eide ze einem vride geswarn,
 ê daz ich sterben sæhe den lieben herren mîn,
 jâ müesen lîp verliesen daz vil schœne magedîn.»

446 «Wir solden ungevangen wol rûmen ditze lant»,
 sprach sîn bruoder Hagene, «heten wir daz gewant
 des wir ze nôt bedurfen unt ouch diu swert vil guot:
 sô wurde wol gesenftet der starken vrouwen übermuot.»

447 Wol hôrt diu maget edele waz der degen sprach.
 mit smielendem munde si über ahsel sach:
 «nu er dunke sich sô küene, sô traget in ir gewant:
 ir vil scharpfen wâfen gebet den recken an die hant.»

448 Dô si diu swert gewunnen, alsô diu maget gebôt,
 der vil küene Danewart von vreuden wart rôt.
 «nu spilen swes si wellen», sprah der snelle man;
 «Gunther ist umbetwungen, sît daz wir unser wâfen hân.»

449 Diu Prünhilde sterke vil grœzlîchen schein.
 man truoc ir zuo dem ringe einen swæren stein,
 grôz unt ungefüege, michel unde wel:
 in truogen kûme zwelfe helde küene unde snel.

450 Den warf si zallen zîten, sô si den gêr verscôz.
 der Burgonden sorge wurden harte grôz.
 «wâfen», sprach dô Hagene, «waz hât der künic zo trût!
 jâ soldes in der helle sîn des übelen tiuvels brût.»

451 An vil wîzen armen si die ermel want:
 si begonde vazzen den schilt an der hant.

445, 1 Ich sage iu bî den triuwen.
446, 2 ich unt mîn bruoder Danewart.
 3   unt unser swert vil guot.
 4   der frouwen starkiu übermuot.
447, 1 Wol hôrt diu küniginne.
 3 nu er dunke sich sô biderbe.
 4 unt ir vil scharpfen wâfen.
 5—8 Mir ist alse mære daz si gewâfent sîn, (458)
  als ob si blôze stüenden, sô sprach diu künigin.
  ih enfürhte niemens sterke den ich noh habe bekant.
  ich getrouwe wol gedingen in strite vor sîn eines hant.
448, 2   wart von freuden rôt.
449, 2 man brâht ir zuo dem ringe einen swæren mermilstein.
451, 2 si begunde sêre vazzen.

den gêr si hôhe zuhte: dô gienc iz an den strit.
Gunther unt Sifrit die vorhten Prünhilde nît.

452 Unde wære im Sifrit niht ze helfe komen,
sô hete si dem künige sînen lip benomen.
er gie dar tougenliche unt ruort im sine hant.
Gunther sine liste vil harte sorclich ervant.

453 «Waz hât mich gerüeret?» dâht der küene man.
dô sach er allenthalben: er vant dâ niemen stân.
er sprach «ich pinz Sifrit, der liebe vriunt din.
vor der küneginne soltu gar ân angest sin.

454 Den scilt gip mir von hende unt lâ mich den tragen,
unde merke rehte waz du mich hœrest sagen.
nu habe du die gebære: diu werc wil ich begân.»
do er in reht erkande, ez was im liebe getân.

455 «Nu hil du mine liste, dine soltu niemen sagen:
sô mac diu küneginne vil lützel iht bejagen
an dir deheines ruomes, des si doh willen hât.
nu sihtu wie diu vrouwe vor dir unsorclichen stât.»

456 Dô scôz vil kreftecliche diu hêrliche meit
ûf einen schilt niuwen, michel unde breit:
den truoc an sîner hende daz Sigelinde kint.
daz fiwer spranc von stahele alsam ez wæte der wint.

457 Des starken gêres snide al durch den schilt brach,
daz man daz fiwer lougen ûz den ringen sach.

452, 1 Wær im der starke Sifrit.
453, 1 gedâht der küene man.
454, 1 den lâ du mich tragen,
unt merke mine lère die du mich hœrest sagen.
4 do er vernam diu mære, der künic træsten sich began.
455, 1 daz ist uns beiden guot.
2 ir starken übermuot
an dir niht verenden.
4 nu sich wie angestliche si gein dir amme ringe stât.
456, 1 diu vil starke meit
den gêr gein eime schilde.
457, 1 sô durch den schilt gebrach.

454, 4 liep was ez dem künige dô er diu mære vernam (18).
455, 1 dine soltu niemen sagen:
sone mac diu küneginne lützel behaben
an dir der meisterschefte (307).
456, 2 gegen eime schilde.

428
(163)

des scuzzes beide strûchten   die kreftige man:
wan diu tarnkappe,   si wæren tôt dâ bestân.

458 Sifride dem vil küenen   von munde brast daz pluot.   432
vil balde spranc er widere: dô nam der helet guot   (469)
den gèr den si gescozzen   im hete durch den rant:
den frumte ir dô hin widere   des starken Sifrides hant.

459 Er dâhte «ich wil niht schiezen   daz schœne magedin.»
er kêrt des gères snîde   hindern rucke sin;
mit der gèrstangen   er scôz ûf ir gewant
daz ez erklanc vil lûte   von sîner ellenthaften hant.

460 Daz fiwer stoup ûz ringen   alsam ez tribe der wint.
den scuz scôz mit ellen   daz Sigemundes kint.
sine mohte mit ir kreften   des scuzzes niht gestân.
ezn hete der künic Gunther   entriuwen nimmer getân.

461 Prünhilt diu schœne   wie balde si ûf spranc!
«Gunther, ritter edele,   des scuzzes habe danc.»
si wânde daz erz hête   mit sîner kraft getân:
ir was dar nâch geslichen   ein verre kreftiger man.

462 Dô gie si hin vil balde: zornec was ir muot;
den stein huop vil hôhe   diu edel maget guot.
si swanc in kreftecliche   vil verre von der hant:
dô spranc si nâch dem wurfe,   ja erklanc ir allez ir gewant.

463 Der stein der was gevallen   wol zwelf klâfter dan:
den wurf brach mit sprunge   diu maget wol getân.

457, 3   die vil starken man.
      si ertwelte si sô sère   daz si den lip nâch heten lân.
458, 4   sin vil ellenthaftiu hant.
459, 3   schôz si der küene man
      alsô krefticliche   daz si strûchen began.
460, 1 Daz fiur stoub ûz stâle   sam iz tribe der wint.
     2   daz Sigelinde kint.
461, 3   mit sîner hant getân.
462, 2 den stein huop si hôhe,   diu schœne maget guot.
     3   sô verre von ir dan,
      daz sin die küene degene   sère wundern began.
463, 2 den wurf prach dô mit sprunge.

457, 4 si ertwelte si sô sère   dazs in den lip nâch benam (18).
459, 3   er scôz ûf ir gewant
      alsô krefticliche   daz ez allez erklanc (307).

dar gie der herre Sifrit   dâ der stein gelac:
Gunther in dô wegete,   der helt in werfennes pflac.

464 Sifrit was küenc,   vil kreftcc unde lanc.   437
den stein den warf er verrer,   dar zuo er wîter spranc.   (475)
von sînen schœnen listen   er hete kraft genuoc
daz er mit dem sprunge   den künic Gunthere truoc.

465 Der sprunc der was ergangen,   der stein der was gelegen.
dô sach man ander niemen   wan Gunther den degen.
Prünhilt diu schœne   wart in zorne rôt:
Sifrit hete geverret   des künic Guntheres tôt.

466 Zuo zir ingesinde   ein teil si lûte sprach,
dô si zent des ringes   den helt gesunden sach,
«vil balde kumt her nâher,   ir mâge unt mîne man:
ir sult dem künic Gunther   alle wesen undertân.»

467 Dô leiten die vil küenen   diu wâfen von der hant,
si buten sich ze füezen   ûz Burgonden lant
Gunther dem rîchen,   vil manic küener man.
si wânden daz er hête   diu spil mit sîner kraft getân.

468 Er gruoztes minneclîche,   jâ was er tugende rîch.
dô nam in bî der hende   diu maget lobelich:
si erloubte im daz er solde   haben dâ gewalt.
des freute sich dô Hagene,   der degen küene unde balt.

469 Si bat den ritter edele   mit ir dannen gân
in den palas wîten.   alsô daz wart getân,
do erbôt manz den recken   mit dienste deste baz.
Dancwart unt Hagene   die muosenz lâzen âne haz.

470 Sifrit der snelle   wîs er was genuoc.
sîne tarnkappen   er abe behalten truoc.

464, 1 Sifrit was vil küene,   dar zuo starc unt lanc.
3 daz was ein michel wunder   unt künstecloch gennoc.
4   den künic Gunther doch truoc.
466, 1   diu küniginne sprach.
3 vil balde gêt her nâher.
468, 1   ·   wand er was tugentrich.
469, 2 in einen palas wîten.   dâ was vil manic man.
durch vorhte manz dem degene   deste baz erbôt.
von Sifrides ellen   si wâren komen ûzer nôt.
470, 2 die sînen tarnkappen.

464, 1   starc unde lanc.
469, 2   alsô daz gezam.

dô gie er hine widere   dâ manic vrouwe saz.
er sprach zuo dem künige,   unt tet vil wisliche daz,

471 «Wes pitet ir, mîn herre?   wan beginnet ir der spil,   (482)
der iu diu küneginne   teilet alsô vil?
unt lât uns balde schouwen   wie diu sîn getân.»
sam ers niht enwesse,   gebârt der listige man.

472 Dô sprach diu küneginne   «wie ist daz geschehen
daz ir habt, her Sîfrit,   der spil niht gesehen,
diu hie hât errungen   diu Guntheres hant?»
des antwart ir Hagene   ûzer Burgunden lant.

473 Er sprach «dâ het ir, vrouwe,   betrüebet uns den muot:
dô was bî dem scheffe   Sîfrit der helet guot,
dô der vogt von Rîne   diu spil iu an gewan:
des ist ez im unkünde»,   sprach der Guntheres man.

474 «Sô wol mich dirre mære»,   sprach Sîfrit der degen,
«daz iuwer hôhverten   ist alsô gelegen,
daz iemen lebet der iuwer   meister müge sîn.
nu sult ir, maget edele,   uns hinnen volgen an den Rîn.»

475 Dô sprach diu wol getâne   «des enmac noch niht ergân.
ez müezen ê bevinden   mâge unt mîne man.
jane mag ich alsô lîhte   gerûmen mîniu lant:
die mîne besten friunde   müezen werden ê besant.»

476 Dô hiez si boten rîten   allenthalben dan,
si besande ir vriwende,   mâge unde man.
die bat si ze Îsensteine   komen unerwant,
unt hiez in geben allen   rîch unt hêrlîch gewant.

470, 3   dâ vil der frouwen saz
     4   unt tet vil kündecliche daz.
471, 3 unt lâzet uns daz schouwen.
     4 sam ober ir niht ensæhe.
473, 1 Dâ het ir alsô sêre.
     3   daz spil an iu gewan.
     4   sprach dô der Guntheres man.
474, 2   ist alsus gelegen,
     daz iemen lebt so küene   der iur meister müge gesin.
475, 1 Dô sprach diu küniginne.
     die mîne hôhsten friunde.
476, 2 si besande alle ir friwende.
     3 die bat si komen balde   ze hove in Îslant.

471, 3 unde lât uns schouwen (241).
476, 3 die bat si zÎsensteine   komen allesamt.

477 Si riten tägelîche   spâte unde vruo   446
    der Prünhilde bürge   scharhafte zuo.   (448)
    «jarâjâ», sprach Hagene,   «waz haben wir getân!
    wir rebeiten hie vil übele   der schœnen Prünhilde man.

478 Sô si nu mit ir kreften   koment in daz lant
    (der küneginne wille   ist uns unbekant:
    waz ob si alsô zürnet   daz wir sîn verlorn?),
    so ist uns diu maget edele   ze grôzen sorgen geborn.»

479 Dô sprach der starke Sîfrit   «daz sol ich understên.
    des ir dâ habet sorge,   des lâze ich niht ergên.
    ich sol iu helfe bringen   her in ditze lant
    von ûz erwelten recken   die iu noch nie wurden bekant.

480 Ir sult nâch mir niht vrâgen: ich wil hinnen varn.
    got müez inwer êre   die zit wol bewarn.
    ich kume schiere widere   unt bringe iu tûsent man
    der aller besten degene   der ich ie künde gewan.»

481 «Sone sit et niht ze lange»,   sprach der künic dô.
    «wir sîn iuwer helfe   vil pillichen vrô.»
    er sprach «ich kum iu widere   in vil kurzen tagen.
    daz ir mich habet gesendet,   daz sult ir Prünhilde sagen.»

478, 2 der Prünhilde wille.
479, 1 Dô sprach der herre Sîfrit.
    2   des enlâz ich niht ergên.
    4 von ûz erwelten degenen.
480, 1 Irn sult nâch mir niht vrâgen.
    3 ich kum vil schiere widere.
    4   der iemen künde gewan.

VIII. ÂVENTIURE,

WIE SIFRIT NÂCH DEN NIBELUNGEN SÎNEN RECKEN FUOR.

482 Dannen gie dô Sifrit   zer porten ûf den sant   451
in sîner tarnkappen,   da er ein schiffel vant.   (493)
dar an sô stuont vil tougen   daz Sigemundes kint:
er fuort ez balde dannen,   alsam ez wæte der wint.

483 Den schefmeister sach niemen: daz schiffel sêre vlôz
von Sifrides kreften: die wâren alsô grôz.
si wânden daz ez fuorte   ein sunderstarker wint:
nein, ez fuorte Sifrit,   der schœnen Sigelinde kint.

484 Bi des tages zite   unt in der einen naht
kom er zeinem lande   mit grœzlîcher maht,
wol hundert langer raste   unde dannoch paz:
die hiezen Nibelunge,   da er den grôzen hort besaz.

485 Der helt fuor aleine   ûf einen wert vil breit:
daz scif gebant vil balde   der ritter vil gemeit.
er gie zeinem berge,   dar ûf ein burc stuont,
unt suochte herberge,   sô noch die wegemüeden tuont.

486 Dô kom er für die porten: verslozzen im diu stuont.
jâ huoten si ir êren,   sô noch die liute tuont.
anz tor begunde bôzen   der unkunde man.
daz was vil wol behüetet: dô vant er innerthalben stân

487 Einen ungefüegen   der der bürge pflac,
bî dem zallen zîten   sîn gewæfen lac.

482, 1 Sifrit der vil küene   dannen gie zehant.
    2   da er daz schiffel vant.
    4 er fuortez alsô balde   sam ob ez wæte der wint.
483, 1 Der vergen sach doch niemen.   wie sêrez schiffel vlôz.
    3 man wânde daz iz fuorte.
484, 3 daz hiez zen Nibelungen   unt wâren sîne man.
      lant unde bürge,   daz was im allez undertân.
485, 1 Der herre fuor aleine.
    3 dô gie er zeinem berge   dâ ein burc stuont.
      er suohte herberge   sô noch die reisemüeden tuont.
486, 4   dô vant er inrethalben drau.
487, 1   der der porten pflac,
      bî dem sin gewæfen   zallen zîten lac.

482, 1 Dannen gie dô Sifrit,   der recke vil balt (19).

der sprach «wer ist der bôzet　　sô vaste an daz tor?»
dô wandelt sîne stimme　　der küene Sifrit dâ vor.

488 Er sprach «ich pin ein recke:　　entsliuz ûf daz tor.
ich erzürne ir eteslîchen　　noch hiute dâ vor,
der gerne sampfte læge　　unt hete sîn gemach.»
daz muot den portenære,　　dô daz Sifrit gesprach.

489 Nu hete der rise küene　　sîn wæfen an getân,
sînen helm ûf sîn houbet:　　der vil starke man
den schilt er balde zuhte,　　daz tor er ûf dô swief:
wie rehte gremelîchen　　er an Sifriden lief!

490 Wie er getorste wecken　　sô manigen küenen man.
dâ wurden slege swinde　　von sîner hant getân.
dô begonde im schirmen　　der hêrlîche gast.
dô scuof der portenære　　daz sîn gespenge zebrast

491 Von einer îsenstangen:　　des gie dem helde nôt.
ein teil begonde fürhten　　Sifrit den tôt,
dô der portenære　　sô krefteclîchen sluoc.
dar umbe was im wæge　　sîn herre Sifrit genuoc.

492 Si striten alsô sêre　　daz al diu burc erscal.
dô hôrte man daz diezen　　in Nibelunges sal.
er twanc den portenære,　　daz er in sit gebant.
diu mære wurden künde　　in al der Nibelunge lant.

487, 3　　　　　　　　　　　ûzen an daz tor?
488, 1　　　　　　　　　　　entsliezet ûf die tür.
　　mir muoz etslîcher volgen　　noch hiute der für.
　　4 dô zurnder portenære.
489, 1　　　　　　　　　　　sîn wæfen an sich genomen.
　　sîn helm ûf sîn houbet　　was im vil schiere komen.
　　3　　　　　　　　　　　daz tor er ûf dô swanc.
　　4　　　　　　　　　　　er gegen Sifride sprunc!
490, 4　　　　　　　　　　　daz sîn schiltgespenge brast.
491, 3　　　　　　　　　　　sô tobelîchen sluoc.
492, 1　　　　　　　　　　　daz al diu burc erdôz,
　　wande ir beider sterke　　was unmâzen grôz.
　　4 do erschullen disiu mære　　über al der Nibelunge lant.

489, 1 Nu hete der rise küene　　sîn wæfen an getân,
　　sîn helm ûf sîn houbet　　im vil schiere kam (31).
492, 1 Si striten alsô sêre　　daz al diu burc erschal.
　　jâ wâren harte kreftic　　die zwêne küenen man (31).

493 Dò hôrt daz grimme strîten   verre durch den berc   462
    Albrich der vil küene,   ein wildiz getwerc.   (504)
    er wâfende sich balde: dô lief er dâ er vant
    disen gast vil edelen,   da er den starken gebant.

494 Albrich was vil grimme,   dar zuo starc genuoc.
    helm unde ringe   er an dem lîbe truoc,
    unt eine geisel swære   von golde an sîner hant.
    dô lief er harte swinde   dâ er Sîfriden vant.

495 Siben knöpfe swære   die hiengen vor dar an,
    dâ mit er vor der hende   den schilt dem küenen man
    sluoc sô pitterlichen,   daz im des vil zebrast.
    des lîbes kom in sorge   dô der wætlîche gast.

496 Den scerm er von der hende   gar zebrochen swanc:
    dô stiez er in die sceide   ein wâfen, daz was lanc.
    den sînen kamerære   wold er niht slahen tôt:
    er scônde sîner zühte   als im diu tugent daz gebôt.

497 Mit starken sînen handen   lief er Albrichen an.
    dô vienc er bî dem parte   den altgrîsen man:
    er zogeten ungefuoge   daz er vil lûte erscrê.   •
    zuht des jungen heldes   diu tet Albriche wê.

498 Lûte rief der küene   »nu lâzet mich genesen.
    unt möht ich iemens eigen   ân einen recken wesen
    (dem swuor ich des eide,   ich wære im undertân),   ·
    ich diende iu ê ich sturbe.«   sô sprach der listige man.

499 Er bant Albrichen   alsam den risen ê.
    die Sifrides krefte   tâten im vil wê.
    daz twerc begonde vrâgen   »wie sît ir genant?«
    er sprach »ich heize Sîfrit;   ich wânde ich wære iu wol bekant.«

493, 2 Albrich der vil starke,   ein küene getwerc.
      er wart gewâfent balde.
    4   der was in beiden unbekant.
494, 4 dô lief er harte sêre.
495, 4 des kom in grôze sorge.
496, 2 dô warf er von im balde   sîn wâfen, daz was lanc.
    4   als im sîn tugent daz gebôt.
497, 4 zuht des jungen recken.
499, 1 Dô bant er Albrichen.
    4 er sprach »ich bin ez Sifrit.

493, 4   dâ er den starken betwanc (19).
495, 4 des kom in sorge.

500 «Sô wol mich dirre mære»,   sprach Albrich daz getwerc.   469
    «nu hân ich wol erfunden   diu degenlichen werc,   (511)
    daz ir von wâren sculden   mügt landes herre wesen.
    ich tuon swaz ir gebietet,   daz ir lâzet mich genesen.»

501 Dô sprach der herre Sifrit   «ir sult balde gân
    unt bringet mir der recken,   der besten die wir hân,
    tûsent Nibelunge,   daz mich die hie geschen.»
    war umbe er des gerte,   des hôrt in niemen verjehen.

502 Dem risen unt Albriche   lôst er diu bant.
    dô lief Albrich balde   da er die recken vant.
    er wahte sorgende   der Nibelunge man.
    er sprach «wol ûf, ir helde,   ir sult ze Sifride gân.»

503 Si sprungen von den betten   unt wâren vil bereit.
    tûsent ritter snelle   wurden wol gekleit.
    si giengen dâ si funden   Sifriden stân:
    dâ wart ein scône grüezen   ein teil mit werken getân.

504 Vil kerzen was enzündet,   man scancte im lûtertranc.
    daz si sciere kômen,   er saget ins allen danc.
    er sprach «ir sult hinnen   mit mir über fluot.»
    des vant er vil bereite   die helde küen unde guot.

505 Wol drîzec hundert recken   die wâren sciere komen:
    ûz den wurden tûsent   der besten dô genomen.
    den brâhte man ir helme   unt ander ir gewant,
    want er si füeren wolde   in daz Prünhilde lant.

506 Er sprach «ir guoten ritter,   daz wil ich iu sagen,
    ir sult vil rîchiu kleider   dâ ze hove tragen,

500, 1   sprach aber daz getwerc.
501, 2   der besten der wir hân.
    4 waz er der aller wolde.
502, 2 dô lief er harte balde.
    3 er waht in grôzen sorgen   vil manigen küenen man.
503, 2 tûsint sneller degene.
    3 si kômen dâ si funden.
    4   ein teil mit vorhten getân.
504, 1 Vil kerzen wart enzündet.
    2 daz si sô balde kômen,   des saget er in dô danc.
    er sprach «ir müezet hinnen.
505, 4 do er si füeren wolde.
506, 1 Hœrt, ir guoten ritter,   waz ich iu welle sagen.

500, 1   sprach daz getwerc.
506, 1 Ir guoten rittære (193).

wont uns dâ sehen müezen vil minneclíchiu wîp.
dar umbe sult ir zieren mit guoter wæte den lîp.»

507 An einem morgen früeje huoben si sich dan.   476
waz sneller geverten Sifrit dô gewan!   (520)
si fuorten ros diu guoten unt hêrlîch gewant:
si kômen ritterlîche in daz Prünhilde lant.

508 Dô stuonden in den zinnen diu minneclîchen kint.
dô sprach diu küneginne «weiz iemen wer die sint
die ich dort sihe vliezen sô verre ûf dem sê?
si füerent segele rîche, die sint noch wîzer dan der snê.»

509 Dô sprach der künic von Rîne «ez sint mîne man.
die het ich an der verte hie nâhen bî verlân.
die hân ich besendet: die sint nu, vrouwe, komen.»
der hêrlîchen geste wart vil grôze war genomen.

510 Dô sah man Sifride vor ineme scheffe stân
in hêrlicher wæte und ander manigen man.
dô sprach diu küneginne «her künec, ir sult mir sagen,
sol ich die geste enpfâhen oder sol ich grüezen si verdagen?»

511 Er sprach «ir sult engegen in für den palas gên;
ob wir si sehen gerne, daz si daz wol verstên.»
dô tet diu küneginne als ir der künic geriet.
Sifride mit dem gruoze si von den anderen sciet.

506, 3 dâ wir sehen müezen.
 5 Nu sprichet liht ein tumber «ez mac wol lüge wesen;   (518)
  wie möhte sô vil ritter bî ein ander sîn genesen:
  wâ næmen si die spîse, wâ næmen si gewant?
  sine kundenz niht verenden, unt ob in dienten drîzec lant.
 9 Sîvrit was sô rîche, als ir wol habt gehôrt,   (519)
  im dient daz künicrîche unt Nibelunge hort.
  des gab er sînen degenen vil volleclîch genuoc,
  wand sîn wart doch niht minre, swie vil man von dem schatze truoc.
507, 1 Vil fruo an einem morgen.
508, 1 Dô stuonden in den venstern.
 3 die dort her gein uns vliezent.
509, 1 Dô sprach der vogt von Rîne.
 3   frouwe, die sint komen.
510, 2 in vil hêrlicher wæte. im volget manic man.
511, 1 Ir sult in begegene, sprach er, mit zühten gên.
 2   daz si wol daz verstên.
 3   daz ir der künic geriet.
 4   von den andern si dô schiet.

512 Man scuof in herberge   unt behielt in ir gewant.   481
    dô was sô vil der geste   komen in daz lant,   (525)
    daz si sich allenthalben   drungen mit den scarn.
    dô wolden die vil küenen   heim zen Burgonden varn.

513 Dô sprach diu küneginne   «ich wold im wesen holt,
    der geteilen kunde   mîn silber unt mîn golt.
    mîn unt des küneges gesten,   des ich sô vile hân.»
    des antwurte Dancwart,   des künic Giselheres man,

514 «Vil edeliu küneginne,   lât mich der slüzel pflegen.
    ich trûwe iz sô geteilen»,   sprach der küene degen,
    «swaz ich erwerbe scande,   die lât mîn eines sîn.»
    daz er milte wære,   daz tet er grœzlîchen sîn.

515 Dô sich Hagenen bruoder   der slüzel underwant,
    sô manige rîche gâbe   bôt des heldes hant:
    swer einer marke gerte,   dem wart sô vil gegeben
    daz die armen alle   muosen vrœlîchen leben.

516 Wol bî hundert pfunden   gap er âne zal.
    genuoge in rîcher wæte   giengen vor dem sal,
    die nie dâ vor getruogen   sô hêrlîchiu kleit.
    daz gevriesc diu künegîn: ez was ir wærlîche leit.

517 Dô sprach diu küneginne   «her künic, ich hetes rât,
    daz iuwer kamerære   mir wil der mînen wât
    lâzen niht belîben: er swendet gar mîn golt.
    der iz noch understüende,   dem wold ich immer wesen holt.

518 Er gît sô rîche gâbe,   jâ wænet des der degen,
    ich habe gesant nâch tôde: ich wils noch langer pflegen.
    ouch trûwe iz wol verswenden,   daz mir mîn vater lie.»
    sô milten kamerære   gewan noch küneginne nie.

512, 1   mit willen al zehant.
    4   zuo den Burgonden varn.
513—518: *dafür folgende zwei Strophen:*
    Dô hiez diu küniginne   teilen sâ zehant   (526)
    golt unde silber   ross unt ouch gewant,
    den vremden unt den kunden,   vil manigem werden man,
    des ir ir vater hête   nâch sîne tôde vil verlân.
    Si hiez ouch sagen von Rîne   den recken alsô hêr.   (527)
    daz si des schatzes næmen   minre oder mêr,
    daz si daz mit ir bræhten   in Burgonden lant.
    des antwurt ir Hagene   in hôhem muote sâ zehant.

512, 1 Man scuof in herberge,   den recken allesamt (27).

519 Dô sprach von Tronege Hagene   «vrouwe, iu sî geseit,   **487**
ez hât der künec von Rîne   golt unde kleit   (525)
alsô vil ze gebene   daz wir des haben rât,
daz wir von hinnen füeren   iht der Prünhilde wât.»

520 «Nein, durh mine liebe»,   sprach diu künegîn.
«lât mich erfüllen   zweinzec leitschrîn
von golde unt ouch sîden,   daz geben sol mîn hant,
sô wir komen übere   in daz Guntheres lant.»

521 Mit edelem gesteine   ladet man ir diu scrîn.
ir selber kamerære   dâ mite muosen sîn:
sine woldes niht getrûwen   dem Giselheres man.
Gunther unt Hagene   dar umbe lachen began.

522 Dô sprach diu küneginne   «wem lâz ich miniu lant?
diu sol ê hie bestiften   mîn unt iuwer hant.»
dô sprach der künic edele   «nu heizet her gân
der iu dar zuo gevalle,   den sul wir voget wesen lân.»

523 Ein ir hôhsten mâge   diu vrouwe bî ir sach
(er was ir muoter bruoder),   zuo dem diu maget sprach
«nu lât iu sîn bevolhen   die bürge unt ouch diu lant,
unze daz hie rihte   des künic Guntheres hant.»

524 Dô welt si ir gesindes   zweinzic hundert man,
die mit ir varn solden   ze Burgonden dan,
zuo jenen tûsent recken   ûz Nibelunge lant.
si rihten sich zer verte: man sach si rîten ûf den sant.

525 Si fuorten mit ir dannen   sehs unt ahzec wîp,
dar zuo wol hundert mägede: vil scœne was der lîp.

519, 1 Vil edeliu küniginne,   iu sî für wâr geseit.
    4 daz wir iht binnen füeren   iuwer golt ode iuwer wât.
520, 1   sprach daz magedîn.
     ich wil mit mir binnen   füeren zweinzic schrîn.
521 *fehlt.*
522, 2 diu sol nu hie bestiften   unser beider hant.
    4 swer iu dar zuo gevalle.
523, 3   die bürge unt ouch daz lant.
524, 1   tûsint küener man,
     die mit ir ze Rîne   solden varn dan.
    3   von Nibelunge lant.
525, 2   vil schœne was ir lîp.

                                                    6*

sin sûmten sich niht langer,   si wolden gâhen dan.
die si dâ heime liezen,   hey waz der weinen began!

526 In tugentlichen zühten   si rûmte ir eigen lant: 493
si kust ir vriunt die næhsten,   swaz si der bî ir vant.   (534)
mit guotem urloube   si kômen ûf den sê.
zuo ir vater lande   kom diu vrouwe nimmer mê.

527 Dô hôrt man ûf der verte   maniger hande spil:
aller kurzewile   der hêten si vil.
dô kom in zuo ir reise   ein rehter wazzerwint:
si fuoren von dem lande   mit vil grôzen vreuden sint.

528 Done wolde si den herren   niht minnen ûf der vart:
ez wart ir kurzwile   unz in sîn hûs gespart
ze Wormez zuo der bürge   zeiner hôhgezît,
dar si vil vreuden rîche   kômen mit ir helden sît.

IX. ÂVENTIURE,
WIE SÎFRIT ZE WORMEZ GESANT WART.

529 Dô si gevaren wâren   volle niwen tage,
dô sprach von Tronege Hagene   «nu hœrt waz ich iu sage.
wir sûmen uns mit den mæren   ze Wormez an den Rîn.
die iuwern boten solden   nu ze Burgonden sîn.»

530 Dô sprach der künic Gunther   «ir habet mir wâr geseit.
uns wær zer selben verte   niemen sô bereit
als ir, friwent Hagene.   nu rîtet in mîn lant.
die unser hovereise   tuot in niemen baz bekant.»

525, 3   si îlten vaste dan.
527, 4   vil harte vrœlichen sint.
528, 1 Jane wolde si den herren.
    4   kômen mit ir recken sît.
529, 2 dô sprach der küene Hagene   «nu merket waz ih sage.
    ir sûmt iuch mit den mæren.
530, 1   «ir habt mir reht geseit.
    nu bereitet iuch zer verte,   ritter vil gemeit,
    wand wir in disen zîten   ander niemen hân
    der dar müge geriten.»   dô sprach der übermüete man

525, 3   si gâheten dan (241).

531 Des antwurte Hagene   «ich bin niht bote guot.
    lât mich pflegen der kamere.   beliben ûf der fluot
    wil ich bî den vrouwen,   behüeten ir gewant,
    unze wir si bringen   in der Burgende lant.

532 Nu bitet Sifride   füeren die potescaft:
    der kan si wol gewerben   mit ellenthafter kraft.
    versage er iu die reise,   ir sult mit guoten siten
    durch iuwer swester liebe   der bete in vriuntlîchen piten.»

533 Er sande nâch dem recken: der kom, dô man in vant.
    er sprach «sit daz wir nâhen   heim in mîniu lant,
    sô solde ich poten senden   der lieben swester mîn
    und ouch mîner muoter,   daz wir nâhen an den Rîn.

534 Des ger ich an iuch, Sifrit: nu leistet mînen muot,
    daz ich ez iemer diene»,   sprach der degen guot.
    dô widerredet iz Sifrit,   der vil küene man,
    unze daz in Gunther   sêre vlêgen began.

535 Er sprach «ir sult rîten   durch den willen mîn
    unt ouch durch Kriemhilde,   daz scœne magedîn,
    daz ez mit mir verdiene   dîn hêrlîche meit.»
    dô daz gehôrte Sifrit,   dô was der recke vil bereit.

536 «Nu enbietet swaz ir wellet: des wirdet niht verdaget.
    ich wil iz werben gerne   durch die vil scœnen maget.
    zwiu sold ich die verzîhen   die ich in herzen hân?
    swaz ir durch si gebietet,   daz ist alliz getân.»

537 «Sô saget mîner muoter   Uoten der küneginu,
    daz wir an dirre verte   in hôhem muote sîn.
    lât wizzen mîne bruoder   wie wir geworben hân.
    ir sult ouch unser friunde   disiu mære hœren lân.

531. 532 «Nu wizzet, lieber herre,   ine bin niht bote guot.
      ich wil iuch eins bewîsen   der ez doch gerne tuot:
      Sîvrit den küenen   sult ir iz niht verdagen.
      durch iuwer swester liebe   getarerz iu nimmer versagen.»
533, 1   der herre kom zehant.
      4   daz wir nu nâhen an den Rîn.
534. 535 Des bitte ich iuch, her Sîvrit,   daz ir die reise tuot,
      daz ez mit mir verdiene   diu edel maget guot
      mit allen mînen friunden,   ritter vil gemeit.»
      dô sprach der degen küene   «der reise bin ich iu bereit.
536, 2 durch die vil minneclichen   sô wirt ez gar gesaget.
537, 1   unt ouch der swester mîn.
      4 unt ander unser friunde   sol man diu mære ouch hœren lân.

538 Die minen sccenen swester   sult ir niht verdagen   503
    mîn unt Prûnhilde dienest   sult ir ir sagen,   (544)
    unt ouch dem gesinde   unt allen mînen man:
    dar nâch ie ranc mîn herze,   wie wol ich daz verendet hân!

539 Unt saget Ortwîne,   dem lieben neven mîn,
    daz er heize sidelen   ze Wormez an den Rîn.
    unt ander mîne mâge   die sol man wizzen lân,
    ich wil mit Prûnhilde   grôze hôhzîte hân.

540 Unt saget mîner swester,   sô si daz habe vernomen
    daz ich mit mîuen gesten   sî ze lande komen,
    daz si mit vlîze enpfâhe   die triutinne mîn.
    daz wil ich immer diende   umbe Kriemhilde sîn.»

541 Sîfrit der herre balde   urloup genam
    von vroun Prûnhilde,   als im daz wol gezam,
    unt zallem ir gesinde: dô reit er an den Rîn.
    ez enkunde in dirre werlde   ein bote bezzer niht gesîn.

542 Mit vier unt zweinzec recken   ze Wormez er dô reit.
    des küneges kom er âne,   dô daz wart geseit,
    allez daz gesinde   muote jâmers nôt:
    si vorhten daz ir herre   dort beliben wære tôt.

543 Dorbeizten si von rossen: vil hôhe stuont ir muot.
    vil schiere kom in Giselher,   der junge künec guot,

538, 1 Kriemhilde unt mîne muoter.
    2   sult ir in beiden sagen
    mit allem ir gesinde.
    4   wie wol ich daz erworben hân!
539, 1 Unt sagt ouch mînen bruodern   unt andern friunden mîn,
    daz si mit grôzem vlîze   dar zuo gewarnet sîn.
    man sol in unsern landen   diu mære wizzen lân.
    4   vil grôze hôchgezîte hân.
540, 1 Unt bitet mîne swester.
    4 daz wil ich immer mêre   mit triuwen dienende sîn.
541, 1 Dô der vil küene recke   urloup von im genam
    unt ouch von Prûnhilde,   der ritter lobesam
    reit in grôzen freuden   ze Wormeze an den Rîn.
    ez enkunde in allen landen.
542, 3 allez daz gedigene   vor jâmer heten nôt.
543, 1 Die helde erbeizet wâren.
    2 vil schiere in kômen beide   die jungen künige guot

538, 3 unde dem gesinde.
541, 2   der wætliche man (19).
543, 1 Dorbeizten si nidere.

unt Gêrnôt sîn bruoder.   wie balde er dô sprach,
do er den künic Gunther   niht bi Sifride sach!

544 «Sit willekomen, Sifrit: ir sult mich wizzen lân   509
wâ ir mînen bruoder   den künic habet verlân.   (550)
diu Prünhilde sterke   in wæn uns hât benomen:
sô wære ir hôhiu minne   uns ze grôzem scaden komen.»

545 «Die angest lât belîben.   in unt den mâgen sîn
enbintet sînen dienest   der hergeselle mîn.
den liez ich wol gesunden: er hât mich iu gesant,
daz ich sîn bote wære   mit mæren her in iuwer lant.

546 Ir sult daz ahten sciere,   swie sô daz gescehe,
daz ich die küneginne   unt iuwer swester sehe.
die sol ich lâzen hœren   waz in enboten hât
Gunther unt Prünhilt: ir dinc in beiden hôhe stât.»

547 Dô sprach der junge Giselher   «dâ sult ir zuo zir gân:
dâ habet ir mîner swester   vil liebe an getân.
si treit doch michel sorge   umb den pruoder mîn.
diu maget siht iuch gerne: des wil ich iuwer bürge sîn.»

548 Dô sprach der herre Sifrit   «swaz ich ir dienen kan,
daz sol vil willeclîchen   mit triuwen sin getân.
wer saget nu den vrouwen   daz ich wil dar gân?»
des wart dô bote Giselher,   der vil wætliche man.

543, 3 unt al daz hovegesinde.   der herre Gêrnôt sprach
dô er sînen bruoder.
544, 1 Willekomen, ritter edele: ir sult uns wizzen lân.
4 so ist uns ir hôhiu minne   harto schedeliche komen.
545, 1 Iu edeln recken beiden   unt al den mâgen sîn.
3   er hât mich her gesant
ze boten mit den mæren   deich iu diu tæte bekant.
546, 2 daz ich iuwer muoter.
4 Gunther der künic rîche,   des dinc in hôhen êren stât.
547, 1   dâ sult ir dar gân:
dâ habt ir mîner muoter.
3 diu hât doch michel sorge.
4 si sehent iuch beide gerne: des sult ir gar ân angest sin.
548. 1   swaz ich in dienen kan.
4 «daz tuon ich», sprach dô Giselher.

545, 3   er hât mich her gefrumt
ze boten mit den mæren,   daz ich iu diu tæte kunt (19).
547, 3 si treit michel sorge (235).

549 Giselber der snelle   zuo siner muoter sprach,   511 .
   unt ouch zuo siner swester,   da er si beide sach,   (555)
   «uns ist komen Sifrit,   der helt ûz Niderlant:
   in hât mîn bruoder Gunther   her ze Rine gesant.

550 Er bringet uns diu mære   wiez umben künic stê.
   nu salt ir im erlouben   daz er ze hove gê.
   er sagt diu rehten mære   her von Îslant.»
   noch was den edelen vrouwen   michel sorgen bekant.

551 Si sprungen nâch ir wæte: dô leiten si sich an.
   si bâten Sifride   hin ze hove gân.
   daz tet er willeclichen,   want er si gerne sach.
   Kriemhilt diu edele   zuo im güetlichen sprach

552 «Sît willekomen, her Sifrit,   ritter lobelich.
   wâ ist mîn bruoder Gunther,   der edele künic rîch?
   von Prünhilde sterke   den wæn wir haben verlorn.
   owê mir armer mägede,   daz ich zer werlt ie wart geborn.»

553 Dô sprah der ritter küene   «nu gebet mir botenprôt.
   ir vil schœne vrouwen,   ir weinet âne nôt.
   ich liez in wol gesunden: daz tuon ich iu bekant:
   si habent mich in beiden   mit den mæren her gesant.

554 Iu enbintet holden dienest   er unt diu wine sîn
   mit vriuntlîcher liebe,   vil edeliu künegîn.
   nu lâzet iuwer weinen: si wellent sciere komen.»
   si het in manigen zîten   sô lieber mære niht vernomen.

555 Mit snêwizen gêren   ir ougen wol getân
   wiscte si nâh trehenen.   danken si began

549, 1 Der stolze küene recke.
   4   ze Rine her von im gesant.
550, 3 er bringt diu rehten mære.
   4   vil michel sorgen bekant.
551, 2   dô hin ze hove gân.
   4 Kriemhilt diu vil schœne   zuo zim dô güetlichen sprach.
552, 2 war ist komen mîn bruoder,   Gunther der künic rîch?
   4 owê mir armen meide,   daz ih danne ie wart geborn.
553, 2 ir edeln juncfronwen.
   4 er unt diu schœne Prünhilt   hânt mich in beiden gesant.
554, 1 Si enbietent iu ir dienest   mit triuwen in daz lant,
   vil rîchiu küniginne,   daz tuon ih iu bekant.
   4 sine het in ·langen zîten.
555, 1 Mit snêblanken gêren

552, 4   daz ich ie wart geborn.

dem boten dirre mære   diu ir dâ wâren komen.
dô was ir michel trûren   unde weinen benomen.

556 Si bat den boten sitzen: des was er vil bereit.   520
dô sprach diu minnecliche   «mir wære niht ze leit,   (562)
ob ich ze botenmiete   iu solde geben min golt.
dar zuo sit ir ze rîche: ich wil iu sus immer wesen solt.»

557 «Op ich nu eine hête»,   sprach er, «drizec lant,
so enpfienge ich doh gerne   gâbe ûz iuwer hant.»
dô sprach diu tugentrîche   «nu sol ez sin getân.»
si biez ir kamerære   nâch der botenmiete gân.

558 Vier unt zweinzec pouge   mit gesteine guot
die gap si im ze miete.   sô stuont des heldes muot,
er woldes niht behalden,   er gab iz sâ zehant
ir næhstem ingesinde   die er ze kemenâten vant.

559 Ir mnoter bôt ir dienest   in vil güetlichen an.
«ich sol iu sagen mêre»,   sprach der küene man,
«wes iuch der künic bittet,   so er kumet an den Rin.
ob ir daz, vrouwe, leistet,   er welle iu immer wæge sin.»

560 Die sine riche geste,   des hôrt ich in gern,
daz ir die wol enpfâhet   und sult in des gewern
daz ir gegen im rîtet   für Wormez ûf den sant.
des sit ir von dem künege   mit rehten triuwen gemant.»

555, 4   unt ouch ir weinen benomen.
556, 1 Den boten bat man sitzen: des was er bereit.
        dô sprach diu juncfrouwe.
557, 2 so enpfienge ich doch vil gerne.
     3 dô sprach diu minnecliche.
558, 2   dô stuont alsô sin muot.
559, 1   in güetlichen an.
     2   sprach dô der küene man.
     3   swenn er nu kumet her.
        daz weller immer dienen,   daz ir leistet sîne ger.
560, 1   bitet er iuch wol enpfân,
        des mant er iuch vil sêre.   irn sult ouch des niht lân,
        irn rîtet im zegegene.
     4   mit grôzen triuwen gemant.

559, 3 wes iuch der künic bittet,   swenn er kumet her.
        ob ir daz, frouwe, leistet,   daz welle er dienen immer mêr (32)
560, 1 Die sine riche geste,   des selben bitet er,
        daz ir die wol enpfâhet,   des sult ir in gewern (32).

561 Dô sprach diu minnecliche   «des bin ich vil bereit.   525
    swaz ich im kan gedienen,   daz ist im unverseit.   (567)
    mit vriuntlichen triuwen   sô sol ez sin getân.»
    dô mêrte sich ir varwe   die si vor liebe gewan.

562 Ez enwart nie bote enpfangen   deheines fürsten baz.
    getorste si in küssen,   diu vrouwe tæte daz.
    wie rehte minnecliche   er von den vrouwen sciet!
    dô tâten Burgonden   als in Sifrit geriet.

563 Sindolt unt Hûnolt   unt Rûmolt der degen,
    vil grôzer unmuoze   muosen si dô pflegen,
    rihten daz gesidele   vor Wormez ûf den sant.
    des küniges scaffære   man mit arebeiten vant.

564 Ortwin unt Gére   dine wolden daz niht lân,
    si sanden nâch den friunden   allenthalben dan.
    si kunten in die hôhzît   diu dâ solde sîn.
    dâ zierten sich engegene   diu vil scœnen magedin.

565 Der palas unt die wende   was allez über al
    gezieret gegen den gesten: der Guntheres sal
    wart vil wol bezimbert   durch manegen vremeden man.
    disiu starke hôchgezît   huop sich vil vrœlichen an.

566 Dô riten allenthalben   die wege durch daz lant
    der drier küncge mâge,   die hete man besant
    daz si den solden warten   die in dâ wolden komen.
    dâ wart ûz der valde   richer wæte vil genomen.

561, 3 in vriuntlichen triuwen.
     4   die si vor liebe dô gewan.
562, 4   als in Sifrit dô geriet.
563, 2 die muosen vil unmuoze   zuo den ziten pflegen.
     3   als in daz was bekant.
     des küniges ambetliute   man dô mit arebeiten vant.
564, 1   des richen küniges man,
     die sanden allenthalben   nâch den friunden dan,
     unt kunten in die hôchgezit.
     4 da bereiten sich engegene.
565, 4 diu selbe grôze hôchgezit.
566, 4 dô wart ûz den kisten.

563, 3   vil manigem recken balt.
565, 4 diu starke hôchgezite (199).

567 Dô sagete man diu mære   daz man rîten sach
   die Prünhilde vriunde: dô huop sich ungemach
   von des volkes krefte   in Burgonden lant.
   hey waz man küener degene   dâ ze beiden sîten vant!

568 Dô sprach diu scœne Kriemhilt   «ir mîniu magedîn,
   die an dem antpfange   mit mir wellen sîn,
   die suochen ûz den kisten   diu aller besten kleit:
   sô wirt uns von den gesten   lob unt êre geseit.»

569 Dô kômen ouch die recken: die hiezen tragen dar
   die hêrlichen sätele   von rôtem golde var
   die vrouwen solden rîten   ze Wormez an den Rîn.
   bezzer pfertgereite   kunde ninder gesîn.

570 Hey waz dâ liehtes goldes   von den mœren scein!
   in lûhte von den zoumen   vil manic edel stein.
   die guldînen scœmel   ob liehtem pfelle guot
   die brâhte man den frouwen: si wâren vrœlich gemuot.

571 Ûf dem hove wâren   diu vrouwen pfert bereit
   den edeln juncvrouwen,   als ich iu hân geseit.
   diu smalen fürbüege   sach man die mœre tragen
   von den besten sîden   dâ von iu iemen kunde sagen.

572 Sehs unt ahzec vrouwen   sach man für gân,
   die gebende truogen.   zuo Kriemhilde dan

567, 1   daz man nu rîten sach
   den künic mit sinen gesten.
   3 von des volkes kreften.
   4 hey waz man sneller degene   bi frown Prünhilde vant!
568, 4 die si mügen vinden: daz si den frouwen ouch geseit.
569, 2   nâch rôtem golde var.
570, 2 ouch lâgen an den zoumen.
   3   ob liehten pfellen guot
   brâht man dar den fronwen: si wâren hôhe gemuot.
571, 1 Begürtet mit den sîden,   vil schœn unde starc,
   brâhte man den frouwen   vil wünneclîchiu marc.
   diu richen fürbüege.
572, 1   hiez man komen dan.
   2   zuo Kriemhilde stân

571, 1 Begürtet mit den sîden   dar gezogen wart
   den edelen juncfrouwen   vil wünneclîchiu marc (307).
572, 1   hiez man komen dan.
   2   zuo Kriemhilde dan (30).

kômen die vil schône   unt truogen lichtin kleit.
dâ kom ouch wol gezieret   vil manic wætlichiu meit,

573 Fünfzec unde viere   von Burgonden lant: (579)
ez wâren ouch die besten   die man inder vant.
die sach man valevahse   under lichten porten gân.
des ê der künic gerte,   daz wart mit vlîze getân.

574 Si truogen rîche pfelle,   die besten die man vant,
vor den vremden recken,   sô manic guot gewant,
daz ir genuoger scœne   ze rehte wol gezam.
er wære in swachem muote   der ir deheiner wære gram.

575 Von zobel unt von harme   vil kleider man dâ vant.
dâ wart vil wol gezieret   manic arm unde hant
mit pougen ob den sîden,   die si dâ solden tragen.
in enkunde ditze vlîzen   ze ende niemen gesagen.

576 Vil manigen gürtel spæhen,   rîch unde lanc,
über lichtiu kleider   manic hant dô swanc,
ûf edel röcke ferrans   von pfelle ûz Arâbî.
den edelen juncvrouwen   was vil hôher freuden bî.

577 Ez wart in fürgespenge   manic scœniu meit
genæt vil minnecliche.   ez möhte ir wesen leit,
der ir vil lichtiu varwe   niht lûhte gegen der wât.
sô scœnes ingesindes   nu niht küniges künne hât.

572, 3 kômen die vil schœnen   unt heten liehtiu kleit.
    dô wart ouch wol gezieret   vil manic minneclichiu meit.
573, 2 sô wâren ez die besten   die man ze hove vant.
    4 des Gunther an si gerte.
574, 1 Von liehten rîchen pfellen,   verre ûz heiden lant,
    si truogen vor den gesten.
575, 1 Von zobel unt ouch von harme.
576, 1   guot unde lanc
    über vil rîchiu kleider   manic wîzin hant dô swanc,
    über röcke ferrans   unt pfelle ûz Arâbin,
    daz si in al der werlde   bezzer nimmer kunden sin.

─────────

573, 2 ez wâren die besten (235).
    4 des Gunthere gerte.
574, 1 Si truogen liehte pfelle,   die frouwen allesamt (27),
    vor den vremden recken.
576, 3   von pfelle ûz Arâbi,
    daz si in al der werlde   niht bezzer kunden gesin (15).

578 Dô die vil minneclîchen   nu truogen ir gewant,   537
    die si dâ füeren solden,   die kômen dar zehant,   (584)
    der hôchgemuoten recken   ein vil michel kraft.
    man truoc ouch dar mit scilden   vil manigen eschînen schaft.

X. ÂVENTIURE,

WIE PRÜNHILT ZE WORMEZ ENPFANGEN WART.

---

579 Anderthalp des Rînes   sach man mit manigen scarn
    den künic mit sînen gesten   zuo dem stade varn.
    ouch sah man dâ bi zoume   leiten manige meit.
    die si enpfâhen solden,   die wâren alle bereit.

580 Dô die von Îslande   zen schiffen kômen dan,
    unt ouch von Nibelungen   Sîfrides man,
    si gâhten zuo dem lande   (unmüezec wart ir hant)
    dâ man des küniges vriunde   des stades anderthalben vant.

581 Nu hœrt ouh disiu mære   von der künegîn,
    Uoten der vil rîchen,   wie si diu magedîn
    gefrumte von der bürge   dar si dô selbe reit.
    da gewan ein ander künde   vil manic ritter unde meit.

582 Der herzoge Gêre   Kriemhilt zoumte dan
    niwan für daz bürgetor: Sîfrit der küene man
    der muost ir fürbaz dienen.   si was ein scœne kint.
    des wart im wol gelônet   von der juncvrouwen sint.

583 Ortwîn der küene   bî vroun Uoten reit,
    vil geselleclîchen   · manic ritter unde meit.
    ze so grôzem antpfange,   des wir wol mügen jehen,
    wart nie sô vil der vrouwen   bî ein ander gesehen.

578, 2   die kômen al zehant.
579, 1   sach man mit grôzen scharn.
    3 ouch sach man dâ bî zoumen.
582, 1 Der margrâve Gêre.
    2 niwan ûz der bürge.
    3 dient ir dô minneclîche.
583, 3 ze solhem antphange,   des mac man wol verjehen.

578, 2   die kômen zehant.
579, 1   sach man mit scarn.

584 Vil manigen bûhurt rîchen   sach man dan getriben   541
von helden lobelîchen   (niht wol wær ez beliben)   (590)
vor Kriemhilt der scœnen   zuo den schiffen dan.
dô huop man von den mœren   manige vrouwen wol getân.

585 Der künic was komen übere   unt manic werder gast.
hei waz starker seefte   vor den vrouwen brast!
man hôrt dâ hurteclîchen   von schilden manigen stôz.
hey waz rîcher pukeln   vor gedrange lûte erdôz!

586 Die vil minneclîchen   die stuonden an der habe.
Gunther mit sînen gesten   gie von den sciffen abe:
er fuorte Prünhilde   selbe an sîner hant.
dâ lûhte wider ein ander   vil liehte stein unt gewant.

587 Mit vil grôzen zühten   vrou Kriemhilt dô gie
dâ si vroun Prünhilde   unt ir gesinde enpfie.
man sach dâ scapel rucken   mit liehten henden dan,
dâ si sich kusten beide: daz wart durch zühte getân.

588 Dô sprach gezogenlîche   Kriemhilt daz mägedin
«ir sult zuo disen landen   uns willekomen sîn,
mir unt mîner muoter   unt allen die wir hân
der getriuwen friunde.»   dô wart dâ nîgen getân.

589 Die vrouwen sich beviengen   mit armen dike hie.
sô minneclîch enpfâhen   gehôrte man noch nie
sô die vrouwen beide   der brinte tâten kunt,
vrou Uote unt ir tohter: die kusten dicke ir süezen munt.

590 Dô Prünhilde frouwen   volkômen ûf den sant,
dâ wart vil minneclîchen   genomen bî der hant

584, 3   al zuo den schiffen dan.
585, 1 Der künic was komen selbe.
    4 hey waz dâ rîcher buckeln   von gedrange lût erdôz!
586, 4 dâ lûhten wider ein ander   die edeln stein unt daz gewant.
587, 1 In vil grôzen zühten.
    2 dâ si Prünhilde   mit ir gesinde enpfie.
    dâ wart gerucket hôher   mit wünneclîcher hant
    vil manic schapel rîche   dô si se enpfiengen in daz lant.
588, 1   Kriemhilt din künigîn.
    2   grôz willekomen sîn.
    4 dar nâch wart von den vrouwen   mit triuten küssen niht verlân.
689 fehlt.

von wætlichen recken   manic wip wol getân.
man sach die schœnen mâgede   vor vroun Prünhilde stân.

591 Ê daz ir gruoz ergienge,   daz was ein langiu stunt.   548
jâ wart dâ geküsset   manic rôsenvarwer munt.   (596)
noch stuonden bi ein ander   die küniges tohter rîch:
daz liebet an ze sehene   vil manigen recken lobelich.

592 Dô speheten mit den ougen   die ê hôrten jehen
daz si alsô scœnes   heten niht gesehen
sô die vrouwen beide: des jach man âne lüge.
ouch kôs man an ir libe   dâ deheiner slahte trüge.

593 Die vrouwen spehen kunden   unt minneclichen lip,
die lobten durch ir scœne   daz Guntheres wîp:
dô sprâchen dâ die wisen,   die heten iz baz besehen,
man möhte Kriemhilde   wol für Prünhilde jehen.

594 Wider ein ander giengen   maget unde wip.
man sach dâ wol gezieret   vil manigen scœnen lip.
dâ stuonden sîdin hütten   und manec rîch gezelt:
der was dâ gar erfüllet   vor Wormez allez daz velt.

595 Von des küneges mâgen   wart dringen dâ getân.
dô hiez man Prünhilde   unt Kriemhilde gân,
unt mit in al die vrouwen,   dâ man scate vant.
dar brâhten si die degene   ûzer Burgonden lant.

596 Nu wâren ouch die geste   ze rossen alle komen.
vil manic richiu tjoste   durch scilde wart genomen.

590, 3 von hêrlichen recken.
    4   vor den küniginnen stân.
592, 2 daz si sô minneclîches.
    3   des jach dâ manic man,
       daz si den pris an schœne   in manigen landen müesen hân.
593, 1   unt hêrlichen lip.
    3 doch sprâchen dâ die wisen,   die hetenz baz ersehen.
594, 1   beide magt unt. wîp.
    3 dâ wâren sîdin hütten.
    4 der was dâ vil gespannen   vor Wormez über al daz velt.
595, 1   wart dringen niht verlân.
       man hiez die küniginne   beide dannen gân.
    3   dâ man den scaten vant.
596, 1 Duo wâren ouch die geste   zen rossen alle komen.

592, 3   des manic man dâ jach,
       daz an ir scœnem libe   deheiner slahte trüge was (32).

daz velt begonde stouben   sam ob al daz lant
mit louge wære enbrunnen: dâ wurden helde wol bekant.

597 Des dâ die recken pflâgen,   daz sach vil manic meit.   553
mich dunket daz her Sifrit   mit sinen degenen reit   (602)
vil manige widerkêre   fûr die hütten dan.
er fuort der Nibelunge   tûsent wætlicher man.

598 Dô kom von Tronege Hagene,   als im der wirt geriet:
den bûhurt minneclîche   dô der helt gesciet
daz si ungestoubet liezen   diu vil schœnen kint.
des wart dô von den gesten   gevolget güetlîche sint.

599 Dô sprach der herre Gêrnôt   «diu ros lâzet stân,
unz ez beginne kuolen;   sô sul wir ane vân
dienen scœnen wîben   für den palas wît;
so der künic welle rîten,   daz ir vil bereite sît.»

600 Do der bûhurt was zergangen   über al daz velt,
dô giengen kurzwîlen   under manic hôch gezelt
die ritter zuo den vrouwen   ûf hôher vreuden wân.
da vertriben si die stunde   unz man rîten wolde dan.

601 Vor âbende nâhen,   do diu sunne nider gie,
unt ez begonde kuolen,   niht langer man daz lie,
sich huoben gegen der bürge   manic man unde wîp.
mit ougen wart getriutet   vil maniger scœnen vrouwen lîp.

602 Dâ wart von guoten helden   vil kleider ab geriten,
von den hôchgemuoten,   nâch des landes siten,

596, 4 mit louge enbrunnen wære: dâ wurden degene bekant.
597, 1 Des dâ die helde pflâgen.
     2 man sagt daz her Sivrit   mit sînen helden reit
       manige widerkère.
598, 2 den bûhurt friuntlîche.
     3   diu minneclîchen kint.
     4   gevolget zühteclîche sint.
599, 1   diu ros nu lâzet stân.
     4   daz ir bereite denne sît.
600 fehlt.
601, 1 Vor der vesperzîte.
     3 in die stat sich huoben   man magt unt wîp.
     4   vil maniger juncfrouwen lîp.
602, 1 Dâ wart von guoten recken.
     2   nâch ir lande siten,

596, 4   dâ wurden helde bekant (240).

unze für den palas   der künic dà nider stuont.
dà wart gedienet vrouwen   sô helde hôchgemuote tuont.

603 Dô wurden ouch gescciden   die richen künegin.   558
vron Uote unt ir tohter   die giengen beide hin   (607)
mit ir ingesinde   in ein vil witez gadem.
dô hôrt man allenthalben   ze vreuden græzlichen kradem.

604 Gerihtet wart gesidele: der künic wolde gàn
ze tische mit den gesten.   dô sach man bî im stàn
die scœnen Prünhilde,   krône si dô truoc
in des küneges lande: jà was si riche genuoc.

605 Vil manic hergesidele   mit guoten tavelen breit
vol spîse wart gesetzet,   als uns daz ist geseit.
des si dà haben solden,   wie wênec des gebrast!
dô sach man bî dem künege   vil manigen hêrlîchen gast.

606 Des wirtes kameræere   in pecken von golde rôt
daz wazzer für truogen,   des wære lützel nôt,
ob in daz iemen sagte,   daz man diende baz
ze fürsten hôchgezîte: ich wolde niht gelouben daz.

607 É daz der vogt von Rîne   wazzer dô genam,
dô tet der herre Sifrit   als im dô gezam,
er mande in sîner triuwe,   wes er im verjach
é daz er Prünhilde   dà heime in Îslande sach.

608 Er sprach «ir sult gedenken   des mir swuor iuwer hant,
swenne daz vrou Prünhilt   kœme in ditze lant,
ir gæbt mir iuwer swester.   war sint die eide komen?
ich hàn an inwer reise   vil michel arebeit genomen.»

609 Dô sprach der künic zem gaste   «ir habet mich rehte ermant.
jane sol niht meineide   werden des mîn hant:

602, 3 unz für den palas wîten.
603, 2 frou Uote unt ouch ir tohter.
    3 unt ir ingesinde.
    4   vil harte græzlîchen kradem.
604, 4   diu was spæhe unt rîch genuoc.
605, 3 des si haben solden.
606, 1   in pecken goldes rôt.
    4 ze küniges hôchgezîten: ich geloube müeliche daz.
608, 1 Er sprach zuo dem künige   «jà swuor mir iuwer hant.
609, 1 Dô sprach der künic rîche.

603, 3 samet ir gesinde.
606, 1   in pecken goltrôt.

ich wilz iu helfen fliegen   sô ich beste kan.»
dô hiez man Kriemhilde   ze hove für den künic gân.

610 Mit ir vil schœnen mägeden   si kom für den sal.   564
dô spranc von einer stiegen   Giselher ze tal.   (614)
«nu heizet wider wenden   disiu magedîn:
niwan mîn swester eine   sol hie bî dem künige sîn.»

611 Dô brâht man Kriemhilde   dâ man den künic vant.
dâ stuonden ritter edele   von maniger fürsten lant.
in dem sale wîten   man hiez si stille stân.
dô was diu vrouwe Prûnhilt   vol hin unz an den tisch gegân.

612 Dô sprach der künic Gunther   «swester vil gemeit,
durch dîn selber tugende   lœse mînen eit.
ich swuor dich eime recken: unt wirdet er dîn man,
sô hâstu mînen willen   mit grôzen triuwen getân.»

613 Dô sprach diu maget edele   «vil lieber bruoder mîn,
ir sult mich niht vlêgen;   jâ wil ich immer sîn
swie ir mir gebietet: daz sol sîn getân.
ich wil in loben gerne,   den ir mir, herre, gebet ze man.»

614 Von lieber ougen blicke   wart Sifrits varwe rôt:
ze dienest sich der recke   vroun Kriemhilde bôt.
man hiez si zuo ein ander   an dem ringe stân:
man vrâgte si ob si wolde   den vil wætlîchen man.

615 In magtlîchen zühten   si scamte sich ein teil:
iedoch sô was gelücke   unt Sifrides heil

610, 1 Mit ir schœnen meiden.
    3 dô hiez er wider wenden   ir schœnen mägedîn.
    4   diu sol mit uns ze hove sîn.
611, 1 Dô brâht er sîne swester.
    3 in dem sal enmitten   hiez man si stille stân.
    4   an ir sedel nu gegân.
    5 Sine wesse niht der mære,   waz man dâ wolde tuon.   (616)
      dô sprach zuo sînen mägen   der Dancrâtes sun
      «helft mir daz mîn swester   Sivriden neme ze man.»
      dô sprâchens al gelîche   «si mag in wol mit êren hân.»
612, 1   lâ dirz niht wesen leit,
    mîn vil liebiu swester,   unt lœse mînen eit.
613, 2 irn solt mich niht vlêhen.
    4 ich sol in loben gerne.
614, 1 Von lieber ougen weide.
    2 ze dienest sich der meide   dô der recke bôt.
    3   in dem ringe stân,
    unt vrâgtes ob si wolde.

daz si in niht versprechen   wolde dâ zehant.
ouch lobte si ze wîbe   der edel künic von Niderlant.

616 Dô er si gelobete   unt ouch in die meit,
güetlich umbevâhen   daz was dâ vil bereit
von Sifrides armen   daz minneclîche kint.
vor helden wart geküsset   diu scœne küniginne sint.

617 Sich teilte daz gesinde.   alsô daz geschah,
an daz gagensidele   man Sifride sah
mit Kriemhilde sitzen.   dar diende im manic man:
man sach die Nibelunge   samet Sifride gân.

618 Der künic was gesezzen   unt Prünhilt diu meit.
dô sah si Kriemhilde   (dô wart ir nie sô leit)
bî Sifride sitzen: weinen si began.
ir vielen heize trähene   über liehtiu wange dan.

619 Dô sprach der wirt des landes   »waz ist iu, vrouwe mîn,
daz ir sô lâzet truoben   liehter ougen scîn?
ir muget iuch vrewen balde,   wan iu ist undertân
mîn lant unt mîne bürge   unt manic wætlîcher man.«

620 »Ich mac wol balde weinen»,   sprach diu scœne meit.
»umbe dîne swester   ist mir von herzen leit.
die sihe ich sitzen nâhen   dem eigenholden dîn:
daz muoz ich immer weinen,   sol si alsô verderbet sîn.«

621 Dô sprach der künic Gunther   »ir mügt wol stille dagen.
ich wil iu zandern zîten   disiu mære sagen,
war umbe ich mîne swester   Sifride hân gegeben.
jâ mac si mit dem recken   immer vrœlîche leben.«

616, 1 Dô si in gelobte   unt ouch er die meit.
    4 nâch siten wart geküsset.
617, 1   als schiere daz geschach.
    4   nâch im an den sedel gân.
618, 1 Ouch was der wirt gesezzen.
619, 3 ir möhtet sanfter lachen.
    4 mîn lant und rîche bürge.
620, 2   ist mir sô grimme leit.
    4 daz muoz mich immer riuwen,   sol si alsô verstôzen sîn.
621, 3   dem recken hân gegeben.
    jâ mac si mit dem degene.

___

618, 1 Der wirt was gesezzen (219).

622 Si sprach «mich jâmert immer   ir scœne unt ouch ir zuht.   576
wess ich war ich mehte,   ich hete gerne fluht,   (627)
daz ich iu nimmer wolde   geligen nâhen bî,
irn saget mir wâ von Kriemhilt   diu wine Sifrides sî.»

623 Dô sprach der künic edele   «ich tuonz iu wol bekant.
er hât als wol bürge   als ich unt wîtiu lant:
daz wizzet sicherlichen.   er ist ein künic rîch:
drumbe gan ich im ze minnen   die schœnen maget lobelich.»

624 Swaz ir der künic sagete,   si hete trüeben muot.
dô gâhte von den tischen   vil manic ritter guot.
ir bûhurt wart sô herte   daz al diu burc erdôz.
den wirt bî sînen gesten   vil harte sêre verdrôz.

625 Er dâhte er læge sanfter   der schœnen vrouwen bî.
dô was er des gedingen   niht gar in herzen vrî,
im müese von ir schulden   liebes vil geschehen:
er begonde vriuntlichen   an vroun Prünhilde sehen.

626 Ir ritterschaft die geste   hât man abe lân:
der künic mit sîne wîbe   ze bette wolde gân.
vor des sales stiegen   gesamenten sich sît
Kriemhilt unde Prünhilt: noch was iz ân ir beider nît.

627 Dô kom ir ingesinde: die sûmten sich des niht,
ir rîchen kamerære   die brâhten in diu licht.
sich teilten dô die recken,   der zweier künige man.
dô sach man vil der degene   samet Sifride gân.

628 Die herren kômen beide   dâ si solden ligen.
do gedâht ir ietslîcher   mit minnen an gesigen

622, 2 unt wesse ich war ich solde.
623, 1 Dô sprach der künic rîche.
    4 des gan ich im ze minnen.
624, 4 den wirt dô bî den gesten   dâ ze wesene verdrôz.
625, 2   niht in herzen vrî,
    im müese von ir minne   ein hôhez liep geschehen.
    4   an die maget dicke sehen.
626, 1   hiez man dô abe lân.
    3   die frouwen schieden sich
    in zühten minneclichen,   als ich wol verwæne mich.
628, 1   aldâ si solden ligen.

624, 4 den wirt bî den gesten.
625, 3   liebe geschehen (239).
626, 3 vor des sales stiegen   gesamenten sich dô sît
    in zühten minneclîche   diu vil wætlichen wîp (32).

den minneclichen vrouwen: daz senftet in den muot.
Sifrides kurzewîle   diu wart vil grœzliche guot.

629 Dô der herre Sîfrit   bî Kriemhilde lac,   (634)
   unt er sô minnecliche   der juncvrouwen pflac
   mit sînen edelen minnen,   si wart im sô sîn lîp:
   er nœme für si eine   niht tûsent anderiu wîp.

630 Ich sage iu niht mêre   wie er der vrouwen pflac.
   nu hœret disiu mœre,   wie Gunther gelac
   bî vroun Prünhilde.   der zierliche degen,
   er hete dicke sanfter   bî andern frouwen gelegen.

631 Daz volc was im entwichen,   vrouwen unde man:
   dô wart diu kemenâte   vil balde zuo getân.
   er wânde er solde triuten   ir minneclichen lîp:
   jâ was iz noch unnâhen   ê daz si wurde sîn wîp.

632 In sabenwîzem hemede   si an daz bette gie.
   dô dâht der ritter edele   «nu hân iz allez hie
   des ich ie dâ gerte   in allen mînen tagen.»
   si muos im durch ir sœene   von grôzen schulden wol behagen.

633 Diu lieht begonde bergen   des edelen küniges hant.
   dô gie der degen küene   da er die vrouwen vant.
   er leite sich ir nâhen: sîn vreude diu was grôz.
   die vil minneclichen   der helt mit armen umbeslôz.

634 Minnecliche triuten   des kund er vil begân,
   ob in diu edele vrouwe   het lâzen daz getân.
   dô zurnde si sô sêre   daz in gemüete daz.
   er wânde vinden friunde: dô vant er vintlichen haz.

635 Si sprach «ritter edele,   ir sult iz lâzen stân.
   des ir dâ habet gedingen,   jan mag es niht ergân.

628, 3   daz trôst in wol den muot.
629, 3   si wart im sô der lip.
   daz kunde ouch si verdienen   als ein tugende rîche wip.
630, 2 nu hœrt ouch disiu mære.
   3 bî der sînen briute.   der vil mœre degen
   was vil dicke sanfter.
631, 2   balde zuo getân.
   4 ez was noch vil unnâhen.
632, 1   si an ein bette gie.
633, 1   diu Guntheres hant.
   dô gie der künic rîche.
634, 2 ob im des diu frouwe   gegunnet wolde hân.

631, 4 ez was noch unnâhen (240).

ich wil noch magt belîben   (ir sult wol wizzen daz)
unz ich diu mære ervinde.»   dô wart ir Gunther gehaz.

636 Dô rang er nâch ir minne   unt zerfuorte ir diu kleit.   587
dô greif nâch eime gürtel   diu hêrlîche meit: (641)
daz was ein starker porte,   dens umb ir sîten truoc.
dô tet si dem künige   grôzer leide gennoc.

637 Die füeze unt ouch die hende   si im zesamne bant,
si truoc in zeinem nagele   unt hienc in an die want.
do er si slâfes irte,   die minne si ime verbôt.
jâ het er von ir krefte   vil nâch gewunnen den tôt.

638 Dô begonde vlêgen   der meister wânde sin.
«nu lœset mîn gebende,   vil edeliu künegin.
ine trouwe iu, scœniu vrouwe,   doch nimmer an gesigen,
unt sol ouch harte selten   iu sô nâhen mêr geligen.»

639 Sine ruochte wie im wære,   want si vil saufte lac.
dort muost er allez bangen   die naht unz an den tac,
unz der liehte morgen   durh diu venster scein.
ob er ie kraft gewunne,   diu was an sinem lîbe klein.

640 «Nu saget mir, her Gunther,   ist iu daz iht leit,
ob iuch gebunden funden»,   sprach diu scœne meit,
«die iuwern kamerære   von einer vrouwen hant?»
dô sprach der ritter edele   «daz wurde iu übele bewant.

635, 4 unz ich diu rehten mære   ervinde an allen dingen baz
636, 1   daz was der frouwen leit.
     3   den si alle zîte truoc.
     wie lützil si dem künige   sînes willen dô vertruoc!
637, 1   zesamne si im bant.
     3 daz enkunder niht erwenden,   vil kreftic wart sîn nôt.
     jâ het er von ir sterke.
638, 3 ine trouw iu, frouwe, nimmer   mit minnen an gesigen.
639, 3 unze daz der morgen.
     4 des küniges kurzewîle   was die wîle harte klein.
640, 1   wær iu daz iht leit.
     2   sô sprach diu schœne meit.

635, 4 unz ich diu mære ervinde,   wiez umbe Sifriden was (19).
636, 4 dâ mite si dem künige   beswârte harte den muot (19).
637, 3 des wart der künic rîche   vil truric gemuot (27).
638, 3 ine trouwe iu, vrouwe,   doch nimmer an gesigen.

641 Ouch hete ihs wênic êre»,   sprach der snelle man.   591
    «durch iuwer selber tugende   sô lât mich zuo iu gân.   (646)
    sit daz iu mîne minne   sint sô starke leit,
    ich sol mit mînen handen   nimmer rüeren iuwer kleit.»

642 Dô lôste si in balde,   ûf si in verlie.
    wider an daz bette   er zuo der vrouwen gie.
    er leite sich sô verre   daz er ir schœne wât
    dar·nâch vil selten ruorte: des wolde ouch si dô haben rât.

643 Dô kom ouch ir gesinde: die brâhtenn niuwin kleit.
    der was in an den morgen   harte vil bereit.
    swie wol man dâ gebârte,   trûree was genuoc
    der herre des landes,   swie er des tages krône truoc.

644 Nâch siten der si pflâgen   unt man durch reht begie,
    Gunther unde Prünhilt   niht langer daz enlie,
    si giengen zuo dem münster   dâ man die messe sanc.
    dar kom ouch her Sîfrit: sich huop dâ grœzlich gedranc.

645 Nâch küneclîchen êren   was in dar bereit
    swaz si haben solden,   ir krône nut ouch ir kleit.
    dô wurden si gewîhet.   dô daz was getân,
    dô sach mans alle viere   under krône vrœlichen stân.

646 Vil junger swert dâ nâmen,   sehs hundert oder baz,
    den künegen zen êren,   ir sult wol wizzen daz.

641, 1 Ouch hete ichs lützel êre»,   sprach der küene man.
      «dnrch iuwer selber zühte.
    3   sint sô grimme leit,
      jane sol ich nimmer rüeren   mit mîner hant an iuwer kleit.»
642, 1 Dô si daz gehôrte,   zehant si in verlie
    4 niht mohte gereichen.
643, 1   unt brâhten in diu kleit.
    3 swie man dâ gebârte.
    4 der edel wirt des landes.
644, 2 der künic mit sîner frouwen.
    3 si kômen zuo dem münster.
    4 ouch kom der herre Sîvrit.
645, 4   under krône lobelicho stân.
646, 1 Vil knappen swert dâ nâmen,   vier hundert oder baz.
    2   ir sult gelouben daz.

─────────

641, 4 ich sol nimmer rüeren   mit mîner hant iuwer kleit.

sich huop vil michel vreude   in Burgonden lant.
man hôrte schefte hellen   an der swertdegene hant.

647 Dô sâzen in den venstern   diu schœnen mägedin: 597
si sâhen vor in linhten   vil maniges schildes schîn.   (652)
dô hete sich gesundert   der künic von sînen man:
swes iemen ander pflæge,   man sah in trûrende stân.

648 Im unt Sifride   ungelîche stuont der muot.
wol wesse waz im wære   der edel ritter guot.
dô giene er zuo dem künige,   vrâgen er began
«wie ist iu hînt gelungen?   daz sult ir mich wizzen lân.»

649 Dô sprach der wirt zem gaste   «ich hân laster unde scaden:
ich hân den übeln tiuvel   heim ze hûs geladen.
do ich si wânde minnen,   vil sêre si mich bant:
si truoc mich zeime nagele   unt hie mich hôhe an eine want.

650 Dâ hieng ich angestlichen   die naht unz an den tac,
ê daz si mich embunde.   wie sanfte si dô lac!
daz sol dir vriwentlîche   ûf genâde sîn gekleit.»
dô sprach der starke Sifrit   »daz ist mir wærliche leit.

651 Des bringe ich iuch wol innen,   unt lât irz âne nît.
ich scaffe daz si hinaht   sô nâhen bî'u gelit,
daz si iuch ir minne   gesûmet nimmer mêr.»
der rede was dô Gunther   nâch sînen arebeiten hêr.

646, 3   in des küniges lant.
      man hôrte schefte bresten.
647, 2 si sâhen vor in glesten.
      4 swes ander iemen pflæge.
648, 2 wol wesse sîne swære   der küeno degen guot.
      4   des wolt ich gerne künde hân.
649, 1   ich klag iu mînen schaden.
650, 2   unsanfte si mîn pflac.
      daz sol iu friwentlîche.
      4 dô sprach der herre Sivrit   «daz ist mir græzliche leit.
651, 2 ich schaff daz si noch bînte.
      3 sô daz si iuch ir minne.
      5 Nu schouwe mîne hende,   wie die geswollen sint.   (657)
      die twanc si mir sô sêre,   als ob ich wære ein kint,
      daz mir bluot zen nagelen   allenthalben dranc.
      ich het ze mîme lebene   harte kleinen gedanc.

648, 2   der rittære guot (193).

652 Dô sprach der herre Sifrit   «du maht wol genesen.   (658)
    ich wæne uns ungeliche   hinaht si gewesen.
    mir ist din swester Kriemhilt   lieber dan der lip.
    ez muoz diu vrouwe Prünhilt   noch hinaht werden din wip.»

653 Er sprach «ich kume noch hinte   zer kemenâten din
    alsô tougenliche   in der tarnkappen min,
    daz sich miner liste   mac niemen wol verstên.
    sô lâ die kamerære   zuo zir herbergen gên.

654 Sô lesche ich den kinden   diu lieht an der hant:
    daz ich si dar inne,   daz si dir dâ bi bekant,
    daz ich dir gerne diene: sô twinge ich dir din wip,
    daz tu si hinte minnest,   oder ich verliuse den lip.»

655 «Âne dazdu iht triutest»,   sprach der künic dô,
    «die mine lieben vrouwen,   anders pin ichs vrô,
    sô tuo ir swaz du wellest.   unt næmest ir den lip,
    daz solde ich wol verkiesen: si ist ein vreislichez wip.»

656 «Daz nim ich», sô sprach Sifrit,   «ûf die triuwe min,
    daz ich ir niht enminne.   diu scœne swester din
    diu ist mir vor in allen   die ich noch ie gesach.»
    vil wol geloubtez Gunther   daz dô Sifrit gesprach.

657 Dâ was von kurzewile   vreude unde nôt.
    bûhurt unde scallen   allez man verbôt,
    dâ die vrouwen solden   gegen dem sale gân.
    dô hiezen kamerære   die liute von dem wege stân.

652 1 Dô sprach der starke Sivrit   «du maht noch wol genesen.
     uns zwein ist ungeliche   hinte gewesen.
     3   als min selbes lip.
653, 1 Ich kum ze naht vil tougen.
     2 in miner tarnkappen,   des soltu sicher sin,
     sô daz sich miner liste.
     4 sô heiz die kamerære.
654, 2 bi disem wortzeichen   sol dir sin bekant
     daz ich bi dir si nâhen: jâ twing ich dir din wip.
655, 2   anders bin ich vrô.
     4   si ist ein ungehiurez wip.
656, 4 des frôwete sich dô Gunther,   dô daz Sivrit gesprach.
657, 1   in gedrange nôt.
     den bûhurt unde schallen.
     3   in den palas gân.
     dô hiezen die kamerære.

_____

652, 4 uns wæn ist ungeliche   hinte gewesen.

658 Von rossen unt von liuten   gerûmet wart der hof.   607
der vrouwen iesliche   fuorte ein biscof,   (664)
dô si vor den künegen   ze tische solden gân.
in volgte an daz gesidele   vil manic wætlicher man.

659 Der künic in guotem wâne   dô vrœlichen saz:
daz im gelóbte Sifrit,   wol gedâht er ane daz.
der eine tac in dûhte   wol drizec tage lanc.
an siner vrouwen minne   stuont im aller sin gedanc.

660 Er erbeite kûme   daz man von tische gie.
die schœnen Prünhilde   man dô komen lie,
unt ouch Kriemhilde,   si bêde an ir gemach.
hey waz man sneller degene   vor den küniginnen sach!

661 Sifrit der herre   vil minneclichen saz
bi sinem schœnen wibe,   mit vreuden âne haz.
si trûte sine hende   mit ir vil wizer hant,
unz er ir vor den ougen   sine wesse wenne verswant.

662 Dô si mit im spilte   unt sis niht mér ensach,
zuo sinem gesinde   diu küneginne sprach
«mich hat des michel wunder,   war der künic si komen.
wer hât die sinen hende   ûz den minen genomen?»

663 Die rede si lie beliben.   dô was er hin gegân
da er vil kamerære   vant mit lichten stân:
diu begonde er leschen   den kinden an der hant.
daz ez Sifrit wære,   daz wart dô Gunther bekant.

664 Wol wesse er waz er wolde: dô hiez er dannen gân
mägede unde vrouwen.   dô daz was getân,

658, 1   gerûmet was der hof.
    4 in volgte zuo dem sedele   vil manic recke wol getân.
659, 1   bi sime wibe saz.
    4 an Prünbilde minne.
660, 1 Wand er erbeite kûme   daz man ze naht von tische gie.
    4 hey waz man küener degene   bi den schœnen frouwen sach!
661. 662 Sivrit und Kriemhilt   ie baz unde baz
        durch liebe ein ander trûten,   ir sult gelouben daz.
        swaz si im gedienen kunde,   wie lützil si des liez!
        dô muos ouch leisten Sivrit   als er Gunther gehiez.
663, 1 Er stal sich von den frouwen.   vil tougen kom er dan.
664, 2   dô daz wart getân,

660, 1 Er erbeit kûme.
663, 1   vil tougen er quam (27).

der rîche künec selbe   dô beslôz die türe:
starker rigele zwêne   die warf er snelle der füre.

665 Diu lieht verbarc er schiere   under die bettewât.   613
eines spils begonde   (des was dô niht rât)   (670)
Sifrit der vil starke   unt ouch diu schœne meit:
daz was dem künige   beide liep unde leit.

666 Sifrit sich leite nâhen   der juncvrouwen bî.
si sprach «nu lât iz, Gunther,   als liep als iu daz sî,
daz ir iht arebeite   lidet alsam ê.»
sît getet diu vrouwe   dem küenen Sifride wê.

667 Dô hal er sine stimme,   daz er niht ensprah.
Gunther wol hôrte,   swie er sîn niht ensah,
daz heimlicher dinge   von in dâ niht geschach:
si heten an dem bette   vil harte kleinen gemach.

668 Er gebârte sam ez wære   Gunther der künic rich:
er umbeslôz mit armen   die maget lobelîch.
si warf in ûz dem bette   dâ bî ûf eine banc,
daz im sin houbet lûte   an eine scâmel erklanc.

669 Wider ûf mit kreften   spranc der vil küene man:
er wold iz baz versuochen.   dô er des began,
daz er si wolde twingen,   dar umb wart im vil wê.
solch wer deheiner vrouwen   diu wæn immer mêr ergê.

670 Do er niht wolde erwinden,   diu maget ûf spranc.
«irn sult mir niht zefüeren   mîn hemede alsô blanc.
ir sît vil ungefüege: daz sol iu werden leit.
des bringe ich iuch wol innen»,   sprach diu wætlîchiu meit.

664, 3 er beslôz mit vlize   selbe dô die tür.
665, 4 daz was dô dem künige.
666, 1 Der helt sich leite nâhen.
    3 daz ir niht arebeite.
    4   .   dem künige Sifride wê.
667, 2 der künic ez allez hôrte.
669, 1   spranc der vil snelle man.
    3 daz ers im wolde twingen,   dem erz gelobet ê.
    4   wæn ich immer mêr ergê.
670, 1   diu maget balde ûf spranc.
    3 mit luwer grôz unfuoge,   wand ez ist mir leit.
    4   sprach dô diu minneclîchiu meit.

───────

665, 2   des was niwet rât.

671 Si beslôz mit armen   den tiwerlichen degen: 619
    dô wolde si in gebunden   alsam den künic legen,   (676)
    daz si an dem bette   möhte haben gemach.
    daz er ir wât zerfuorte,   diu vrouwe iz grœzlichen rach.

672 Waz half sîn grôziu sterke   unt ouch sîn michel kraft?
    si erzeigete dem degene   ir lîbes meisterschaft.
    si truoc in mit gewalte   (daz muos et alsô sîn)
    unt druhte in ungefuoge   zwischen der wende und einen schrîn.

673 «Owê», gedâht der recke,   «sol ich nu mînen lîp
    von einer magt verliesen,   sô mugen elliu wîp
    her nâch immer mêre   tragen gelpfen muot
    gegen ire manne,   diu ez sus nimmer getuot.»

674 Der künic ez wol hôrte,   er angeste umb den man.
    Sifrit sich schamte sêre,   zurnen er begau:
    mit ungefüeger krefte   snzt er sich ir wider;
    er versuocht ez angestlichen   an vroun Prünhilde sider.

671, 1 Mit ir vil starken armen   beslôz si den degen
     3 daz si an ir bette.
672, 2 si erzeigete wol dem degene.
     3   dâ wart ir ellen schîn.
673, 3   hôhe tragen den muot:
     so versuochet ez vil mänegiu.
674, 1 Dô schamte sich vil sêre   der vil küene man,
     ob ir gelingen solde.
     4   an der küniginne sider.
     5 Swie vaste si ûf im lœge,   sîn zorn in dô twanc,   (680)
     unt ouch sîn starkez ellen,   daz er ûn ir danc
     sich wider ûf geribte.   sîn angest diu was grôz.
     si tâten in dem gademe   her unt dar vil manigen stôz.
     9 Ouch was der künic Gunther   niht ân angest gar.   (681)
     er muose dicke wenken   vor in her unt dar.
     si rungen alsô starke   daz ez grôz wunder was,
     daz ir ieslîchez   vor dem andern ie genas.
     13 Den künic müete sêre   beidenthalp diu nôt;   (682)
     doch vorhter michels mêre   den Sivrides tôt,
     wand si het dem degene   den lîp nâch benomen;
     wan daz er niht getorste,   er wœr ze helfe im gerne komen.
     17 Jâ werte harte lange   under in der strît.   (683)
     doch brâht er die frouwen   wider an daz bette sit.
     swie vaste si sich werte,   ir wer wart ze jungest kranc.
     der künic in sînen sorgen   hete manigen gedanc.

672, 3 si truoc in mit gewalte   an ir armen hin (27).

675 Den künic ez dûhte lange   ê daz er si betwanc.   623
si druht im sîne hende,   daz ûz den nagelen spranc   (684)
daz pluot im von ir krefte: daz was dem helede leit.
sît brâht er an ein longen   die vil hêrlichen meit

676 Ir ungefüeges willen   des si ê dâ jach.
der künic iz allez hôrte,   swie er niht ensprach.
er druhtes an daz bette,   daz si vil lûte erschrê:
ir tâten sîne krefte   harte grœzlichen wê.

677 Dô greif si zir sîten,   dâ si den porten vant,
unt wolt in hân gebunden: dô wert ez sô sîn hant,
daz ir diu lit erkrachten,   unt ouch al der lîp.
des wart der strît gescheiden: dô wart si Guntheres wîp.

678 Si sprach «künic edele,   du solt mich leben lân.
ez wirt vil wol versüenet,   swaz ich dir hân getân.
ich gewer mich nimmer mêre   der edelen minne dîn:
ich hân daz wol erfunden,   daz du kanst vrouwen meister sin.»

679 Sifrit der stuont dannen,   ligen lie er die meit,
sam er von im ziehen   wolde sîniu kleit.
er zôch ir ab der hende   ein guldîn vingerlîn,
daz si des nie wart innen,   diu vil edele künegîn.

680 Dar zuo nam er ir gürtel: daz was ein porte guot.
ine weiz ob er daz tæte   durh sînen hôhen muot.

675, 1 Ez dûhte in harte lenge.
676, 2   swier doch niht ensprach.
      4   dô vil grœzlîchen wê.
677, 1 Dô greif si nâch dem porten,   dâ si den ligen vant,
        unt wold in dâ mit binden.
      3   dô verzagt ir lîp.
678, 1   ir sult mich leben lân.
      2   swaz ich iu hân getân.
      4 wand ich hân wol erfunden.
679, 2 sam er von sînem libe   ziehen wolt diu kleit.
        er nam ir ê ein vingerlîn   von golde wol getân:
        daz wolde got von himele,   daz er daz hête verlân!

677, 1 Dô greif si nâch dem porten,   dâ si den vant,
        unde wolde in binden.
678, 4 ich hân wol erfunden.
679. 2 sam er von im ziehen   wolde diu kleit.
        ein vingerlîn von golde   er ab ir hende nam.
        daz wolde got von himele   daz er daz hête verlân!

er gab iz sinem wibe: daz wart im sider leit.
dô lâgen bi ein ander   Gunther unt diu schœniu meit.

681 Er pflac ir minneclichen,   als im daz gezam.
dô muoste si verkiesen   ir zorn unt ouch ir scam.
von siner heimliche   si wart ein lützel bleich:
hei waz ir von der minne   ir vil grôzen krefte entweich!

682 Done was ouch si niht sterker   danne ein ander wîp.
er trûte minneclîche   den ir vil scœnen lîp.
ob siz versuochte mère,   waz kunde daz vervân?
daz het ir allez Gunther   mit sinen minnen getân.

683 Wie rehte minneclîche   si dô bi im lac,
mit vriuntlîcher liebe,   unz an den liehten tac!
nu was der herre Sifrit   wider ûz gegân,
da er wart wol enpfangen   von einer vrouwen wol getân.

684 Er understuont ir vrâge   der si hete gedâht.
er hal si sît vil lange   daz er ir hete brâht,
unz daz si under krône   in sinem lande gie.
swaz er ir geben solde,   wie lützel erz. belîben lie!

685 Der wirt wart an dem morgen   verre baz gemuot
dann er dâ vore wære.   des wart diu frôwede guot
in allen sinen landen   von manigem edelem man,
die er ze hûse ladete: den wart vil dienste getân.

686 Diu hôhgezit werte   unz an den vierzehenden tac,
daz in al der wîle   der scal nie gelac

680, 4   Gunther unt Prünhilt diu meit.
681, 1   als in daz beiden zam.
682, 4 daz het ir der künic Gunther.
683, 1   si im nâhen lac.
    3 ouch was der herre Sîvrit   nu hin wider gegân.
684, 1   der si doch hete muot,
unt hal siz harte lange,   der küene degen guot.
diz kleinœt err dâ heime   doch ze jungest gap.
daz frumte vil der degene   mit samt im selben in daz grap.
685, 3   von manigem hôhen man.
    4   den wart dô dienste vil getân.
686, 1   unz an den zwelften tac.

683, 3   widere gegân.
684, 1 Er understuont ir vrâge   der si muot hâte,
unde hal siz lange   daz er ir brâhte,
unz er ir dâ heime   daz kleinœte gap:
dâ von er tôt selbe   unt vil der recken gelac (33).
685, 3   von manigeme man.

von aller hande vreuden   der iemen solde pflegen.
dô wart des küneges koste   vil harte hôhe gewegen.

687 Des edelen wirtes mâge,   als ez der künic gebôt,   **634**
die gâben durch sîn êre   kleider unt golt vil rôt,   (696)
ross unt dar zuo silber,   vil manigem varnden man.
die dâ gâbe gerten,   die scieden vrœlîchen dan.

688 Sîfrit der herre   ûzer Niderlant
mit tûsent sînen mannen,   allez daz gewant,
daz si ze Rîne brâhten,   daz wart gar hin gegeben,
unt ouch diu ros mit sätelen: si kunden hêrlîche leben.

689 Ê daz man die rîchen gâbe   alle dâ verswanc,
die wider ze lande wolden,   die dûhte des ze lanc.
ez enwart nie geste   mêre baz gepflegen.
sus endet sich diu hôhzît: daz wolde Gunther der degen.

XI. ÂVENTIURE,
WIE SÎFRIT HEIM ZE LANDE MIT SÎNEM WÎBE KOM.

690 Dô die geste wâren   alle dan gevarn,
dô sprach ze sîm gesinde   Sigemundes barn
«wir suln ouch uns bereiten   heim in mîniu lant.»
liep was ez sînem wîbe   do ez diu vrouwe rehte ervant.

691 Si sprach zuo zir manne   «wenne sul wir varn?
daz ich sô harte gâhe,   ·daz heiz ich wol bewarn.
mir suln ê mîne brüeder   teilen mite diu lant.»
leit was ez Sîfride,   do erz an Kriemhilde ervant.

687, 2 si gâben rîchiu kleider,   dar zuo daz golt vil rôt.
     4 die gâbe nemen wolden.
688, 2 mit tûsint sînen recken.
     4   si kunden milteclîche leben.
689, 1 Ê man die rîchen gâbe.
690, 1 Sun der Sigemundes   mit güetlîchem site
     sprach zuo sînen heleden   «tuot des ich iuch bite.
     nu bereitet uns die mœre: jâ wil ich in mîn lant.»
     4   dô si diu mære an im ervant.
691, 1 Si sprach zuo dem herren   «sît wir von hinnen varn.

687, 2 gâben vil der kleider   unde golt rôt.
690, 1 Dô die geste wâren   alle dannen kumen,
     dô sprach ze sîm gesinde   Sigemundes sune (33).

692 Die fürsten zuo zim giengen   unt sprâchen alle dri   638
«nu wizzet daz, her Sifrit,   daz iu immer sî   (701)
mit triuwen unser dienest   bereit unz in den tôt.»
dô neig er den degenen,   do man imz sô güetlich erbôt.

693 «Wir suln ouch mit iu teilen»,   sprach Giselher daz kint,
«lant unde bürge   die unser eigen sint:
swaz der wîten rîche   uns ist undertân,
der sult ir teil vil guoten   samet Kriemhilde hân.»

694 Sun der Sigemundes   zuo den fürsten sprach,
do er der herren willen   gehôrte unde sach,
«got lâze iu iuwer erbe   immer sælic sîn
unt ouch die liute drinne: ja getuot diu liebe wine min

695 Des teiles wol ze râte,   den ir ir woldet geben.
dâ si sol tragen krône,   unt sol ich daz geleben,
si muoz werden rîcher   danne iemen lebender sî.
swaz ir sus gebietet,   des pin ich iu dienestlichen bî.»

696 Dô sprach diu vrouwe Kriemhilt   «habt ir der erbe rât,
umb Burgonden degene   ez sô lihte niht enstât,
si müge ein künic gerne   füeren in sîn lant.
jâ sol si mit mir teilen   mîner lieben bruoder hant.»

697 Dô sprach der herre Gêrnôt   «nu nim dir swen du wil.
die gerne mit dir rîten,   der vindestu hie vil.
von drîzec hundert recken   wir geben dir tûsent man:
die sîn dîn heimgesinde.»   Kriemhilt dô senden began

698 Nâch Hagenen von Tronege   und ouch nâch Ortwin,
ob die unt ouch ir mâge   Kriemhilde wolden sîn.
do gewan dar umbe Hagene   ein zornlichez leben;
er sprach «jau mac uns Gunther   zer werlde niemen gegeben.

692, 4 des neig er dô den degenen,   dô manz im sô wol erbôt.
693, 3 swaz der wîten erbe.
4   mit samt Kriemhilde hân.
694, 1 Zuo sinen konemâgen   dô der recke sprach,
       do er den guoten willen   an den herren sach.
4   jâ tuot diu liebe wine mîn.
695, 2   unt suln wir daz gelehen.
4   stên ich in dienstlichen bî.
697, 2 die mit dir gerne rîten,   der vindestu vil.
3   sô habe dir tûsint man.
4   daz was ir liebe getân.
698 *fehlt.*

699 Ander iwer gesinde   daz lât iu volgen mite,   644
    want ir doch wol bekennet   der Tronegære site:
    wir müezen bî den künigen   hie ze hove bestân.
    wir suln in langer dienen   den wir alher gevolget hân.»

700 Daz liezen si beliben: do bereiten si sich dan.
    ir edel ingesinde   vrou Kriemhilt zir gewan,
    zwô unt drîzec meide   unt fünf hundert man.
    Eckewart der grâve   der volgete Kriemhilde dan.

701 Urloup si alle nâmen,   beide ritter unde kneht,
    mägede unde vrouwen: daz was vil michel reht.
    gescheiden küssende   wurden si zehant:
    si rûmten vrœlichen   des küne Guntheres lant.

702 Do beleiten si ir mâge   vil verre ûf den wegen.
    man hiez in allenthalben   ir nahtselde legen
    swâ si se gerne nâmen,   durch der künige lant.
    dô wurden boten balde   Sigemunde gesant,

703 Daz er daz wizzen solde,   unt ouch Sigelint,
    daz sîn sun komen wolde   und ouch vroun Uoten kint,
    Kriemhilt diu vil schœne,   von Wormez über Rîn.
    done kunden in diu mære   nimmer lieber gesîn.

704 «Sô wol mich», sprach dô Sigemunt,   «daz ich gelebet hân
    daz diu schœne Kriemhilt   sol hie gekrœnet gân.
    des müezen wol getiuwert   sîn diu erbe mîn.
    mîn sun Sifrit der edele   sol hie selbe künec sîn.»

699 fehlt.
700, 1 Si bereite sich zir verte,   als ir vil wol gezam.
      ir edeln ingesindes   frou Kriemhilt dô nam.
    3   dar zuo fünf hundert man.
    4   fuor mit sîner frouwen dan.
701, 3 mit küssen gescheiden.
    4 si rûmten minneclîche   dô der Burgonden lant.
702, 4   dem künic Sigemunt gesant.
703, 2 daz Sivrit komen wolde.
704, 1 «Nu wol mich», sprach dô Sigemunt.
    2 daz hie diu schœne Kriemhilt   sol gekrœnet stân.
    4 Sivrit der vil küene   sol hie nu selbe voget sîn.

700, 1 Daz liezen si beliben: do bereiten si sich dan.
      ir edelen ingesindes   frou Kriemhilt dô nam (14).
704, 1 Wol mich, sprach Sigemunt.

705 Dô gap diu vrouwe Sigelint　vil manigen samft rôt,　　　　650
silber unt golt daz swære:　daz was ir botenbrôt.　　　　　(712)
si vreute sich der mære　diu si dô vernam.
sich kleidete ir gesinde　mit vlize wol als in gezam.

706 Man sagete wer dâ kœme　mit im in daz lant.
dô hiezen si gesidele　rihten zehant,
dar zuo er gekrœnet　vor vriunden solde gân.
dô riten im engegene　des künic Sigemundes man.

707 Ist iemen baz enpfangen,　daz ist mir unbekant,
dan die helede mære　in Sigemundes lant.
Sigelint diu schœne　Kriemhilt engegene reit
mit maniger schœnen frouwen　(ir volgeten ritter gemeit)

708 In einer tageweide,　dâ man die geste sach.
die vremeden unt die kunden　die liten ungemach,
unze daz si kômen　zeiner bürge wît,
diu was geheizen Santen:　dâ si krône truogen sît.

709 Mit lachendem munde　Sigelint unt Sigemunt
kusten Kriemhilde　durch liebe manige stunt,
unt ouch Sifriden:　in was ir leit benomen.
allez ir gesinde　was in grôze willekomen.

710 Man bat die geste bringen　für Sigemundes sal.
die schœnen juncvrouwen　huop man dâ ze tal,

705, 5　　　　　　　　　unt mit ir manic man.
allez ir gesinde　mit vlize kleiden sich began.
706, 1　Man seit ir wer dâ kœme　mit Sivride in daz lant.
　　2　　　　　　　　rihten al zehant,
dar zuo er under krône　vor fürsten solde gân.
707. 1　　　　　　　　daz ist uns unbekant,
dan die helede wurden　ze Sigemundes lant.
Sigelint sîn muoter.
708, 2　　　　　　　　die dolten ungemach.
　　3　　　　　　　　zer bürge wol bekant,
riche unde mære:　diu was ze Santen genant.
709, 2　　　　　　　　mit vröuden sô zestunt.
dar nâch ir vil liebez kint:　ir leit in was benomen.
710, 1　Dô brâhte man die geste.

705, 3　si vreute sich der mære,　diu si dô vernam.　　　　.
mit vlize ir ingesinde　sich dô kleiden began (13).
708, 3　unze daz si kômen　zeiner bürge alt,
riche unde mære:　diu was ze Santen genant (33).
710, 1　Man brâhte die geste.
　　2　　　　　　　　huop man ze tal.

nider von den meeren.   dâ was vil manic man,
dô man den schœnen vrouwen   mit vlize dienen began.

711 Swie grôz ir hôhzite   bî Rîne was bekant,   (718)
noch gap man hie den heleden   vil bezzer gewant,
danne si ie getrûegen   noch bî allen ir tagen.
man möhte michel wunder   von ir richeite sagen.

712 Dô si in ir hôhen êren   sâzen und heten genuoc,
waz goltvarwer gêren   ir ingesinde truoc,
unt edele gesteine,   verwieret wol dar in!
sus pflac ir vlizeclîchen   Sigelint diu edel künegin.

713 Dô sprach vor sînen vriunden   der herre Sigemunt
» den Sifrides mâgen   tuon ich allen kunt,
er sol vor disen recken   die mîne krône tragen.»
diu mære hôrten gerne   die von Niderlande sagen.

714 Er bevalch im sîne krône,   gerihte unde lant.
sît waser ir aller meister.   die er ze rehte vant
unt dar er rihten solde,   daz wart also getân
daz man sêre vorhte   der schœnen Kriemhilde man.

715 In disen grôzen êren   lebet er, daz ist wâr,
und rihte ouch under krône   unz an daz zehende jâr,
daz diu schœne vrouwe   einen sun gewan.
daz was des küneges mâgen   nâch ir willen wol ergân.

710, 4 dô man den edeln frouwen.
711, 1 Swie grôz ir hôchgeziten.
    2   ·   rîcher gewant.
712, 1 Dô si in ir wirde sâzen   und hêten genuoc.
    3 unt vil der edeln steine.
    4   Sigelint diu künigin.
713, 1 Dô sprach vor sînen mâgen.
    2 allen mînen friunden   sol daz wesen kunt,
    daz Sivrit mîne krône   hinnen für sol tragen.
714, 1 Do bevalh er im die krône,   gerîht und ouch diu lant.
    2   die er inder vant.
    unt dâ er rihten solde,   daz wart sô getân
    daz man von schulden vorhte.
715, 1 In disen hôhen êren.
    2   unz in daz zwelfte jâr,
    daz diu schœne Kriemhilt.

--- --- ---

714, 1 Er bevalch im die krône.

8 *

716 Den îlte man dô toufen   und gap im einen namen,   660
   Gunther, nâch sînem œheim: des dorft er sich niht schamen. (723)
   geriet er nâch den mâgen,   daz wær im wol ergân.
   dô zôh man in mit vlîze: daz was von sculden getân.

717 In den selben zîten   starp vrou Sigelint.
   dô heten gewalt mit alle   der edelen Uoten kint,
   der sô rîchen vrouwen   ob landen wol gezam.
   daz klageten , genuoge ,   dô si der tôt von in genam.

718 Nu hete ouch dort bî Rîne,   sô wir hœren sagen,
   bî Gunther dem rîchen   einen sun getragen
   Prünhilt diu schœne   in Burgonden lant.
   durch des heldes liebe   sô wart er Sîfrit genant.

719 Wie rehte vlîzeclîchen   man sîn hüeten hiez!
   Gunther der edele   im magezogen liez,
   die ez wol kunden ziehen   ze einem biderbem man.
   hey waz im ungelücke   sît der vriunde an gewan!

720 Mære zallen zîten   der wart vil geseit,
   wie rehte lobelîchen   die recken vil gemeit
   lebeten zallen stunden   in Sigemundes lant:
   alsam tet ouch Gunther   mit sînen mâgen ûz erkant.

721 Daz lant ze Nibelunge   Sifride diente hie
   (rîcher sîner mâge   wart noheiner nie)

716, 1   unt gab im den namen.
     3   er wurde ein küener man.
   man zôh in wol mit vlîze: daz wart von schulden getân.
717, 1   dô starp vrou Sigelint.
     3 der sô rîcher frouwen.
     4 diu mohten ir dô dienen   mit grôzen êren âne scham.
718, 4 durch des recken liebe.
719, 2 Gunther der vil rîche.
     3 diez kunden lêren tugende,   gewuchs ez zeinem man.
     4   sît der mâge an gewan!
720, 1   wart wider unt dar geseit,
   wie rehte wunneclîche   die helde vil gemeit.
   4 daz selbe tet ouch Gunther.
721, 1   Sivride nu diente hie.
     2   wart deheiner nie)

716, 3   daz zæme im wol für wâr (27).
     4 man zôh in mit vlîze (240).
717, 4 des muoste ir dô dienen   vil manic wætlîcher man (19).
720, 4 same tet ouch Gunther (189).

unt Schilbunges recken,   unt ir bêder guot.
des truoc der vil küene   deste hœheren muot.

722 Hort den aller meisten,   den ie helt gewan,   665
âne dies ê pflâgen,   het nu der küene man,   (729)
*den er vor einem berge   mit sîner hende erstreit,
dar umbe er sluoc ze tôde   vil manigen ritter gemeit.

723 Er heten wunsc der êren: unt wær des niht geschehen,
sô müese man von schulden   dem edelen recken jehen
daz er wær ein der beste   der ie ûf ors gesaz.
man vorhte sîne sterke   unt tet vil pilliche daz.

XII. ÂVENTIURE,
WIE GUNTHER SIFRIDEN ZUO DER HÔHZÎT BAT.

---

724 Nu dâht ouch alle zîte   daz Guntheres wîp
»wie treit et alsô hôhe   vrou Kriemhilt den lip?
nu ist doch unser eigen   Sîfrit ir man:
er hât uns nu vil lange   lützel dienste getân.«

725 Daz truoc si in ir herzen   unt wart och wol verdeit.
daz si ir vremede wâren,   daz was ir harte leit,
daz man ir sô selten diende   von Sifrides lant.
wâ von daz komen wære,   daz hete si gerne bekant.

---

726 Si versuochtez an dem künige,   ob daz möhte geschehen,   669
daz si Kriemhilde   solde noch gesehen.   (733)
si reitez heinlîche,   des si dâ hete muot.
dô dûhte den herren   diu rede mæzlîchen guot.

727 «Wie möhte wir si bringen»,   sprach der künec rich,   •
«her zuo disem lande?   daz wære unmügelich.
si sitzent uns ze verre: ich getar sis niht gebiten.»
des antwurte im Prünhilt   in vil listigen siten

728 «Swie hôhe rîche wære   deheines küniges man,
swaz im gebüte sin herre,   daz sold er doch niht lân.»
des ersmielte Gunther,   dô si daz gesprach:
ern jahs im niht ze dienste,   swie dicke er Sifriden sach.

729 Si sprach «vil lieber herre,   durch den willen mîn
sô hilf mir daz Sifrit   unt diu swester dîn
komen zuo disem lande,   daz wir si hie gesehen:
sone kunde mir ze wâre   nimmer lieber geschehen.

730 Dîner swester zühte   unt ir wol gezogener muot,
swenne ich dar an gedenke,   wie sanfte mir daz tuot,
wie wir ensamet sâzen,   do ich êrste wart din wîp!
si mac mit êren minnen   des küenen Sifrides lîp.»

731 Si gertes alsô lange   unz daz der künic sprach
«nu wizzet daz ich geste   sô gerne nie gesach.

726, 1 Si versuochtez munigen ende,   ob kunde daz geschehen.
      2   möhte noch gesehen.
      4 done dûht den künic rîche   der frouwen hete niht ze guot.
727, 1 Wie kunden wir si bringen,   sprach der lobes rich,
      •   her zuo disen landen?
      3 si sint uns gar ze verre.
728, 2   wie torster daz verlân?
      4 ern jach sîn niht ze dienste.
729, 2 sô hilf mir daz noch Sivrit   mit der swester din
      kom zuo disem lande.
      4 sone kunde mir zer werlde.
730, 1 Dîner swester güete   unt ir vil zühtic muot,
      als ich dar an gedenke.
      3 unt ir vil wert enpfûhen,   do ich kom in daz lant.
      ez enwart nie antphune richer   zer werlde niemen bekant.
731, 2 ir muget mich sanfte vlëgen,   ward ich gerner nie gesach

727, 3 si sint uns ze verre.
730, 3 wie wir ensament sâzen,   dô ich wart din kone!
      ezu wart nie antphane richer   zer werlde niemer vernomen (46).

ir muget mich sanfte vlêgen.   ich wil die boten mîn
nâch in beiden senden,   daz si uns komen an den Rîn.»

732 Dô sprach diu küneginne   «sô sult ir mir sagen   675
     wenne ir si welt besenden,   oder in welhen tagen   (739)
     unser lieben vriunde   suln komen in daz lant.
     die ir dar wellet senden,   die lât mir werden bekant.»

733 «Daz tuon ich», sprach der fürste: «drîzec mîner man
     wil ich dar lâzen rîten.»   die hiez er für sich gân:
     bî den enbôt er mære   in Sîfrides lant.
     ze liebe gap in Prünhilt   vil harte hêrlich gewant.

734 Dô sprach der künic «ir recken   sult von mir sagen
     al daz ich dar enbiete   (des sult ir niht verdagen),
     dem starken Sifride   unt ouch der swester mîn,
     daz in endarf zer werlde   niemen holder gesîn.

735 Und pittet daz si beidiu   zuns komen an den Rîn.
     daz welle ich unt mîn vrouwe   immer diende sîn.
     vor disen sunewenden   sol er und sîne man
     sehen hie vil manigen   der im vil grôzer êren gan.

736 Dem künic Sigemunde   saget den dienest mîn,
     daz ich und mîne vriunde   im immer wæge sîn.
     und saget ouch mîner swester   daz si niht lâze daz,
     sine rîte zuo zir vriunden: ir zam nie hôhgezîten baz.»

731, 3 deñeiner slahte geste   in den landen mîn.
       ich wil in boten senden,   daz si zuns komen an den Rin.
732, 1   nu sult ir mir sagen.
     3 sulen unser friunde   komen in daz lant.
  ·   die ir dar senden wellet,   die lât werden mir bekant.
733, 1 Daz tuon ich, sprach dô Gunther.
     4   vil harte zierlich gewant.
734, 1 Dô sprach der künic Gunther   «ir recken, ir sult sagen
       swaz ich bî iu enbiete.
     3 Sivrit mime friunde   unt ouch die swester min,
       daz in kan in der werlde.
735, 1 Unt biet si von uns beiden   leisten âne strît
       daz si komen ruochen   zunser hôchgezît.
       gein dien sunewenden   sol er mit sînen man.
736, 1 Sîn vater Sigemunde   sagt ouch den dienest min,
       daz ich nit mînen mâgen.
     4 sine kom zir friunden: irn gezam nie hôchgeziten baz.

735, 1 Unt pittet daz si beidiu,   er und sin wip,
       ze Rine komen ruochen   zunser hôchgezît (33).

737 Prünhilt unt Uote   und swaz man dâ vrouwen vant,   680
die enbuten alle ir dienest   in Sifrides lant   (744)
den minneclichen vrouwen   unt manigem küenem man.
mit küneges vriunde râte   die boten huoben sich dan.

738 Si fuoren reislîche: ir pfert unt ir gewant
daz was in komen allen: dô rûmten si daz lant.
in zogete wol der verte   dar si dâ wolden varn.
der künic mit geleite   hiez die boten wol bewarn.

739 Si kômen in drin wochen   geriten in daz lant.
ze Nibelunges bürge,   dar wâren si gesant,
ze Norwæge in der marke   dâ funden si den degen.
diu ros den boten wâren   müede von den langen wegen.

740 Sifride unt Kriemhilde   wart beiden dô geseit
daz ritter komen wæren,   die trüegen solhiu kleit
sam man zen Burgonden   dô der site pflac.
si spranc von einem bette   dar an si ruowende lac.

741 Dô bat si zeinem venster   eine maget gân.
diu sach den küenen Gêren   an dem hove stân,
in unt die gesellen,   die wâren dar gesant.
gegen ir herzeleide   wie liebiu mære si bevant!

742 Si sprach zuo dem künige   «nu sehet ir wâ si stênt,
die mit dem starken Gêren   ûf dem hove gênt,

737, 1 Frou Uote unt al die frouwen   die man ze hove rant,
enbuten ouch ir dienest.
3 den minneclichen meiden.
4 Gêre der vil küene   sich huop mit den mæren dan.
738, 3 in zogte wol der reise   dar si dâ solden varn.
4   bat die boten wol bewarn.
739, 1 Inre tagen zwelfen   si kômen in daz lant.
3 dâ vunden si mit freuden   den vil küenen degen.
740, 1 Dem künige unt sîme wîbe   wart zehant geseit,
in wæren komen geste.
3 als man zen Burgonden.
4 Kriembilt spranc von dem bette   dar an si bî ir liebe lac.
741, 1 Si bat an ein venster   ir mägede eine gên.
3 mit sînen hergesellen.
742, 1   ir sult ûf stên.
ich sihe den starken Gêren   her ze hove gên.

737, 2 enbuten ire dienest.
741, 1   eine ir maget gân.
3 unde die gesellen.

die uns mîn bruoder Gunther   sendet nider den Rîn!»
dô sprach der starke Sifrit   «die suln uns willekomen sîn.»

743 Allez daz gesinde   lief dà man si sach.   686
ir ietslich besunder   vil güetliche sprach   (750)
daz beste daz si kunden   zuo den boten dô.
Sigemunt der herre   der was ir künfte harte vrô.

744 Dô wart geherberget   Gêre unt sîne man:
diu ros man hiez behalten.   die boten giengen dan
dà der herre Sifrit   bî Kriemhilde saz.
in was ze hove erloubet: dà von sô tâten si daz.

745 Der wirt mit sînem wîbe   stuont ûf sâ zehant.
wol wart enpfangen Gêre   von Burgonden lant
mit sînen hergesellen,   die Guntheres man.
Gêren den vil riehen   bat man an den sedel gân.

746 «Erloubet uns die boteschaft,   ê daz wir sitzen gên:
uns wegemüede geste,   lât uns die wîle stên.
wir suln iu sagen mære   waz iu enboten hât
Gunther und Prünhilt,   der dinc vil hôchliche stât.

742, 3 in hât mîn bruoder Gunther   wætlich her gesant.
     waz der recke werbe,   daz het ich gerne bekant.
743, 1   dar lief unde gie.
     in vil grôzen vreuden   man die geste enpfie,
     unt tâten in daz beste   daz si kunden dô,
     wande si ir künfte   in ir herzen wâren vrô.
744, 1 Gêre wol enpfangen   wart mit sînen man:
     ir ros man hiez behalten.   die helde brâht man dan.
      4 si sâhen in vil gerne: daz sult ir wizzen âne haz.
745, 1 Gegen den lieben gesten   si stuonden ûf zehant.
      3 unt sîne hergesellen.   bî der hende dan
     Kriemhilt fuorte Gêren: daz wart durch liebe getân.
746, 1 Si bat in zuo zir sitzen;   er sprach «wir suln stên:
     erloubet uns die boteschaft,   ê daz wir sitzen gên,
     unt hœret disiu mære.
      4   der dinc an êren hôhe stât.

742, 3 in hât mîn bruoder Gunther   von Rîne her gefrumet.
     waz der recke werbe,   daz het ich gerne vernumen (33).
743, 1 Allez daz gesinde   lief dà man si sach.
     in vil grôzen vreuden   ir ieslicher was (34).
744, 2   die boten brâhte man.
      4 in was ze hove erloubet: dar an in liebe geschach (19).
745, 3   bî der hende nam
     Kriemhilt den richen Gêren: daz was durch liebe getân (30).

747 Unt ouch waz vrou Uote,   iwer muoter, her enbôt.   690
Giselher der junge   unt ouch her Gêrnôt   (754)
unt iuwer besten mâge   die habent uns her gesant:
die enbietent in ir dienest   ûzer Burgonden lant.»

748 «Nu lôn in got», sprach Sifrit,   «ich getrouwe in harte wol
triuwen unde guotes,   alsô man vriunden sol:
alsam tuot ouch ir swester.   ir sult uns mêre sagen
ob unser lieben vriunde   dâ heime iht hôhes muotes tragen.

749 Sit daz wir von in scieden,   hât in iemen iht getân,
den mînen konemâgen?   daz sult ir mich wizzen lân.
daz wil ich in mit triuwen   immer helfen tragen,
unze daz ir vinde   den mînen dienest müezen klagen.»

750 Dô sprach der marcgrâve   Gêre, ein recke guot
«si sint in allen tugenden   sô rehte hôh gemuot:
si ladent iuch ze Rine   zeiner hôchgezît:
si sæhen iuch vil gerne,   daz ir des âne zwîfel sît.

751 Unt pitent mine vrouwen,   si sül mit iu dar komen,
swenne der winder   ein ende habe genomen.
vor disen sunewenden   sô wolden si iuch sehen.»
dô sprach der starke Sifrit   «daz kunde müelich gescehen.»

752 Dô sprach aber Gêre   von Burgonden lant
«iuwer muoter Uote   diu hât iuch gemant,

747, 1 Unt waz iu iuwer muoter,   mîn frouwe, her enbôt.
     2   unt ouch Gêrnôt.
     4 unt enbietent iu ir dienest.
748, 1   ich getrouwe in allen wol.
     3 daz selbe tuot ir swester.   wie si gehaben sich,
     die unsern lieben friunde,   daz sult ir lâzen hœren mich.
749, 1   hât iemen iht getân.
     2   daz lûzet mich verstân.
750, 2   mit freuden wol gemuot.
     4 wand si iuch gerno sæhen.
751, 1   si sül mit iu komen,
     swenne sô der winder.
     3 gein disen sunewenden.
     4 dô sprach der herro Sivrit.
752, 1   ûz Burgonden lant.

747, 1 Unde waz vrou Uote.
748, 3 same tuot ir swester (189).   ir sult uns mêre sagen,
     wie unser lieben friunde   sich dâ heime gehaben (34).
750, 4 si sæhen iuch gerne (239).

Gêrnôt unt Giselher, ir sult in niht versagen.
daz ir in sît sô verre, daz hœre ich tägeliche klagen.

753 Prünhilt mîn vrouwe unt alle ir mägedin   696
die vrewent sich der mære: obe daz mehte sin,   (760)
daz si iuch noch gesæhen, daz gæbe in hôhen muot.»
dô dûhten disiu mære die scœnen Kriemhilde guot.

754 Gêre was ir sippe: der wirt in sitzen hiez.
den gesten hiez er scenken: niht langer man daz liez.
dô was ouch komen Sigemunt, da er die boten sach.
der herre vriuntlîche zuo den Burgonden sprach

755 «Sit willekomen, ir recken, ir Guntheres man.
sit daz Kriemhilde· ze wîbe gewan
Sifrit der mîn sun, man sold iuch dicker sehen
hie in disem lande, wolt ir uns vriuntschefte jehen.»

756 Si sprâchen, swenne er wolde, si solden gerne komen.
in wart ir michel müede mit vreuden vil benomen.
die boten bat man sitzen, spîse man in truoc:
der hiez dô geben Sifrit sînen gesten genuoc.

757 Si muosen dâ beliben bevollen niwen tage.
des heten endelîchen die snellen ritter klage,
daz si niht wider solden rîten in ir lant.
dô hete der künic Sifrit nâch sînen vriunden gesant.

758 Er vrâgte waz si rieten: ob si solden an den Rîn.
«ez hât nâch mir gesendet Gunther der friunt mîn,

752, 3 unt iuwer brüeder beide.
    4   daz hœre ich si vil dicke klagen.
753, 2 die frôwent sich der gegenv, ob daz kunde sîn.
    3   sô si des habent muot.
754, 2 den gesten hiez man schenken.
    3   do er die boten sach,
der herre minneclîche.
755, 2 sit Kriemhilt ze man Sivrit mînen sun gewan,
sô solde man iuch degene dicker bi uns sehen,
ob ir uns mit triuwen woldet friuntschefte jehen.
756, 4 der wart den lieben gesten gegeben volleclîch genuoc.
757, 1 Man gab in herberge unt schuof in guot gemach.
der herre zuo den gesten minneclîchen sprach
«lât iuch niht betrâgen; dar umbe ir sit gesant
her von unsern friunden, wir sulenz iu schiere tuon bekant.
758, 1 Ich muoz mihs noch berâten mit den friunden mîn.»
er gie zeiner sprâche mit den recken sîn.

752, 4   daz hœre ich alzoges klagen.

er unt sine mâge,   durch eine hôchgezit:
nu kœm ich im vil gerne,   wan daz sin lant ze verre lit.

759 Unt bittent Kriemhilde   daz si mit mir var.   702
nu râtet, liebe vriunde,   wie sol si komen dar?   (766)
unt solde ich herverten   durch si in drîzec lant,
dâ müese in dienen gerne   hin diu Sifrides hant.»

760 Dô sprâchen sîne recken   «habt ir der reise muot
hin zer hôhgezite,   wir râten waz ir tuot.
ir sult mit tûsent recken   riten an den Rîn:
sô muget ir wol mit êren   dâ zen Burgonden sîn.»

761 Dô sprach von Niderlanden   der herre Sigemunt
«welt ir zer hôchgezite,   wan tuot ir mir daz kunt!
ob iz iu niht versmâhet,   sô rîte ich mit iu dare:
ich füere hundert degene,   dâ mite mêr ich iuwer schare.»

762 «Und welt ir mit uns rîten,   vil lieber vater mîn»,
sprach der küene Sifrit,   «vil vrô sol ich des sîn.
inre tagen zwelven   sô rûme ich miniu lant.»
alle dies dô gerten,   den gap man ross unt ouch gewant.

763 Dô der künic edele   der reise hete muot,
dô hiez man wider riten   die snellen boten guot.
den sînen konemâgen   enbôt er an den Rîn,
er wolde harte gerne   dâ zir hôhgezite sîn.

764 Sifrit unt Kriemhilt,   alsô wir hœren sagen,
sô vil den boten gâben   daz iz niht mohten tragen
ir mœre heim ze lande: er was ein richer man.
ir starken soumære   die treip man vrœlîchen dan.

758, 3 er sprach «mîn friunt Gunther   hât nâch uns gesant
zeiner hôchgezite;   nu ist ze verre mir sîn lant.
759, 1 Unt bitent mîne frouwen   daz si mite var.
4 dâ müese in gerne dienen.
760, 2 sô wellen wir iu râten   daz iu wirdet guot.
4   dâ zer hôchgezite sîn.
761, 2 welt ir zir hôchgezite.
4 unt bringe iu hundert degene.
762, 1 Sît ir welt mit uns rîten.
2 sprach der herre Sivrit,   vrô sol ich des sîn.
4 die si dô füeren wolden.
763, 4 daz er gerne wolde.
764, 4   si triben vrœlîchen dan.

765 Ir volc kleite Sifrit   unt ouch Sigemunt.
Eckewart der grâve   der hiez an der stunt
vrouwen kleider suochen,   diu besten diu man vant
oder inder kunde erwerben   über allez Sifrides lant.

766 Die sätele zuo den schilden   bereiten man began.
rittern unde vrouwen,   die mit im solden dan,
den gap man swaz si wolden,   daz in niht gebrast.
dô brâht er sinen vriunden   manigen hêrlichen gast.

767 Den boten zogete sêre   ze lande ûf den wegen.
dô kom zen Burgonden   Gêre der degen.
er wart vil wol enpfangen: do erbeizten si ze tal
von rossen unt von mœren   für den Guntheres sal.

768 Die tumben unt die wîsen   giengen, sô man tuot,
vrâgen umbe mœre.   dô sprach der ritter guot
«swenne ichse sage dem künige,   dâ hœret si ze hant.»
er gie mit den gesellen   dâ er Guntheren vant.

769 Der künic durch grôze liebe   von dem sedele spranc.
daz si sô snelle kômen,   des sagte in dô danc
Prünhilt diu schœne.   Gunther zen boten sprach
«wie gehabet sich Sifrit,   von dem mir liebes vil gesach?»

770 Dô sprach der küene Gêre   «dâ wart er vröuden rôt,
er unt iuwer swester.   nie vriunden baz enbôt
sô getriuwiu mœre   deheiner slahte man,
als iu der herre Sifrit   und ouch sin vater hât getân.»

765, 1 Ir volc daz kleito Sivrit.
2   der hiez dô an der stunt.
4 oder iemen vinden kunde.
766, 1 Sätil unde schilde.
2   die mit im wolden dan.
3   wie wênic in gebrast!
767, 1   wider ûf den wegen.
dô kom wol ze lande.
3   dô stuonden si zetal,
nider von den mœren.
768 fehlt.
769, 2   des bat si haben danc.
3   der künic zen boten sprach
«wie vert mîn friunt Sivrit.
770, 3 sô friuntlicher mœre.

765, 2   hiez an der stunt.
767, 3   do erbeizten si zetal
nidere von den mœren.

771 Dô sprach zem maregrâven   des edelen küniges wip   714
    «nu saget mir, kumet uns Kriemhilt?   hât noch ir schœner lip (777)
    behalten iht der zühte,   der si wol kunde pflegen?»
    «si kumet in sicherlichen»,   sô sprach dô Gêre der degen.

772 Uote bat dô drâte   die boten für sich gên.
    daz moht man an ir vrâge   harte wol verstên,
    daz si daz hôrte gerne,   was Kriemhilt noch gesunt.
    er sagete wier si funde,   unt daz si kœme in kurzer stunt.

773 Ouch wart von in diu gâbe   ze hove niht verdeit,
    die in gap her Sifrit: golt unde kleit
    daz brâhte man ze schene   der drier künige man.
    der ir vil grôzen milte   wart in dâ danken getân.

774 «Er mac», sprach dô Hagene,   «von im sampfte geben:
    ern kundez niht verswenden,   unt sold er immer leben.
    hort der Nibelunge   beslozzen hât sîn hant.
    hey sold er komen immer   in der Burgonden lant!»

775 Allez daz gesinde   vreute sich dar zuo
    daz si komen solden.   spâte unde vruo
    wâren vil unmüezec   der drier künege man.
    vil manic hergesidele   man dô rihten began.

776 Hûnolt der küene   und Sindolt der degen
    die heten vil unmuoze.   die zît si muosen pflegen,
    truhsæzen unde scenken,   rihten manige banc.
    des half in ouch Ortwîn: des sagete in Gunthere danc.

771, 2 nu sagt mir, kumet Kriemhilt?
    4 er sprach «si koment beide,   unt mit in manic küener degen.»
772, 1 Frou Uote bat dô drâte   die boten zuo zir gên.
    daz mac man an ir vrâge.
    3 daz si vil gerne hôrte.
773, 2 die in dort gap Sivrit: golt silber unde kleit.
    4   wart in dô dankes vil getân.
774, 1 Er mac wol geben ringe,   sprach Hagene der degen.
    4 hey solden wir den teilen   noch in Burgonden lant!
775, 1 Allez daz gedigene.
    3   des fürsten ambetman.
    waz rîcher hergesidele   man dâ rihten began!
776, 1 Ortwîn unt Sindolt,   die zwêne küene degen,
    die wâren vil unmüezic.
    3 der truhsæze unt der schenke,   rihten manigen banc.
    des hulfen ir undertânen: des sagete in Gunther dô danc.

773, 2 die in gap Sivrit.

777 Rûmolt der kuchenmeister,   wie wol er rihte sît   720
die sînen undertânen!   vil manigen kezzel wît,   (783)
hävene unde pfannen,   hey waz man der dâ vant!
do bereite man den spîse,   die dâ kômen in daz lant.

XIII. ÂVENTIURE,
WIE SI ZE DER HÔCHZÎT FUOREN.

778 Alle ir unmuoze   die lâze wir nu sîn
und sagen wie vrou Kriemhilt   unt ouch ir magedîn
gegen Rîne fuoren   von Nibelunge lant.
nie getruogen mœre   sô manic hêrlich gewant.

779 Vil der soumschrîne   man schihte zuo den wegen.
dô reit mit sînen vriunden   Sifrit der degen,
und ouch diu küneginne,   dar si heten vreuden wân.
sit wart ez in allen   ze grôzem leide getân.

780 Dâ heime si dô liezen   Sifrides kindelîn
unt sun den Kriemhilde: daz muos et alsô sîn.
von ir hovereise   erstuont michel sêr:
sîn vater unt sîn muoter   gesach daz kindel nimmer mêr.

777, 1   vil wol berihte sît.
    4 da bereite man den spîse.
    5 Der frouwen arebeiten   was ouch niht kleine,   (784)
       da si bereitn ir kleider: die edeln steine
       mit glanze verre glesten,   verwieret in daz golt,
       dô si sie ane leiten,   daz in die liute wurden holt.

778, 2 unt sagen iu wie Kriemhilt.
    3 zer hôchgezîte fuoren.
779, 1 Vil der leitschrine.
    3   üf hôher frenden wân.
       ir freude muose leider   mit grôzem jâmer sît zergân.
780, 1   ir beider kindelîn
       beliben in ir landen.
    3   erstuonden starkiu sêr.
       vater unde muoter.

777, 1   wole rihte sît.
778, 2 unde sagen wie Kriemhilt.
779, 1 ir freude sît in allen   ze grôzem leide bequam (20).

781 Dô reit ouch mit in dannen   der herre Sigemunt.   724
sold er rehte wizzen,   wie ez nâch der stunt   (785)
zer hôchgezîte ergienge,   ern hete ir niht gesehen:
im kunde an lieben vriunden   leider nimmer geschehen.

782 Boten man für sande,   die diu mære sageten dar.
dô reit ouch in engegene   mit wünneclicher scar
vil der Uoten vriunde   unt der Guntheres man.
der wirt gên sînen gesten   sich sêre vlizen began.

783 Er gie zuo Prünhilde   da er si sitzen vant.
«wie enpfie et iuch mîn swester   do ir kômet in daz lant?
sam sult ir enpfâhen   daz Sîfrides wîp.»
«daz tuon ich», sprach si, «gerne,   von schulden holt ist ir mîn lîp.»

784 Dô sprach der künic rîche   «si koment uns morgen vruo.
welt ir si enpfâhen,   dâ grîfet balde zuo;
daz wir ir in der bürge   niht erbîten hie.
mir kom in allen zîten   sô rehte lieber geste nie.»

785 Ir mägede unt ir vrouwen   hiez si dô sâ zehant
suochen guotiu kleider,   diu besten diu man vant,
diu ir ingesinde   vor gesten solden tragen.
daz tâten si doch gerne: daz mac man lîhte gesagen.

786 Ouch îlten in dô dienen   die Guntheres man.
alle sine recken   der wirt zuo sich gewan.

781, 1 Dâ mite reit der herre,   der künic Sigemunt.
solder des getrouwen,   wie ez im nâch der stunt.
4 jâ kunde im in der werlde.
782, 2   mit maniger lichten schar
vil der guoten degene,   der Guntheres man.
der wirt sich gegen den gesten   sêre vlizen began.
783, 3 sam sult ouch ir enpfâhen.
4 daz tuon ih, sprach diu frouwe,   daz hât verschuldet wol ir lîp.
784, 1 Dô sprach aber Gunther.
2 nu ir si welt enpfâhen.
4 mir kom in manigen zîten.
785, 1 Ir meide unt ouch ir frouwen   die hiez si dô zehant.
3 die si wol mit êren   vor gesten möhten tragen.
wie gerne si daz tæten.
786, 2 alle sine degene.

782, 4 der wirt gegen den gesten   sich sêre vlîzen began.
783, 4   daz hât verschuldet ir lîp (240).
785, 1   hiez si zehant (237).

dô reit diu küneginne   vil hêrlîche dau.
dâ wart vil michel grüezen   die lieben geste getân.

787 Mit wie getânen vreuden   man die geste enpfie!   730
si dûhte daz vrou Kriemhilt   vroun Prünhilde nie   (794)
sô rehte wol enpfienge   in Burgonden lant.
die si ê nie gesâhen,   den wart vil hôher muot erkant.

788 Nu was ouch komen Sifrit   mit den sînen man.
man sach die helde wenden   wider unde dan,
des veldes allenthalben,   mit ungefüegen scharn.
dringen unde stouben   kunde niemen dâ bewarn.

789 Dô der wirt des landes   Sîfriden sach,
unt ouch Sigemunden,   wie minneclîch er sprach!
«nu sît mir grôze willekomen   unt al den vriunden mîn.
der iuwer hovereise   sul wir hôhgemuote sîn.»

790 «Nu lôn iu got», sprach Sigemunt,   der êre gernde man.
«sit daz iuch mîn sun Sîfrit   ze vriunde gewan,
dô rieten mîne sinne,   daz ich iuch solde sehen.»
dô sprach der künic Gunther   «nu ist mir liebe dran geschehen.»

791 Sîfrit wart enpfangen,   als im daz wol gezam,
mit vil grôzen êren: im was dâ niemen gram.
des half mit grôzen zühten   Gîselher unt Gêrnôt.
ich wæne man ez gesten   nie sô güetlîch erbôt.

792 Dô nâhten zuo ein ander   der zweier künege wîp.
dâ wart vil sätele lære: manic schœner vrouwen lîp
wart von helde handen   erhaben ûf daz gras.
die vrouwen gerne dienden,   waz der ummûezegen was!

793 Dô giengen zuo ein ander   diu minneclîchen wîp.
des was in grôzen vreuden   vil maniges ritters lîp,

786, 3 dâ reit diu küniginne   mit ir frouwen mite
         gegen den lieben gesten   al nâch friuntlîchem site.
787, 1 Mit wie getânen êren.
     2   Prünhilde nie.
789, 2   wie güetlîch er sprach!
790, 4 dô sprach der wirt zem gaste.
791, 4   .   nie sô minneclîch erbôt.
792, 2   maniger schœnen frouwen lip
         wart von recken handen.
     4   waz der mit unmuozen was!
793, 2   vil maniges recken lîp.

daz ir beider grüezen   sô schône wart getân.
dô sach man vil der recken   bi den juncfrouwen stân.

794 Daz hêrlich gesinde   daz vie sich bi der hant.   737
in zühten grôze nigen,   des man vil dâ vant,   (591)
und küssen minneclichen   von vrouwen wol getân:
daz was liep ze sehene   Gunthers und Sifrides man.

795 Sine biten dâ niht langer,   si riten zuo der stat.
der wirt sînen gesten   daz wol erzeigen bat
daz man si gerne sæhe   in Burgonden lant.
vil manigen puneiz riehen   man vor den juncvrouwen vant.

796 Ûzer Tronege Hagene   unt ouch Ortwin,
daz si gewaldec wæren,   daz tâten si wol schin.
swaz si gebieten wolden,   daz torste niemen lân.
von in wart michel dienest   den lieben gesten getân.

797 Vil schilde hôrt man schellen   dâ zem pürgetor
von stichen und von stœzen.   lange habt der vor
der wirt mit sînen gesten,   ê daz si kômen drin.
jâ gie in diu stunde   mit grôzer kurzwîle hin.

798 Für den palas riehen   mit vrœweden sie dô riten.
manegen pfellel spæhen,   unde wol gesniten,
sach man über sätele   den vrouwen wol getân
allenthalben hangen.   dô kômen Guntheres man.

799 Die geste hiez man füeren   balde an ir gemach.
under wilen blicken   man Prünhilde sach
an vroun Kriemhilde,   diu schœne was genuoc.
ir varwe gegen dem golde   den glanz vil hêrlîchen truoc.

793, 4 dô sah man vil der degeno   mit zühten bi den frouwen stân.
794, 1   sich viengen bi der hant.
    4   den künigen unt ir beider man.
795, 2 der wirt den sînen gesten.
796, 2   daz wart dâ vil wol schîn.
    4   den edeln gesten getân.
797, 2   vil lange habt der vor.
    4   mit vil grôzen vreuden hin.
798, 2 vil manigen pfellel spæhen,   rîch und wol gesniten.
799, 1 Die hiezen si dô füeren.
    4 ir varwe gegen dem glanze   den schîn vil hêrlîchen truoc.

794, 1   sich vie bi der hant.
796, 2   daz wart dâ wol schîn (239).

800 Allenthalben schallen   ze Wormez in der stat   743
hôrte manz gesinde.   Gunther dô bat   (807)
Dancwarten sînen marscalch   daz er ir solde pflegen.
do begond er daz gesinde   harte güetliche legen.

801 Dar ûze unt ouch dar inne   spîsen man si lie.
jâ wart vremder geste   baz gepflegen nie.
alles des si gerten,   des was man in bereit.
der künec was sô rîche   daz da niemen niht wart verseit.

802 Man diende in vriuntlîche   und ân allen haz.
der wirt dô ze tische   mit sînen gesten saz.
man bat Sifride sitzen   als er ê hete getân.
dô gie mit im ze sedele   vil manic wætlicher man.

803 Zwelf hundert recken   an dem ringe sîn
dâ ze tische sâzen.   Prünhilt diu künegin
gedâht daz eigenholde   niht rîcher kunde wesen.
si was im noch sô wæge   daz si in gerne lie genesen.

804 An einem âbende,   dâ der künec saz,
vil der rîchen kleider   wart von wîne naz,
dâ die schenken solden   zuo den tischen gân.
dâ wart vil voller dienest   mit grôzem vlîze getân.

805 Sô man ze hôhzîten   lange hât gepflegen,
vrouwen unde mägede   hiez man schône legen.
von swannen si dar kômen,   der wirt in willen truoc.
mit güetlichen êren   man gap in allen genuoc.

800, 2   der wirt den marschalc bat
        Dancwart, Hagenen bruoder,   er solde ir selbe pflegen.
801, 2 ez enwart deheiner geste.
     3 allez daz si wolden.
     4   daz dâ wart niemen niht verseit.
802, 3 dâ muose sitzen Sivrit.
     4 mit im gie ze tische.
803, 1 Einlif hundert recken.
     2 mit im ze tische sâzen.
804, 1 Aldâ der wirt mit freuden   mit sînen gesten saz.
     4   mit grôzem willen getân.
805, 4 mit vil grôzen zühten.

800, 3   er solde ire pflegen.
801, 1 ez enwart geste.

9*

806 Dô diu naht het ende   unt der tac erscein,   749
    ûz den soumscrînen   vil manic edel stein   (813)
    erlûhte in guoter wæte,   die ruorte vrouwen hant.
    dô wart dar für gesuochet   vil manic hêrlîch gewant.

807 Ê daz ez vol ertagete,   dô kômen für den sal
    vil ritter unde knehte: dô huop sich aber scal,
    vor einer vruomesse   die man dem künige sanc.
    dâ riten junge helde   dazs in der künec sagete danc.

808 Vil krefteclîche lûte   manic pusûn erdôz:
    von trumben unt von floyten   wart der scal sô grôz
    daz Wormez diu vil wîte   dar nâch lûte erscal.
    die hôhgemuoten helde   ze rossen kômen über al.

809 Dô huop sich in dem lande   harte hôh ein spil
    von manigem guoten recken: der sah man dâ vil.
    den ir tumbiu herze   gâben hôhen muot,
    der sah man under scilde   manigen zieren recken guot.

810 In diu venster sâzen   diu hêrlîchen wîp
    und vil der schœnen mägede: gezieret was ir lîp.
    si sâhen kurzewîle   von manigem küenem man.
    der wirt mit sînen vriunden   selbe rîten dâ began.

811 Sus vertriben si die wîle: diu dûhte si niht lanc.
    man hôrte dâ zem tuome   maniger gloken klanc.
    dô kômen in die mœre: die vrouwen riten dan.
    den edelen küneginnen   volgete manec küene man.

812 Si stuonden vor dem münster   nider ûf daz gras.
    Prünhilt ir gesten   dannoch vil wæge was.

806, 1   unt daz der tac erschein,
       ûz den leitschrînen.
807, 4 dâ riten junge degene   daz mans in muose sagen danc.
808, 1 Lût unt âne mâze.
     2 von trumben unde floyten.
     3   dar nâch vil lûte erschal.
       die hôchgemuoten degene   zen rossen kômen über al.
809, 2   der was dâ harte vil.
     3   rieten hôhen muot.
810, 4 der wirt mit sînen degenen.
811, 1 Alsô vergie ir wîle.
     2 dâ hôrte man zem tuome   vil maniger glocken klanc.
     4   volgt vil manic küene man.

───────────

811, 1 Sus vergie si diu wîle.

si giengen under krône   in daz münster wît.
diu liebe wart sît gesceiden: daz frumte grœzlicher nît.

813 Dô si gehôrten messe,   si fuoren wider dan   756
      mit vil manigen êren.   man sach si sider gân   (820)
      ze tische vrœliche.   ir vreude nie gelac
      dâ zer hôhgezîte   unz an den einleften tac.

XIV. ÂVENTIURE,

WIE DIE KÜNIGINNE EIN ANDER SCHULTEN.

814 Vor einer vesperzîte   huop sich grôz ungemach,
      daz von manigem recken   ûf dem hove gescach.
      si pflâgen ritterschefte   durch kurzewîle wân.
      dô liefen dar durch schouwen   vil manic wîp unde man.

815 Ze samene dô gesâzen   die küneginne rîch.
      si gedâhten zweier recken,   die wâren lobelîch.
      dô sprach diu schœne Kriemhilt   «ich hân einen man,
      daz elliu disiu rîche   zuo sînen handen solden stân.»

816 Dô sprach diu vrouwe Prünhilt   «wie kunde daz gesîn?
      obe niemen lebete   wan sîn unde dîn,

813, 2 mit vil grôzen zühten.
      3 ze tische minnecliche.
      5 Do gedâht diu küniginne   «ine mac niht langer dagen.   (521)
         swie ich daz gefüege,   Kriemhilt muoz mir sagen,
         war umbe uns alsô lange   den zins versezzen hât
         ir man, derst unser eigen: der vrâge hân ich keinen rât.
      9 Sus warte si der wîle,   als ez der tiufel riet.   (829)
         die frôude und ouch die hôhgezît   mit jâmer si dô schiet.
         daz ir lac amme herzen,   ze lieht ez muose komen:
         des wart in mangen landen   von ir jâmers vil vernomen.

814, 1   man ûfem hove sach
      ze rossen manigen recken.   hiusir unde dach
      was allez vol durch schouwen   von liuten über al.
      dô wâren ouch die frouwen   zen venstern komen in den sal.
815, 2 si riten von zwein recken.
      3 dô sprach diu frouwe Kriemhilt.
816, 1 Des antwurt ir Prünhilt   «daz möhte vil wol sîn
      ob niemen mêre enlebte.

sô möhten im diu riche   wol wesen undertân:
die wile lebet Gunther,   sô kundez nimmer ergân.»

817 Dô sprach aber Kriemhilt   «nu sihestu wie er stât,   760)
wie rehte hêrliche   er vor den recken gât,   (820)
alsam der liehte mâne   vor den sternen tuot?
des muoz ich von schulden   tragen vrœlichen muot.»

818 Dô sprach diu vrouwe Prünhilt   «swie wætlich sî dîn man,
swie biderbe und swie scœne,   sô muost tu vor im lân
Gunthern den recken,   den edeln bruoder dîn:
der muoz vor allen künegen,   daz wizze, wærliche sîn.»

819 Dô sprach aber Kriemhilt   «sô tiwer ist wol mîn man,
daz ich in âne schulde   niht gelobet hân.
an vil manegen dingen   ist sîn êre grôz.
geloubestu des, Prünhilt,   er ist wol Gunthers genôz.»

820 «Jane solt du mirz, Kriemhilt,   ze arge niht verstân,
wand ich âne schulde   die rede niht hân getân.
ich hôrt si jehen beide,   do ihs aller êrste sach,
und dâ des küneges wille   an mîme libe geschach,

821 Unt dâ er mîne minne   sô ritterlîch gewan,
dô jach des selbe Sîfrit,   er wære sküneges man.
des hân ich in für eigen,   sît ihs in hôrte jehen.»
dô sprach diu scœne Kriemhilt   «sô wær mir übele geschehen.

822 Wie heten sô geworben   die edelen bruoder mîn,
daz ich eigenmannes   wine solde sîn?
des wil ich dich, Prünhilt,   vil friuntlîchen biten
daz du die rede lâzest   durch mich mit güetlichen siten.»

823 «Ine mac ir niht gelâzen»,   sprach des küneges wîp.
«zwiu sold ich verkiesen   sô maniges ritters lîp,

816, 4 die wile aber lebt Gunther.
818, 1 Dô sprach diu hûsfrouwe.
2 swie schœne unt swie biderbe.
4   mit lobe wærliche sîn.
819, 1 Des antwurt ir Kriemhilt.
3 an vil manigen tugenden.
820, 1   zarge niht vervân,
wand ich doch âne schulde.
821, 4 dô sprach diu frouwe Kriemhilt.
822, 4   mit vil minneclichen siten.
823, 1   sprach dô des küniges wîp.
2   sô maniges recken lîp,

der uns mit dem degene   dienstlich ist undertân?»
Kriemhilt diu vil schœne   vil sêre zürnen began.

824 «Du muost in verkiesen,   daz er dir immer bi   767
wone deheiner dienste.   erst tiwerr danne si   (830)
Gunther mîn bruoder,   der vil edele man.
du solt mich des erlâzen   daz ich von dir vernomen hân.

825 Und nimet mich immer wunder,   sit er dîn eigen ist,
unt daz du über uns beidiu   sô gewaltec bist,
daz er dir sô lange   den zins versezzen hât.
der dîner übermüete   sold ich von rehte haben rât.»

826 «Du ziuhest dich ze hôhe»,   sprach des küniges wîp.
«nu wil ich sehen gerne,   op man den dînen lip
habe ze solhen êren   sô man den mînen tuot.»
die vrouwen wurden beide   vil sêre zornec gemuot.

827 Dô sprach diu vrouwe Kriemhilt   «daz muoz et nu geschehen
sit du mines mannes   für eigen hâst verjehen,
nu müezen hiute kiesen   der beider künige man,
op ich vor küniges wibe   ze kirchen türre gegân.

828 Du muost daz hiute schouwen   daz ich bin adelvrî:
unt daz mîn man ist tiuwerr   dan der dîne si,
dâ mite wil ich selbe   niht bescholden sîn.
du solt noch hînte kiesen   wie diu eigendiwe dîn

823, 3 der uns mit dem künige.
4 mich müet daz ich sô lange   niht zinss von im gehabet hân
824, 1 Du muost in von im verkiesen,   daz er dir nimmer bî.
3   du solt nimmer daz geleben,
daz er dir zins deheiuen   von sînen landen müeze geben.
825 fehlt.
826, 1   sprach aber des küniges wîp.
3   als man den mînen tuot.
die frouwen wâren beide   harte zornic gemuot.
827, 3   der zweier künige man.
4   türre zuo der kirchen gân.
828, 1 Ich lâze dich wol schouwen.
2 mîn man ist verre tiuwerr.
4 du muost daz hînte kiesen.

_____

824, 3   der tiurliche gome.
du solt mich des erlâzen   daz ich von dir hân vernomen (46).
826, 4   vile zornic gemuot.
828, 2 mîn man ist tiuwerre.

829 Ze hove gê vor recken   in Burgonden lant.   772
ich wil selbe wesen tinwerr   danne iemen habe bekant   (537)
deheine küneginne   diu krône ie her getruoc.»
dô huop sich undern vrouwen   grôzes nides genuoc.

830 Dô sprach aber Prünhilt   «wiltu niht eigen sîn,
sô muostu dich scheiden   mit den vrouwen dîn
von mînem ingesinde,   dâ wir zem münster gân.»
des antwurte Kriemhilt   «entriuwen, daz sol sîn getân.»

831 «Nu kleidet iuch, mîn mägede»,   sprach Sifrides wîp.
«ez muoz âne schande   belîben hie mîn lîp.
ir sult wol lâzen schonwen,   und habt ir rîche wât.
si mac sîn gerne lougen   des Prünhilt verjehen hât.»

832 Man mohte in lîhte râten: si suochten rîchiu kleit:
dâ wart vil wol gezieret   manic vrouwe unde meit.
dô gie mit ir gesinde   des edelen küniges wîp:
dô wart ouch wol gezieret   der schœnen Kriemhilde lîp,

833 Mit drin und vierzec meiden,   die brâhtes an den Rîn:
die truogen liehte pfelle   geworht in Arâbîn.
sus kômen zuo dem münster   die meide wol getân:
ir warten vor dem hûse   alle Sifrides man.

834 Diu liute nam des wunder,   wâ von daz gescach,
daz man die küneginne   alsô gescheiden sach,
daz si bî ein ander   niht giengen alsam ê.
dâ von wart manigem degene   sît vil sorclichen wê.

835 Hie stuont vor dem münster   daz Guntheres wîp.
dô hete kurzewîle   vil maniges ritters lîp

829, 2 ich wil selbe wesen edeler.
830, 2   von den frouwen mîn
     mit dînem ingesinde.
     4 entriuwen, sprach dô Kriemhilt,   daz sol werden getân.
831, 3 ir sult daz lâzen schonwen.
     4 si mac sîn lougen gerne.
832, 3   des edeln wirtes wîp.
     ze wunsche wart gekleidet.   .
833, 4 in warten vor dem hûse.   _
834, 2   nu gescheiden sach,
     daz si niht bî ein ander   giengen alsam ê.
835, 2   vil maniges recken lîp.

831, 3 ir sult lâzen schouwen.
834, 2   gescheidene sach.

mit den schœnen vrouwen   der si dâ nâmen ware.
dô kom diu vrouwe Kriemhilt   mit maniger hêrlichen scharc.

836 Swaz kleider ie getruogen   edeler ritter kint,   779
wider ir gesinde   daz was gar ein wint.   (844)
si was sô rîch des guotes,   daz drîzec künige wîp
ez möhten niht erziugen   daz tete Kriemhilde lip.

837 Ob iemen wünschen solde,   der kunde niht gesagen
daz man sô rîcher kleider   gesæhe ie mér getragen
alsô dâ truogen   ir meide wol getân.
wan ze leide Prûnhilde,   ez hete Kriemhilt verlân.

838 Ze samene si dô kômen   vor dem münster wit.
ez tet diu hûsvrouwe   durch einen grôzen nît,
si hiez vil übellîche   Kriemhilde stille stân.
«jâ sol vor küniges wibe   nimmer eigendiu gegân.»

839 Dô sprach diu frouwe Kriemhilt   (zornec was ir muot)
«kundestu noch geswigen,   daz wære dir guot.
du hast geschendet selbe   den dînen schœnen lip:
wie möhte mannes kebse   immer werden küniges wîp?»

840 «Wen hâstu hie verkebeset?»   sprach des küniges wîp.
«daz tuon ich dich», sprach Kriemhilt.   «den dînen schœnen lip
minnet êrste Sifrit,   min vil lieber man.
jane was ez niht min bruoder   der dir den magetuom an gewan.

841 War kômen dine sinne?   ez was ein arger list.
zwiu lieze du in minnen,   sit er dîn eigen ist?
ich hœre dich», sprach Kriemhilt,   «ân alle schulde klagen.»
«entriuwen», sprach dô Prûnhilt,   «daz wil ich Gunthere sagen.»

842 «Waz mac mir daz gewerren?   din übermuot dich hât betrogen:
du hâst mich ze dienste   mit rede dich an gezogen.
daz wizze en rehten triuwen,   ez ist mir immer leit:
getriuwer heinliche   sol ich dir wesen umbereit.»

835, 4 dô kom diu edel Kriemhilt.
836, 2   was iz gar ein wint.
     4 niht möhten wol erziugen   daz tet der Kriemhilde lip.
837, 3 als in der wile truogen.
838, 3 die edeln Kriemhilde   hiez si stille stân.
839, 2 kundest noch geswigen.
     4 wie mac immer kebse   mit rehte werden küniges wîp?
842, 1 «Dich hât din übermüete», sprach Kriemhilt, «betrogen.
     4   wird ich dir nimmer mêr bereit.

836, 4 niht möhten erziugen.

843 Prünhilt dô weinde: Kriemhilt niht langer lie,   786
vor des küniges wîbe   inz münster si dô gie   (851)
mit ir ingesinde.   dû huop sich grôzer haz:
des wurden lichtiu ougen   vil starke trüeb unde naz.

844 Swie vil man gote gediende   oder iemen dâ gesanc,
des dûhte Prünhilde   diu wîle gar ze lanc:
wand ir was vil trüebe   der lip und ouch der muot.
des muosen sît engelten   manic helet küen unde guot.

•845 Prünhilt mit ir frouwen   gie für daz münster stân.
si gedâhte «mich muoz Kriemhilt   mêre hœren lân
des mich sô lûte zihet   daz wortræze wip.
hât er sichs gerüemet,   ez gêt an Sifrides lip.»

846 Nu kom diu edele Kriemhilt   mit manigem küenem man.
dô sprach diu vrouwe Prünhilt   «ir sult noch stille stân.
ir jâhet mîn ze kebesen: daz sult ir lâzen sehen.
mir ist von iuwern sprüchen,   daz wizzet, leide geschehen.»

847 Dô sprach diu vrouwe Kriemhilt   «ir möht mich lâzen gân.
ich erziuge mit dem golde   deich an der hende hân:
daz brâhte mir mîn vriedel   do er êrste bî in lac.»
nie gelebte Prünhilt   deheinen leideren tac.

848 Si sprach «diz golt vil edele   daz wart mir verstoln
und ist mich harte lange   vil übele vor verholn:
ich kum es an ein ende,   wer mirz hât genomen.»
die vrouwen wâren beide   in grôz ungemüete komen.

849 Dô sprach aber Kriemhilt   «ine wils niht wesen diep.
du möhtes wol gedaget hân,   und wær dir êre liep.

843, 3   dô huop sich grôzer haz.
844, 1 Swaz man gote gediente.
    4   recken küene unde guot.
845, 4 unt hât er sichs gerüemet,   ez gât Sivride an den lip.
846, 1 Nu kom diu frouwe Kriemhilt.
    2 dô sprach diu hûsfrouwe.
    4 unt sult ez hie bewæren   wâ mir daz laster sî geschehen.
847, 1 Dô sprach diu schœne Kriemhilt.
    3   do er êrste bî dir lac.
848, 1 Diz golt ich wol erkenne: ez wart mir verstoln,
    sprach diu küniginne,   und ist lange mich verholn.
    3   wer mirz habe genomen.

ich erziugez mit dem gürtel   den ich hie umbe hân,
daz ich niht enliuge: jâ wart mîn Sifrit diu man.»

850 Von Ninnivê der sîden   si den porten truoc,   793
mit edelem gesteine: jâ was er guot genuoc.   (838)
dô den gesach vrou Prünhilt,   weinen si began:
daz muose vreischen Gunther   und alle Burgonden man.

851 Dô sprach diu küneginne   «heizet here gân
den fürsten vonme Rîne.   ich wil in hœren lân
wie mich hât gehœnet   siner swester lip.
si sagt hie offenliche,   ich sî Sifrides wîp.»

852 Der künic kom mit recken.   weinen er dô sach
die sînen triutinne: wie güetlîch er sprach
«saget mir, liebiu vrouwe,   wer hât iu getân?»
si sprach zuo dem künige   «ich muoz unvrœliche stân.

853 Von allen mînen êren   mich diu swester dîn
gerne wolde scheiden.   dir sol geklaget sîn,
si gihet, mich habe gekebeset   Sifrit ir man.»
dô sprach der künec Gunther   «sô hetes übele getân.»

854 «Si treit hie mînen gürtel   den ich hân verlorn,
und mîn golt daz rôte.   daz ich ie wart geborn,
daz riuwet mich vil sêre,   dun beredest, künic, mich
der vil grôzen schanden: daz diene ich immer umbe dich.»

855 Dô sprach der künic Gunther   «er sol her für gân.
hât er sichs gerüemet,   daz sol er hœren lân:
oder sîn muoz lougen   der helt ûz Niderlant.»
den Kriemhilde vriedel   hiez man bringen sâ zehant.

856 Dô der herre Sifrit   die ungemuoten sach,
ern wesse niht der mære;   wie balde er dô sprach!

849, 4 daz ich ez niht enlüge.
850, 2 von edelem gesteine   guot was er genuoc.
       dô deu Prünhilt gesach.
852, 3   waz ist iu getân?
       si sprach «vil lieber herre,   von schulden muoz ich trûric stân.
854, 1   den ich lange hân verlorn,
       unt ouch mîn guldîn vingerlîn.
     3 daz muoz mich immer riuwen,   dune beredest mich,
       künic, der grôzen schanden.
855, 1   nu lât in her gân.

«waz weinent dise vrouwen?   daz het ich gerne erkant;
oder von welhen schulden   mich der künic habe besant.»

857 Dô sprach der künic Gunther   «dâ ist mir harte leit: 800
mir hât min vrouwe Prünhilt   ein mære hie geseit,   (865)
du habes dich des gerüemet,   daz du ir schœnen lip
alrêrst habes geminnet,   daz seit frou Kriemhilt dîn wip.»

858 Dô sprach der herre Sifrit   «und hât si daz geseit,
ê daz ich erwinde,   ez sol ir werden leit:
und wil dir daz enpfüeren   vor allen dîneu man
mit mînen hôhen eiden   daz ichs ir niht gesaget hân.»

859 Dô sprach der künic von Rîne   «daz soltu lâzen sehen.
den eit deu du biutest,   unt mac der hie geschehen,
aller valscen dinge   wil ich dich ledic lân.»
man hiez zuo dem ringe   die stolzen Burgonden stân.

860 Sifrit der vil küene   zem eide bôt die hant.
dô sprach der künic rîche   «mir ist sô wol bekant
iuwer grôz unschulde: ich wil iuch ledic lân,
des iuch mîn swester zihet,   daz ir des niene habet getân.»

861 Dô sprach aber Sifrit   «geniuzet es mîn wîp,
daz si hât betrüebet   den Prünhilde lîp,
daz ist mir sicherlîchen   âne mâze leit.»
dô sâhen zuo zein ander   die guoten ritter gemeit.

862 «Man sol sô vrouwen ziehen»,   sprach Sifrit der degen,
«daz si üppecliche sprüche   lâzen under wegen.
verbiut ez dînem wibe,   der mînen tuon ich sam.
ir grôzen ungefüege   ich mich wærlichen scam.»

863 Mit rede was gescheiden   manic schœne wip.
dô trûret alsô sêre   der Prünhilde lîp,
daz ez erbarmen muose   die Guntheres man.
dô kom von Tronege Hagene   zuo sîner vrouwen gegân.

864 Er vrâgte waz ir wære: weinende er si vant.
dô sagte si im diu mære.   er lobete ir sâ zehant

856, 4   der künic habe nâch mir gesant.
857, 1   daz ist mir durch dich leit.
    4 êrste habest geminnet.
859, 2 daz gerihte daz du biutest,   unt mac daz hie geschehen.
    4 man hiez zuo zeime ringe.
860, 1 Sivrit gein dem eide   hôhe bôt die hant.
    2   mir ist sô wol erkant.

daz ez erarnen müese   der Kriemhilde man:
oder er wolde nimmer   dar umbe vrœlîch gestân.

865 Zuo der rede kom Ortwîn   unde Gêrnôt,   808
    dâ die helde rieten   den Sîfrides tôt.   (*73)
    dar zuo kom ouch Giselher,   der edelen Uoten kint.
    do er ir rede gehôrte,   er sprach getriuwelîche sint

866 «Ir vil guoten recken,   war umbe tuot ir daz?
    jane gediende Sîfrit   nie alsolhen haz
    daz er dar umbe solde   verliesen sînen lîp.
    jâ ist es harte lîhte,   dar umbe zürnent diu wîp.»

867 «Suln wir gouche ziehen?»   sprach aber Hagene:
    «des habent lützel êre   sô guote degene.
    daz er sich hât gerüemet   der lieben vrouwen mîn,
    dar umbe wil ich sterben,   ez engê im an daz leben sîn.»

868 Dô sprach der künic selbe   «ern hât uns niht getân
    niwan guot und êre;   man sol in leben lân.
    waz touc ob ich dem recken   wœre nu gehaz?
    er was uns ie getriuwe   und tet vil willeclîche daz.»

869 Dô sprach vone Metzen   der degen Ortwîn
    «jane kan in niht gehelfen   diu grôze sterke sîn.
    erloubet mirz mîn herre,   ich getuon im allez leit.»
    dô heten im die helde   âne schulde widerseit.

870 Sîn gevolgte niemen,   niwan daz Hagene
    riet in allen zîten   Gunther dem degene,
    ob Sîfrit niht enlebte,   sô wurde im undertân
    vil der künege lande.   der helt dô trûren began.

865, 1   unt ouch Gêrnôt.
     4   er sprach vil güetlichen sint.
866, 1 Owê ir guoten knehte.
868, 1 Dô sprach der künic Gunther.
     2 wan getriuwer dienste.
     3 waz toug ob wir dem degene   wæren nu gehaz?
869, 1 Dô sprach ûzer Metzen.
     3   ez muoz im werden leit.
        dô heten im die degene.
870. 871 vertauscht.
870, 2 riet alle zîte.

866, 1 Ir guoten rittære.
868, 2 niwan dienste.
869, 3   ich tuon ime leit.

871 Dô liezen siz beliben: spilen man dô sach.   814
hey waz man starker schefte   vor dem münster brach   (474)
vor Sifrides wibe   al zuo dem sale dan!
dô wâren in unmuote   genuoge Guntheres man.

872 Der künic sprach «lât beliben   den mortlîchen zorn.
er ist uns ze sælden   unt ze êren geborn.
ouch ist sô grimme starker   der wundernküene man:
ob er sin innen wurde,   sô torste in niemen bestân.»

873 «Nein er» sprach dô Hagene.   «ir muget wol stille dagen:
ich getrouwez heinliche   alsô wol an getragen,
daz Prünhilde weinen   sol im werden leit.
jâ sol im von Hagenen   immer wesen widerseit.»

874 Dô sprach der künic Gunther   «wie möhte daz ergân?»
des antwurte Hagene   «ich wilz iuch hœren lân.
wir heizen boten rîten   zuo zuns in daz lant
widersagen offenlîche,   die hie niemen sîn bekant.

875 Sô jehet ir vor den gesten   daz ir und iuwer man
wellet herverten.   alsô daz ist getân,
sô lobet er iu dar dienen: des vliuset er den lîp:
so ervare ich uns diu mære   ab des küenen recken wîp.»

876 Der künic gevolget übele   Hagenen sînem man.
die starken untriuwe   begonden tragen an,
ê iemen daz erfunde,   die ritter ûz erkorn.
von zweier vrouwen bâgen   wart vil manic helt verlorn.

871, 4 dô wurden in unmuote.
872, 1 Er sprach «nu lât beliben.
   2   unt zen êren geborn.
   ouch ist sô grimme küene   der vil starke man.
   4   sone torste in niemen bestân.
873, 1 Nein ich, sprach dô Hagene.
   2 ich kanz heinliche   wol alsô an getragen.
   4 jâ muoz im von Hagenen.
874, 2 des antwurt im Hagene.
875, 1 Sô jehet vor den gesten.
   3 sô lobt er iu die reise.
   4 dâ man in mac verhouwen,   diu mære saget mir sîn wip.
876, 2 vil michel untriuwe.
   3   .   die recken ûz erkorn.
   4   wart vil der degene verlorn.

876, 4   wart vil helde verlorn.

XV. ÂVENTIURE,

WIE SÎFRIT VERRÂTEN WART.

877 An dem vierden morgen   zwên unt drizec man   820
sach man ze hove riten,   daz wart dô kunt getân   (820)
Gunther dem vil richen,   im wære widerseit.
von lüge erwuohsen vrouwen   diu aller grœzesten leit.

878 Urloup si gewunnen,   daz si für solden gân,
und jâhen daz siz wæren   die Liudegêres man,
den ê dâ hete betwungen   diu Sifrides hant
unt in ze gisel brâhte   in daz Guntheres lant.

879 Die boten er dô gruozte   und hiez si sitzen gân.
ir einer sprach dar under   «herre, lât uns stân
unz wir sagen mære   diu iu enboten sint.
jâ habet ir ze vînde,   daz wizzet, maniger muoter kint.

880 Iu widersaget Liudegast   unde Liudegêr,
den ir dâ wîlen tâtet   diu gremelichen sêr:
die wellent zuo ziu riten   mit her in ditze lant.»
der künic begonde zürnen   do er diu mære bevant.

881 Man hiez die meinræten   zen herbergen varn.
wie mohte sich Sîfrit   dô dâ vor bewarn,
er oder ander iemen,   daz si dâ truogen an?
daz wart sît in selben   ze grôzem leide getân.

882 Der künic mit sînen vriunden   rûnende gie.
Hagene von Tronege   in nie geruowen lie.
noch heten ez gesceiden   genuoge sküniges man:
dône wolde et Hagene   nie des râtes abe gân.

877, 2   dô wart ez kunt getân.
    4 von lüge erstnonden frouwen.
878, 1   si solden für gân,
     unt jâhen daz si wæren.
879, 3 unz wir sagen din mære.
880, 4 do begunde zurnen Gunther   als ob ez wære im unbekant.
881, 1 Man biez die trügenære.
    2 wie kunde sich Sivrit.
    3   daz si truogen an?
     daz wart sider in selben.
882, 4 dône wolde Hagene.

883 Eines tages Sifrit   si rûnende vant.   826
    dô begonde vrágen   der helt von Niderlant   (991)
    «wie gât sô trûreclîche   der künic unt sîne man?
    daz hilfe ich immer rechen,   hât im iemen iht getân.»

884 Dô sprach der künic Gunther   «mir ist von schulden leit.
    Liudegast und Liudegêr   die habent mir widerseit.
    si wellent offenlîche   rîten in mîn lant.»
    dô sprach der degen küene   «daz sol diu Sifrides hant

885 Nâch allen iuwern êren   mit vlîze understân.
    ich getuon noch den degenen   als ich hân ê getân:
    ich gelege in wüeste   ir bürge und ouch ir lant,
    ê daz ich erwinde: des sî mîn houbet iuwer pfant.

886 Ir unt iuwer recken sult   hie heime bestân,
    und lât mich zuo ziu rîten   mit den die ich hân.
    daz ich iu gerne diene,   daz lâz ich iuch sehen:
    von mir sol iuwern vînden,   daz wizzet, leide geschehen.»

887 «Sô wol mich dirre mære»,   sprach der künic dô,
    als ob er ernestlîche   der helfe wære vrô.
    in valsche neig im tiefe   der ungetriuwe man.
    dô sprach der herre Sifrit   «ir sult kleine sorge hân.»

888 Dô schihten si die reise   mit den knehten dan:
    Sîfride und den sînen   ze sehen ez wus getân.
    dô hiez er sich bereiten   die von Niderlant:
    die Sîfrides recken   die suochten strîtlîch gewant.

889 Dô sprach der herre Sifrit   «mîn vater Sigemunt,
    ir sult hie belîben.   wir komen in kurzer stunt,
    gît uns got gelücke,   her wider an den Rîn.
    ir sult bî dem künige   hie vil vrœlîche sîn.»

_____

883, 4 daz sol ich immer rechen.
885. 1 Wol nâch iuwern êren.
     2 ja getuon ich den degenen.
886, 1 Ir unt iuwer recken   ir sult hie bestân.
     2   mit den unt ich hie hân.
     4 dô begunde im Gunther   dar umbe grôz genâde jehen.
887 fehlt.
888, 2 Sîvride unt sînen degenen.
     4 die ûz erwelten degene.
889, 2   ich kum in kurzer stunt.

_____

885, 1 Nâch iuweren êren.

890 Diu zeichen si ane bunden,   alsô si wolden dan.   833
    dô wâren dâ genuoge   Guntheres man,   (897)
    dine wessen niht der mære,   wâ von ez was geschehen:
    man mohte grôz gesinde   dô bî Sifride sehen.

891 Ir helme und ouch ir prünne   si bunden ûf diu mære:
    sich bereite vome lande   vil manic ritter stare.
    dô gie von Tronege Hagene   da er Kriemhilde vant,
    unt bat im geben urloup: si wolden rûmen daz lant.

892 «Nu wol mich», sprach dô Kriemhilt,   «deich ie gewan den man
    der minen lieben vriunden   sô wol tar vor gestân,
    alsô min herre Sifrit   tuot den vriunden mîn.
    des wil ich hôhes muotes»,   sprach diu küneginne, «sîn.

893 Vil lieber vriunt Hagene,   nu gedenket ane daz,
    daz ich iu gerne diene   und noch nie wart gehaz.
    des lâzet mich geniezen   an mînem liebem man.
    ern sol des niht engelten,   hab ich Prünhilde iht getân.»

894 «Daz hât mich sît gerouwen»,   sprach daz edel wîp.
    «ouch hât er sô zerblouwen   dar umbe mînen lîp.
    daz ich iz ie geredete   daz beswârte ir den muot,
    daz hât vil wol errochen   der helet küene unde guot.»

895 «Ir werdet wol versüenet   her nâch disen tagen.
    Kriemhilt, liebiu vrouwe,   jâ sult ir mir sagen
    wie ich iu müge gedienen   an Sifride iuwerm man.
    daz tuon ich gerne, vrouwe: baz ihs niemen engan.»

896 «Ich wære ân alle sorge», sprach daz edel wîp,
    «daz im iemen næme   in sturme sînen lîp,
    ob er niht volgen wolde   sîner übermuot:
    sô wære immer sicher   der degen küene unde guot.»

891, 2 dô wolde von dem lande   vil manic recke stare.
892, 1 «Sô wol mich», sprach dô Kriemhilt.
     2   sô tar vor gestân
     4 des muoz ich hôhes muotes.
893, 2   unt nie noch wart gehaz.
894, 3 daz ich ie beswârte   ir mit rede den muot.
895, 1 Ir werdet wol gefriunde.
     4 daz tuon ich, frouwe, gerne.
896, 2 daz im niemen næme.
     4 sô wær ouch immer sicher   der helet küene unde guot.

892, 1 Wol mich, sprach Kriemhilt.

897 «Vrouwe», sprach dô Hagene,   «unt habet ir des wân
daz man in müge versnîden,   ir sult mich wizzen lân,
mit wie getânen listen   ich daz sül understên.
ich wil im ze huote   immer rîten unde gên.»

898 Si sprach «du bist mîn mâc,   sô bin ich der dîn.
ich bevilhe dir mit triuwen   den holden wine mîn,
daz tu mir wol behüetest   den mînen lieben man.»
si saget im kundiu mære,   diu bezzer wæren verlân.

899 Si sprach «mîn man ist küene,   dar zuo starc genuoc.
do er den lintrachen   an dem berge sluoc,
jâ badet sich in dem pluote   der recke vil gemeit,
dâ von in sit in stürmen   nie dehein wâfen versneit.

900 Iedoch pin ich in sorgen,   swenn er in sturme stât
und vil der gêrscüzze   von helde handen gât,
daz ich dâ verliese   den mînen lieben man.
hey waz ich grôzer leide   dick umbe Sifriden hân!

901 Ich melde iz ûf genâde,   vil lieber vriunt, dir,
daz du dîne triuwe   behaldest ane mir,
dâ man dâ mac verhouwen   den mînen lieben man.
daz lâz ich dich hœren: dêst ûf genâde getân.

902 Dô von des trachen wunden   vlôz daz heize bluot
und sich dar inne badete   der küene recke guot,
dô viel im zwischen herte   ein linden blat vil breit.
dâ mac man in verhouwen: des ist mir sorgen vil bereit.»

903 Dô sprach von Tronege Hagene   «ûf daz sîn gewant
næt ir ein kleinez zeichen.   dâ bî ist mir bekant
wâ ich in müge behüeten,   sô wir in sturme stân.»
si wânden helt vristen: ez was ûf sînen tôt getân.

897, 1 Dô sprach aber Hagene   «frouwe, habt ir wân
ob man in müge versnîden.
898, 1   sam bin ich der dîn.
     3 daz du mir behüetest.
     4   daz bezzer wære verlân.
899, 3 dâ badet sich in dem bluote.
900, 1 Idoch sô hân ich sorge.
     2   von recken handen gât.
     4   dick umbe mînen friwent hân!
902, 3 do gehafte im zwischen herten.
903, 1 Dô sprach der ungetriuwe.
     2   mit iuwer selbes hant,
wâ ich in süle behüeten,   daz ich daz müge verstân.

902, 3 dô viel im zwischen herten.

904 Si sprach «mit kleinen sîden   næ ich ûf sîn gewant   847
ein tougenlichez kriuze.   dâ sol, helt, dîn hant   (911)
den mînen man behüeten,   so ez an die herte gât,
swenne er in den stürmen   vor sînen vîanden stât.»

905 «Daz tuon ich», sprach dô Hagene,   «vil liebiu vrouwe mîn.»
dô wânde ouch des diu vrouwe,   ez solde im vrume sîn:
dô was dâ mite verrâten   der Kriemhilde man.
urloup nam dô Hagene: dô gie er vrœlîche dan.

906 Des küneges ingesinde   was allez wol gemuot.
ich wæn immer recke   deheiner mêr getuot
sô grôzer meinræte   sô dâ von im ergie,
dô sich an sîne triuwe   Kriemhilt diu künegîn verlie.

907 Des anderen morgens   mit tûsent sîner man
reit der herre Sîfrit   vil vrœlîchen dan.
er wânde er solde rechen   der sîner vriunde leit.
Hagene im reit sô nahen   daz er geschouwet diu kleit.

908 Als er gesach daz pilde,   dô sciht er tougen dan,
die sageten ander mære,   zwêne sîner man:
mit vride solde blîben   daz Guntheres lant,
und si hete Liudegêr   zuo dem künige gesant.

909 Wie ungerne Sîfrit   dô hin wider reit,
ern hete etwaz errochen   sîner vriunde leit!
wand in vil küme erwanden   die Guntheres man.
dô reit er zuo dem künige: der wirt im danken began.

910 «Nu lôn in got des willen,   vriwent Sîfrit.
daz ir sô welleclichen   tuot des ich iuch bit,
daz sol ich immer dienen,   als ich von rehte sol.
vor allen mînen vriunden   sô getrouwe ich iu wol.

904, 4 unt er in starken stürmen.
905, 2   ez solde ir frum sîn.
      dâ mite was verrûten   der vil küene man.
    5 Daz er revarn hête,   bat im sîn herre sagen.   (913)
      muget ir die reise wenden,   sô suln wir rîten jagen.
      ich hân nu gar diu mære,   wie ich in gewinnen sol.
      muget ir daz gefüegen?»   «daz tuon ich», sprach der künic, «wol».
906, 2 ich wæn immer recken.
    3   sô von im ergie.
907, 1 An dem dritten morgen.
    2   vrœlîche dan.
    3   sîner friunde leit.
908, 3 daz vride haben solde   Guntheres lant:
      si het der herre Liudegêr.
909, 2 ern getætes küniges vinden   eteslîchiu leit.

                                            10 *

911 Nu wir der hereverte   ledic worden sîn,   854
sô wil ich jagen rîten   bern unde swîn   (919)
hin zem Waskenwalde,   als ich vil dicke hân.»
daz hete gerâten Hagene,   der vil ungetriuwe man.

912 «Allen mînen gesten   sol man daz sagen,
daz wir vil vruo rîten: die mit mir wellen jagen,
daz si sich bereiten: die wellen hie bestân
hôveschen mit den vrouwen,   daz sî mir liebe getân.»

913 Dô sprach der herre Sîfrit   mit hêrlîchem site
«swenne ir jagen rîtet,   dâ wil ich gerne mite.
sô sult ir mir lîhen   einen suochman
und etelîchen bracken: sô wil ich rîten in den tan.»

914 «Welt ir niht wan einen?»   sprach der künic zehant.
«ich lîhe iu, welt ir, viere,   den wol ist bekant
der walt und ouch die stîge,   swâ diu tier hine gânt,
diu iuch niht fürewîse   zen herebergen rîten lânt.»

915 Dô reit zuo sînem wîbe   der recke vil gemeit.
schiere hete Hagene   dem künige geseit
wier gewinnen wolde   den tiwerlîchen degen:
sus grôzer untriuwe   solde nimmer man gepflegen.

911, 2   von Wormez über Rîn,
    unt wil kurzewîle   zem Otenwalde hân,
    jagen mit den hunden,   als ich vil dicke hân getân.
912, 1   den sol man daz sagen,
    daz ich vil fruo rîte.
    3   die hie welln bestân.
913, 1   in hêrlîchem site.}
    4   sô rîte ich mit iu in den tan.
914, 1 Bedurfet ir niht eines?
   2 die iuch urwîse   nâch uns rîten niht enlânt.
915 fehlt.
   5 Dô die vil ungetriuwen   ûf geleiten sînen tôt,   (923)
    si wistenz al gemeine.   Gîselher unt Gêrnôt
    wolden niht jagen rîten.   ine weiz durch welhen nît
    daz si in niht enwarnden: idoch erarnten siz sît.

ᷱ XVI. ÂVENTIURE,

WIE SÎFRIT ERSLAGEN WART.

916 Gunther und Hagene, die recken vile balt,   859
lobeten mit untrinwen ein pirsen in den walt.
mit ir scarpfen gêren si wolden jagen swin,
beren unde wisende: waz möhte kūeners gesin?

917 Dà mite reit ouch Sifrit in hêrlichem site.
maniger hande spîse die fuorte man in mite.
zeinem kalten brunnen verlôs er sît den lip.
daz hete gerâten Prünhilt, des künic Guntheres wip.

918 Dô gie der degen kūene da er Kriemhilde vant.
dô was nu nu ûf gesoumet sîn edel pirsgewant,
unde der gesellen: si wolden über Rîn.
done dorfte Kriemhilde nimmer leider gesîn.

919 Die sînen triutinne die kust er an den munt.
«got lâze mich dich, vrouwe, gesehen noch gesunt,
und mich diu dînen ougen. mit holden mâgen dîn
soltu kurzewilen: ine mac hie heime niht gesîn.»

920 Do gedâhtes an diu mære (sine torste ir niht gesagen)
diu si dà Hagenen sagete: dô begonde klagen
diu edele küneginne daz si ie gewan den lip.
dô weinde âne mâze des herren Sifrides wip.

921 Si sprach zuo dem recken «lât iuwer jagen sîn.
mir troumte hînaht leide, wie iuch zwei wildiu swin
jageten über heide: dà wurden bluomen rôt.
daz ich sô sêre weine, des gêt mir wærliche nôt.»

922 Ich fürhte harte sêre etelichen rât,
obe man der deheinem missediénet hât

917, 1   in vrœlichem site.
  herrenliche spîse.
 3   nàmens im den lip.
918, 2 ez was nu ûf gesoumet.
 3 unt ander der gesellen.
 4   leider nimmer gesîn.
920, 2 dà von si Hagene è vrâgte.
 4   des küenen Sivrides wip.
921, 4   daz tuot mir armem wibe nôt.
922, 1 Jà fürhte ich, herre Sivrit.

die uns gefüegen kunnen   vientlichen haz.
belibet, lieber herre: mit triuwen rât ich iu daz.»

923 Er sprach «mîn triutinne,   ich kume in kurzen tagen.   866
ine weiz hie niht der liute   die mir iht hazzes tragen.   (931)
•   alle dîne mâge   sint mir gemeine holt:
ouch hân ich an den degenen   hie niht anders versolt.»

924 «Neinâ, herre Sifrit: jâ fürhte ich dînen val.
mir troumte hinte leide,   wie obe dir zetal
vielen zwêne berge: in gesach dich nimmer mê.
wil du von mir scheiden,   daz tuot mir inneclichen wê.»

925 Er umbevie mit armen   daz tugentriche wîp:
mit minneclichem küssen   trût er ir sœenen lip.
mit urloube er dannen   sciet in kurzer stunt.
sine gesach in leider   dar nâch nimmer mêr gesunt.

926 Dô riten si von dannen   in einen tiefen walt.
durch kurzewile willen.   vil manic ritter balt
volgten Gunthêre   unde sînen man.
Gêrnôt unde Giselhêr   die wârn dâ heime bestân.

927 Geladen vil der rosse   kom vor in über Rîn,
di den jagetgesellen truogen   brôt unde wîn,
vleise mit den vischen,   und ander manigen rât,
den ein künic sô riche   harte pillichen hât.

928 Si hiezen herbergen   für'den grüenen walt
gên des wildes abeloufe,   die stolzen jegere halt,
dâ si dâ jagen solden,   ûf einen wert vil breit.
dô was ouch komen Sifrit: daz wart dem künege geseit.

922, 3   eteslichen haz.
        belibet, herre Sivrit.
923, 1 Er sprach «liebiu frouwe.
    2 ine weiz hie niht der vinde   die uns iht hazzes tragen.
924, 4 wiltu nu von mir scheiden.
925, 2 mit minneclichen küssen.
926, 2   vil manic degen balt
        riten mit dem wirte.   man fuort ouch mit in dan
        vil der edeln spîse   die die helede solden hân.
927, 2 die den jegeren truogen.
    3 vleise unde vische.
928, 4 dô kom der herre Sivrit.
_____
923, 2 ine weiz hie niwet der.
928, 4 dô kom ouch her Sifrit (236).

929 Von den jagtgesellen   wurden dô gar bestân   872
    die warte in allen enden.   dô sprach der küene man,   (937)
    Sifrit der vil starke,   «wer sol uns in den walt
    wisen nâch dem wilde,   ir helde küene unde balt?»

930 «Welle wir uns scheiden»,   sprach dô Hagene,
    «ê daz wir beginnen   hie zo jagene!
    dâ bî wir mügen bekennen,   ich und die herren mîn,
    wer die besten jägere   an dirre waltreise sîn.

931 Liute und gehünde   suln wir teilen gar:
    sô kêr ieslicher   swar er gerne var.
    der danne jage daz beste,   des sol er haben danc.»
    dô wart der jägere biten   bî ein ander niht lanc.

932 Dô sprach der herre Sifrit   «ich hân der hunde rât,
    niwan einen bracken,   der sô genozzen hât
    daz er die verte erkenne   der tiere durch den tan.
    wir komen wol ze jegede»,   sprach der Kriemhilde man.

933 Dô nam ein alter jägere   einen guoten spürehunt:
    er brâhte den herren   in einer kurzer stunt
    dâ si vil tiere funden.   swaz der von lägere stuont,
    di erjageten die gesellen,   sô noch guote jägere tuont.

934 Swaz ir der bracke ersprancte,   diu sluoc mit sîner hant
    Sifrit der vil küene,   der helt von Niderlant.
    sîn ros liuf sô sêre,   daz ir im niht entran.
    den lop er vor in allen   an dem gejägede gewan.

929, 1   wurden gar bestân.
    3 Sivrit der starke,   «wer sol uns durch den walt
    wisen vor den bergen,   ir recken küen unde balt?»
930, 1 Jâ müezen wir uns scheiden.
    3 dâ bî wir bekennen,   ich unt der herre mîn.
931, 1 Liut unt ouch gehünde   wir suln teilen gar.
    3   des sage man im danc.
    dône wart ir biten   niht zen herbergen lanc.
932, 4 dô schuof der künic Gunther   zuo zim den er wolde hân.
933, 1 Dô nam ein jägermeister.
    2   in einer kurzen stunt.
934, 2   der helt ûz Niderlant.
    4 daz lop an dem gejägede   er vor in allen dâ gewan.

931, 3   des habe er danc.
934, 4 den lop an dem gejägede   er vor in allen gewan.

935 Er was an allen dingen   biderbe genuoc.   878
     sîn tier was daz êrste,   daz er ze tôde sluoc,   (913)
     ein vil starkez halpfül,   mit der sînen hant:
     dar nâch er vil schiere   einen ungefüegen lewen vant.

936 Dô den der bracke ersprancte,   den scôz er mit dem bogen.
     eine scharpfe strâle   het er dar in gezogen:
     der lewe lief nâch dem schuzze   wan drîer sprünge lanc.
     die sînen jagtgesellen   die sagten Sîfride danc.   .

937 Dar nâch sluoc er sciere   einen wisent und einen elch,
     starker ûre viere,   und einen grimmen scelch.
     sîn ros truoc in sô balde,   daz ir im niht entran.
     hirze oder hinden   kunde im wênic engân.

938 Einen eber grôzen   den vant der spürehunt.
     als er begunde vliehen,   dô kom an der stunt
     des selben gejägedes meister   bestuont in ûf der slâ.
     daz swîn vil zorneclîchen   lief an den küenen helet sâ.

939 Dô sluoc in mit dem swerte   der Kriemhilde man:
     ez hete ein ander jegere   sô samfte niht getân.
     do er in hete ervellet,   man vie den spürehunt.
     dô wart sîn jaget daz rîche   wol den Burgonden kunt.

940 Dô sprâchen sîne jegere   «mac ez mit fuoge wesen,
     sô lât uns, her Sîfrit,   der tier ein teil genesen.
     ir tuot uns hiute laere   den berc und ouch den walt.»
     des begonde smielen   der degen küene unde balt.

941 Dô hôrtens allenthalben   ludem unde dôz.
     von liute und ouch von hunden   der schal was sô grôz
     daz in dâ von antwurte   der berc und ouch der tan.
     vier unt zweinzec ruore   die jägere hêten verlân.

935, 4 dar nâch er harte schiere   einen grimmen lewen vant.
936, 1 Dô der wart ersprenget.
937, 4   kund im wênic iht engân.
938, 1   den sach der spürehunt.
     3   der bestuont in ûf der slâ.
     4   lief an den küenen recken sâ.
940, 1   mag ez mit hulden wesen.
941, 3   berge und ouch der tan.
     vier unt drîzec ruore.

942 Dô muosen vil der tiere   vliesen dâ daz leben.   884
dô wânden si daz fliegen,   daz man in solde geben   (950)
den pris von dem gejägede: des enkunde niht geschehen,
dô der starke Sifrit   wart zer fiwerstat gesehen.

943 Daz jaget was ergangen   unde doch niht gar.
die zer fiwerstete wolden,   die brâhten mit in dar
vil maniger tiere hiute   und wildes genuoc.
hey waz man des zer kuchen   des küneges ingesinde truoc!

944 Dô hiez der künic künden   den jegern ûz erkorn
daz er enbîzen wolde.   dô wart vil lûte ein horn
zeiner stunt geblâsen: dâ mite in wart erkant
daz man den fürsten edele   dâ zen herbergen vant.

945 Dô sprach ein Sifrits jägere   «herre, ich hân vernomen
von eines hornes duzze   daz wir nu suln komen
zuo den herbergen: antwurten ich des wil.»
dô wart nâch den gesellen   gevrâget blâsende vil.

946 Dô sprach der herre Sifrit   «nu rûme ouch wir den tan!»
sîn ros truoc in ebene: si îlten mit im dan.
si ersprancten mit ir scalle   ein tier vil gremlich:
daz was ein bere wilde.   dô sprach der degen hinder sich

947 «Ich wil uns hergesellen   kurzewîle wern.
ir sult den bracken lâzen: jâ sihe ich einen bern,
der sol mit uns hinnen   zen herbergen varn.
ern vliehe dann vil sêre,   ern kan sihs nimmer bewarn.»

948 Der bracke wart verlâzen,   der bere spranc von dan.
dô wolde in errîten   der Kriemhilde man.
er kom in ein gevelle: done kondes niwet wesen.
daz starke tier dô wânde   vor dem jägere genesen.

942, 2   ·   daz man in müeste geben
den pris an dem gejägede.
943, 1 Daz pirsen was ergangen,   unt idoch niht gar.
die zem viwer wolden.
3 vil maniger hande tiere.
945, 1 Ein Sivrides jägere   sprach «ich hân vernomen.
4 dô wart nâch den jägeren.
947, 1 Welt ir uns hergesellen.
2 den bracken sult ir lâzen.
3 der sol zen herbergen   mit uns hinnen varn,
swie übel er gebâre.

949 Dô spranc von sinem rosse   der stolze ritter guot: 890
   er begonde nâch loufen.   daz tier was umbehuot,   (957)
   ez enkonde im niht entrinnen: dô viene er iz zehant,
   àn aller slahte wunden   der helt ez schiere gebant.

950 Krazen noch gebîzen   kunde ez niht den man.
   er band ez zuo dem satele: ûf saz der snelle sàṇ,
   er bràht iz an die fiwerstat   durch sinen hôhen muot,
   zeiner kurzewîle,   der recke küene unde guot.

951 Wie rehte hérliche   er zen herbergen reit!
   sîn gèr was vil michel,   starc unde breit.
   im hiene ein ziere wâfen   hin nider an den sporn:
   von vil rôtem golde   fuort der herre ein schœne horn.

952 Von bezzerm pirsgewœte   gehôrt ich nie gesagen.
   einen roc von swarzem pfellel   den sach man in tragen
   und einen huot von zobele,   der riche was genuoc.
   hey. waz er rîcher porten   an sinem kochœre truoc!

953 Von einem pantéle   was dar über gezogen
   ein hût durch die süeze.   ouch fuorte er einen bogen
   den man mit antwerke   muose ziehen dan,
   der in spannen solde,   ern hete iz selbe getân.

954 Von einer ludemes hiute   was allez sîn gewant.
   von houpte unz an daz ende   gestreut man drûfe vant.
   ûz der liehten riuhe   vil manic goldes zein
   ze beiden sinen siten   dem küenen jegermeister schein.

955 Ouch fuort er Palmungen,   ein ziere wâfen breit,
   daz was alsô scherpfe,   daz ez nie vermeit
   swâ man ez sluoc ûf helme: sîn ecke wâren guot.
   der hérliche jägere   der was vil hôhe gemuot.

949, 2 er begunde loufen sère.
950, 2   gewalteclichen dan
      bràht erz an die fiurstat.
951, 1 Wie rehte weigerlîche.
      3 im bieng ein starkez wâfen.
      4   fuort er ein hèrlîchez horn.
952, 1   gehôrt ir nie gesagen.
      4 hey waz er guoter porten.
953, 1 Ein hût von einem pantel   dar über was gezogen
      durch rîcheit unt durch süeze.
      3 den man ziehen muose   mit antwerke dan.
955, 2 sô starc unt ouch sô scherpfe.   wie vreislich ez sneit.

955, 2   daz niht dâ vor beleip (20).

956 Sît daz ich in diu mære   gar bescheiden sol,   897
im was sin edel kocher   vil guoter strâle vol,   (964)
von guldînen tüllen,   diu sahs wol hende breit.
ez muose balde ersterben   swaz er dâ mit versneit.

957 Dô reit der ritter edele   vil weidenlîche dan.
in sâhen zuo zin komende   die Guntheres man.
si liefen im engegene   und enpfiengen im daz marc.
dô fuorte er bi dem satele   einen beren grôz unde starc.

958 Als er gestuont von rosse,   dô lôste er im diu bant
von fuoze und ouch von munde.   do erlûtte dâ zehant
vil grôze daz gehünde,   swaz des den beren sach.
daz tier ze walde wolde,   die liute heten ungemach.

959 Der bere von dem schalle   durch die kuchen geriet:
· hey waz er kuchenknehte   von dem fiwer schiet!
vil kezzel wart gerüeret,   zefüeret manic brant:
hey waz man guoter spîse   in der aschen ligen vant!

960 Dô sprungen von dem sedele   die herren und ir man.
der bere begonde zürnen: der künic hiez dô lân
allez daz gehünde   daz an seilen lac.
und wær iz wol verendet,   si heten vrœlichen tac.

961 Mit bogen und mit spiezen   niht langer man daz lie,
dô liefen dar die snellen   dâ der bere gie.
dô was sô vil der hunde   daz dâ niemen scôz.
von des liutes scalle   daz gebirge allez erdôz.

962 Der ber begonde vliehen   vor den hunden dan:
im enkunde niht gevolgen   wan Kriemhilde man.
der erlief in mit dem swerte,   ze tôde er in dô sluoc.
hin wider zuo dem fiwere   man den beren sider truoc.

963 Dô sprâchen die daz sâhen,   er wære ein kreftec man.
die stolzen jagetgesellen   hiez man zen tischen gân.
ûf einen scœnen anger   saz ir dâ genuoc.
hey waz man rîcher spîse   den edelen jegeren dô truoc!

956, 1 Sit daz ich iuch der mære.
3 mit guldînen tüllen,   diu sahs wol spannen breit.
4   swaz er mit schiezen versneit.
958, 2 von füezen unt von munde.
961, 3 sô vil was der hunde.
4 von dem grôzen schalle   beidiu berc unt walt erdôz.
962, 4 hin wider zuo der kuchen.
963, 4 waz man dô rîcher spîse   den jagtgesellen dare truoc!

964 Die scenken kômen seine,   die tragen solden wîn.   905
ez enkunde baz gedienet   nimmer heleden sîn: (972)
heten si dar under   niht sô valscen muot,
sô wæren wol die recken   vor allen schanden behuot.

965 Dô sprach der herre Sîfrit   «wunder mich des hât,
sit man uns von kuchen   git sô manigen rât,
von. wiu uns die scenken   bringen niht den wîn.
man enpflege baz der jegere,   ine wil niht jagetgeselle sîn.

966 Ich hete wol gedienet   daz man mîn næme ware.»
der künie von dem tische   sprach in valsche dare
«man solz iu gerne büezen   swes wir gebresten hân.
ez ist von Hagenen schulden;   der wil uns gerne erdürsten lân.»

967 Dô sprach von Tronege Hagene   «vil lieber herre mîn,
ich wânde daz daz pirsen   hiute solde sîn
dâ zem Spehtsharte: den wîn den sande ich dar.
sîn wir hiut ungetrunken,   wie wol ich mêre daz bewar!»

968 Dô sprach der herre Sîfrit   «ir lîp der habe undanc.
man solt mir siben soume   met und lûtertranc
haben her gefüeret.   dô des niht mohte sîn,
dô. solt man uns gesidelet   haben nâher an den Rîn.»

969 Dô sprach von Tronege Hagene   «ir edelen ritter balt,
ich weiz hie vil nâhen   einen brunnen kalt
(daz ir niht enzürnet):   dâ suln wir hine gân.»
der rât wart manigem degene   ze grôzen sorgen getân.

964, 4 sô wæren wol die degene.
     5—8 = 969, 5—8.
965, 2 sit man uns von der kuchen.
     3 durch waz uns die schenken.
966, 2 der künic ob dem tische.
     4 wir sîn von Hagenen schulden   hiut âne trinken bestân.
967, 1 Dô sprach der von Tronege.
     2 ich wânde daz diz pirsen.
     4 sîn wir hie ungetrunkeu,   wie wol ihz immer mêr bewar!
968, 2   wîn und lûtertranc.
     4 dô solde man uns nâher   hân gesidelt an den Rîn.
969, 1 Dô sprach aber Hagene.
     2   einen brunnen, der ist kalt.
     5 Done hete niht der sinne   der küene veige man,
     daz er sich ir untriuwe   kunde hân verstân.
     er was in ganzen tugenden   alles valsches blôz.
     sîns sterbes muose engelten   sît der sîn nie niht genôz.

967, 4   wie wol ihz mêre bewar!

970 Sîfrit den recken   dwanc des turstes nôt: 911
den tisch er deste zîter   rucken dan gebôt: (979)
er wolde für die berge   zuo dem brunnen gân.
dô was der rât mit meine   von den recken getân.

971 Diu tier man hiez ûf wägenen   füeren in daz lant,
diu dâ hete verhouwen   diu Sîfrides hant.
man jah im grôzer êren   swer iz ie gesach.
Hagene sîne triuwe   vil sêre an Sîfride brach.

972 Dô si dannen wolden   zuo der linden breit,
dô sprach von Tronege Hagene   «mir ist des vil geseit
daz niht gevolgen künne   dem Kriemhilde man,
swenne er wolde gâhen: hey wolde er uns daz sehen lân!»

973 Dô sprach von Niderlande   der küene Sîfrit
«daz muget ir wol versuochen,   welt ir mir loufen mit
ze wette zuo dem brunnen.   sô daz si getân,
dem sol man jehen danne   den man sihet gewunnen hân.»

974 «Nu welle ouch wirz versuochen»,   sprach Hagene der degen.
dô sprach der starke Sîfrit   «sô wil ich mich legen
für die iuwern füeze   nider an daz gras.»
dô er daz gehôrte,   wie liep daz Gunthere was!

975 Dô sprach der degen küene   «ich wil iu mêre sagen,
allez mîn gewæte   wil ich mit mir tragen,
den gêr zuo dem schilde   und al mîn pirsgewant.»
den kocher zuo dem swerte   vil schier er umbe gebant.

976 Dô zugen si diu kleider   von dem libe dan:
in zwein wîzen hemeden   sach man si beide stân.
sam zwei wildiu pantel   si liefen durch den klê:
doch sach man bî dem brunnen   den küenen Sîfriden ê.

970, 1 Den helt von Niderlanden.
    4   von den degenen getân.
971, 2 diu dâ verhouwen hête.
    4 Gunther sîne triuwe   vaste an Sivride brach.
972, 2 dô sprach aber Hagene   «mir ist dicke daz geseit.
973, 1 Dô sprach von Niderlanden   der herre Sivrit
    «ir mugt ez wol versuochen.
    4 der sol hân gewunnen   den man siht ze vorderst stân.
974, 4 dô Gunther daz gehôrte,   hey wie lieb im daz was!
975, 2   wil ich an mir tragen.
976, 4   den snellen Sivriden ê.

977 Den pris an allen dingen   truoc er vor manigem man.   918
     daz swert lôst er schiere,   den kocher leit er dan, ɤ   (956)
     den starken gêr er leinde   an der linden ast:
     bî des brunnen vluzze   stuont der hêrliche gast.

978 Die Sîfrides tugende   wâren harte grôz.
     den schilt leit er nidere   aldâ der brunne vlôz:
     swie harte sô in durste,   der helt doch niene tranc
     ê daz der künic getrunke: des saget er im vil bœsen danc.

979 Der brunne was küele,   lûter unde guot.
     Gunther sich dô neigte   nider zuo der fluot:
     als er hete getrunken,   dô rihte er sih von dan.
     alsam het ouch gerne   der küene Sifrit getân.

980 Do engalt er sîner zühte;   den bogen unt daz swert,
     daz truoc allez Hagene   von im danewert.
     dô sprang er hin widere   da er den gêr vant.
     er sach nâch einem bilde   an des küenen gewant.

981 Dâ der herre Sifrit   ob dem brunnen tranc,
     er scôz in durch daz kriuze,   daz von der wunden spranc
     daz bluot im von dem herzen   vast an die Hagenen wât.
     sô grôze missewende   ein helt nimmer mêr begât.

982 Den gêr im gein dem herzen,   stecken er dô lie.
     alsô grimmeclîchen   ze flühten Hagene nie
     gelief noch in der werlde   vor deheinem man.
     dô sich der herre Sifrit   der starken wunden versan,

983 Der herre tobelîchen   von dem brunnen spranc:
     im ragete von den herten   ein gêrstange lanc.

977, 2 daz swert lôst er balde.
     3 sinen gêr den starken leinter.
978, 4 ê daz der künic kœme: daz dûhte Sivriden lanc.
979, 1 Der brunne was vil küele.
     2 Gunther sich dô legete.
     3 daz wazzer mit dem munde   er von der flüete nam.
     si gedâhten daz ouch Sivrit   nâch im müese tuon alsam.
980, 4 er sach nâch eime criuze   an des küniges gewant.
981, 2   daz ûz der wunden spranc.
     3   an die Hagenen wât.
     4   ein helt nu nimmer mêr begât.
982, 1 Den gêr gegen dem herzen.
     2 alsô angestlîchen.
983, 1 Der recke tobeliche.
     2 im ragete von dem herzen.

977, 3 sinen starken gêr leinter.

der fürste wânde vinden   bogen oder swert:
sô müese wesen Hagene   nâch sîme dienste gewert.

984 Dô der sêre wunde   des swertes niht envant,   925
done het et er niht mêre   wan des scildes rant: (993)
er zuhten von dem brunnen,   dô lief er Hagenen an:
done kunde im niht entrinnen   des künic Guntheres man.

985 Swie wunt er was zem tôde,   sô krefteclîch er sluoc,
daz ûzer dem schilde   dræte genuoc
des edelen gesteines: der schilt vil gar zebrast.
sich hete gerne errochen   der vil hêrlîche gast.

986 Dô was gestrûchet Hagene   vor sîner hant zetal.
von des slages krefte   der wert vil lûte erhal.
het er swert enhende,   sô wær ez Hagenen tôt.
sô sêre zurnt der wunde: des gie im wærlîchen nôt.

987 Erblichen was sîn varwe: ern kunde niht gestên.
sînes lîbes sterke   diu muose gar zergên,
wand er des tôdes zeichen   in liehter varwe truoc.
sît wart er beweinet   von schœnen vrouwen genuoc.

988 Dô viel in die bluomen   der Kriemhilde man:
daz pluot von sîner wunden   sach man vaste gân.
dô begonde er schelden   (des twanc in grôziu nôt)
die ûf in gerâten   heten den ungetriuwen tôt.

989 Dô sprach der verchwunde   «jâ ir vil bœsen zagen,
waz helfent mîniu dienest,   daz ir mich habet erslagen?
ich was iu ie getriuwe: des ich engolten hân.
ir habet an iuwern mâgen   leider übele getân.

990 Die sint dâ von bescholden,   swaz ir wirt geborn
her nâch disen zîten.   ir habet iuwern zorn
gerochen al ze sêre   an dem lîbe mîn.
mit laster ir gescheiden   sult von guoten recken sîn.»

984, 3 den zuhter von dem brunnen.
    4   der vil ungetriuwe man.
986, 1 Hagene muose vallen   von sîner hant zetal.
    3 het er daz swert enhende.
    4 der helt entran vil kûme   ûz der angestlichen nôt.
987, 1 Sîn kraft was im geswichen.
    3   bî liebter varwe truoc.
988, 2 daz bluot von sînen wunden.
    3   des twanc in michel nôt.
989, 1 Dô sprach der sêre wunde.
    2 waz hilfet mich mîn dienest.
990, 2   jâ habt ir iuwern zorn
    vil übele gerochen.

991 Die ritter liefen alle   da er erslagen lac.   932
ez was ir genûogen   ein vreudelôser tac.   (1000)
die iht triuwe hêten,   von den wart er gekleit:
daz het wol verdienet   der ritter küen unt gemeit.

992 Der künic von Burgonden   klagete sînen tôt.
dô sprach der verchwunde   «daz ist âne nôt,
daz der nâch scaden weinet,   der in dâ hât getân.
der dienet michel schelden: ez wære bezzer verlân.»

993 Dô sprach der grimme Hagene   «jane weiz ich waz ir kleit.
ez hât nu allez ende   unser sorge unt unser leit: .
wir vinden ir vil wênic   die getürren uns bestân.
wol mich deich sîner hêrschaft   hân ze râte getân.»

994 «Ir muget iuch lîhte rüemen»,   sprach dô Sifrit.
«het ich an iu erkennet   den mortlîchen sit,
ich hete wol behalten   vor iu mînen lip.
mich riuwet niht sô sêre   sô vrou Kriemhilt mîn wip.

995 Nu müeze got erbarmen   deich ie gewan den sun
dem man daz itewizen   sol nâh den zîten tuon
daz sîne mâge iemen   mortliche hân erslagen. ˙
möht ich», sô sprach Sifrit,   «daz solt ich billiche klagen.»

996 Dô sprach vil jæmerlîche   der verchwunde man
«welt ir, künic edele,   triuwen iht begân
in der werlt an iemen,   lât iu bevolhen sîn
ûf iuwer genâde   die lieben triutinne mîn.

997 Und lât si des geniezen,   daz si iuwer swester sî.
durch aller fürsten tugende   wont ir mit triuwen bî.

991, 1 Die liute liefen alle.
    3   von den wart er bekleit.
    daz het wol gedienet.
993, 3 wir vinden ir vil kleine,   die türren uns bestân.
995, 2 dem man solch itewizen.
    3 daz sîner mâge iemen   mit morde haben erslagen.
    5 «Zer werlde wart nie mêre   græzer mort begân»,   (1005)
    sprach er zuo dem künige,   «denne an mir ist getân.
    ich behielt iu lip unt êre   in angestlîcher nôt:
    ich hâns engolten sêre   daz ihz iu ie sô ,wol erbôt.»
996, 1 Dô sprach vil seneliche.
    2 welt ir, künic rîche.
    4 ûf triuwe unt ûf genâde.

mir müezen warten lange mîn vater und mîne man.
ez enwart nie vrouwen leider an liebem vriunde getân.»

998 Die bluomen allenthalben von bluote wâren naz. 939
dô rang er mit dem tôde: unlange tet er daz, (1009)
want des tôdes wâfen ie ze sêre sneit.
dô mohte reden niht mére der recke küen unt gemeit.

999 Dô die herren sâhen daz der helt was tôt,
si leiten in ûf einen schilt, der was von golde rôt,
und wurden des ze râte, wie daz solde ergân
daz man ez verhæle daz ez het Hagene getân.

1000 Dô sprâchen ir genuoge «uns ist übelê geschehen.
ir sult ez heln alle unt sult gelîche jehen,
da er rite jagen eine, der Kriemhilde man,
in slüegen sêâchære, dâ er füere durch den tan.»

1001 Dô sprach von Tronege Hagene «ich bringen in daz lant,
mir ist vil unmære, und wirt ez ir bekant,
diu sô hât betrübet den Prünhilde muot.
ez ahtet mich vil ringe, swaz si weinens getuot.»

997, 4 ez enwart nie frouwen mère an friunde leider getân.
  5 Er rampf sich bitterlîche, als im diu nôt gebôt, (1008)
  und sprach dô jæmirlîche «der mortlîche tôt
  mac inch wol geriuwen her nâch disen tagen.
  geloubt an rehten triuwen daz ir inch selben habt erslagen.»
998, 3 wande in des tôdes wâfen al ze sêre sneit.
1001, 1 Dô sprach der ungetriuwe «ich füeren in daz lant.
  3 diu sô hât getrüebet mîner frouwen muot.
  5 Von dem selben brunnen, dâ Sivrit wart erslagen, (1013)
  sult ir diu rehten mære von mir hœren sagen.
  vor dem Ôtenwalde ein dorf lit Ôtenhein:
  dâ vliuzet noch der brunne, des ist zwîfel dehein.

997, 4 ez enwart nie vrouwen an vriunde leider getân.

XVII. ÂVENTIURE,

WIE KRIEMHILT IR MAN KLAGTE UND WIE ER BEGRABEN WART.

—————

1002 Do erbiten si der nahte   und fuoren über Rîn.   943
von heleden kunde nimmer   wirs gejaget sîn.   (1014)
ein tier daz si dâ sluogen,   daz weinden edeliu kint.
jâ muosen sîn engelten   vil guote wîgande sint.

1003 Von grôzer übermüete   muget ir hœren sagen,
und von eislîcher râche.   dô hiez Hagene tragen
Sifriden alsô tôten   von Nibelunge lant
für eine kemenâten   dâ man Kriemhilde vant.

1004 Er hiez in tougenlîchen   legen an die türe,
daz sin dâ solde vinden   so si gienge der füre
hin zer mettîne   ê daz ez wurde tac,
der diu vrouwe Kriemhilt   vil selten keine verlac.

1005 Man lûte dâ zem münster   nâch gewoneheit.
vrou Kriemhilt diu schœne   wahte manige meit:
ein lieht bat si ir bringen   und ouch ir gewant.
dô kom ein kameræere   dâ er Sifriden vant.

1006 Er sah in bluotes rôten: sîn wât was elliu naz.
daz ez sîn herre wære,   nine wesse er daz.
hin zer kemenâten   daz lieht truog an der hant
von dem vil leider mære   diu vrouwe Kriemhilt ervant.

1007 Dô si mit ir vrouwen   zem münster wolde gân,
dô sprach der kameræere   «jâ sult ir stille stân:
ez lît vor dem gademe   ein ritter tôt erslagen.»
dô begonde Kriemhilt   vil harte unmæzlîche klagen.

1003, 2 unt von starker râche.
      3 Sivride den herren.
1004, 1 Er hiez in alsô tôten.
      2   sô si der gienge für.
      4   selten keine verlac.
1005, 2 dô wahte diu frouwe   vor ir manige meit.
        si bat ir balde bringen   lieht unt ir gewant.
1006, 4   sît vrou Kriemhilt ervant.
1007, 4 dâ begunde Kriemhilt   harte unmæzliche klagen.

—————

1005, 3 lieht si ir bringen   bat und ir gewant (241).

1008 Ê daz si rehte erfunde   daz iz wære ir man,   949
an die Hagenen vrâge   denken si began,   (1020)
wie er in solde vristen: dô wart ir êrste leit.
von ir was allen vreûden   mit sîme tôde widerseit.

1009 Dô seic si zuo der erden,   daz si niht ensprach:
die schœnen vreudelôsen   ligen man dô sach.
Kriemhilde jâmer   wart unmâzen grôz:
do erschrê si nâch unkrefte   daz al diu kemenâte erdôz.

1010 Dô sprach daz gesinde   «waz ob ez ist ein gast?»
daz bluot ir ûz dem munde   von herzen jâmer brast.
dô sprach si «ez ist Sîfrit,   der mîn vil lieber man:
ez hât gerâten Prûnhilt,   daz ez hât Hagene getân.»

1011 Diu vrouwe bat sich wîsen   dâ si den helt vant.
si huop sîn schœne houbet   mit ir vil wîzen hant.
swie rôt ez was von bluote,   si het in schiere erkant.
dô lac vil jæmerlîche   der helt von Nibelunge lant.

1012 Dô rief vil trûreclîche'   diu küneginne milt
«owê mir mînes leides!   nu ist dir dîn schilt
mit swerten niht verhouwen: du lîst ermorderôt.
unt wesse ich wer iz het getân,   ich riete im immer sînen tôt.»

1013 Allez ir gesinde   klagete unde serê
mit ir lieben vrouwen,   wand in was harte wê
umb ir vil edelen herren,   den si dâ heten verlorn.
dô het gerochen Hagene   harte Prûnhilde zorn.

1008, 3 wier in wolde vristen.
     4 ir was al ir freuden.
1009, 3 der edeln frouwen jâmer.
1010, 1 Dô sprach ir gesinde.
     3 si sprach «ez ist Sîvrit.
1011, 1   ·   dâ si den recken vant.
     2   mit ir wizen hant.
     swie rôt er was von bluote,   si het in schier bekant.
     dô was missevarwe   des küenen degenes gewant.
1012, 1 Dô rief vil jæmerliche.
     2 owê mir mîner leide.
1013, 2 mit ir vil lieben frouwen,   wande in was starke wê.

1011, 4 dô lac vil jæmerliche   der recke küen unde balt (20).

11*

1014 Dô sprach diu jâmerhafte   «ir sult hine gân   955
und wecket harte balde   die Sifrides man.   (1026)
ir sult ouch Sigemunde   mînen jâmer sagen,
ob er mir helfen welle   den küenen Sifriden klagen.»

1015. Dô lief ein bote balde   da er si ligen vant,
die Sifrides helede   von Nibelunge lant.
mit den vil leiden mæren   ir vreude er in benam.
si woldenz niht gelouben   unz man daz weinen vernam.

1016 Der bote kom ouch schiere   dâ der künic lac.
Sigemunt der herre   des slâfes niht enpflac:
ich wæn sîn herze im sagete   daz im was geschehen,
ern möhte sînen lieben sun   lebenden nimmer gesehen.

1017 «Wachet, herre Sigemunt.   mich bat nâch iu gân
Kriemhilt mîn vrouwe.   der ist ein leit getân
daz ir vor allen leiden   an ir herze gât:
daz sult ir klagen helfen,   wand ez iuch sêre bestât.»

1018 Ûf rihte sich dô Sigemunt;   er sprach «waz sint diu leit
der schœnen Kriemhilde,   diu du mir hâst geseit?»
der bote sprach mit weinen   «ine kan iu niht verdagen:
jâ ist von Niderlanden   der küene Sifrit erslagen.»

1019 Dô sprach der herre Sigemunt   «lât daz schimpfen sîn
und alsô bœsiu mære   durch den willen mîn,
daz ir daz saget iemen,   daz er si erslagen:
wand ine kunde in nimmer   unz an mîn ende verklagen.»

1014, 1   man sol hine gân
       und wecken vil balde.
    3 unt sol ouch Sigemunde   disiu mære sagen.
    4   den herren Sivriden klagen.
1015, 1   dâ er ligen vant.
    3 mit disen leiden mæren   wahter manigen man.
       die sprungen âne sinne   vil balde von ir betten dan.
1016, 1 Ouch kom der bote schiere.
    3   daz im dâ was geschehen.
    4   lebenden nimmer mê gesehen.
1017, 1   wande ir sult balde gân
       ze Kriemhilt mîner frouwen.
1018, 3 der bote sprach mit jâmer   «si muoz von schulden klagen.
1019, 2   von dem sune mîn.

1014, 2 unde wecket balde.
1015, 3 mit den vil leiden mæren   wacter manigen man.
    si woldenz niht gelouben   unz man daz weinen vernam (23).
1018, 3   êst wâr daz ich iu sage (27).

1020 «Welt ir mir niht geloubcn   daz ir mich hœret sagen,   961
sô muget ir selbe hœren   Kriemhilde klagen   (1032)
unt allez ir gesinde   den Sifrides tôt.»
vil sêre erserae dô Sigemunt: des gie im wærlichen nôt.

1021 Mit hundert sinen mannen   er von den betten spranc.
si zuhten zuo den handen   din scharpfen wâfen lanc,
si liefen zuo dem wuofe   vil jâmerliche dan.
dô kômen tûsent recken   des küenen Sifrides man.

1022 Dô si sô jæmerliche   die vrouwen hôrten klagen,
dô wânden sumeliche,   si solden kleider tragen.
jane mohten si der sinne   vor leide niht gehaben:
in wart vil michel swære   in ir herzen begraben.

1023 Dô kom der künec Sigemunt   da er Kriemhilde vant.
er sprach «owê der reise   here in ditze lant.
wer hât mich mines kindes   und iuch des iuwern man
bi alsô guoten friunden   sus mortlich âne getân?»

1024 «Hey solde ich den bekennen»,   sprach daz vil edele wip,
«holt enwurde im nimmer   mîn herze unt ouch mîn lîp:
ich geriete im alsô leide   daz die friunde sîn
von den mînen schulden   müesen weinende sîn.»

1025 Sigemunt der herre   den fürsten umbeslôz.
dô wart von sinen vriunden   der jâmer alsô grôz,
daz von dem starken wuofe   palas unde sal
und ouch diu stat ze Wormez   von ir weinen erschal.

1026 Done kunde niemen trœsten   daz Sifrides wip.
man zôch ûz den kleidern   den sinen schœnen lîp.
man wuosch im sîne wunden   unt leit in ûf den rê.
dô was sinen liuten   von grôzem jâmere wê.

1020, 1 Unt welt ir niht gelouben.
    2 ir mugt wol selbe hœren.
    4   des gie im grœzliche nôt.
1021, 3   vil seneliche dan.
1022, 4 in was vil starkiu swære.
1023, 3   unt iuch iuwers man
    bi sô guoten friunden   vergebne âne getàn?
1024, 1   sprach daz edel wip.
    3 ich getæt im als leide   daz die mâge sîn
    mit jâmer müesen weinen,   daz wizzet, von den' schulden mîn.
1025, 1 Sigemunt mit armen.
1026, 3 den edeln künic riche   si leiten ûf den rê.
    dô was von grôzem jâmer   sinen liuten allen wê.

1027 Dô sprâchen sîne recken von Nibelunge lant   968
«in sol immer rechen mit willen unser hant.   (1039)
er ist in dirre bürge, der iz hât getân.»
dô îlten nâch wâfen alle Sifrides man.

1028 Die ûz erwelten degene mit schilden kômen dar,
einlef hundert recken: die hete an sîner schar
Sigemunt der herre. sînes sunes tôt
den wolde er gerne rechen: des gie im wærlîchen nôt.

1029 Sine wessen wen si solden mit strîte dô bestân,
sine tætenz Gunther unde sîne man,
mit den der herre Sifrit an daz gejägede reit.
Kriemhilt sach si gewâfent: daz was ir græzliche leit.

1030 Swie michel wær ir jâmer und swie starc ir nôt,
dô vorhte si harte der Nibelunge tôt
von ir bruoder mannen, daz si ez understuont.
si warnt si güetliche sô vriunde liebe vriunde tuont.

1031 Dô sprach diu jâmers rîche «mîn her Sigemunt,
wes welt ir beginnen? in ist niht rehte kunt.
jâ hât der künic Gunther sô manigen küenen man:
ir welt iuch alle vliesen, welt ir die recken bestân.»

1032 Mit ûf erbürten schilden in was ze strîte nôt.
diu edel küneginne bat und ouch gebôt
daz siz mîden solden, die recken vil gemeit.
dô siz niht lâzen wolden, daz was ir wærlîchen leit.

1027, 3   der iz dâ hât getân.
   dô îlten nâch gewæfen.
1028, 1 Die ûz erwelten recken.
  3   den Sivrides tôt.
1029, 1   mit strîte bestân.
  4 Kriemhilt si sach gewâfent: dô was ir græzliche leit.
1030, 1 Swie stark ir jâmer wære unt swie grôz ir nôt,
   dô vorhte si sô sêre.
  3 von Guntheres mannen.
  4   sô friunt noch liebe friunde tuont.
1031, 1 Dô rief diu jâmers rîche.
  3 ez hât der künic Gunther.
  4 ir sît verlorn alle, welt ir mit strîte si bestân.
1032, 1   ze strîte was in nôt.
   Kriemhilt diu frouwe.
  4 ob siz niht wenden kunde, daz wære ir bêdenthalben leit.

1030, 4   sô vriwent liebe vriwende tuont.

1033 Si sprach «herre Sigemunt,   ir sult iz lâzen stân   974
unz ez sich baz gefüege: sô wil ich mînen man   (1045)
immer mit iu rechen.   der mir in hât benomen,
wirde ich des bewîset,   ich sol im schädelîche komen.

1034 Ez ist der übermüeten   hie bî Rîne vil:
dâ von ich iu des strîtes   râten niht enwil.
si habent wider einen   ie wol drîzec man.
nu lâz in got gelingen   als si umb uns gedienet hân.

1035 Ir sult hie belîben,   unt dolt mit mir diu leit;
als iz tagen beginne,   ir helde vil gemeit,
sô helfet mir besarken   den mînen lieben man.»
dô sprâchen die degene   «daz sol werden getân.»

1036 Iu enkunde niemen   daz wunder volsagen
von rittern unt von vrouwen,   wie man die hôrte klagen,
sô daz man des wuofes   wart in der stat geware.
die edelen burgære   die kômen gâhende dare.

1037 Si klageten mit den gesten,   want in was harte leit.
die Sîfrides schulde   in niemen het geseit,
durch waz der edele recke   verlüre den sînen lip.
dô weinden mit den vrouwen   der guoten burgære wîp.

1038 Smide hiez man gâhen,   wurken einen sarc,
von silber und von golde,   vil michel unde starc.
man hiez in vaste spengen   mit stahel, der was guot.
dô was al den liuten   harte trûrec der muot.

1039 Diu naht was zergangen: man sagte ez wolde tagen.
dô hiez diu edele vrouwe   zuo dem münster tragen

1034, 4   als si an uns gedienet hân.
1035, 2 sô ez tagen beginne.
1036, 1 None kundiu niemen   daz wunder wol gesagen.
       3 dô wart man des wuofes   in der stete gewar.
         vil der burgære.
1037, 1   wande in was starke leit.
       3 wâ von der edele recke.
       4   ·   der guoten kouflaute wîp.
1038, 1   bewurken einen sarc
       von edelm marmelsteine.
       3 man hiez in vaste binden   mit gespenge guot.
1039, 2 dô bat diu edele frouwe.

1034, 3   niwet râten wil.
1037, 3 von wiu der edele recke (190).

Sifrit den herren,   ir vil lieben man.
swaz er dâ vriunde hête,   die sach man weinende gân.

1040 Dô si in zem münster brâhten,   vil der gloken klanc.   981
dô hôrt man allenthalben   vil maniges pfaffen sanc.   (1052)
dô kom der künic Gunther   mit den sinen man,
und ouch der grimme Hagene,   zuo dem wuofe gegân.

1041 Er sprach «vil liebiu swester,   owê der leide dîn,
daz wir niht mohten âne   des grôzen schaden sîn.
wir müezen klagen immer   den Sîfrides lîp.»
«daz tuot ir âne schulde»,   sprach daz jâmerhafte wîp.

1042 «Wær iu dar umbe leide,   son wær es niht geschehen.
ir hetet mîn vergezzen,   des mag ich wol jehen,
da ich dâ wart gescheiden   von mîme lieben man.
daz wolde got», sprach Kriemhilt,   «wær iz mir selber getân.»

1043 Si buten vaste ir lougen.   Kriemhilt begonde jehen
«swelher sich unschuldige,   der lâze daz gesehen;
der sol zuo der bâre   vor den liuten gên.
dâ bî mac man die wârheit   harte schiere verstên.»

1044 Daz ist ein michel wunder: vil dicke ez noch geschiht,
swâ man den mortmeilen   bî dem tôten siht,
sô bluotent im die wunden: als ouch dâ gescach.
dâ von man die sculde   dâ ze Hagenen gesach.

1045 Die wunden vluzzen sêre   alsam si tâten ê.
die ê dâ sêre klageten,   des wart nu michel mê.

1039, 3 den vil edeln tôten.
1040, 1 Do man in zem münster brâhte.
    2 man hôrte von den pfaffen   vil michel gesanc.
    4 mit im der grimme Hagene.
1041, 2 daz wir der starken leide   niht mohten über sîn.
    3   den sinen schœnen lip.
    4   sprach dò daz jämerhafte wip.
1042, 4 das wolde got von himele.
1043, 1 «Dir ist von minen liuten   leides niht geschehen»,
    sprach der künic Gunther,   «des wil ich dir verjehen.»
    «die wellen sîn unschuldic,   die heizet nâher gên»,
    sprach si, «zuo der bâre,   daz wir die wârheit verstên.»
1045, 1   alsô si tâten ê.

1042, 4 das wolde got, unt wære   ez mir selber getân.

dô sprach der künic Gunther   «ich wilz iuch wizzen lân.
in sluogen schâchære: Hagene hât es niht getân.»

1046 «Mir sint die schâchære»,   sprach si, «vil wol bekant.   987
nu lâze ez got errechen   noch sîner vriunde hant.   (1035)
Gunther unde Hagene,   jâ habet ir iz getân.»
die Sifrides degene   heten dô ze strîte wân.

1047 Dô sprach aber Kriemhilt   «nu habt mit mir die nôt.»
dô kômen dise beide   dâ si in funden tôt,
Gêrnôt ir bruoder   und Gîselher daz kint.
in triuwen si in klageten   mit den anderen sint.

1048 Si weinden innecliche   den Kriemhilde man.
man solde messe singen: zuo dem münster dan
giengen allenthalben   man wîp unde kint.
die sin doch lîhte enbâren,   die weinden Sîfriden sint.

1049 Gêrnôt und Gîselher   sprâchen «swester mîn,
nu træste dich nâch tôde,   als iz doch muoz sîn.
wir wellen dichs ergetzen   die wîle unt wir geleben.»
done kunde ir trôst deheinen   zer werlde niemen gegeben.

1050 Sîn sarc der was bereitet   wol umben mitten tac.
man huop in von der bâre   dâ er ûfe lac.
in wolde noch diu frouwe   lâzen niht begraben.
des muosen al die liute   michel arebeite haben.

1051 In einen rîchen pfellel   man den tôten want.
ich wæne man dâ iemen   âne weinen vant.
dô klagete herzenlîche   Uote, ein edel wîp,
und allez ir gesinde   den sînen wætlichen lîp.

1052 Dô man daz gehôrte,   daz man zem münster sanc,
unt in gesarket hête,   dô huop sich grôz gedranc:

1046, 1 Si sprach «die selben schâchman   sint mir wol bekant.
got lâz iz noch errechen   sîner friunde hant.
4 die Sîvrides recken.
1047, 1   nu dolt mit mir die nôt.
1049, 2   als ez doch muoz nu sîn.
wir wellens dich ergetzen.
1050, 1   umben mitten tac.
noch enwolde si den recken.
4   vil michel arebeite haben.
1052, 2   vil grôz wart der gedranc.

1046, 2 got lâz ez errechen (934).

durch willen siner sêle   waz opfers man dô truoc!
er hete bî den vinden   doch guoter vriunde genuoc.

1053 Kriemhilt diu arme   zir kamerærcn sprach   994
     «si suln durch mîne liebe   liden ungemach,
     die im iht guotes günnen   und mir wesen holt;
     durch Sîfrides sêle   sol man teilen sîn golt.»

1054 Dehein kint was sô kleine   daz witze mohte haben,
     daz muose gên zem opfer.   è er wurde begraben,
     baz danne hundert messe   man dâ des tages sanc.
     von Sîfrides vriunden   wart dô grôzer gedranc.

1055 Dô man dâ hete gesungen,   daz volc huop sich von dan.
     dô sprach diu vrouwe Kriemhilt   «irn sult niht eine lân
     hinte mich bewachen   den ûz erwelten degen.
     ez ist an sîne libe   al mîn vreude gelegen.

1056 Drî tage und drî nahte   wil ich in lâzen stân,
     unz ich mich geniete   mîns vil lieben man.
     waz ob daz got gebiutet   daz mich ouch nimet der tôt?
     sô wære wol verendet   mîn armer Kriemhilde nôt.»

1057 Zen herbergen giengen   die liute von der stat.
     pfaffen unde müniche   si beliben bat
     und allez sîn gesinde,   daz des heldes pflac.
     si heten naht vil arge   unt vil müelîchen tac.

1058 Àn ezzen und ân trinken   beleip dâ manic man.
     die ez nemen wolden,   den wart daz kunt getân,
     daz mans in den vollen gæbe: daz schuof Sigemunt.
     dô was den Nibelungen   vil michel arebeite kunt.

1059 Die drie tagezite,.   sô wir hœren sagen,
     die dâ kunden singen,   daz si muosen tragen

1052, 4   guoter friunde doch genuoc.
1053. 1054 *fehlen.*
1055, 1 Dô man dâ gote gediente.
     2 dô sprach diu küniginne.
     3 mich hînte bewachen.
1056, 2 unz ich wol geniete.
1057, 3   daz sin von rehte pflac.
     4   unt ouch vil müelîchen. tac.
1058, 3 man gæbes in den vollen.
     4   michel arebeiten kunt.
1059, 2 die dâ singen kunden,   dâ si muosen tragen

vil der arebeite. waz man in opfers truoc!
die vil arme wâren, die wurden riche genuoc.

1060 Swaz man vant der armen die es niht mohten hân, 1000
die hiez man doch zem opfer mit dem golde gân
ûz sîn selbes kamere. do er niht solde leben,
umbe sîne sêle wart manic tûsent marc gegeben.

1061 Urbor ûf der erden teiltes in diu lant,
swâ sô man diu klôster und guote liute vant.
silber unde wæte gap man den armen gnuoc.
si tet dem wol gelîche daz sin holden willen truoc.

1062 An dem dritten morgen ze rehter messezît
sô was bî dem münster der kirchof alsô wît
von den lantliuten weinens alsô vol:
si dienden im nâch tôde als man lieben vriunden sol.

1063 In den tagen vieren, man hât gesaget daz,
ze drizec tûsent marken, oder dannoch baz,
wart durch sîne sêle den armen dâ gegeben.
dô was gelegen ringe sîn grôziu schœne und ouch sîn leben.

1064 Dô gote dâ wart gedienet und daz man vol gesanc,
mit ungefüegem leide vil des volkes ranc.
man hiez in ûz dem münster zuo dem grabe tragen.
die sin ungern enbâren, die sah man weinen unde klagen.

1065 Vil lûte scrîende daz liut gie mit im dan:
vrô enwas dâ niemen, weder wîp noch man.
ê daz man in begrüebe, man sanc unde las:
hey waz guoter pfaffen ze sîner pîfilde was!

1059, 3 vil michel arebeite durch ir herzen sêr.
si bâten umb die sêle des recken küen unde hêr.
1060 fehlt.
1061, 1 diu teiltes in diu lant.
3 ouch hiez si geben den armen der sinen habe genuoc.
1062, 3 weinens harte vol.
1063, 1 ist uns gesaget daz.
1064, 1 unt daz man dâ gesanc.
4 die sin doch liht enbâren.
1065, 1 daz volc gie mit im dan.
3 ê er begraben wurde.
4 hey waz der wisen pfaffen bi siner bivilde was!

1062, 3 weinennes vol.

1066 Ê daz zem grabe kœme   daz Sifrides wip,   1006
      dô ranc mit solhem jâmer   der ir getriuwer lip,   (1075)
      daz man si mit dem brunnen   vil dicke dâ vergôz.
      ez was ir ungemüete   vil harte unmæzlichen grôz.

1067 Ez was ein michel wunder   daz si ie genas.
      mit klage ir helfende   manic vrouwe was.
      dô sprach diu küneginne   «ir Sifrides man,
      ir sult durch iuwer triuwe   an mir genâde begân.

1068 Lât mir nâch mime leide   daz kleine liep geschehen,
      daz ich sîn schœne houbet   noch eines müeze sehen.»
      dô bat sis alsô lange   mit jâmers sinnen starc,
      daz man zebrechen muose   den vil hêrlichen sarc.

1069 Dô brâhte man die vrouwen   dâ si in ligen vant.
      si huop sîn schœne houbet   mit ir vil wîzen hant;
      dô kustes alsô tôten   den edelen ritter guot.
      ir vil liehten ougen   vor leide weincten bluot.

1070 Ein jæmerlîchez scheiden   wart dô dâ getân.
      dô truoc man si von dannen: sine mohte niht gegân.
      dô vant man sinnelôse   daz hêrliche wip.
      vor leide möht ersterben   der ir vil wünneclîcher lîp.

1071 Dô man den edelen herren   hete nu begraben,
      leit âne mâze   sah man die alle haben
      die mit im komen wâren   von Nibelunge lant.
      vil selten vrœlichen   man dô Sigemunden vant.

1066, 3 daz man si mit wazzer   vil dicke dâ begôz.
      4   harte unmæzliche grôz.
1067, 4   dise genâde an mir begàn.
1068, 3   mit jâmers siten starc,
      daz man wider ûf brechen   muose den hêrlichen sarc.
1069, 2   mit ir wîzen hant.
      4   vor leide weinten dô bluot.
1070, 2 man truoc die frouwen dannen.
      3 dô lac in unsinne.
      4   der ir vil wünneclîche lip.
1071, 4 vil selten wol gemuoten.

1070, 2 man truoc si von dannen.

1072 Dô was der etelîcher   der drîer tage lanc   1012
    vor dem grôzem leide   niht az noch entranc.   (1081)
    doch mohten si dem libe   sô gar geswichen niht:
    si nerten sich nâch sorgen,   sô noch genuogen gescīht.

XVIII. ÂVENTIURE,

WIE SIGEMUNT WIDER ZE LANDE FUOR.

· 1073 Der sweher Kriemhilde   gie dâ er si vant.
    er sprach zer küneginne   «wir suln in unser lant.
    wir wæn unmære geste   bî dem Rîne sîn.
    Kriemhilt, vil liebiu vrouwe,   nu vart ir zuo den landen mîn.

1074 Sit daz uns untriuwe   âne hât getân
    hie in disen landen   des iuwern edelen man,
    des ensult ir niht engelten: ich wil iu wæge sîn
    durch mînes suns liebe: des sult ir âne zwîvel sîn.

1075 Ir sult ouch haben, vrouwe,   allen den gewalt,
    den iu ê tete künde   Sîfrit der degen balt.
    daz lant und ouch diu krône,   daz sî iu undertân.
    iu sulen gerne dienen   alle Sîfrides man.»

1072, 2 vor dem starken leide.
    3 doch enmohten si dem libe.
    4 si nerten sich nâch jâmer.
    5 Kriemhilt unversunnen   in unkreften lac   (1082)
    den tac unt den âbent   unz an den andern tac.
    swaz iemen sprechen kunde,   daz was ir gar unkunt.
    in den selben næten   lag ouch der künic Sigemunt.
    9 Vil küme wart der herre   wider ze sinnen brâht.   (1083)
    von dem starken leide   kranc was gar sîn maht.
    daz enwas niht wunder.   dô sprâchen sîne man
    «herre, ir sult ze lande,   wir mugen niht langer hie bestân.»

1073, 1 Dô brâhte man den herren   dâ er Kriemhilt vant.
    3   hie ze Rîne sîn.
    mîn vil liebiu frouwe.
1074, 4   des sult ir gar ân angest sîn.
1075, 2   der küene degen balt.

1076 Dô sagete man den knehten,   si solden rîten dan: 1016
     dô wart ein michel gâhen   nâch rossen getân.   (1047)
     bî ir starken vînden   was in ze wesen leit.
     vrouwen unde megeden   hiez man snochen diu kleit.

1077 Dô der künic Sigemunt   wolde sin geriten,
     dô begunden Kriemhilt   ire mâge biten
     daz si bî ir muoter   solde dâ bestân.
     dô sprach diu vrouwe hêre   «daz kunde müelîch ergân.

1078 Wie möhte ich den mit ougen   immer an gesehen,
     von dem mir armem wibe   sô leide ist geschehen?»
     dô sprach der junge Giselher   «vil liebiu swester mîn,
     du solt durch dîne triuwe   hie bî dîner muoter sîn.

1079 Die dir dâ habent beswæret   und betrüebet den muot,
     der bedarftu niht ze dienste: nu zere mîn eines guot.»
     si sprach zuo dem recken   «jane mages niht geschehen.
     vor leide mües ich sterben,   swenne ich Hageuen solde sehen.»

1080 «Des tuon ich dir ze râte,   vil liebiu swester mîn.
     du solt bî dînem bruoder   Giselhere sîn.
     jâ wil ich dich ergetzen   dines mannes tôt.»
     dô sprach diu gotes arme   «des wære Kriemhilde nôt.»

1081 Dô ez ir der junge   sô güetlich erbôt,
     dô begonde vlêgen   Uote und Gêrnôt
     und ir getriuwe mâge: si bûtens dâ bestân:
     si hete lützel künnes   under Sîfrides man.

1082 «Si sint iu alle vremede»,   sô sprach Gêrnôt.
     «niemen lebet sô starker,   ern müeze ligen tôt.

1076, 4 der frouwen unt ir mägeden.
1077, 2   ire friunde biten,
     daz si bî ir friunden.
     4 dô sprach diu küniginne.
1078, 3 dô sprach ir bruoder Giselher.
1079, 1 Die dir dâ habent betrüebet   den lîp unt ouch den muot,
     der bedarfstu vil kleine: zer mîn eines guot.
     si sprach zuo dem degene   «wie kunde daz geschehen?
1080, 3 ich wil dich ergetzen.
     4 dô sprach diu küniginne   «des wær mir armen wibe nôt.»
1081, 2 si begunden vlêgen.
     3 unt ir getriuwen mäge   si bâten dâ bestân.
     si hete lützil friunde   bî den Sîvrides man.

──────────

1081, 2 do begonde si vlêgen.

daz bedenket, liebiu swester,   und trœstet iuwern muot.
belîbet bî den vriunden: ez wirt iu wærlîchen guot.»

1083 Si lobete Giselhêre,   si wolde dâ bestân.   1023
      diu ros gezogen wâren   den Sigemundes man,   (1094)
      als si wolden rîten   zer Nibelunge lant:
      dô was ouch ûf gesoumet   al der recken gewant.

1084 Dô gie der herre Sigemunt   zuo Kriemhilde stân;
      er sprach zuo der vrouwen   «die Sîfrides man
      iu wartent bî den rossen.   nu sulen wir rîten hin,
      wand ich vil ungerne   bî den Burgonden bin.»

1085 Dô sprach diu vrouwe Kriemhilt   «mir râtent vriunde mîn,
      swaz ich hân der getriuwen,   ich sûle hie bî in sîn:
      ich habe niemen mâge   in Nibelunge lant.»
      leit was iz Sigemunde,   dô erz an Kriemhilde ervant.

1086 Dô sprach der künic Sigemunt   «daz lât iu niemen sagen.
      vor allen mînen mâgen   sult ir krône tragen
      alsô gewalteclîchen   als ir ê habet getân.
      irn sult des niht engelten   daz wir den helt verlorn hân.

1087 Und vart ouch mit uns widere   durch iuwer kindelîn:
      daz ensult ir niht, vrouwe,   verweiset lâzen sîn.
      swenne iuwer sun gewahset,   der trœstet iu den muot.
      die wîle sol iu dienen   manic helet küene unde guot.»

1088 Si sprach «herre Sigemunt,   jane mac ich rîten niht.
      ich muoz hie belîben,   swaz halt mir geschiht,
      bî den mînen mâgen,   die mir helfen klagen.»
      do begonden disiu mære   den guoten recken missehagen.

1089 Si sprâchen al gelîche   «sô möhte wir wol jehen
      daz uns aller êrste   wære leit geschehen,

1082, 3 daz bedenket, swester.
1083, 1 Dô lobte si ir mâgen.
       2 diu ros bereitet wâren.
       3 alsô si wolden rîten   heim in Niderlant.
         sie heten ûf gesoumet.
1084, 3   wir suln rîten hin.
1085, 3 ich habe lützel mâge.
       4   do er diu mære an ir ervant.
1087, 2 daz ensult ir sô niht, frouwe.
       4   von recken manic helet guot.
1088, 1   iuw mac gerîten niht.
       3   daz si mir helfen klagen.

woldet ir beliben   bî unsern vinden hie:
so geriten hovereise   noch helde sorclicher nie.»

1090 «Ir sult âne sorge   gote bevolhen varn: 1030
man gît iu guot geleite   (ich heiz iuch wol bewarn)   (1101)
zuo Sigemundes lande.   mîn liebez kindelîn
daz sol ûf genâde   in recken wol bevolhen sîn.»

1091 Dô si wol vernâmen,   daz si niht wolde dan,
dô weinden al gemeine   die Sigemundes man.
wie rehte jæmerlîche   schiet dô Sigemunt
von vroun Kriemhilde!   dô was im ungemûete kunt.

1092 «Sô wê der hôhgezîte»,   sprach der künec hêr.
«ez geschiht von kurzewîle   hin für nimmer mêr
künige noch sînen mâgen   daz uns ist geschehen.
man sol uns nimmer mêre   hie zen Burgonden sehen.»

1093 Dô sprâchen offenlîche   die Sifrides man
«ez möhte noch diu reise   in ditze lant ergân,
sô wir den reht erfunden,   der uns den herren sluoc.
si habent von sînen mâgen   starker vinde gennoc.»

1094 Er kuste Kriemhilde: wie jæmerlîch er sprach,
dô si beliben wolde   und er daz rehte ersach,
«nu rîten vreuden âne   heim in unser lant.
alle mîne sorge   sint mir êrste nu bekant.»

1095 Si riten ân geleite   von Wormez an den Rîn:
si mohten wol des muotes   sicherlîchen sîn,

1089, 3 ob ir beliben woldet.
1090, 1 Ir sult ân alle sorge.
2 ich schaffe iu guot geleite   unt heiz iuch wol bewarn.
1091, 1 Dô si daz vernâmen.
2   .   die Sivrides man.
3   sich schiet Sigemunt
von der küniginne!
1092, 1 Wê geschehe der hôchgezite.
2   leider nimmer mêr
deheinen küniges mâgen   danne uns ist geschehen.
1093, 2 ez möhte noch ein reise.
4   der starken vinde genuoc.
1094, 2 dô si niht riten wolde.
1095, 1 Si riten ungeleitet   von Wormz zetal den Rîn.
si mohten sicherlîchen   wol des muotes sîn.

1091, 3   schiet Sigemunt.
1095, 1   von Wormez nider Rîn.

ob si in vientschefte   würden an gerant,
daz sich weren wolde   der küenen Nibelunge hant.

1096 Sine gerten urloubes   dâ ze keinem man.   1036
dô sah man Gêrnôten   und Giselheren gân   (1107)
zuo zim minneclichen.   in was sin schade leit.
des brâhten in wol innen   die helde küene unt gemeit.

1097 Dô sprach gezogenliche   der fürste Gêrnôt
«got weiz daz wol von himele,   an Sifrides tôt
gewan ich nie die schulde,   daz ich daz hôrte sagen,
wer in hie vient wære.   ich sol in pflliche klagen.»

1098 Dô gab in guot geleite   Giselher daz kint:
er brâhte sorgende   ûz dem lande sint
den künic mit sinen recken   heim ze Niderlant.
wie lützel man der mâge   dar inne vrœliche vant!

1099 Wie si un gefüeren,   des enkan ich niht gesagen.
man hôrt hie zallen zîten   Kriemhilde klagen,
daz ir niemen trôste   daz herze joch den muot,
ez entæte Giselher: der was getriuwe unde guot.

1100 Prünhilt diu schœne   mit übermüete saz.
swaz geweinde Kriemhilt,   unmære was ir daz.
sine wart ir guoter triuwen   nimmer mê bereit.
sît getet ouch ir vrou Kriemhilt   diu vil herzenlichen leit.

1097, 1   der künic Gêrnôt.
1098, 1 Dô gab in sin geleite.
1099, 2 man hôrte zallen zîten   hie Kriemhilde klagen.
4 ez entæt ir bruoder Giselher.
1100, 2 swaz Kriemhilt geweinte.
3 sine wart ir rehter triuwen.
4 sît geriet ouch ir vrou Kriemhilt   ich wæn als ungefüegin leit.

1098, 1 Dô gab in geleite.
1100, 3 sine wart ir triuwen.

XIX. ÂVENTIURE,

WIE DER NIBELUNGE HORT ZE WORMEZ BRÂHT WART.

1101 Dô diu edel Kriemhilt   alsô verwitewet wart,   1011
bi ir inme lande   der grâve Eckewart   (1112)
beleip mit sinen mannen: der diende ir zallen tagen.
der half ouch siner vrouwen   sinen herren dicke klagen.

1102 Ze Wormez bi dem münster   ein gezimber man ir slôz,
wit und vil michel,   rîch unde grôz,
dâ si mit ir gesinde   sit âne vreude saz.
si was zer kirchen gerne   und tet vil willeclîchen daz.

1103 Dâ man begruop ir vriedel,   wie selten si daz lie,
mit trûrigem muote   si alle zît dar gie.
si bat got den guoten   siner sêle pflegen.
vil dicke wart beweinet   mit grôzen triuwen der degen.

1104 Uote und ir gesinde   si trôsten zaller stunt.
dô was ir daz herze   sô græzliche wunt:
ez kunde niht vervâhen,   swaz man ir trôstes bôt.
si hete nâch liebem vriunde   die aller græzisten nôt,

1105 Die nâch liebem manne   ie mêr wîp gewan.
man mohte ire tugende   kiesen wol dar an.
si klagete unz an ir ende   die wîle werte ir lîp.
sit rach sich wol mit ellen   des küenen Sifrides wîp.

1101, 1 Dô diu minnecliche.
    3   sin triuwe im daz gebôt,
        er diente siner frouwen   mit willen unz an sinen tôt.
1102, 2 von holze harte michel,   wit unde grôz.
1103, 3 si bat got den rîchen   der sinen sêle pflegen.
1104, 4 si hete nâch ir friunde.
1105, 2 man moht ir starke tugende.
    4 sit rach sich harte swinde   in grôzen triuwen daz wîp.

1101, 3   der diende ir zaller zît
        und half ouch siner vrouwen   klagen Sifrides lîp (46).
1102, 2 von wite harte michel,   rich unde grôz.

1106 Sus saz si nâch ir leide,   daz ist alwâr,   1046
nâch ir mannes tôde   wol vierdehalbez jâr,   (1117)
daz si ze Gunthêre   nie dehein wort gesprach
unt ouch ir vient Hagenen   in der zîte nie gesach.

1107 Dô sprach von Troneje Hagene   «möht ir daz tragen an,
daz ir iuwer swester   ze vriunde möhtet hân?
sô kœm zuo disen landen   daz Nibelunges golt:
des möht ir vil gewinnen,   würd uns diu küneginne holt.»

1108 Er sprach «wir sulnz versuochen.   mîne bruoder sint ir bî:
die sul wirz piten werben   daz si unser vriunt sî,
ob wirn ir an gewinnen,   daz si daz gerne sehe.»
«ine trouwes niht», sprach Hagene,   «daz ez immer geschehe.»

1109 Dô hiez er Ortwînen   hin ze hove gân
unt den marcgrâven Gêren.   dô daz was getân,
man brâhte ouch Gêrnôten   und Giselher daz kint.
si versuochtenz vriuntlîche   an vroun Kriemhilde sint.

1110 Dô sprach von Burgonden   der küene Gêrnôt
«vrouwe, ir klaget ze lange   den Sifrides tôt.
iu wil der künic rihten   daz ers niht hât erslagen.
man hœrt iuch zallen zîten   sô rehte grœzlîchen klagen.»

1111 Si sprach «des zîht in niemen: in sluoc diu Hagenen hant.
wa man in verhouwen solde,   do er daz an mir ervant,
wie moht ich des getrouwen   daz er im trüege haz?
ich hete wol behüetet»,   sprach diu küneginne, «daz,

1106, 1 Sus saz si in ir leiden.
     2   unz in daz vierde jâr,
     daz si zir bruoder Gunther   dehein wort nie gesprach.
     4   in der zîte nien gesach.
1107. 1 Hagene sprach zem künige   «möht wir daz tragen an.
     2   hulde möhtet hân.
     4 des wurde uns vil ze teile,   wœr uns diu küniginne holt.
1108, 1 «Daz schuln wir versuochen»,   sprach der künic sân.
     «ich wil ez mîne brüeder   hinze ir werben lân,
     daz si mir daz füegen,   daz si uns gerne sehe.
1110, 3 nu wil der künic in rihten.
1111, 2 wa man in verhouwen möhte.
     3 solt ich des getrouwen.

1108, 1 Daz schuln wir versuochen,   sprach der künic sân.
     biten mîne bruoder   ez hin zir werban (34).
                                                            12*

1112 Daz ich niht vermeldet   hete sînen lîp: 1052
sô lieze ich nu mîn weinen,   ich vil armez wîp.   (1123)
holt wird ich in nimmer,   die ez dâ hânt getân.»
dô begonde vlêgen Giselher,   der vil wætlîche man.

1113 «Ich wil den künic grüezen»,   dô si im des verjach,
mit sînen besten vriunden   man in vor ir sach.
dône torste Hagene   für si niht gegân:
wol wesse er sîne sculde,   er het ir leide getân.

1114 Dô si verkiesen wolde   ûf Gunther den haz,
ob er si küssen solde,   ez zæme im deste baz.
wær ir von sînem râte   leide niht getân,
sô möht er vrevellîchen   zuo Kriemhilde gegân.

1115 Ez enwart nie suone   mit sô vil trähenen mê
gefüeget under vriunden.   ir tet ir schade wê.
si verkôs ûf si alle   wan ûf den einen man.
in. hete erslagen niemen,   het ez Hagene niht getân.

1116 Dar nâch vil unlange   dô truogen si daz an
daz diu vrouwe Kriemhilt   den grôzen hort gewan
von Nibelunge lande   und fuorte in an den Rîn.
er was ir morgengâbe,   er solt ir pillîche sîn.

1117 Dar nâch fuor Giselher   unde Gêrnôt.
ahzec hundert mannen   Kriemhilt dô gebôt

1112, 5 Si sprach «ich muoz in grüezen: irn welts mich niht erlân.   (1124)
des habt ir grôze sünde.   der künic hât mir getân
sô vil der herzen swære   gar âne mîne scholt.
mîn munt im giht der suone,   in wirt daz herze nimmer holt.»
9 «Dar nâch wirt ez bezzers,   sprâchen ir mâge dô.   (1125)
«waz ober ir an verdienet   daz si noch wirdet vrô?
er mac si wol ergetzen»,   sprach Gêrnôt der helt.
dô sprach diu jâmers rîche   «seht, nu tuon ich swaz ir welt.»
1113, 1 Si wolden künic grüezen,   dô si in des verjach.
2   ers in ir hûse sach.
1114, 1   ûf in den grôzen haz,
Gunther gezogenlîche   gie gegen ir nâher baz.
durch des hordes liebe   was der rât getân:
dar umbe riet die suone   der vil ungetriuwe man.
1115, 2 mit valsche gefüeget.
1116, 2 daz diu küniginne.
4   er solt ir wol von rehte sîn.
1117, 1 Dar nâch si beide fuoren,   Giselher unt Gêrnôt.
zwelf hundert mannen.

daz sin holen solden　　da er verborgen lac,
dâ sin der degen Albrich　　mit sinen besten vriunden pflac.

1118 Dô man die von Rîne　　nâch dem schatze komen sach,　　1058
Albrich der vil küene　　zuo sinen vriunden sprach　　(1131)
«wir geturren ir des hordes　　vor gehaben niht,
sît sin ze morgengâbe　　diu edele küneginne giht.

1119 Doch enwurde ez nimmer»　　sprach Albrich, «getân,
niwan daz wir übele　　dâ verlorn hân
samet Sifride　　die guoten tarnhût:
want die truoc alle zîte　　der schœnen Kriemhilde trût.

1120 Nu ist ez Sifride　　leider übele komen,
daz uns die tarnkappen　　der helt hete benomen
unt daz im muose dienen　　allez ditze lant.»
dô gie der kamerære　　da er die slüzzele vant.

1121 Ez stuonden vor dem berge　　die Kriemhilde man,
und ouch ein teil ir mâge.　　den scaz truoc man
dan zuo dem sewe　　an diu schiffelin:
den fuort man ûf den ünden　　unz ze berge an den Rîn.

1122 Nu muget ir von dem horde　　wunder hœren sagen:
swaz zwelf kanzwägene　　meiste mohten tragen
in vier tagen und nahten　　von dem berge dan.
ouch muose ir ietslîcher　　des tages drîstunde gân.

1117, 3 die in dâ holn solden.
1118, 1 Dô die von Rîne kômen　　in Nibelunge lant,
　　dô sprach zuo sinen mâgen　　Albrich al zehant
　　«wir mugen ir des hordes.
1119, 3 mit dem vil edeln recken.
　　4 die truoc von allem rehte.
1120, 1 Nu ist ez leider übele　　Sivride komen.
　　3　　mit vorhten ditze lant.
　　4　　da er des hordes slûzzel vant.
1121, 2　　den schaz truoc man dan
　　nider zuo den ünden.
　　4 den fuort man ûf dem sewe　　ûf ze berge unz in den Rîn.
1122, 3 viere tage lange.
　　4　　des tages niunstunden gân.

—

1118, 1 Dô si nâch dem schatze　　von Rîne quâmen,
　　dô sprach Albrich der küeno　　zuo sinen mâgen (34).
1120, 3 unde daz im muose　　dienen ditze lant.

1123 Ez enwas niht anders   wan gesteine unde golt.   1063
      unt ob man al die werlde   het dâ von versolt,   (1130)
      sin wære niht minner   einer marke wert.
      jane het es âne schulde   niht gar Hagene gegert.

1124 Der wunsch der lac dar under,   von golde ein rüetelin.
      der daz het erkunnet,   der möhte meister sin
      wol in aller werlde   über ietslichen man.
      der Albriches mâge   kom vil mit Gérnôte dan.

1125 Dô si den hort behielten   in Guntheres lant
      und sihs din küneginne   alles underwant,
      kamere unde türne   sin wurden vol getragen.
      man gehôrte nie daz wunder   von guote mére gesagen.

1126 Und wær sin tûsent stunde   noch alse vil gewesen,
      und solt der herre Sifrit   gesunder sin genesen,
      bi im wære Kriemhilt   hendeblôz bestân.
      getriuwer wibes künne   ein helt nie mére gewan.

1127 Dô si den hort nu hête,   dô brâhtes in daz lant
      vil unkunder recken.   jâ gap der vrouwen hant
      daz man sô grôzer milte   mére nie gesach.
      si pflac vil grôzer tugende: des man der küneginne jach.

1128 Den armen unt den richen   begonde si nu geben
      daz daz reite Hagene,   obe si solde leben
      noch deheine wîle,   daz si sô manigen man
      in ir dienst gewunne   daz ez in leide müese ergân.

1123, 2 unt ob man die werlt alle   het dâ von gesolt,
      sin wurde niht minre.
      4 jâne hete is Hagene   âne schulde niht gegert.
1124, 2 der daz het erkunnen.
      4   kom mit Gérnôte vil dan.
      5 Dô sich der herre Gérnôt   unt Giselher daz kint   (1135)
      des hordes underwunden,   do underwunden si sich sint
      des landes unt der bürge   unt maniges recken balt:
      daz muos in sider dienen   bêdiu durch vorht unt gewalt.
1125, 4 man gehôrt daz wunder   von guote mére nie gesagen.
1126, 4   ein helt nie mére noch gewan.
1127, 3 vil der vremden recken.
1128, 1   begunde si dô geben.
      4 ze dienste ir gewunne,   daz si des angest müesen hân.

1123, 4 jâne het is Hagene   niht âne schulde gegert.
1128, 1   begunde si geben (234).
      4 ze dienste gewunne.

1129 Dô sprach der künec Gunther   «ir ist lip unde guot: 1069
zwiu sol ich daz wenden   swaz si dâ mite getuot?   (1143)
ja erwarp ich daz vil kûme   daz si mir wart sô holt.
nu enruochen war si teile   bêdiu ir silber und ir golt.»

1130 Hagene sprach zem künige   «ez solde ein frumer man
decheinem einem wibe   niht des hordes lân.
si bringet ez mit gâbe   noch unz ûf den tac
dazz vil wol geriuwen   die küenen Burgonden mac.»

1131 Dô sprach der künic Gunther   «ich swuor ir einen eit
daz ich ir getæte   nimmer mêre leit,
und wil es fürbaz hüeten: si ist diu swester mîn.»
dô sprach aber Hagene   «lât mich den schuldigen sîn.»

1132 Ir sumelicher eide   wâren umbehuot.
dô nâmen si der witewen   daz kreftige guot:
Hagene sich der slüzzel   aller underwant.
daz zurnde ir bruoder Gêrnôt,   dô er daz rehte bevant.

1133 Dô sprach der herre Giselher   «Hagene hât getân
vil leides miner swester: ich sold iz understân.
unde wær er niht min mâc,   ez gienge im an den lip.»
iteniuwez weinen   tet dô Sifrides wip.

1134 Dô sprach der herre Gêrnôt   «ê daz wir immer sîn
gemüet mit disem golde,   wir soldenz in den Rin
allez heizen senken,   dazz immer wurde man.»
si gie vil klegeliche   für Giselher ir bruoder stân.

1135 Si sprach «vil lieber bruoder,   du solt gedenken mîn:
beidiu libes unde gnotes   soltu min voget sîn.»
dô sprach er zuo der vrouwen   «daz sol sin getân,
als wir nu komen widere;   wir haben ritennes wân.»

1129, 3 ich erwarbez vil kûme   daz si mir wart sider holt.
1131, 1 Des antwurt im Gunther.
    4   lât mich der schuldige sîn.
1132, 2   daz vil grôze guot.
    4 vil sêre ez zurnde Gêrnôt,   dô er daz rehte ervant.
1133, 1   miner swester hât getân
    Hagen sô vil der leide.
    3 unt wær er mir niht sippe.
1135, 2 des libes unt des guotes.
    3 er sprach «vil liebiu swester.
    4   wir hân ze ritenne wân.

1136 Der künic und sine mâge   rûmten dô daz lant,   1076
die aller besten drunder   die man inder vant: (1150)
niwan Hagene aleine,   der beleip dâ durch haz
den er truoc Kriemhilde,   unt tet vil willecliche daz.

1137 È daz der künic riche   wider wære komen,
die wile hete Hagene   den grôzen scaz genomen.
er saucten dâ ze Lôche   allen in den Rin.
er wânde er sold in niezen: des enkunde niht gesin.

1138 Die fürsten kômen widere,   mit in vil manic man.
Kriemhilt ir schaden grôzen   klagen dô began
mit meiden unt mit vrouwen: in was harte leit.
gerne wær ir Giselher   aller triuwen bereit.

1139 Dô sprâchen si gemeine   «er hât übele getân.»
erntweich der fürsten zorne   alsô lange dan
unz er gewan ir hulde.   sie liezen in genesen:
dône kunde im Kriemhilt   nimmer vinder gewesen.

1140 È daz von Tronege Hagene   den scaz alsô verbarc,
dô heten siz gevestent   mit eiden alsô starc,
daz er verholn wære   unz ir einer möhte leben.
sit enkunden sis in selben   noch ander niemen gegeben.

1136, 2 mit in die besten drunder.
3 niwan aleine Hagene,   der beleip dâ durch den haz
den er truoc der frouwen.
5 Die herren swuoren eide,   unz si möhten leben,   (1151)
daz si den schaz niht zeigen   noch niemen solden geben,
wan mit gemeinem râte   sô si des dûhte gnot.
des unnosen si in vliesen   durch ir gitecliehen muot.
1137, 1 È daz die künige widere   ze Rîne wæren komen.
2   den grôzen hort genomen.
er saucten dâ zeu loche.
4 er wânde in niezen eine: des enkunde sider niht gesin.
5 Ern mohte des hordes   sît gewinnen niht,   (1153)
daz den ungetriuwen   vil dicke noch geschiht.
er wânde in niezen eine,   die wil er möhte leben.
sit moht ers im selben   noch ander nieman gegeben.
1138, 4 do gebârten die degene   sam si im heten widerseit.
1139, 4 doch enkunde im Kriemhilt.
1140 fehlt.

1136, 2 die bezzisten drunder (187).

1141 Mit inteniuwen leiden   beswæret was ir muot,
    umbe ir mannes ende,   unt dô si ir daz guot
    alsô gar genâmen.   dô gestuont ir klage
    des libes nimmer mêre   unz an ir jungesten tage.

1142 Nâch Sifrides tôde,   daz ist alwâr,
    si wonde in manigem sêre   driuzehen jâr,
    daz si des recken tôdes   vergezzen kunde niht.
    si was im getriuwe: des ir diu meiste menige giht.

1141, 1 Mit iteniuwem leide.
      3   dô gestuont ir jâmers klage
    des libes immer mêre.
1142, 2 si was in mauigen leiden   unz in daz zwelfte jâr.
      3   mit klage nie vergaz.
    si was triuwen stæte   unt tet vil willecliche daz.
      5 Ein riche fürsten aptey   stifte vrou Uote   (1158)
    nâch Dancrâtes tôde   von ir guote,
    mit starken richen urborn,   als ez noch hiute hât,
    daz klôster dâ ze Lôrse,   des dinc vil hôhe an êren stât.
      9 Dar zuo gab ouch Kriemhilt   sit ein michel teil,   (1159)
    durch Sivrides sêle   unt umb aller sêle heil,
    golt und edel steine,   mit williger hant.
    getriuwer wip deheine   ist uns selten ê bekant.
    13 Sit daz diu frouwe Kriemhilt   ûf Gunther verkôs   (1160)
    unt doch von sinen schulden   den grôzen hort verlôs,
    dô wart ir herzenleide   tûsint stunde mêr.
    dô wære gerne dannen   diu frouwe edel unde hêr.
    17 Dô was der frouwen Uoten   ein sedelhof bereit   (1161)
    ze Lôrse bi ir klôster,   mit grôzer rîcheit.
    dar zôch sich diu witewe   von ir kinden sit,
    dâ noch diu frouwe hêre   begraben in eime sarke lit.
    21 Dô sprach diu küniginne   «vil liebiu tohter mîn,   (1162)
    sît du hie niht maht blîben,   sô soltu bî mir sîn
    ze Lôrse in mîme hûse,   und solt dîn weinen lân.»
    des antwurt ir Kriemhilt   «wem liez ich danne minen man?»
    25 «Den lâz et hie beliben»,   sprach frou Uote.»   (1163)
    «nune welle got von himelen,   sprach aber diu guote,
    «mîn vil liebiu muoter.   daz sol ich wol bewarn,
    wand er muoz fon hinnen   mit mir wærlîche varn.»
    29 Dô schuof diu jâmers riche   daz er wart ûf erhaben,   (1164)
    sîn edelez gebeine   wart ander stunt begraben
    ze Lôrse bi dem münster   vil werdeclîchen sît,
    dâ der helt vil küene   in eime langen sarke lit.

1142, 3 daz si des recken tôdes   vergezzen kunde niet.
    si was triuwen stæte,   als uns daz mære beschiet (34).

XX. ÂVENTIURE,
WIE KÜNIC ETZEL ZE BURGONDEN NÂCH KRIEMHILDE SANDE.

1143 Daz was in einen zîten   dô vrou Helche erstarp   1083
unt daz der künic Etzel   umb ein ander vrouwen warp: (1169)
dô rieten sîne vriunde   in Burgonden lant
zeiner stolzen witewen,   diu was vrou Kriemhilt genant.

1144 Sit daz erstorben wære   der schœnen Helchen lip,
si sprâchen «welt ir immer   gewinnen edel wip,
die hœhsten unt die besten   die künic ie gewan,
sô nemt die selben vrouwen: der starke Sifrit was ir man.»

1145 Dô sprach der künic riche   «wie möhte daz ergân,
sit ich bin ein heiden   unt des toufes nine hân?
so ist diu vrouwe kristen: dâ von lobet sis niht.
ez müese sîn ein wunder,   ob ez immer geschiht.»

1146 Dô sprâchen aber die snellen   «waz ob siz lihte tuot?
durch iuwern namen den hôhen   und iuwer michel guot
sô sol manz doch versuochen   an daz vil edele wip.
ir muget vil gerne minnen   den ir vil wætlichen lip.»

1147 Dô sprach der künic edele   «wem ist nu bekant
under iu bi Rîne   liute unde lant?»

1142, 33 In den selben zîten,   dô Kriemhilt solde
varn mit ir muoter   dar si doch solde,
dô muoste sie beliben,   als ez solde sîn.   (1165)
daz understuonden mære,   vil verre komen uber Rîn.

1143, 1 **Daz** geschah in den gezîten.
    2   ein ander wip warp.
    4 **zeiner werden witewen.**
1144, 3   die ie künic gewan,
  sô nemt die selben witewen.
1145, 1   wie kunde daz ergân.
    2 ·   unt toufes nine hân?
    3   unt tuot es lihte niht.'
1146, 4 **sô mugt ir gerne minnen**   den ir vil wunneclichen lip.
1147, 1 **Dô sprach der künic Etzel**   «wem ist under iu bekant
bi Rîne aller beste   liute unde lant?

1143, 2   ein andere warp.
1147, 1   wem ist bekant
under iu bi Rîne (234).

dô sprach von Bechelâren   der guote Rüedegêr
»ich hân erkant von kinde   die edelen küneginne hêr.

1148 Gunther und Gêrnôt,   die edelen ritter guot,   1088
der dritte heizet Giselher: ir ietslicher tuot   (1171)
swaz er der besten êren   und tugende mac begân:
ouch hânt ir altmâge   her daz selbe getân.»

1149 Dô sprach aber Etzel   »vriunt, du solt mir sagen,
op si in mînem lande   krône solde tragen.
und ist ir lip sô schœne   sô mir ist geseit,
den mînen besten vriunden   sol ez nimmer werden leit.»

1150 «Si gelichet sich mit schœne   wol der vrouwen mîn,
Helchen der vil richen.   jane könde niht gesin
in dirre werlde schœner   deheines küniges wip.
den si lobet ze vriunde,   der mac wol trœsten sinen lip.»

1151 Er sprach «sô wirb ez, Rüedegêr,   als liep als ich dir sî.
und sol ich Kriemhilde   immer geligen bi,
des wil ich dir lônen   sô ich beste kan:
sô hâstu minen willen   sô rehte verre getân.

1152 Ûzer miner kameren   sô heiz ich dir geben
daz du unt dine gesellen   vrœliche müget leben,
von rossen und von kleidern   allez daz du wil.
des heize ich iu bereiten   zuo der boteschefte vil.»

1153 Des antwurte Rüedegêr,   der marcgrâve rich,
»gerte ich dines guotes,   daz wære unlobelich.

1148, 1   die küenen ritter guot,
    Giselher der junge.
    3 swaz er der hôhen êren   mit tugenden kan begân.
    ouch hânt ir alten mâge   al daz selbe her getân.»
1149, 1 Dô sprach der künic riche.
    2 ob si ob minen landon.
    3 ist ir lip sô schœne   sô man mir hât geseit?
    des antwurt im Rüedegêr,   der recke küene unt gemeit.
1150, 2   unt kunde niht gesin.
    4   der mac wol trœsten den lip.
1151, 1   sô liep als ich dir sî.
    4   mit grôzen triuwen getân.
1152, 2 daz du unt dine geverten
    3 von kleidern und von rossen   des nim swaz du wil.
    des gib ich dir zwâre.

1148, 1   die rittære guot.

ich wil dîn bote gerne   wesen an den Rîn
mit min selbes guote,   daz ich hân von der hende dîn.»

1154 Dô sprach der künic riche   «nu wenne welt ir varn   1091
nâch der minneclichen?   got sol iuch bewarn   (1177)
der reise an allen êren,   unt ouch die vrouwen min.
des helfe mir gelücke,   daz si uns genædic müeze sin.»

1155 Dô sprach aber Rüedegêr   «ê wir rûmen daz lant,
wir müezen ê bereiten   wâfen unt gewant,
alsô daz wirs êre   vor fürsten mügen hân.
ich wil ze Rine füeren   fünf hundert wætlicher man.

1156 Swâ man zen Burgonden   mich unt die mine sehe,
daz ir ietslîcher   danne dir des jehe,
daz nie künic deheiner   alsô manigen man
sô verre baz gesande   dan du ze Rine habest getân.

1157 Und ob duz, künic riche,   dar umbe niht wil lân,
si was ir edelen minne   Sîfride undertân,
dem Sigemundes kinde: den hâstu hie gesehen:
man moht im grôzer êren   mit rehter wârheite jehen.»

1158 Dô sprach der künic Etzel   «was si des recken wip,
sô was wol alsô tiure   des edelen fürsten lîp,
daz ich niht versmâhen   die küneginne sol.
durch ir grôzen schœne   sô gevellet si mir wol.»

1159 Dô sprach der marcgrâve   «sô wil ich iu daz sagen,
daz wir uns heben hinnen   in vier unt zweinzec tagen.
ich enbiute iz Gotelinde,   der lieben vrouwen min,
daz ich nâch Kriemhilde   selbe bote welle sin.»

1153, 4   des soltu gar ân angest sîn.
1154, 1 Dô sprach der künic Etzel.
    2 nâch der vil minneclîchen.
1155, 1   ê ich rûme ditze lant.
    3 schilde unde sätele,   des wir êre hân.
    4   fünf hundert miner küenen man.
1156, 1 Swâ man in vremden landen.
1157, 1 Ob duz, künic riche,   dar umb niht wellest lân.
    4 man muose im grozer êren.
1158, 1 Dar umbe ich si niht vremde.
    2 jâ was wol alsô tiure   sin vil edel lip.
1159, 1 Sô wil ich iu die wârheit,   sprach Rüedegêr dô, sagen,
    daz wir hinnen riten.

1160 Hin ze Bechelâren   sande Rüedegêr.   1100
(1183)
dô wart diu marcgrávinne   trûrec unde hêr.
erubôt ir daz er solde   dem künige werben wîp:
si gedâhte minneclîche · an der schœnen Helchen lîp.

1161 Dô diu marcgrávinne   die boteschaft vernam,
ein teil was ir leide,   weinens si gezam,
ob si gewinnen solde   vrouwen alsam ê.
sô si gedâht an Helchen,   daz tet ir inneclîche wê.

1162 Rüedegêr von Ungern   in siben tagen reit.
des was der künec Etzel   vrô unt gemeit.
dâ zer stat ze Wiene   bereite man in wât.
done mohte er sîner reise   dô niht langer haben rât.

1163 Dâ ze Bechelâren   im warte Gotelint:
diu junge marcgrâvinne,   daz Rüedegêres kint,
sah ir vater gerne   unde sîne man:
dô wart ein liebez pîten   von schœnen kinden getân.

1164 Ê daz der edel Rüedegêr   ze Bechelâren reit
ûz der stat ze Wiene,   dô wâren in diu kleit,
rehte volleclîchen   ûf den soumen komen:
die fuoren in der mâze   daz in wart wênic iht genomen.

1165 Dô si ze Bechelâren   kômen in die stat,
die sînen reisgesellen   herebergen bat

1160, 2 boten sîme wîbe,   der marcrâvinne hêr,
      unt eubôt ir daz er solde.
   4 si gedâhte friuntlîche   an der guoten Helchen lîp.
1161, 2 der mære si sich freute,   doch weinens si gezam.
    3   noch frouwen alsam ê.
    4   daz tet Gotlinde wê.
1162, 1 Uzer Hiunin lande   der marcgrâve reit.
    4 die er füeren solde,   als man uns gesaget hât.
1163, 3   unt ouch sîne man.
1164, 1 Dô der marcgrâve.
    2 dô was in mit vlîze   ir gewæfen unt ir kleit
      bereitet gar ze wunsche   im unt sînen man.
      ir soumer ûf der strâze   sah man mit in zogen dan.

1162, 4 dône wart sîn reise   dô niht langer gespart (20).
1164, 2   dô wâren in diu kleit
      rehte volleclîchen   ûf den soumen komen:
      die sach man ûf der strâze   harte hêrlîchen zogen (46).

der wirt vil minneclichen   unt schuof in guot gemach.
Gotelint diu rîche,   den wirt si gerne komen sach.

1166 Sam tet sin liebiu tohter,   diu junge marcgrâvin: 1106
derne kunde nimmer   sin komen lieber sin.   (1149)
die helde ûz Hiunen lande,   wie gerne si si sach!
mit lachendem muote   diu edele juncvrouwe sprach

1167 «Nu si uns grôze willekomen   min vater und sine man.»
dô wart ein schœne danken   mit vlize dâ getân
der jungen marcgrâvinne   von manigem ritter guot.
vil wol wesse Gotelint   des herren Rüedegêres muot.

1168 Dô si des nahtes nâhen   bî Rüedegêre lac,
wie güetliche vrâgen   diu marcgrâvinne pflac,
war in gesendet hête   der künic von Hiunen lant!
er sprach «min vrou Gotelint,   ich tuon dirz gerne bekant.

1169 Dâ sol ich mîne herren   werben ein ander wîp,
sit daz ist erstorben   der schœnen Helchen lîp.
ich wil nâch Kriemhilde   riten an den Rin:
diu sol hie zen Hiunen   gewaltec küniginne sin.»

1170 «Daz wolde got», sprach Gotelint,   «und möhte daz geschehen,
sit daz wir ir hœren   sô maniger êren jehen.
si ergazte uns mîner vrouwen   lihte in alten tagen:
ouch möhte wir si gerne   zen Hiunen krône lâzen tragen.»

1165, 4   den wirt si niht zungerne sach.
1166, 2 diu enkunde ir vater künfte   niht hôhers muotes sin.
die von Hiunen landen,   wie gerne si die sach!
mit lachendem munde   diu süeze juncfrouwe sprach.
1167, 2 dô wart vil grôze danken   mit vlize getân
des marcgrâven kinde   von manigem recken guot.
vil wol erkande Gotelint   des guoten Rüedegêres muot.
1168, 2 vil minnecliche vrâgen   in diu frouwe pflac.
4 er sprach «min liebiu frouwe,   daz sol werden dir bekant.
1169, 1 Ich sol mîme herren   werben umbe ein wip.
2   mîner frouwen lîp.
1170, 1   möht uns daz heil geschehen.
2   sô grôzer êren jehen.
4 mit ir hôhen tugenden,   daz wir müesin si verklagen.

1166, 1 Same tet sin tohter (189).
1169, 1 Dâ sol ich mîme herren   werben ein wip.
1170, 4 mit ir hôhen tugenden   nâch grôzem unseren schaden (20).

1171 Dô sprach der marcgrâve   «triutinne mîn,   1111
die mit mir suln rîten   hinnen an den Rîn,   (1194)
den sult ir minneclîche   bieten iuwer guot.
sô helde varent rîche,   sô sint si hôhe gemuot.»

1172 Si sprach «ez ist deheiner   derz gerne von mir nimt,
ine gebe ir ietslîchem   swaz im wol gezimt,
ê daz ir hinnen scheidet   und ouch iuwer man.»
dô sprach der marcgrâve   «daz ist mir liebe getân.»

1173 Hey waz man rîcher pfellel   von ir kamere truoc!
der wart den edelen recken   ze teile dô genuoc,
erfullet vlîzeclîchen   von halse unz ûf den sporn.
die im dar zuo gevielen,   die het im Rüedegêr erkorn.

1174 An dem sibenden morgen   von Bechelâren reit
der wirt mit sînen recken.   wâfen unde kleit
fuorten si den vollen   durh der Beier lant.
si wurden ûf der strâzen   durch rouben selten an gerant.

1175 Inre tagen zwelfen   si kômen an den Rîn.
done kunden disiu mære   niht verholen sîn.
man sagetez dem künige   unde sînen man,
dô kœmen vremde geste.   der wirt dô vrâgen began,

1176 Ob iemen si bekande,   daz manz im solde sagen.
man sah ir soumære   sô rehte swære tragen:

1171, 3 den sult ir friuntlîche.
     4   sô sint si vrœlich gemuot.
1172, 1   derz von mir gerne nimt.
     3   mit den iuwern man.
        daz si dem wirte lobte,   daz wart mit vlîze getân.
1173, 1 Hey waz man dô von kamere   der rîchen pfellil truoc!
        der wart mit den recken   geteilet dô genuoc.
     4 die im dâ zuo behageten.
1174, 2 der wirt mit sînen degenen.
     5 Dû die helede fuoren,   niemen in niht nam.   (1195)
        man möht in dannen dienen   als in wol gezam.
        ritter unde knehte   die wûren wol gekleit.
        der guote marcgrâve   alsus von Bechelâren reit.
1175, 3 wan sagte dem künige   unt ouch sînen man,
        dâ kœmen hôhe geste.

. .   . . . .

1172, 3   unt iuwere man.

daz si vil rîche wâren,   daz wart dâ wol bekant.
man schuof in herberge   in der wîten stat zehant.

1177 Dô die vil unkunden   wâren in bekomen,   1117
dô wart der selben herren   vaste war genomen.   (1201)
si wundert wannen füeren   die recken an den Rîn.
der wirt nâch Hagenen sande,   ob si im kündee möhten sîn.

1178 Dô sprach der von Tronege   «in hân ir niht gesehen.
als wir si nu geschouwen,   ich kan iu wol verjehen,
von swannen si rîten   her in ditze lant.
si sulen sîn vil vremde,   ine habe si schiere bekant.»

1179 Den gesten herberge   wâren nu genomen.
in vil rîchiu kleider   was der bote komen
und sîne hergesellen.   ze hove si dô rîten;
si fuorten guotiu kleider   vil harte spæhe gesniten.

1180 Dô sprach der snelle Hagene   «als ich mich kan verstân,
wand ich den herren lange   niht gesehen hân,
si varent dem geliche   sam ez sî Rüedegêr,
von hiunischen landen   der degen küene unde hêr.»

1181 «Wie sol ich daz gelouben»,   sprach der künic zehant,
«daz der von Bechelâren   kœme in ditze lant?»
als der künic Gunther   die rede vol gesprach,
Hagene der küene   den guoten Rüedegêren sach.

1176, 3 daz si vil rîche wæren.
     4 man hiez si herbergen   dâ ze Wormez al zehant.
1177, 1 Dô die geste wâren   zen herebergen komen,
     dô wart ir gevertes.
     4   ob ez im kündic möhte sîn.
1178, 1   nu lât mich si sehen.
     als ich si nu geschouwe.
     3 von swannen si gesendet   sîn in ditze lant.
1179, 1 Inlende hêten   die geste nu genomen.
     3 mit sînen hergesellen.
     4   wol unt spæhe gesniten.
1180, 2 wande ich die helde lange.
     3   als ez sî Rüedegêr,
     von hiunischen rîchen.
1181, 1 Wie solde ich des getrouwen.
     3 ê daz der künic rîche.

1176, 4   in Wormz der wîten zehant.
1179, 4   unde spæhe gesniten.

1182 Er unt sîne vriunde   liefen alle dan,   1122
     dô sach man von den rossen   fünf hundert ritter stân.   (1206)
     dô wurden wol enpfangen   die von Hiunen lant.
     boten nie getruogen   alsô hêrlich gewant.

1183 Dô sprach harte lûte   von Tronege Hagene
     «nu sîn gote willekomen   dise degene,
     der voget von Bechelâren   unt alle sîne mân.»
     der antpfanc wart mit êren   den snellen Hiunen getân.

1184 Des küniges næhsten mâge   die giengen dâ mans sach.
     Ortwîn von Metze   zuo Rüedegêre sprach
     «wir haben in aller wîle   mêre nie gesehen   ·
     geste hie sô gerne: des wil ich wærliche jehen.»

1185 Des gruozes si dô dancten   den recken über al.
     mit den hergesinden   si giengen in den sal,
     dâ si den künic funden   bî manigem küenen man.
     der herre stuont von sedele: daz was durch grôze zuht getân.

1186 Wie rehte zühteclîchen   er zuo den boten gie!
     Gunther unde Gêrnôt   vil vlîzeclich enpfie
     den gast mit sînen mannen,   als im wol gezam.
     den guoten Rüedegêre   er bî der hende genam.

1187 Er brâht in zuo dem sedele   dâ er selbe saz:
     den gesten hiez man scenken   (vil gerne tet man daz)

1182, 1 Mit sînen besten friunden   lief er zuo zim dan.
        man sach fünf hundert degene   von den rossen stân.
1183, 1 Dô sprach in hôher stimme   der herre Hagene
        «nu sîn grôze willekomen.
      4 daz grüezen wart mit êren.
1184, 1   kômen dâ man si sach.
1185, 1   den helden über al.
        mit dem hergesinde.
      4 der wirt dô von dem sedele   gie gegen Rüedegêre dan.
1186, 1 Wie rehte friuntlîche   er den gast enpfie
        unt alle sîne degene!   Gêrnôt dô niht enlie,
        ern enpfienge in ouch mit êren,   unt alle sîne man.
        der künic Rüedegêre   fuorte bî der hende dan.
1187, 2   mit willen tet man daz.

1182, 2 man sach von den rossen   fünf hundert ritter stân.
1185, 4 der herre stuont von sedele   als sînen zühten gezam (20).
1186, 3 den gast mit hôhen êren   unde sîne man.
        der künic Rüedegêre   bî der hende genam (14).

mete den vil guoten   unt den besten win,
den man kunde vinden   in dem lande al umben Rin.

1188 Giselher und Gêre   die wâren beide komen: 1128
Dancwart unde Volkêr   die hêten vernomen   (1212)
umbe dise geste: si wâren vrô gemuot.
si enpfiengen vor dem künige   die ritter edele unde guot.

1189 Dô sprach zuo sîne herren   von Tronege Hagene
«ez solden immer dienen   dise degene
daz uns der marcgrâve   ze liebe hât getân:
des solde lôn enpfâhen   der schœnen Gotelinde man.»

1190 Dô sprach der künic Gunther   «ine kan daz niht verdagen.
wie si sich gehaben beide,   daz sult ir mir sagen,
Ezel unde Helche   ûzer Hiunen lant.»
dô sprach der marcgrâve   «ich tuonz iu gerne bekant.»

1191 Dô stuont er von dem sedele   mit allen sînen man.
er sprach zuo dem künige   «und mac daz sîn getân,
daz ir mir, fürste, erloubet,   sone wil ich niht verdagen
diu mære diu ich bringe   sol ich iu willeclîchen sagen.»

1192 Er sprach «swaz man uns mære   bî iu enboten hât,
diu erloube ich iu ze sagene   âne vriunde rât.
ir sult si lâzen hœren   mich unt mîne man,
wand ich iu aller êren   hie ze werbenne gan.»

1193 Dô sprach der bote biderbe   «iu enbiutet an den Rin
getriuwelîchen dienest   der grôze voget mîn,

1187, 4 den iemen vinden kunde.
1188, 1   die bêde wâren komen.
     2   die heten wol vernomen
     von den werden gesten,   si wæren hôchgemuot.
1189, 1   der degen Hagene.
     2 '   alle iuwer degene.
     4 des solde man enpfâhen   wol den Gotelinde man.
1190, 1   ine kan niht langer dagen.
     4   ich solz iu sagen hie zehant.
1191, 2   lât mih urloup hân
     ze sagene solhiu mære,   dar umbe ich bin gesant
     von deme künic Etzel   her zuo der Burgonden lant.
1193, 1 Dô sprach der bote hêre.

1188, 3 umbe die geste.
1191, 3 daz ir mir, fürste, erloubet,   sô wil ich mære sagen
     durch waz uns mîn herre   gesant zen Burgonden habe (34).

dar zuo allen vriunden   die ir müget hân:
ouch ist disiu boteschaft   mit grôzen triuwen getân.

1194 Iu bat der künic edele   klagen sîne nôt.   1134
       sîn volc ist âne freude;   mîn vrouwe diu ist tôt,   (1218)
       Helche diu vil rîche,   mînes herren wîp,
       an der nu ist verweiset   vil maniger juncvrouwen lîp,

1195 Kint der edelen fürsten,   diu si gezogen hât:
       dâ von iz inme lande   vil jæmerlîchen stât.
       din hânt nu leider niemen   der ir mit triuwen pflege.
       des wæn ouch sich vil seine   des küniges sorge gelege.»

1196 «Nu lôn im got», sprach Gunther,   «daz er den dienest sîn
       sô willeclîch enbiutet   mir unt den vriunden mîn.
       den sînen gruoz ich gerne   hie vernomen hân:
       daz sulen gerne dienen   beide mâge unt mîne man.»

1197 Dô sprach von Burgonden   der recke Gêrnôt
       «die werlt mac immer riuwen   der schœnen Helcheu tôt,
       durch ir vil manige tugende,   der si kunde pflegen.»
       der rede gestuont im Hagene,   der vil zierlîche degen.

1198 Dô sprach aber Rüedegêr,   der edele bote hêr,
       «sît ir mir, künic, erloubet,   ich sol iu sagen mêr
       waz iu mîn lieber herre   her enboten hât,
       sît im sîn dinc nâch Helchen   sô rehte kumberlîchen stât.

1199 Man sagete mînem herren,   Kriemhilt sî âne man,
       her Sîfrit sî erstorben.   und ist daz sô getân,

1193, 3 unt allen iuwern friunden.
     4 und wizzet, disiu boteschaft   ist in triuwen gar getân.
1194, 2 sîniu lant sint verweiset.
     3   ein küniginne hêr,
        nâch der mîn herre lidet,   daz wizzet, ungefüegiu sêr.
1195, 2 dar an ez inme lande.
1196, 3 sînen gruoz ich gerne.
     4 den mir enbiutet Etzel: des sol er grôz genâde hân.
1197, 1   der herre Gêrnôt:
       die werlt mac wol riuwen.
     3 durch ir manige tugende,   der si wol kunde pflegen.
1198, 4 sît im nâch mîner frouwen   sîn dinc sô kumberlîchen stât.
1199, 1   iwer swester sî âne man,
       Sîvrit sî erstorben.   ist daz alsô getân,

1194, 3   mînes herren kone.
       die hât der tôt uns allen   ze grôzem leide benomen (36).

wolt ir ir des gunnen,   sô sol si krône tragen   ·
vor Etzelen recken: daz hiez ir mîn herre sagen.»

1200 Dô sprach der künic rîche   (wol gezogen was sîn muot) 1140
«si hœret mînen willen,   ob siz gerne tuot.   (1224)
den wil ich iu künden   in disen drîen tagen.   ·
ê ihz an ir erfunde,   zwiu solde ich Etzeln versagen?»

1201 Die wîle man den gesten   hiez schaffen guot gemach.
in wart dâ sô gedienet,   daz Rüedegêr des jach
daz er dâ friunde hête   under Guntheres man.
Hagene im diente gerne: er hete im ê alsam getân.

1202 Alsus beleip dô Rüedegêr   unz an den dritten tac.
der künic nâch râte sande   (vil wîslîch er pflac),
und ob ez sîne mâge   dûhte gût getân
daz Kriemhilt nemen solde   den künic Etzeln ze man.

1203 Si rietenz al gemeine,   niwan Hagene,
der sprach ze Gunthêre   deme degene
«habt ir rehte sinne,   sô wirt ez wol behuot,
ob sis joch volgen wolde,   daz irz nimmer getuot.»

1204 «War umbe?» sprach dô Gunther,   «solde ihs volgen niht?
swaz der küneginne   liebes geschiht,
des sol ich ir wol gunnen: si ist diu swester mîn.
wir soldenz selbe werben,   op ez ir êre möhte sîn.»

1205 Dô sprach aber Hagene   «nu lât die rede stân.
het ir Etzeln künde,   als ich sin künde hân,

1199, 3 sô sol mîn frou Kriemhilt   die rîchen krône tragen
       vor den Etzeln recken: diz bat iu der künic sagen.
1200, 2 sô hœret mînen willen.
     3   in disen siben tagen.
1201, 3   bî Guntheres man.
     4   er hete im alsam getân.
1202, 1   unz an den vierden tac.
     2   wie wîslîch er pflac
       vrâgen sîne mâge,   ob si dûhte guot getân.
1203, 1   wan eine Hagene.
1205, 2 unt het ir Etzeln künde.

————————————

1203, 1   wane Hagene.

sol si in danne minnen,   als ich iuch hœre jehen,
sô ist iu aller êrste   von schulden sorgen geschehen.»

1206 «War umbe?» sprach dô Gunther.   «ich behüete wol daz,   1146
daz ich im kome sô nâhen   daz ich deheinen haz   (1230)
von ime dulden müese,   und wurde si sin wip.»
dô sprach aber Hagene   «ez gerætet nimmer min lip.»

1207 Man hiez nâch Gêrnôte   und Giselhere gân,
ob die herren beide   dûhte guot getân ·
daz Kriemhilt nemen solde   den richen künic hêr.
noch widerreitez Hagene   und ander niemannes mêr.

1208 Dô sprach von Burgonden   Giselher der degen
«nu muget ir, vriunt Hagene,   noch der triuwen pflegen:
ergetzet si der leide   und ir ir habet getân.
an swiu ir wol gelunge,   daz solt ir ungevêhet lân.»

1209 «Jâ habet ir miner swester   getân sô manegiu leit»,
sô sprach aber Giselher,   der recke vil gemeit,
«daz si des hete schulde   ob si iu wære gram.
nie man deheiner vrouwen   noch mêre freuden benam.»

1210 «Daz ich dâ wol bekenne,   daz tuon ich iu kunt.
sol si nemen Etzel,   gelebet si an die stunt,
si getuot uns noch vil leide,   swie siz getraget an.
jâ wirt ir dienende   vil manic wætlicher man.»

1211 Des antwurte Hagenen   der küene Gêrnôt
«ez mag alsô belîben   unz an ir beider tôt,

1205, 3 solt si in danne minnen.
       4 sô wære iu aller êrste.
1206, 1   ich behüet wol immer daz.
       3 von im müese dulden.
1207, 2 ob der frouwen brüeder.
1208, 4 swar an ir wol gelunge.
1209, 1   getân sô starkiu leit.
       2   der degen vil gemeit.
       4   mêre frenden noch genam.
1210, 3 si getuot uns leide.
       4 ja gewinnet si ze dienste,   daz wizzet, manigen küenen man.
1211, 1   der herre Gêrnôt.

1210, 3 si getuot uns noch leide.

daz wir geriten nimmer   in Etzelen lant.
wir suln ir sin getriuwe: daz ist zen êren uns gewant.»

1212 Dô sprach aber Hagene   «mir mac niemen widersagen.   1152
und sol diu edele Kriemhilt   Helchen krône tragen,   (1236)
si getuot uns leide,   swie si gefüeget daz.
ir sult iz lân beliben: daz zimet iu recken michel baz.»

1213 Mit zorne sprach dô Giselher,   der schœnen Uoten sun,
«wir suln doch niht alle   meinlichen tuon.
swaz êren ir geschæhe,   vrô solten wir des sin.
swaz ir geredet, Hagene,   ich diene ir durch die triuwe min.»

1214 Dô daz gehôrte Hagene,   dô wart er ungemuot.
Gêrnôt und Giselher,   die stolzen ritter guot,
und Gunther der riche   ze jungest reiten daz,
ob ez lobete Kriemhilt,   si woltenz lâzen âne haz.

1215 Dô sprach der fürste Gêre   «ich wilz der vrouwen sagen,
daz si ir den küenec Etzel   lâze wol behagen.
dem ist sô manic recke   mit vorhten undertân:
er mac si wol ergetzen   swaz ir leides ist getân.»

1216 Dô gie der snelle recke   da er Kriemhilde sach.
si enpfie in güetliche: wie balde er dô sprach!
«ir muget mich gerne grüezen   und geben botenbrôt.
iuch wil gelücke scheiden   ûz aller inwerre nôt.

1211, 3 daz wir geriten immer.
    4 wir suln ir leisten triuwe.
1212, 1   mir kan niemen widersagen
    unt sol diu frouwe Kriemhilt.
    4   daz kumt iu recken michel baz.
1213, 1   der edeln Uoten sun,
    «wir ensulen niht alle.
    3 swaz liebes ir geschæhe.
1214, 1 Dô daz Hagene hôrte.
    3   gerieten sider daz,
    ob siz loben wolde,   daz siz liezen âne haz.
1215, 1 Dô sprach der küene Gêre   «sô wil ich hine gàn
    unt wil mine frouwen   die rede wizzen làn,
    waz ir der künic Etzel   her enboten hât,
    ob si in nemen welle: daz si mit triuwen unser ràt.
1216, 2 si enpfie in minnecliche.
    4   ûzir aller iuwer nôt.

1214, 4 obe si ez lobete.
1215, 1 Dô sprach der fürste Gêre   «ich wilz der vrouwen sagen,
    waz ir der künic Etzel   her enboten habe (35).

1217 Ez hât durch iuwer minne,   vrouwe, her gesant   1157
ein der aller beste   der ie küneges lant   (1241)
gewan mit vollen êren   oder krône solde tragen:
ez werbent ritter edele.   daz hiez iu iuwer bruoder sagen.»

1218 Dô sprach diu jâmers riche   «iu sol verbieten got,
und allen minen vriunden,   daz si deheinen spot
an mir armer üeben.   waz sold ich einem man
der ie herzen liebe   von guotem wibe gewan?»

1219 Si widerreit ez sêre.   dô kômen aber sint
Gêrnôt ir bruoder   unt Giselher daz kint.
die bâten minnecliche   trœsten si den muot:
ob si den künic genæme,   ez wær ir wærlichen guot.

1220 Überwinden kunde   niemen dô daz wip,
daz si minnen wolde   deheines mannes lip.
dô bâten si die degene   «nu lâzet doch gescehen,
ob ir anders niht getuot,   daz ir den boten ruochet sehen.»

1221 «Daz enwil ich niht versprechen»,   sprach daz edele wip,
«ich ensehe gerne   den Rüedegêres lip
durch sine manige tugende.   wær er niht her gesant,
swerz ander boten wære,   dem wær ich immer unbekant.»

1222 Si sprach «ir sult in morgen   heizen her gân
zuo miner kemenâten.   ich wil in hœren lân
vil gar den minen willen   sol ich im selbe sagen.»
ir wart erteniuwet   daz ir vil grœzliche klagen.

1217, 3 besaz mit vollen êren.
    4 ez werbent boten edele.   daz hiezen iu die künige sagen.
1218, 2 unt andern minen friunden.
1219, 4 ob si den künic næme.
1220, 1 Überwinden niemen   kunde dô daz wip.
    3 dô bâten si die recken.
    4 ob ir niht anders wellet tuon,   sô sult ir Rüedegèren sehen.
1221, 1   ine welle in gerue sehen,
    den guoten Rüedegèren,   das lâz ich wol geschehen.
    4 swerz ander boten wæren,   den wær ich immer unbekant.
1222, 3 wes ich mich habe berâten   wil ich im denne sagen.

1218, 2 unde minen vriunden.
1219, 2 Gêrnôt ir bruoder   unt Giselher daz kint
    bâten minneclìche   trœsten sie den muot.
1221, 1   ine welle gerne
    sehen Rüedegèren,   den guoten herren (35).

1223 Dô gert ouch niht anders   der edele Rûedegêr   1163
     wan daz er gesæhe   die küneginne her: (1247)
     er weste sich sô wîsen,   ob ez immer sold ergân,
     daz si sich den recken   überreden müese lân.

1224 Des andern morgens vrüeje,   dô man die messe sanc,
     die edelen boten kômen.   dô wart dâ grôz gedranc.
     die mit Rûedegêre   ze hove solden gân,
     der sah man dâ gekleidet   vil manigen hêrlichen man.

1225 Kriemhilt diu hêre   und vil trûrec gemnot,
     si warte Rûedegêre,   dem edelen boten guot.
     der vant si in der wæte   die si alle zîte truoc:
     dâ bî truoc ir gesinde   rîcher kleider genuoc.

1226 Si gienc im engegene   zuo der türe stân,
     und enpfie vil güetliche   den Etzelen man.
     niwan selbe zwelfter   er dar in zuo ir gie.
     man bôt im grôzen dienest: irn kômen hôher boten nie.

1227 Man hiez den herren sitzen   unde sîne man.
     die zwêne marcgrâven   sah man vor ir stân,
     Eckewart und Gêren,   die edelen recken guot.
     durch die hûsvrouwen   si sâhen niemen wol gemuot.

1223, 1 Dô engert ouch nihtes mère.
     2 niwan daz er gesæhe.
     3   daz er wol an getragen
       mohte swaz er wolde: ir rede im muose wol behagen.
1224, 1 Des anderen morgens,   do man fruomesse sanc.
     4 der sach man wol gekleidet   manigen hêrlichen man.
1225, 1 Kriemhilt diu vil arme,   diu trûric gemuot.
     4 dâ bî het ir gesinde.
1226, 1 Si gie im hin begegene.
     2 unt enpfie vil liepliche.
     3 niwan mit zwelf gesellen   man in dar in verlie.
       man bôt im michel êre: ir kom ein hôher bote nie.
1227, 1 Man bat den herren sitzen.
     2   sach man vor in stân,
       Gêrn unt Ecgewarten: daz schuof die künigin.
       die selben boten kunden   nimmer baz gewirdet sîn.

1223, 1 Dô gert ouch niwihtes (192).
     3   daz er wol an behaben
       mit sîner rede môhte,   daz ez ir müese behagen (35).
1227, 3   die edelen recken guot.
       den boten von den Hiunen   man ez güetlich enbôt (47).

1228 Si sâhen vor ir sitzen   vil manic schœne wip.   1168
dô pflac niwan jâmers   der Kriemhilde lîp.   (1252)
ir wât was vor den brüsten   der heizen trähene naz.
der edele marcgrâve   wol sah an Kriemhilde daz.

1229 Dô sprach der bote hêre   «vil edeles küniges kint,
mir unt mînen gesellen,   die mit mir komen sint,
sult ir daz erlouben,   daz wir vor iu stân
und sagen iu diu mære   nâch wiu wir her geriten hân.»

1230 «Nu sî iu erloubet»,   sprach diu künegin,
«swaz ir reden wellet.   alsô stât mîn sin,
daz ich ez gerne hœre: ir sît ein bote guot.»
die andern dô wol hôrten   ir unwilligen muot.

1231 Dô sprach von Bechelâren   der fürste Rüedegêr
«mit triuwen grôze liebe   Ezel ein künic hêr
hât iu enboten, vrouwe,   her in ditze lant:
er hât nâh iuwer minne   vil guote recken her gesant.

1232 Er enbiut iu inneclîche   liep âne leit:
stæter vriuntschefte   der sî er iu bereit,
als er ê tet vroun Helchen,   diu im ze herzen lac.
jâ hât er nâch ir tugenden   vil dicke unvrœlîchen tac.»

1228, 1 Dô si dâ wol gesâzen   unt sâhen manic wîp,
dô pflac niwan weinens.
4 daz sach der marcgrâve: der helt niht langer dô dâ saz.
1229, 1 Er sprach in grôzen zühten.
2 mir unt mînen geverten.
3 sult ir, frouwe, erlouben,   daz wir für iuch stân,
4   durch waz wir her geriten hân.
1230, 2 ze sagen iuwer mære.
3 sprechet swaz ir wellet,   des iuch dunke guot.
die boten an ir wol sâhen   ir vil trûrigen muot.
1231, 2 dienst unde triuwe.
4   vil guote degene gesant.
1232, 1 Unt enbiut iu inneclîche   freude âne leit.
der stæten friuntschefte   sî er iu bereit,
als Helchen mîner frouwen.
4 ir sult nu tragen krône   der mîn frouwe wîlen pflac.

1228, 4 der edele marcgrâve   wol ir unmuot gesach (21).
1229, 3 sult ir erlouben.
4 unde sagen iu mære.
1231, 4   vil guote recken gesant.

1233 Dô sprach diu küneginne   «marcgrâve Rüedegêr,   1173
    wær iemen der bekande   diu mînen scharpfen sêr,   (1257)
    der biete mich niht triuten   noch deheinen man.
    jâ vlôs ich ein den besten   den ie vrouwe gewan.»

1234 «Waz mac ergetzen leides»,   sprach der vil küene man,
    «wan friuntliche liebe   swer die kan begân,
    unt der dan einen kiuset   der im ze rehte kumet?
    vor herzenlicher leide   niht sô grœzliche frumet.

1235 Und geruochet ir ze minnen   den edelen herren mîn,
    zwelf vil richer krône   sult ir gewaltec sîn.
    dar zuo gît iu mîn herre   wol drizec fürsten lant,
    diu elliu hât betwungen   sîn vil ellenthaftiu hant.

1236 Ir sult ouch werden vrouwe   über manigen werden man,
    die mîner vrouwen Helchen   wâren undertân,
    und über manige vrouwen,   der si het gewalt,
    von hôher fürsten künne»,   sprach der küene degen balt.

1237 «Dar zuo gît iu mîn herre,   daz heizet er iu sagen,
    ob ir geruochet krône   bî dem künige tragen,
    gewalt den aller hœhsten,   den Helche ie gewan:
    den sult ir gewaldecliche   haben vor Etzelen man.»

1238 Dô sprach diu küneginne   «wie möhte mînen lîp
    immer des gelusten   deich wurde heledes wîp?

1233, 1   vil edel Rüedegèr.
    3 der riete mir niht triuten.
    4 wan ich vlôs ein den besten   den ie frouwe mèr gewan.
1234, 1   sprach dô der küene man.
    3 unt dann der einen kiuset.
    4 für herzenliche swære.
1235, 1 Unt ruochet ir ze minnen   den bôhen voget mîn,
    zwelf richer krône   sult ir frouwe sîn.
    4 diu hât er betwungen   mit sîner ellenthaften hant.
1236, 1   über manigen küenen man,
    die ouch mîner frouwen.
    3 unt vil der schœnen mägede.
    4 unt hôher recken mägen,   edel küen unde balt.
1237, 1 Dar zuo iu mîn herre gît.
    4   hân ob allen sînen man.

1236, 2 di è mîner frouwen (236).
    3 unde vil der frouwen.

mir hât der tôt an einem   sô rehte leit getân,
des ich unz an mîn ende   muoz unvrœlîche stân.»

1239 Dô sprâchen aber die Hiunen   «küneginne rîch,   1179
iwer leben wirt bî Etzeln   sô rehte lobelîch,   (1263)
daz ez iuch immer wünnet,   ist daz ez ergât:
want der künic rîche   vil manigen zieren degen hât.

1240 Helchen juncvrouwen   unt iuwer magedîn,
solten die bî ein ander   ein gesinde sîn,
dâ bî möhten recken   werden wol gemuot.
lât ez iu, vrouwe, râten: ez wirt iu wærlîchen guot.»

1241 Si sprach in ir zühten   «nu lât die rede stân
unze morgen vrüeje.   sô sult ir here gân:
ich wil iu antwurten   des ir dâ habet muot.»
des muosen dô gevolgen   die recken küen unde guot.

1242 Dô si zen herbergen   alle kômen dan,
dô hiez diu edele vrouwe   nâch Giselhere gân,
und ouch nâch ir muoter.   den beiden sagt si daz,
daz si gezæme weinen   und niht anderes baz.

1243 Dô sprach ir bruoder Giselher   «swester, mirst geseit,
und wilz ouch wol gelouben,   daz elliu dîniu leit
der künic Etzel swende,   und nimestun zeinem man.
swaz ander iemen râte,   sô dunket ez mich guot getân.»

1244 «Er mac dich wol ergetzen»,   sprach aber Giselher.
«vome Roten zuo dem Rîne,   von der Elbe unz an daz mer,
sô ist künec deheiner   sô gewaltec niht.
du maht dich vrewen balde,   sô er dîn ze konen gibt.»

1245 «Mîn vil lieber bruoder,   zwiu rætestu mir daz?
klagen unde weinen   mir immer zæme baz.

1238, 4   muoz in riuwen immer stân.
1239, 3 daz ir des wol vergezzet.
1240, 1 Die mîner frouwen mägede.
       2 suln die bî ein ander.
       3 dâ bî sô möhten recken.
1241, 3 sô wil ich iu antwurten.
1242, 2 dô hiez diu frouwe Kriemhilt.
       3   si saget in beiden daz.
1243, 3 Ezel der künic swende.
1244, 2   ûf bî Elbe unz an daz mer,
       sô ist ir deheiner   alsô gewaltic niht.
       4   vor dîn ze küneginne giht.
1245, 1 Si sprach zuo zir bruoder.

wie solde ich vor recken   dâ ze hove gân?
wart mîn lip ie schœne,   des pin ich âne getân.»

1246 Dô sprach diu vrouwe Uote   ir lieben tohter zuo   **1186**
«swaz dine bruoder râten,   liebez kint, daz tuo: (1270)
volge dînen friunden;   sô mac dir wol geschehen.
ich hân dich doh sô lange   mit grôzem jâmer gesehen.»

1247 Dô bat si got vil dicke   füegen ir den rât,
daz si ze gebene hête   golt silber unde wât,
sam ê bî ir manne,   do er noch was gesunt:
si gelebt doch nimmer mêre , sit sô vrœliche stunt.

1248 Si gedâhte in ir sinne   «und sol ich minen lip
geben einem heiden   (ich pin ein kristen wîp),
des muoz ich zer werlde   immer schande hân.
gieb er mir elliu rîche,   ez ist von mir immer ungetân.»

1249 Dâ mite siz lie beliben.   die naht unz an den tac
diu vrouwe an ir bette   mit vil gedanken lac.
diu ir vil liehten ougen   getruckenten nie,
unze si aber den morgen   hin ze mettîne gie.

1250 Ze rehter messezite   die künige wâren komen.
si heten aber ir swester   under hende genomen:
jâ rieten si ir ze minnen   den künic ûz Hiunen lant.
die vrouwen ir deheiner   lützel vrœliche vant.

1251 Dô hiez man dar gewinnen   die Etzelen man,
die nu mit urloube   wæren gerne dan,

1246, 1 Uote, ir beider muoter,   sprach ir tohter zuo.
     2   vil liebez kint, daz tuo:
     nu volge dînen friunden.
     4   in grôzem leide geschen.
1247, 1 Dô bat si got den rîchen.
     3 sam bî ir ersten manne,   dô der noch was gesunt.
1248, 1 Do gedâhtes in ir sinne   «sol ich minen lip.
     3 des müese ich von der werlde   grôz itewize hân.
     4   so ist ez immer ungetân.
1249, 2 diu frouwe in vil gedanken   an ir bette lac.
     3   wurden trucken nie.
1250, 1   die herren wâren komen.
     3 jâ rieten si ir minnen.
     4   vil lützil vrœliche vant.
1251, 1 Si bâten dar gewinnen.
     2 Rüedegêr der rîche   biten dô began

1247, 3 same bî ir manne.

geworben oder gescheiden,   swie ez dô möhte sîn.
ze hove kom dô Rüedegêr.   die helde reiten wider in,

1252 Daz man rehte erfüere   des edelen fürsten muot,   1192
und tæten daz bezite: daz diuhtes alle guot:
ir wege wæren verre   wider in ir lant.
man brâhte Rüedegéren   dâ er Kriemhilde vant.

1253 Vil minnecliche pitten   der recke dô began
die edelen küneginne,   si solde in hœren lân
waz si enbieten wolde   in Etzelen lant.
er wa'n an ir niht anders   niwan lougenen vant;

1254 Daz si nimmer minnen wolde   mêr deheinen man.
dô sprach der marcgrâve   «daz wære missetân.
zwiu woldet ir verderben   einn alsô scœnen lîp?
ir muget noch mit êren   werden guotes mannes wîp.»

1255 Niht half daz si gebâten,   unze Rüedegêr
gesprach in heinliche   die küneginne hêr,
er wolde si ergetzen   swaz ir ie gescach.
ein teil begonde ir senften   ir vil grôzer ungemach.

1256 Er sprach zer küneginne   «lât iuwer weinen sîn.
ob ir zen Hiunen hêtet   niemen danne mîn,
getriuwer mîner mâge,   und ouch der mîner man,
er mœses sêre engelten,   unt het iu iemen iht getân.»

1257 Dâ von wart geringet   dô der vrouwen muot.
si sprach «sô swert mir eide,   swaz mir iemen getuot,
daz ir sît der næhste,   der büeze mîniu leit.»
dô sprach der marcgrâve   «des pin ich, vrouwe, bereit.»

1251, 3 die frouwen minnecliche,   waz si nu wolde tuon,
         ob si ze manne wolde   des künic Botelunges sun.
1252. 1253 *fehlen.*
1254, 1 Si jach daz si geminnen   nimmer mêre wolde man.
      3   alsô scœnen lîp?
      4   werden hôhes recken wîp.
1255, 2 sprach in heinlíche.
      4   ir vil unsenftez ungemach.
1256, 1 Er sprach «frouwe hère.
      3 getriuwer mîner friunde.
1257, 1 Dâ von ein teil geringet   wart dô der frouwen muot.
      si sprach «sô swert mir, Rüedegêr,   swaz mir iemen tuot,
      daz ir mir sît der næhste,   der reche mîniu leit.»

1258 Mit allen sînen mannen   swuor ir dô Rüedegêr   1198
mit triuwen immer dienen,   unt daz die recken hêr   (1280)
ir nimmer niht versageten   ûz Etzelen lant,
des si êre haben solde: des sichert ir Rüedgêres hant.

1259 Dô gedâhte diu getriuwe   «sît ich vriunde hân
alsô vil gewunnen,   sô sol ich reden lân
die liute swaz si wellen,   ich jâmerhaftez wîp.
waz ob noch wirt errochen   des mînen lieben mannes lîp?»

1260 Si gedâhte «sît daz Etzel   der recken hât sô vil,
sol ich den gebieten,   sô tuon ich swaz ich wil.
er ist ouch wol sô rîche   daz ich ze gebene hân:
mich hât der leide Hagene   mîns guotes âne getân.»

1261 Si sprach ze Rüedegêre   «het ich daz vernomen,
daz er niht wære ein heiden,   sô wolde ich gerne komen
swar er hete willen,   und næme in zeinem man.»
dô sprach der marcgrâve   «die rede sult ir, vrouwe, lân.

1262 Er hât sô vil der recken   in kristenlîcher ê,
daz in bî dem künige   nimmer wirdet wê.
waz ob ir daz verdienet   daz er toufet sînen lîp?
des muget ir gerne werden   des künic Etzelen wîp.»

1263 Dô sprâchen aber ir bruoder   «nu lobt iz, swester mîn.
iuwer ungemüete   daz sult ir lâzen sîn.»
si bâtens alsô lange   unz daz doch ir trûrec lîp
lobete vor den helden,   si würde Etzelen wîp.

1259, 1   sît daz ich friunde hân.
     2   nu sol ich reden lân.
     4   mîns vil lieben mannes lîp?
1260, 4 mich hât der mordær Hagene   des mînen âne gar getân.
1261, 5 Ern ist niht gar ein heiden,   des sult ir sicher sîn.   (1264)
        jâ was vil wol bekêret   der liebe herre mîn,
        wan daz er sich widere   vernogieret hât.
        wolt ir in, frouwe, minnen,   sô möhte sîn noch werden rât.
1262, 1 Ouch hât er sô vil recken.
     3 ir mugt ouch lîhte erwerben   daz der fürste guot
        wider ze gote wendet   beide sêle unde muot.
1263, 1   lobt ir, swester mîn
     2   sult ir nu lâzen sîn.
        si gertens alsô lange   daz ir vil trûric lîp
        lobte vor den degenen.

1263, 1   lobt in, swester mîn.

1264 Si sprach «ich wil iu volgen,   ich vil armiu künegîn,   1204
daz ich var zeu Hiuneu,   sô daz nu mac gesîn,   (1287)
swenne ich hân die vriunde   die mich füeren in sîn lant.»
des bôt dô vor den helden   diu schœne Kriemhilt ir hant.

1265 Dô sprach der marcgrâve   «habet ir zwêne man,
dar zuo hân ich ir mêre: ez wirdet wol getân
daz wir iuch wol nâch êren   bringen über Rîn.
irn sult niht, vrouwe, langer,   hie zen Burgonden sîn.

1266 Ich hân fünf hundert manne   und ouch der mâge mîn:
die suln iu hie dienen,   unt dâ heime sîn,
vrouwe, swi ir gebietet.   ich tuon iu selbe alsame,
swenne ir mich manet der mære,   daz ich mihs nimmer gescame.

1267 Nu heizet iu bereiten   iuwer pfertkleit:
die Rüedegêres ræte   iu nimmer werdent leit;
und saget ez iuwern mageden   die ir dâ füeren welt.
jâ kumet uns ûf der strâze   vil manic ûz erwelter helt.»

1268 Si heten noch gesmîde   daz man dâ vor reit
bî Sîfrides zîten,   daz si vil manige meit
mit êren mohte füeren,   swenn si wolde dan.
hey waz man guoter sätele   den schœnen vrouwen gewan!

1269 Ob si ê ie getruogen   deheiniu rîchen kleit,
der wart zuo zir verte   vil manigez nu bereit,
wande in von dem künige   sô vil gesaget wart.
si sluzzen ûf die kisten,   die ê stuonden wol bespart.

1264, 1 Si sprach «ich muoz iu volgen,   ich armiu künigin.
3 swenne ich die friunt gewinne.
4 des bôt diu küniginne   vor den degenen ir hant.
1265, 3 daz wir iuch mit den êren.
4 ine lâze iuch nu niht langer.
1266, 1 Fünf hundert mîner manne.
2   '   unt ouch dâ heime sîn
swie ir in gebietet.   ich selbe tuon alsam,
so ir mich ermaut der mære,   daz ihs nimmer mich gescham.
1267, 4 jâ kumet uns begegene.
1268, 3 mit êren mohten füeren,   sô si wolden dan.
1269, 1 Ob si dâ vor getruogen.
2 der wart in zuo der verte.

_____

1265, 2 ir ensult niht langer.
1266, 1 Fünf hundert manne.

1270 Si wâren vil unmüezec   wol fünftehalben tac,   1210
si suochten ûz den valden   des vil dar inne lac.   (1293)
Kriemhilt ir kamere   ensliezen began.
si wolde machen riche   alle Rüedegêres man.

1271 Si hete noch des goldes   von Nibelunge lant
(si wânde ez zen Hiunen   teilen solde ir hant),
daz ez hundert mœre   ninder kunden tragen.
diu mœre hôrte Hagene   dô von Kriemhilde sagen.

1272 Er sprach «sît mir Kriemhilt   nimmer wirdet holt,
sô muoz ouch hie beliben   daz Sifrides golt.
zwiu solde ich mînen fînden   lân sô michel guot?
ich weiz wol waz Kriemhilt   mit disem scatze getuot.

1273 Ob si in brœhte hinnen,   ich wil gelouben daz,
er wurde doch zerteilet   ûf den mînen haz.
sin habent ouch niht der rosse   die in solden tragen.
in wil behalten Hagene,   daz sol man Kriemhilde sagen.»

1274 Dô si gehôrt diu mœre,   dô was ir grimme leit.
ez wart ouch den künegen   allen drin geseit.
si woldenz gerne wenden;   dô des niht geschach,
Rüedegêr der edele   harte vrœliche sprach

1275 «Rîchiu küneginne,   zwiu klaget ir daz golt?
iu ist der künic Etzel   sô grœzlîchen holt,
gesehent iuch sîniu ougen,   er gît iu alsô vil
daz irz verswendet nimmer: des ich iu, vrouwe, sweren wil.»

1270, 1 Si heten grôz unmuoze   unz an den zwelften tac.
3 Kriemhilt hiez ensliezen   balde ir kameren dan.
1271, 2 si wânde ez dâ zen Hiunen.
3 daz iz sehs hundert mœrre.
4   dâ von Kriemhilde sagen.
1272, 1   doch nimmer wirdet holt.
4 ich weiz wol daz diu frouwe   wunder mit dem schatze tuot.
1273, 1 Unt brœhte si in zen Hiunin.
2   niwan ûf mînen haz.
1274, 1 Dô si vernam diu mœre,   dô wart ir grimme leit.
4   dar zuo hêrliche sprach.
1275, 1 Vil rîchiu küniginne.
2   in der mâze holt.
4 daz irz zerteilet nimmer: des ich iu eide sweren wil.

1270, 3 Kriemhilt ir kamere   hiez ensliezan (28).
1273, 9   ûfe mînen haz.
1274, 1 Dô si gevriesch diu mœre.

1276 Dô sprach diu küneginne   «vil edel Rüedegêr,   1216
ez gewan nie küniges tohter   richeite mêr   (1299)
danne der mich Hagene   âne hât getân.»
dô kom ir bruoder Gêrnôt   hin zer kameren gegân.

1277 Mit gewalt des küniges slüzzel   stiez er an die tür:
golt daz Kriemhilde   reichte man der für,
ze drîzec tûsent marken   oder dannoch baz.
er hiez iz nemen die geste: -liep was Gunthere daz.

1278 Dô sprach von Bechelâren   der Gotelinde man
«ob ez mîn vrouwe Kriemhilt   allez möhte hân,
swaz sin ie wart gefüeret   von Nibelunge lant,
sin solde lützel rüeren   mîn oder der küneginne hant.

1279 Nu heizet ez behalten,   wand ich es nine wil.
jâ fuort ich von lande   des mînen alsô vil,
daz wirs ûf der strâze   haben guoten rât
und unser koste hinnen   harte hêrlichen stât.»

1280 Dâ vor in aller wile   gefüllet zwelf schrîn
des aller besten goldes,   daz inder mohte sîn,
hêten ir megede: daz fuorte man von dan,
und gezierde vil der vrouwen   daz si zer verte solden hân.

1281 Gewalt des grimmen Hagenen   dûhte si ze starc.
si het ir opfergoldes   noch wol tûsent marc:
si teiltez sîner sêle,   ir vil lieben man.
daz dûhte Rüedegêren   mit grôzen triuwen getân.

1276, 2   die richeite mêr.
     4 dô kom der starke Gêrnôt.
1277, 4 hiez er nemen die geste.
1278, 4 sin gerüeret nimmer marke   mîn noch der küniginne hant.
1279, 1 Làt ez nemen, frouwe,   swerz gerne haben wil.
     ich brâhte ûz mime lande.
     4   mit vollen hêrlichen stât.
1280, 1   erfüllet zwelf schrîn.
     3 heten noch ir meide.
     4 mit der küniginne: daz ander muosin si dâ lân.
1281, 1 Gewalt des übelen Hagenen   der dûhte si ze starc.
     3 daz teilte si der sêle.
     4   in grôzen triuwen getân.

1279, 2 ich fuorte von lande.
     4   vile hêrlichen stât.
1280, 4 und gezierde vil der vrouwen,   daz in zer verte gezam (21).

1282 Dô sprach diu klagende vrouwe   «wâ sint die vriunde mîn, 1222
die durch mîne liebe wellent   ellende sîn?   (1205)
die suln mit mir riten   in der Hiunen lant?
die nemen seaz den mînen   und koufen ros unt gewant.»

1283 Dô sprach zer küneginne   der marcgrâve Eckewart
«sit daz ich aller êrste   iwer gesinde wart,
sô hân ich iu mit triuwen   gedienet», sprach der degen,
«und wil unz an mîn ende   des selben immer bî iu pflegen.

1284 Ich wil ouch mit mir füeren   fünf hundert mîner man,
der ich iu ze dienste   mit rehten triuwen gan.
wir sîn vil ungescheiden,   ez entuo dan der tôt.»
der rede neig im Kriemhilt: des gie ir wærlîche nôt.

1285 Dô zôch man dar die mære: si wolden varen dan.
dâ wart vil michel weinen   von vriunden getân.
Uote diu vil rîche   und manic schœne meit,
die zeigten daz in wære   nâch vroun Kriemhilde leit.

1286 Hundert rîcher magede   fuort si mit ir dan:
die wurden sô gekleidet   als in daz wol gezam.

1282, 1 Dô sprach diu frouwe Kriemhilt   «wâ nu friunde mîn,
die durch mich ellende   zen Hinniu wellen sîn
unt mit mir suln riten   in Etzelen lant?
die nemen golt daz mîne.
1283, 1 Des antwurte ir schiere.
2 sit ich iwer gesinde   ie von êrste wart,
sô entweich ich iu nie triuwen,   sprach der küene degen,
unt wil iu immer dienen   die wîl wir beide leben megen.
1284, 1   hundert mîner man.
2   wol mit triuwen gan.
wir sîn ungescheiden,   ez entuo der tôt.
4   daz irz der helt sô wol erbôt.
1285, 3 frou Uote diu guote.
4   nâch der küniginne leit.
1286, 1 Hundert schœner megde   diu frouwe mit ir nam.

————— - -

1282, 2 die durch mich wellent   ellende sîn?
1283, 2 sit ich êriste   iwer gesinde wart (187).
sô entweich ich iu nie triuwen,   sprach der küene degen,
und wil iu immer dienen,   die wîle daz wir beide leben (21).
1284, 2 der ich ze dienste   iu mit triuwen gan.
4 der rede neig im Kriemhilt   durch sînen willigen muot (21).

dô vielen in die trehene   von liehten ougen nider.
si gelebete vil der vreuden   ouch bî Etzelen sider.

1287 Dô kom der herre Giselher   und ouch Gêrnôt   1227
samet ir gesinde,   als in ir zuht gebôt.   (1310)
dô wolden si beleiten   ir liebe swester dan:
dô fuorten si ir recken   wol tûsent wætlicher man.

1288 Dô kom der snelle Gêre   und ouch Ortwîn:
Rûmolt der kuchenmeister   dâ mite muose sîn.
si scuofen die nahtselde   unz an Tuonouwe stat.
dô reit niht fürbaz Gunther   wan ein lützel für die stat.

1289 Ê si von Rîne füeren,   si heten für gesant
ir boten harte snelle   in der Hiunen lant,
die dem künige sageten   daz im Rüedegêr
ze wîbe hete erworben   die edelen küneginne hêr.

1286, 3 ûf ir vil liehten bouge   die trähene vielen nider.
si gelebten vil der freude   dort bî Etzelen sider.
1287, 1 Ir bruoder kômen beide,   Giselher unt Gêrnôt,
mit ir ingesinde.
4 ouch fuorten si ir degene   mit in wol tusint küener man.
1288, 3   der frouwen ûf den wegen.
Volkêr was ir marschalc,   der solde ir herberge pflegen.
5 Nâch küssen michel weinen   wart dâ vil vernomen,   (1312)
ê daz si von der bürge   ze velde wæren komen.
ûz riten unde giengen   die sîn niene gebat.
dô reit der künic Gunther   mit ir ein wênic für die stat.
1289, 1 Ê si von hûse füeren.
4 ze wîbe hete gewunnen.
5 Die boten strichen sêre;   in was der reise nôt,   (1314)
durch die grôzen êre   unt durch rîchiu potenbrôt.
dô si ze lande wâren   mit den mæren komen,
dô het der künic Etzel   nie sô liebes niht vernomen.
9 Durch disiu lieben mære   hiez der künic geben   (1315)
den boten solhe gâbe,   daz si wol mohten leben
mit freuden immer mêre   dar nâch unz an ir tôt.
mit liebe was verswunden   des küniges kumber unde nôt.

1288, 3 si scuofen die nahtselde   dû man ir schône pflac.
dô reit niht fürbaz Gunther   wan ein lützel für die stat.

14 *

XXI. ÂVENTIURE,
WIE KRIEMHILT ZUO DEN HIUNEN FUOR.

1290 Die boten lâzen rîten: wir suln iu tuon bekant
     wie diu küneginne   füere durch diu lant,
     oder wâ von ir schieden   Giselhêr und Gêrnôt.
     si heten ir gedienet   als in ir triuwe daz gebôt.

1291 Unz an die Tuononwe   ze Vergen si dô riten.
     si begonden urloubes   die küneginne biten,
     wan si wider wolden   rîten an den Rîn.
     done mohtez âne weinen   von guoten friunden niht gesin.

1292 Giselher der snelle   sprach zer swester sîn
     «swenne daz du, vrouwe,   bedurfen wellest mîn,
     ob dir iht gewerre,   daz tuo mir bekant:
     sô rîte ich dir ze dienste   in daz Etzelen lant.»

1293 Die ir mâge wâren,   die kustes an den munt.
     vil minneclîche sceiden   sach man an der stunt
     vone Rüedegêres   des marcgrâven man.
     dô fuort diu küneginne   vil manige maget wol getân.

1294 Hundert unde viere,   die truogen rîchiu kleit
     von gemâlet rîchen pfellen.   vil der schilde breit

1290, 1   unt tuon iu daz erkant.
      2   füere durch daz lant,
      oder wâ von ir kêrten   ir bruoder beide wider.
      si heten ir sô gedienet   daz sis in muose danken sider.
1291, 1 Urloubes von ir gerte   dô vil manic degen.
      si muosin sich ze Vergen   der reise hine bewegen,
      dô si wider wolden.
      4   von lieben friunden niht gesin.
1293, 1 Die ir sippe wâren.
      2 vil minneclîchez scheiden   kôs man an der stunt
      die snellen Burgonden   von Rüedegêres man.
      4   manige maget wol getân.
1294, 1   die truogen pfâwen kleit
      von genagelten rîchen pfellen.

1290, 3 oder wâ von ir schieden   Giselher unt Gêrnôt.
      si heten ir gedienet   durch ir willigen muot (36).
1291, 4   vone friunden niht gesin.

fuort man bi den vrouwen   nâhen ûf den wegen.
dô kêrte von ir dannen   vil manic hêrlîcher degen.

1295 Si zogeten dannen balde   nider durch Peyer lant.   1235
dô sagte man diu mære,   dâ wæren für gerant   (1321)
vil unkunder geste,   dâ noch ein klôster stât
unt dâ daz In mit fluzze   in die Tnonouwe gât.

1296 In der stat ze Pazzouwe   saz ein biscof.
herberge wurden lære   unt ouch des fürsten hof:
si ilten gegen den gesten   ûf in Beyer lant,
dâ der biscof Pilgerin   die schœnen Kriemhilde vant.

1297 Den recken von dem lande   was daz niht ze leit,
dô si ir volgen sâhen   sô manige schœne meit.
dâ trûte man mit ougen   der edelen ritter kint.
vil guote hereberge   gap man den edelen gesten sint.

1298 Der bischof mit siner nifteln   ze Pazzouwe reit.
dô daz den burgæren   von der stat wart geseit,
daz dar kæme Kriemhilt,   des fürsten swester kint,
diu wart wol enpfangen   von den koufliuten sint.

1299 Daz si belîben solden,   der biscof hetes wân.
dô sprach der herre Eckewart   ez ist ungetân.

1294, 3 man fuorte bi den frouwen.
4 dô nam ouch urloup Volkêr,   der vil zierliche degen.
1295, 1 Dô si über Tuonouwe   kômen in Beyer lant,
dô wurden disiu mære   witen bekant,
daz zen Hiunin füere   Kriemhilt diu künigin.
des freute sich ir œheim,   ein bischof, der hiez Pilgerin.
1296, 1   was er bischof.
die herberge wurden lære.
1297, 1 Sinem ingesinde.
2 daz si ir volgen sâhen.
4 vil rîche herberge.
5 Dâ ze Pledelingen   schuof man in gemach.   (1394)
daz volc man allenthalben   zuo zin rîten sach.
man gab in willeclîche   des si bedorften dâ.
si nâmenz wol mit êren,   als tet man sider anderswâ.
1298, 1 Diu frouwe mit ir œheim.
2 ez was den burgæren   dar inne niht ze leit,
daz dar komen solde.
4 si wart vil wol enpfangen.
1299, 2 dô sprach der marcgrâve   ez enmac niht ergân.

wir müczen varen nidere   in Rüedegêres lant.
uns wartet vil der degene: wan iz ist in allen wol bekant.»

1300 Diu mære nu wol wesse   diu schœne Gotelint.   1240
si bereite sich mit vlize   und ir vil edele kint.   (1327)
ir het enboten Rüedegêr   daz in daz dûhte guot,
daz si der küneginne   dâ mite trôste den muot,

1301 Daz si ir rite engegene   mit den sinen man
ûf zuo der Ense.   dô daz wart getân,
dô sah man allenthalben   die wege unmüezec stên:
si begonden gegen den gesten   beidiu riten unde gên.

1302 Nu was diu küneginne   ze Everdingen komen.
genuoge ûz Peyer lande,   soldens hân genomen
den roub ûf der strâzen   nâch ir gewoneheit,
sô heten si den gesten   dâ getân vil lîhte leit.

1303 Daz was wol understanden   von dem marcgrâven hêr:
er fuorte tûsent ritter   unde dannoch mêr.
dô was ouch komen Gotelint,   Rüedegêres wip:
mit ir kom hêrliche   vil maniges edeln recken lip.

1304 Dô si über die Trûne kômen   bî Ense ûf daz velt,
dô sah man ûf gespannen   hütten unt gezelt,
dâ die geste solden   die nahtselde hân.
diu koste was den gesten   dâ von Rüedegêr getân.

1305 Gotelint diu schœne   die herberge lie
hinder ir belîben.   ûf den wegen gie

1299, 3 wir müezen nider riten   in der Hiunin lant.
     4   wande ez in allen ist bekant.
1300, 1 Disiu mære ouch wiste.
     2   gein ir frouwen sint.
1301, 3   vil unmuoze pflegen.
       durch der geste liebe   si muosin ruowe sich bewegen.
1302, 1 Si was der næhsten nahte.
     4   erboten eteslichiu leit.
1303, 1 Daz hete wol behüetet   der edel Rüedegêr.
     3   des marcgrâven wip.
       mit ir fuor herrenliche   vil maniges küenen recken lip.
1304, 4 von Rüedegêres friunden   wart in dienste vil getân.

1300, 1 Diu mære wol wesse (234).
     2   gegen Kriemhilt (21).
1301, 3   unmüezic die wege.
       si muosen durch die geste   sich der ruowe bewegen (36).

mit klingenden zoumen   manic pferit wol getán.
der antpfanc wart vil schœne: liep was iz Ruedegér getán.

1306 Die in ze béden siten   kómen uf den wegen,   1246
die riten lobeliche: der was vil manic degen.   (1333)
si pflâgen ritterschefte,   daz sach vil manic meit.
ouch was der ritter dienest   der küneginne niht ze leit.

1307 Dô zuo den gesten kómen   die Ruedegéres man,
vil der trunzúne   sach man ze berge gán
von der recken hende   mit ritterlichen siten.
dâ wart wol ze prise   vor den vrouwen geriten.

1308 Daz liezen si beliben.   dô gruozte manic man
vil güetliche ein ander.   dô fuorten si von dan
die schœnen Gotelinde   dâ si Kriemhilde sach.
die vrouwen dienen kunden,   die heten kleinen gemach.

1309 Der voget von Becheláren   ze sinne wîbe reit.
der edelen marcgrávinne   was daz niht ze leit,
daz er sô wol gesunder   was von Rîne komen.
ir was ein teil ir swære   mit grôzen vreuden benomen.

1310 Dô sin hete enpfangen,   er hiez si úf daz gras
erbeizen mit den vrouwen,   swaz ir dâ mit ir was.
dâ wart vil unmüezec   manic edel man:
dâ wart vrouwen dienest   mit grôzem vlize getán.

1311 Dô sach diu vrouwe Kriemhilt   die marcgrávinne stén
samet ir gesinde: si lie niht nâher gén.
daz pferit mit dem zoume   zucken si began,
und bat sich snelleclichen   heben von dem satele dan.

1305, 3   die mœre wol getân.
4   liep was iz Ruedegére ir man.
1306, 2 die riten vrœliche.
4 ouch was der helede dienest   den schœnen frouwen niht ze leit.
1307, 3 von der recken handen.
1308, 4   die muosin liden ungemach.
1309, 4 jâ was ir vil ir sorgen.
1310, 3 mit dienste was unmüezic   dâ vil manic man.
der wart den schœnen frouwen.
1311, 1 Dô sach diu küniginne   hie Gotelinde stén
mit ir ingesinde.
4 si bat sich heben balde   nider von dem satel dan.

1309, 4 ir was ire swære.
1310, 3 dâ wart unmüezic   vile manic man.
1311, 4 unde bat sich balde   heben von dem satele dan.

1312 Den biscof sach man wîsen   sîner swester kint,   1252
in und Eckewarten   zuo Gotelinde sint.   (1330)
dâ wart vil michel wîchen   an der selben stunt.
dô kust diu ellende   ane Gotelinde munt.

1313 Dô sprach vil minneclîche   daz Rüedegêres wip
«nu wol mich„ liebiu vrouwe,   deich iuwern schœnen lip
hân in disen landen   mit ougen min gesehen.
mir enkunde an disen zîten   nimmer lieber gescheben.»

1314 «Nu lôn iu got», sprach Kriemhilt,   «vil edele Gotelint.
sol ich gesunt belîben   und Botelunges kint,
ez mag iu komen ze liebe   daz ir mich habet gesehen.»
in beiden was unkünde   daz sider muose geschehen.

1315 Mit zühten zuo zein ander   gie vil manic meit.
dô wâren in die recken   mit dienste vil bereit.
si sâzen nâch dem gruoze   nider ûf den klê.
si gewunnen maniger künde,   die in vil vremede wâren ê.

1316 Man hiez den vrouwen schenken.   ez was wol mitter tac:
daz edel ingesinde   dâ niht langer lac.
si riten dâ si funden   manige hütten breit:
dâ was den edelen gesten   vil michel dienest bereit.

1317 Die naht si heten ruowe   unz an den morgen vruo.
die von Bechelâren   bereiten sich dar zuo
wie si behalden solden   vil manigen werden gast.
wol hete geschaffet Rüedegêr   daz in dâ wênic iht gebrast.

1318 Diu venster an den mûren   sah man offen stân:
diu burc ze Bechelâren   diu was ûf getân.

1312, 4   an der maregrâvinne munt.
1313, 3   mit freuden hie gesehen.
       mir enkunde in disen zîten.
1315, 1   si sâzen ûf den klê.
       die gerne frouwen sâhen,   den was dâ niht ze wê.
       ir süeziu ougen weide   brâht in hôhen muot,
       den wîben sam den mannen,   als ez noch vil dicke tuot.
1316, 1 Man hiez den gesten schenken.
       3   vil manige hütten breit:
       dâ was den werden gesten   vil grôziu wirtschaft bereit.
1317, 4 wol het geschaffen Rüedegêr   daz in vil wênic iht gebrast.
1318, 2 diu guote Bechelâren.

dô riten dar in die geste   die man vil gerne sach.
den hiez der wirt vil edele   schaffen gnoten gemach.

1319 Diu Rüedegêres tohter   mit ir gesinde gie   1259
dâ si die küneginne   vil minneclich enptie.   (1346)
dâ was ouch ir muoter,   des marcgrâven wip.
mit liebe wart gegrüezet   vil maniger juncvrouwen lip.

1320 Si viengen sich behanden   unde giengen dan
in einen palas witen,   der was vil wol getân,
dâ diu Tuonouwe   under hine vlôz.
si sâzen gegen dem lufte   und heten kurzewile grôz.

1321 Wes si dâ mêre pflægen,   des enkan ich niht gesagen.
daz in sô übele zogete,   daz hôrte man dô klagen
die Kriemhilde recken: wand iz was in leit.
hey waz dô gnoter degene   mit in von Bechelâren reit!

1322 Vil minneclichen dienest   Ruedegêr in bôt.
dô gap diu küneginne   zwelf pouge rôt
der Gotelinde tohter,   unt alsô gnot gewant
daz si niht bezzers brâhte   in daz Etzelen lant.

1323 Swie ir genomen wære   der Nibelunge golt,
alle die si gesâhen,   die machte si ir holt
noch mit dem kleinem guote   daz si dâ mohte hân.
des wirtes ingesinde   wart grôziu gâbe getân.

1324 Dâ widere bôt dô êre   diu vrouwe Gotelint
den gesten von dem Rine   sô güetliche sint,
daz man dô der vremden   harte wênic vant,
sine trüegen ir gesteine   oder ir vil hêrlich gewant.

1325 Dô si enbizzen wâren   unt daz si solden dan,
von der hûsvrouwen   wart geboten an
getriuwellcher dienest   daz Etzelen wîp.
dâ wart vil getriutet   der schœnen juncvronwen lip.

1318, 3 dar in riten geste.
    4 den het der wirt vil edele   schaffen richen gemach.
1319, 2 dâ bi was ouch ir muoter.
1320, 3   unden hine vlôz.
1321, 1 Wes si nu mêre pflægen.
    4 hey waz gnoter degene.
1322, 1   der marcgrâve in bôt.
1323, 4   wart michel gâbe getân.
1324, 2   sô minnecliche sint.
1325, 4 dô wart ouch vil getriutet.

1326 Si sprach zer küneginne   «swenne inch nu dunket guot,   1266
ich weiz wol daz iz gerne   min lieber vater tuot,   (1333)
daz er mich zuo zin sendet   in der Hiunen lant.»
daz si ir getriuwe wære,   vil wol daz Kriemhilt ervant.

1327 Diu ros bereitet wâren   unt für Bechelâren komen.
dô hete diu edele künegin   urloup nu genomen
von Rüedegéres wibe   und von der tohter sin.
dô sciet ouch sich mit gruoze   vil manic schœne magedin.

1328 Ein ander si vil selten   gesâhen nâch den tagen.
ûzer Medelicke   ûf handen wart getragen
manic goltvaz riche,   dar inne brâht man win
den gesten zuo der strâze: si muosen willekomen sin.

1329 Ein wirt was dâ gesezzen,   Astolt was der genant:
der wiste si die strâze   in daz Österlant
gegen Mûtâren   die Tuonouwe nider.
dâ wart vil wol gedienet   der richen küneginne sider.

1330 Der bischof minnecliche   von siner nifteln schiet.
daz si sich wol gehabete,   wie vast er ir daz riet,
unt daz si ir êre koufte   als Helche hete getân!
hey waz si grôzer êren   sit dâ zen Hiunen gewan!

1331 Zuo der Treisem brâhte   man die geste dan.
ir pflâgen vlizecliche   die Rüedegéres man,
unze daz die Hiunen   riten über lant.
dô wart der küneginne   vil michel êre bekant.

1332 Bi der Treisem hète   der künic von Hiunen lant
eine purc vil riche,   diu was wol bekant,
geheizen Treisenmûre: vrou Helche saz dâ ê
unt pflac so grôzer tugende   daz wætlich nimmer mêr ergê,

1333 Ez entæte danne Kriemhilt,   diu alsô kunde geben,
si mohte nâch ir leide   daz liep vil wol geleben
daz ir ouch jâhen êre   die Etzelen man,
der si sît grôzen vollen   bi den heleden gewan.

1327, 1   für Bechelâren komen.
       ouch het diu küniginne.
1328, 4 den gesten ûf die strâze   unt bat si willekomen sin.
1329, 2   nider in Österlant.
1330, 2 daz si den künic bekêrte.
1333, 3 daz ir jâhen êre.

1334 Diu Etzelen hêrschaft was witen erkant, 1274
daz man zallen ziten in sime hove vant (1361)
die küenesten recken von den ie wart vernomen
under kristen und under heiden: die wâren mit im alle komen.

1335 Bi im was zallen ziten, daz wætlich mêr ergê,
kristenlicher orden unt ouch der heiden ê.
in swie getânem lebene sich ietslicher truoc,
daz schuof des küniges milte, daz man in allen gap genuoc.

XXII. ÂVENTIURE,
WIE ETZEL MIT KRIEMHILDE BRÛTE.

1336 Si was ze *Treisenmûre* unz an den vierden tac.
diu molte ûf der strâze die wile nie gelac,
sine stûbe, sam ez brünne, allenthalben dan.
dâ riten durch Ôsterrîche des künic Etzelen man.

1337 Dô was ouch dem künige vil rehte nu geseit,
des im von gedanken swunden sîniu leit,
wie hêrlîchen Kriemhilt dâ kœme durch diu lant.
der künic begonde gâhen da er die minneclîchen vant.

1338 Von vil maniger sprâche sah man ûf den wegen
vor Etzelen riten vil manigen küenen degen,
von kristen und von heiden vil manige wîte schare,
dâ si die vrouwen funden, si kômen hêrlîchen dare.

1339 Von Riuzen und von Kriechen reit dâ vil manic man:
den Pœlân unt den Vlâchen sach man swinde gân

1334, 3 die aller besten recken.
  4   die wâren gein der briute komen.

1337, 1 Dô wâren ouch dem künige diu mære nu geseit.
  er begunde vaste gâben.
1338, 3 kristen unde heiden, vil manic wîtiu schar.
  4 dâ si ir frouwen funden, si fuoren vrœlîchen dar.
1339, 2 Polânen unde Vlâchen den sah man ebene gân

ir ros diu vil guoten,   dâ si mit kreften riten.
swaz si site habeten,   der wart vil wênic vermiten.

1340 Von dem lant ze Kiewen   reit dâ vil manic degen,   1280
unt die wilden Pescenære.   dâ wart vil gepflegen   (1367)
mit den bogen schiezen   zen vogelen die dâ flugen.
die pfile si vil sêre   zuo den wenden vaste zugen.

1341 Ein stat bi Tuonouwe   lit in Ôsterlant,
diu ist geheizen Tulne: dâ wart ir bekant
vil manic site vremede,   den si ê nie gesach.
si enpfiengen dâ gennoge,   den sit leit von ir gescach.

1342 Vor Etzeln dem künege   ein gesinde reit,
vrô und vil riche,   höfsch unt gemeit,
wol vier und zweinzec fürsten   rich unde hêr.
daz si ir vrouwen sâhen,   dâ von engerten si niht mêr.

1343 Der herzoge Râmune   ûzer Vlâchen lant,
mit siben hundert mannen   kom er für si gerant:
sam vliegende vogele   sah man si varn.
dô kom der fürste Gibeche   mit vil hêrlichen scharn.

1344 Hornboge der snelle   wol mit tûsent man
kêrte von dem künege   gein siner vrouwen dan.
vil lûte wart geschallet   nâch des landes siten.
von der Hiunen mâgen   wart ouch dâ sêre geriten.

1345 Dô kom von Tenemarke   der küene Hâwart,
unt Irine der vil snelle,   vor valsce wol bewart,

1339, 3 ir pfert unt ros diu guoten.
     4   der wart vil wênic iht vermiten.
1340, 1 Von dem lande ûz Kyewen   reit ouch dâ manic man.
     2   dâ wart des vil getân.
     4 ir pfile si vil sêre   mit kraft unz an die wende zugen.
1341, 2   dâ wart ir sit bekant.
     3   den si nie dâ vor gesach.
     4   den leide sit von ir geschach.
1342, 1 Vor Etzeln dem richen.
     2 vrô in hôhem muote.
1343, 3 sam die wilden vogele   sô sah man si varn.
1344, 4 von den Hiunln mâgen.
1345, 2 unt Irine der starke.

1339, 3 ire ros diu guoten.
1340, 1 Von dem lant ze Kiewen   reit dâ manic degen,
     unt die wilden Pescenære.   dâ wart vil gesehen (36).

unt Irnfrit von Düringen,   ein wætlicher man:
si enpfiengen Kriemhilde   daz sis êre muosen hân,

1346 Mit zwelf hundert mannen,   die fuortens in ir schar.   1286
      dô kom der herre Blœdelin   mit drin tûsent dar,   (1373)
      der Etzelen bruoder   ûzer Hiunen lant:
      der kom vil hêrliche   da er die küneginne vant.

1347 Dô kom der künic Etzel   und ouch her Dietrich
      mit allen sînen gesellen.   dâ was vil lobelich
      manic ritter edele   biderbe unde guot.
      des wart vroun Kriemhilde   vil wol gehœhet der muot.

1348 Dô sprach zer küneginne   der herre Rüedegêr
      «vrouwe, ich wil enpfâhen   hie den künic hêr.
      swen ich iuch heize küssen, daz sol sîn getân:
      jane muget ir niht geliche   grüezen Etzelen man.»

1349 Dô huop man von dem môre   die küneginne hêr.
      Etzel der vil rîche   enbeite dô niht mêr,
      er stuont von sînem rosse   mit manigem küenem man:
      man sah in vrœliche   gegen Kriemhilde gân.

1350 Zwêne fürsten rîche,   als uns daz ist geseit,
      bî der vrouwen gênde   truogen ir diu kleit,
      dâ ir der künic Etzel   hin engegene gie,
      dâ si den fürsten edele   mit kusse güetlich enpfie.

1345, 3   ein fürste lobesam:
          die enpfiengen Kriemhilde   als ez ir êren wol gezam.
1346, 1   die hetens in ir schar.
          ouch kom der herre Blœdelin   mit tûsint helden dar,
      3   ûz der Hiunin lant.
          der ilte mit den sînen.
1347, 2 mit allen sînen degenen.
      4 des wart der küniginne   ein teil gesenftet der muot.
1348, 1 Dô sprach von Bechelâren.
      2 frouwe, iuch wil enpfâhen   hie der künic hêr.
          swen ich iu râte küssen.
      4   grüezen alle küniges man.
1349, 2 Etzel der rîche.
1350, 2   unt habten ir diu kleit,
          dô ir der künic Etzel   hin begegene gie.

1345, 3 unt Irnfrit von Düringen,   ein wætlicher man.
          si enpfiengen Kriemhilde   als ez ir êren gezam (14).

1351 Ûf ruhte si ir gebende: ir varwe wol getân   1291
     diu lûhte ir ûz dem golde.   dâ was vil manic man: (1375)
     die jâhen daz vrou Helche   niht schœner kunde sîn.
     dâ bî sô stuont vil nâhen   des küniges bruoder Blœdelîn.

1352 Den hiez si küssen Rüedegêr, der marcgrâve rîch,
     unt den küenc Gibechen.   dâ stuont ouch her Dietrîch.
     der recken kuste zwelve   daz Etzelen wîp:
     do enpfie si sus mit gruoze   vil maniges rîteres lîp.

1353 Al diu wîle und Etzel   bî Kriemhilde stuont,
     · dô tâten dâ die tumben   als noch die liute tuont:
     vil manigen puneiz rîchen   sah man dâ geriten.
     daz tâten kristen belde   und ouch die beiden nâch ir siten.

1354 Wie rehte ritterlîche   die Dietrîches man
     die schefte liezen vliegen   mit trunzûnen dan
     hôhe über schilde,   von guoter ritter hant!
     von den tiuschen gesten   wart dürkel manic schildes rant.

1355 Dâ wart von schefte brechen   vil michel dôz vernomen.
     dô wâren von dem lande   die recken alle komen,
     unt ouch des küneges geste,   vil manic edel man:
     dô gie der küenc rîche   mit vroun Kriemhilde dan.

1356 Si sâhen bî in stênde   ein vil hêrlîch gezelt.
     von hütten was erfüllet   al umbe daz velt,
     dâ si solden ruowen   nâch ir arebeit.
     von helden wart gewîset   dar under manic schœniu meit

1351, 2   dâ stuont vil manic man.
     4 dâ bî stuont vil nâhen   des wirtes bruoder Blœdelîn.
1352, 4   vil maniges küenen recken lip.
1353, 1 In der selben wîle   unt Etzel bî ir stuont,
        do gebârten dâ die tumben   sô noch die liute tuont.
        vil manigen puneyz langen.
     4 daz tâten kristen degene.
1354, 1 Wie rehte hurteclîchen.
     3 'vil hôhe über schilde.
     4 die si dâ gerne sâhen,   die wurden schiere bekant.
1355, 1   vil michel krach vernomen.
     4   mit der küniginne dan.
1356, 2   al umbe gar daz velt,
        da si under solden ruowen.
     4   vil manic wætlichiu meit

1357 Mit der küneginne dû si sît gesaz 1297
ûf rîche stuolgewæte. der marcgrâve daz (1384)
hete wol geschaffen daz man ez vant vil guot,
daz gesidele Kriemhilde: des vrout sich Etzelen muot.

1358 Waz dô redete Etzel, daz ist mir umbekant:
in der sînen zeseweu lag ir wîziu hant.
si gesâzen minnecliche dâ Rüedegêr der degen
den künec niht wolde lûzen Kriemhilde heinlîche pflegen.

1359 Dô hiez man lân beliben den bûhart über al.
mit éren wart verendet dâ der grôze schaL
dô giengen zuo den hütten die Etzelen man:
man gap in herberge vil wîten allenthalben dan.

1360 Der tac der hete nu ende: si schuofen ir gemach,
unz man den lichten morgen aber schînen sach.
dô was zuo den rossen komen manic man:
hey waz man kurzewîle dem künege zëren began!

1361 Der künec ez nâch den êren die Hiunen scaffen bat.
dô riten si von Tulne ze Wiene zuo der stat.
dâ funden si gezieret vil maniger vrouwen lîp:
si eupfiengeu wol mit êren des künec Etzelen wîp.

1362 Mit harte grôzem vollen sô was in bereit
swaz si haben solden. vil manic helt gemeit
sich vreute gegen dem schalle. herbergen man began.
des küneges hôhgezîte huop sich vil vrœlichen an.

1357, 1 Mit Kriemhilde dannen.
2 ûf rîche gesidele.
3 hete sô geschaffen.
4 dâ stuont dem künige Etzel harte hôhe der muot.
1358, 1 Waz si zesamne redeten.
2 wan zwischen sînen handen was ir wîziu hant.
4 den künic niht lûzen wolde der frouwen heinliche pflegen.
1360, 1 Den âbent zuo der nahte si heten guot gemach.
3 dô was gesatelet Etzeln unt allen sînen man.
vil manlger kurzewîle man im zen êren dâ began.
1361, 1 Der künic ez lobeliche.
3 dâ was vil wol gezieret.
1362, 1 Mit vil grôzem vollen.
3 entrusten rîche sätele, die Etzelen man.
sich huop mit grôzen êren des küniges hôchgezîten an.

1357, 1 Samet Kriemhilde.
3 hête geschaffet.
1362, 1 Mit grôzeme vollen.

1363 Sine mohten geherbergen   niht alle in der stat:
  'die niht geste wâren,   Rüedegêr die bat
daz si herberge   næmen in daz lant.
ich wæn man alle zíte   bî vroun Kriemhilde vant

1364 Den herren Dietrichen   und ander manigen degen.
die heten sich der ruowe   mit arebeit bewegen,
durch daz si den gesten   trôsten wol den muot.
Rüedgêr und sîne vriunde   heten kurzewîle guot.

1365 Diu hôhzît was gevallen   an einen pfinxtac,
dâ der künec Etzel   bî Kriemhilde lac
in der stat ze Wiene.   si wæn sô manigen man
bî ir êrsten manne   nie ze dienste gewan.

1366 Si kunte sich mit gâbe   dem der si nie gesach.
vil maniger dar under   zuo den gesten sprach
«wir wânden daz vrou Kriemhilt   niht guotes möhte hân:
nu ist hie mit ir gâbe   vil manic wunder getân.»

1367 Diu hôhzît diu werte   wol sibenzehen tage.
ich wæn man von deheinem   künige mêre sage
des hôhzît græzer wære: daz ist uns gar verdeit.
alle die dâ wâren   die truogen iteniuwe kleit.

1368 Si wæn in Niderlande   dâ vor nie gesaz
mit sô manigem recken.   dâ bî geloube ich daz,
was Sifrit rîch des guotes,   daz er nie gewan
sô manigen recken edelen   sô si sach vor Etzeln stâu.

1363, 1 Sine mohten niht beliben   ze Wiene in der stat.
3 von der bürge dannen   herbergen in daz lant.
1364, 3   getrôsten wol den muot.
der künic mit sînen friunden   hete kurzewîle guot.
1365, 2 dô der künic Etzel.
4 bî ir êrsten vriedel.
1366, 4 nu ist hie michel wunder   von ir gâbe getân.
1367, 1 Diu hôchgezît dô werte.
2 ob künic ie deheiner   mit wârheit oder nâch sage
deheine græzer gwunne.
1368, 2   .   dâ von geloube ich daz.
3   daz er doch nie gewan.
4   als si zen Hiunin mohte hân.

1367, 1 Diu hôchgezît werte   wol sibenzehen tage.
ich wæne man von künige   nie vernomen habe
des hôbzît græzer wære (21).
1368, 4   als ir zen Hiunen bequam (21).

1369 Ouch gap nie deheiner   zuo sîn selbes hôhgezît   1309
  sô manigen rîchen mantel,   tief unde wit,   (1396)
  noch sô guoter kleider,   der si vil mohten hân,
  sô si durch Kriemhilde   heten alle getân.

1370 Ir friunde unt ouch die geste   die heten einen muot,
  daz si dâ niht ensparten   deheiner slahte guot:
  swes iemen an si gerte,   daz gâben si bereit.
  des gestuont dâ vil der degene   von milte blôz âne kleit.

1371 Wie si ze Rîne sæze,   si gedâht ane daz,
  bî ir edelem manne: ir ougen wurden naz.
  si hetes vaste hæle,   deiz iemen kunde sehen.
  ir was nâch manigem leide   sô vil der êren geschehen.

1372 Swaz iemen tet mit milte,   daz was gar ein wint
  unz an Dietrîchen: swaz Botelunges kint
  im gegeben hête,   daz was gar verswant.
  ouch begie dâ michel wunder   des milten Rüedegêres hant.

1373 Ûzer Ungerlande   der fürste Blœdelîn
  der hiez dâ lære machen   vil manic leitschrîn
  von silber und von golde: daz wart dâ hin gegeben.
  man gesach des küneges helde   sô rehte vrœlîche leben.

1374 Wärbel unde Swemmelîn,   des küniges spileman,
  ich wæn ir ieslîcher   zer hôhgezît gewan
  wol ze tûsent marken   oder dannoch baz,
  dâ diu schœne Kriemhilt   bî Etzeln under krône saz.

1375 An dem ahtzehenden morgen   von Wiene si dô riten.
  dâ wart in ritterschefte   schilde vil versniten

1369, 1 Ouch gab ir nie deheiner.
  2   lanc tief unde wit,
  noch sô rîcher kleider.
  4   alle heten hie getân.
1370, 1 Die kunden unt die geste.
  2 das si dâ niht sparten.
  4 des stuont dâ vil der degene.
1371, 2 bî ir vil edelem manne.
  4   sô vil der êren hie geschehen.
1372, 4 ouch tet dâ michel wunder.
1373, 2 der hiez dâ machen lære   vil manigiu leitschrîn.
  3   daz wart gar hin gegeben.
  man gesach nie küniges degene.
1374, 1 Swemmel unde Werbel,   die Etzeln spileman.
  4 dâ diu frouwe Kriemhilt.

von speren die dâ fuorten   die recken an der hant.
sus kom der künic Etzel   unz in daz hiunische lant.

1376 Ze Heimburc der alten   si wâren über naht.   1816
done kunde niemen wizzen   wol des volkes aht,   (1403)
mit wie getâner krefte   si riten über lant.
hey waz man schœner vrouwen   in sîner heimüete vant!

1377 Ze Misenburc der rîchen   dâ schiften si sich an.
daz wazzer wart verdecket   von ross und ouch von man,
alsam ez erde wære,   swaz man sîn vliezen sach.
die wegemüeden vrouwen   heten senfte und ouch gemach.

1378 Zesamene was geslozzen   manic scif vil guot,
daz in niht enschadete   die ünde noch diu fluot.
dar über was gespannen   vil manic guot gezelt,
sam ob si noch hêten   beidiu lant unde velt.

1379 Dô kômen disiu mære   ze Etzelnpurc von dan.
dô vreuten sich dar inne   wîp unde man.
daz Helchen ingesinde,   des ê diu vrouwe pflac,
gelebte bî Kriemhilde   sît manigen vrœlîchen tac.

1380 Dô stuont dâ wartende   vil manic edel meit,
die von Helchen tôde   heten manigiu leit.
siben künige tohter   Kriemhilt noch dâ vant:
von den was gezieret   wol allez Etzelen lant.

1381 Diu juncvrouwe Herrât   noch des gesindes pflac,
diu Helchen swester tohter,   an der vil tugende lac,
diu gemahele Dietriches,   eins edelen küneges kint,
diu tohter Nantwînes: diu hete vil der êren sint.

1375, 4   mit freuden in der Hiunin lant.
1376, 3   si riten durch daz lant.
      4   in ir heymüete vant!
1377, 3 sam ez erde wære,   swaz man sîn übersach.
1378, 1 Zesamne was gebunden.
     2 daz in niht schaden kunde   die ünden noch diu fluot.
1379, 1 Ze Etzelen bürge   diu mære kômen dan.
1380, 1 Dô stuont in lieber warte.
     4 von den was wol gezieret   allez Etzelen lant.
1381, 3   eins rîchen küniges kint.

1377, 3   swaz man sîn sach.

1382 Gegen der geste kümfte   vreute sich ir muot:
ouch was dar zuo bereitet   vil kreftigez guot.
wer kunde iu daz bescheiden,   wie sit der künec saz?
si gelebten dâ zen Hiunen   nie mit küneginne baz.

1383 Do der künec mit sîme wîbe   von dem stade reit,
wer ieslîchiu wære,   daz wart dô wol gescit
der edelen Kriemhilde: si gruoztes deste baz.
hey wie gewalteclîche   si sit an Helchen stat gesaz!

1384 Getriuwelicher dienste   wart ir vil bekant.
dô teilt diu küneginne   golt unt gewant,
silber unt gesteine: swaz si des über Rîn
mit ir zen Hiunen brâhte,   daz muose gar zergeben sîn.

1385 Ouch wurden ir mit dienste   sider undertân
alle des küniges mâge   unt alle sîne man,
daz nie diu vrouwe Helche   so gewaldeclîch gebôt,
sô si nu muosen dienen   unz an den Kriemhilde tôt.

1386 Dô stuont mit söllen êren   der hof unt ouch daz lant,
daz man dâ zallen zîten   die kurzewîle vant,
swar nâch ieslîchem   daz herze truoc den muot,
durch des küneges liebe   unt der küneginne guot.

1382, 1 Von der geste künfte   sô trôste sich ir muot.
2   vil krefteclichez guot.
4   mit keiner küniginne baz.
1383, 1 Do der wirt mit sîme wîbe.
2   daz wart zehant gescit
der edeln küniginne.
1384, 1 Mit triuwen hôher dienste.
2 dô teilt diu frouwe Kriemhilt   golt und ouch gewant.
4   daz muose gar zerteilet sîn.
1386, 4   unt ouch der küniginne guot.

1384, 1 Getriuwer dieneste.

XXIII. ÂVENTIURE,

WIE KRIEMHILT IR LEIT GEDÂHT ZE RECHEN.

1387 Mit vil grôzen êren,   daz ist alwâr,   1327
wonten si mit ein ander   unz an daz sibende jâr.   (1414)
die zît diu küneginne   eins sunes was genesen.
des kund der künic Etzel   nimmer vrœlîcher wesen.

1388 Sine wolde niht erwinden,   sine würbe sint
daz getoufet würde   daz Etzelen kint
nâch kristenlîchem rehte: Ortliep wart ez genant.
des wart vil michel freude   über elliu Etzelen lant.

1389 Swaz ie guoter tugende   an vroun Helchen lac,
der vleiz sich vrou Kriemhilt   dar nâch vil manigen tac.
die site si lêrte Herrât,   diu ellende meit.
diu hete tougenlîche   nâch Helchen grœzlîchiu leit.

1390 Den vremden unt den kunden   was si vil wol bekant.
die jâhen daz nie vrouwe   besæze ein küneges lant
bezzer unde milter: daz heten si für wâr.
daz lop si truoc zen Hiunen   unz an daz driuzehende jâr.

1391 Nu hete si wol erkunnen   daz ir niemen widerstuont,
alsô noch fürsten wîbe   küneges recken tuont,
unt daz si 'alle zîte   zwelf künige vor ir sach.
si gedâht ouch maniger leide   der ir dâ heime geschach.

1387, 1 In alsô hôhen êren.
     2 si wonte bî dem künige.
1388, 4 si woldenz hân ze herren.
1389, 4   nâch ir frouwen grôziu leit.
1390, 1 Die fremden unt die kunden   die jâhen dâ zehant
     das nie milter frouwe.
     3 noch deheiniu tiurer lebte: des jach man ir für wâr.
     si erwarp ir lôp vil grôzen   zen Hiunin in daz zwelfte jâr.
1391, 1 Si hete nu wol erkunnen.
     2 als iz noch fürsten wîbe.
     4 do gedâhtes maniger leide.

1389, 2 des vleiz sich frou Kriemhilt.
1390, 1 Die fremden unt die kunden   die jâhen allesamt (28),
     das nie milter vrouwe.

1392 Si gedâht ouch maniger êren   von Nibelunge lant,   1332
     der si dâ was gewaltic   unt die ir Hagenen hant   (1419)
     mit Sîfrides tôde   hete gar benomen,
     ob im daz immer   noch ze leide möhte komen.

1393 «Daz geschæhe ob ich in bringen   möhte in ditze lant.»
     ir troumte daz ir gienge   vil dicke an der hant
     Gîselher ir bruoder: si kusten zaller stunt
     vil ofte in senftem slâfe: sît wart in arebeiten kunt.

1394 Ich wæn der übel vâlant   Kriemhilde daz geriet,
     daz si sich mit friuntschefte   von Gunthere schiet,
     den si durch suone kuste   in Burgonden lant.
     do begonde ir aber salwen   von heizen trehenen ir gewant.

1395 Ez lac ir an dem herzen   spât unde vruo,
     wie man si âne schulde   brâhte dar zuo
     daz si muose minnen   einen heidenischen man.
     die nôt die het ir Hagene   unde Gunther getân.

1396 Des willen in ir herzen   kom si vil selten abe.
     si gedâhte «ich pin sô rîche   unt hân sô grôze habe
     daz ich mînen vînden   gefüege noch ein leit.
     des wære et ich von Tronege   Hagenen gerne bereit.

1397 Nâch den getriuwen jâmert   dickez herze mîn:
     die mir dâ leide tâten,   möhte ich pî den sîn,

1392, 4 si gedâht ob im daz immer   noch ze leide möhte komen.
1393, 1 Si wunschte daz ir muoter   wære in Hiunin lant.
      ir troumte daz ir Gîselher   gienge an der hant
      bî Etzeln dem künige.
      4 vil dicke in senftem slâfe.
1394, 1 Sine kunde ouch nie vergezzen,   swie wol ir anders was,
      ir starken herzen leide: in ir herzen si ez las
      mit jâmer zallen stunden;   daz man sît wol bevant.
1395, 3   einen heidenman.
      daz het ir friunt Hagene.
1396, 1 Daz si daz rechen möhte,   des wunschtes alle tage.
      sich bin nu wol sô rîche,   swem iz ouch missehage,
      daz ich wol mînen vînden   mac gefüegen leit.
1397, 2   möht ich bî den gesîn;

1393, 4 in senfteme slâfe.
1395, 4 daz het ir Hagene.
1396, 1 Daz si daz rechen möhte,   des wunschtes alle tage.
      si gedâhte «ich pin sô rîche   unt hân sô grôze habe (13).

sô würde wol errochen　　　mînes vriwendes lîp:
des ich kûme erbeite»,　　　sprach daz Etzelen wîp.

1398 Ze liebe si dô hêten　　alle skûneges man,　　　　　1338
die Kriemhilde recken:　　daz was vil wol getân.　　　(1425)
der kameren der pflac Eckewart,　　dâ von er friunt gewan.
den Kriemhilde willen　　kunde niemen understân.

1399 Si gedâhte zallen zîten　　«ich wil den künec piten»,
daz er ir des gönde　　mit güetlichen siten,
daz man ir vriwende bræhte　　in der Hiunen lant.
den argen willen niemen　　an der küneginne ervant.

1400 Dô si eines nahtes　　bî dem künige lac,
(mit armen umbevangen　　het er si, als er pflac
die edelen vrouwen triuten:　　si was im sô sîn lîp),
dô gedâhte ir vînde　　daz vil hêrlîche wîp.

1401 Si sprach zuo dem künige　　«vil lieber herre mîn,
ich wolde iuch bitten gerne,　　möht iz mit hulden sîn,
daz ir mich sehen liezet　　ob ich daz het versolt,
ob ir den mînen vriwenden　　wæret inneclîchen holt.»

1402 Dô sprach der künic rîche　　(getriuwe was sîn muot)
«ich bringe iuch des wol innen,　　swâ liep unde guot
den recken widerfüere,　　des müese ich freude hân,
wand ich von wîbes minne　　nie bezzer vriwende gewan.»

1403 Dô sprach diu küneginne　　«iu ist daz wol geseit,
ich hân vil hôher mâge;　　dar umbe ist mir sô leit

1397, 3 sô wurde noch errochen　　mînes mannes lîp:
　　　 des ich vil kûme erbîte,　　sprach daz jâmerhafte wip.
1398, 2　　　　　　　　　　　　daz was wol getân.
　　　 4　　　　　　　　　　　　mohte niemen verstân.
1399, 1　　　　　　　　　　　　si wolden künec biten.
　　　 4　　　　　　　　　　　　an froun Kriemhilt ervant.
1400, 2　　　　　　　　　　　　als er vil dicke pflac.
　　　 3　　　　　　　　　　　　si was im sô der lîp),
　　　 do gedâhte an ir vînde.
1401, 2　　　　　　　　　　　　möht ez mit fuoge sîn.
　　　 3　　　　　　　　　　　　wie ich hete daz versolt,
　　　 ob ir mînen friunden.
1402, 3 den helden widerfüere.
　　　 4　　　　　　　　　　　　bezzer friunde nie gewan.

daz mich die sô selten   ruochent hie geschen.
ich hœre mîn die liute   niwan fûr ellende jehen.

1404 Dô sprach der künec Etzel   «vil liebiu vrouwe mîn,   1344
diuht ez si niht ze verre,   sô lüede ich über Rîn   (1431)
swelh ir dâ gerne sæhet   her in miniu lant.»
des vreute sich diu vrouwe,   dô si den willen sîn ervant.

1405 Si sprach «welt ir mir triuwe   leisten, herre mîn,
sô sult ir boten senden   ze Wormez über Rîn.
so enbiute ich mînen vriwenden   des ich dâ habe muot:
sô kumt uns her ze lande   vil manic edel ritter guot.»

1406 Er sprach «swenn ir gebietet,   sô lâzet ez geschehen.
irn kundet iuwer vriwende   sô gerne niht sehen
als ich si gesœhe,   der edelen Uoten kint.
mich müet daz harte sêre   daz si uns sô lange vremde sint.

1407 Ob ez dir wol gevalle,   vil liebiu vrouwe mîn,
sô wold ich gerne senden   nâch den vriwenden dîn
die mînen videlære   in Burgonden lant.»
die guoten videlære   hiez er bringen sâ zehant.

1408 Si îlten harte balde   dâ der künec saz
bî der küneginne.   er saget in beiden daz,
si solden poten werden   in Burgonden lant.
dô hiez er in bereiten   harte hêrlich gewant.

1409 Vier unt zweinzec recken   bereite man diu kleit.
ouch wart in von dem künege   diu boteschaft geseit,

1404, 4 diu rede ir wol behagete.
1405, 2   von uns über Rîn.
      so enbiute ich mînen mâgen.
1406, 2 irn dorftet iuwer friunde   sô gerne nie sehen
      als ich hie gesæhe.
1407, 1 Er sprach «ob du ez râtest.
      2 die mînen videlære.
      3 wil ich ze boten senden.
      4 die Etzeln videlære   hiez man bringen sâ zehant.
1408, 1 Die knappen kômen beide   dâ ir herre saz.
      2   der künic in sagte daz.
      3   in sîner friunde lant.
      dô hiez man in bereiten   harte schiere guot gewant,
1409, 1 Unt ir vartgesellen,   vier unt zweinzec man,
      die mit in varn solden   zen Burgonden dan.

1406, 3 alsô ich sæhe.
1408, 1 Si gâheten balde.

wie si dar laden solden   Gunther und sine man.
Kriemhilt diu vrouwe   si sunder sprechen began.

1410 Dô sprach der künec riche   «ich sage iu wie ir tuot.   1350
ich enbiute mînen vriwenden   liep und allez guot,   (1437)
daz si geruochen rîten   her in mîniu lant.
ich hân sô lieber geste   harte wênic noch bekant.

1411 Und ob si mînes willen   wellen iht begân,
die Kriemhilde mâge,   daz si des niht enlân,
sine komen an disem sumere   zuo mîner hôhgezît,
wand vil der mînen wünne   an mînen konemâgen lît.»

1412 Dô sprach der videlære,   der stolze Swemmelîn,
«wenne sol iuwer hôhzît   in disen landen sîn?
daz wir daz iuwern vriwenden   künnen dort gesagen.»
dô sprach der künec Etzel   «zen næhsten sunewenden tagen.»

1413 «Wir tuon swaz ir gebietet»,   sprach dô Wärbelîn.
in ir kemenâten   bat si diu künegin
bringen tougenlîchen   dâ si die boten gesprach:
dâ von vil manigem degene   sit wênic liebes geschach.

1414 Si sprach zen boten beiden   «nu dienet michel guot,
daz ir mînen willen   vil güetlîchen tuot,

1409, 3 in tet der künic Etzel   kunt den willen sîn,
     wie si laden solden   Gunthern mit den friunden sîn.
1410, 1   ich künde in mînen muot.
     4   harte selten noch bekant.
1411, 2 die mîne konemâge.
     3 sine komen mir ze liebe.
     4   an mîner frouwen mâgen lît.
1412, 1 Dô sprach der knappen einer,   der hiez Swämmelin,
     «benennet uns die hôchgezit,   wenne sol diu sîn?
     daz mîner frouwen friunde   dar zuo mügen komen.»
     des wart der küniginne   ir leides harte vil benomen.
     5 Dô sprach der künic hêre   «die mînen hôchgezit   (1440)
     sult ir ze Rîne künden,   daz ir gewis des sit:
     zen næhsten sunewenden   sô wil ich si hân;
     die uns mit triuwen minnen,   daz si die reise niht enlân.
1413, 4 dâ von sit manigem degene   harte leide geschach.
1414, 1   ir dienet michel guot,
     ob ir mînen willen   tougenlîchen tuot:

1412, 3 daz wir daz iuwern friunden   künnen dort gesagen.
     zen næhsten sunewenden,   sprach Etzel, wil ich si haben (36).

und saget swaz ich enbiete   heim in unser lant.
ich mache iuch guotes riche   unt gibe iu hêrlich gewant.

1415 Und swaz ir mîner vriwende   immer muget gesehen   1355
ze Wormez bî dem Rîne,   den sult ir niht verjehen   (1443)
daz ir noch ie gesæhet   betrüebet mînen muot:
unt saget mînen dienest   den heleden küene unde guot.

1416 Bittet daz si leisten   daz in der künec enbôt,
unt mich dâ mite scheiden   von aller mîner nôt.
die Hiunen wellent wænen   deich âne vriwende sî.
ob ich ein ritter wære,   ich kœme in etwenne bî.

1417 Und saget ouch Gêrnôte,   dem edelen bruoder mîn,
daz im zer werlde niemen   holder müge gesîn:
bitet daz er mir bringe   mit im in ditze lant
unser besten vriwende,   deiz uns zen êren sî gewant.

1418 Sô saget ouch Gîselhêre,   daz er wol gedenke dran,
daz ich von sînen schulden   nie leides niht gewan:
des sæhen in vil gerne   hie diu ougen mîn.
ich heten hie vil gerne   durch die grôzen triuwe sîn.

1419 Saget ouch mîner muoter   die êre die ich hân.
und ob von Tronege Hagene   welle dort bestân,
wer si danne solde   wîsen durch diu lant?
dem sint die wege von kinde   her zen Hiunen wol bekant.»

1420 Die boten nine wessen   von wiu daz was getân,
daz si von Tronege Hageneu   niwet solden lân

1414, 3 sô sagt swaz ich enbiete.
1415, 1 Swaz ir der mînen friunde.
1416, 3 die Hiunen mugen wænen.
    4 ob ich ein ritter hieze,   ich wær in eteswenne bî.
1417, 1 Ir saget ouch Gêrnôte,   dem lieben bruoder mîn.
    3 unt bitet in daz er füere.
    4 die unser besten friunde.
1418, 1 Unt sagt ouch Gîselhêre,   er denke wol dar an,
    daz er von mînen schulden.
    4 das wolde ich immer mêre   hinz im dienende sîn.
1419, 1 Nu sagt ouch mîner muoter.
1420, 2 daz Hagene der küene   solde niht bestân

1420, 2 das Hagene von Tronege   niuwet bestân

beliben bî dem Rîne.   ez wart in sider leit:
mit im was manigem degene   zem grimmen tôde widerseit.

1421 Brieve unde boteschaft   was in nu gegeben.   1361
si fuoren guotes rîche   und mohten schône leben.   (1449)
urloub gap in Etzel   und ouch sîn schœne wîp.
in was von guoter wæte   wol gezieret der lip.

XXIV. ÂVENTIURE,
WIE WÄRBEL UND SWÄMMEL DIE BOTSCHAFT WURDEN.

1422 Dô Etzel zuo dem Rîne   sîne boten sande,
dô flugen disiu mære   von lant ze lande:
mit boten harte snellen   er bat und ouch gebôt
zuo sîner hôhgezîte: des holte maniger dâ den tôt.

1423 Die boten dannen fuoren   ûzer Hiunen lant
zuo den Burgonden: dar wâren si gesant,
nâch drin edelen künegen   und ouch nâch ir man.
si solden komen Etzeln: des man dô gâhen began.

1424 Hin ze Bechelâren   kômen si geriten.
dâ diente man in gerne.   daz enwart dâ niht vermiten,
Rüedgêr sînen dienest   enbôt und Gotelint
bî in hin ze Rîne,   und ouch ir beidere kint.

1420, 3 hinder in ze Rîne.   daz wart in sider leit.
1421, 1 Boteschaft unt brieve   daz was nu gegeben.
        3   unt ouch des küniges wîp.
        ' in was mit rîcher wæte   vil wol gezieret der lip.

1422, 1 Dô der künic Etzel   von im gesande
        sîne boten zuo dem Rîne,   von manigem lande
        brâht er vil der recken   zuo sîner hôchgezit,
        der deheiner nimmer mêre   kom zuo sîme lande sît.
1423   hier Aventiurenanfang.
1423, 1   über Hiunin lant.
        4 die solden komen Etzeln: des man gâhen dô began.
1424, 2   daz wart niht vermiten.
        sîn dienst enbôt dô Rüedegêr   unt ouch Gotelint.
        4   unt ouch des marcgrâven kint.

1420, 3 solde bî dem Rîne.
1422, 3 des kom vil der recken   zuo sîner hôchgezît,
        der muose vil maneger   dâ verliesen den lip (47).
1424, 3 sîn dienst enbôt dô Rüedegêr   unde Gotelint.

1425 Sine liezens âne gâbe   von in niht scheiden dan,   1365
daz deste baz gefûeren   die Etzelen man.   (1453)
Uoten und ir kinden   enbôt dô Rûedegêr,
sine heten in sô wæge   deheinen marcgrâven mêr.

1426 Si enbuten ouch Prünhilde   dienest unde guot,
stætecliche triuwe   und willigen muot.
dô si die rede vernâmen,   die boten wolden varn:
si bat diu marcgrâvinne   got von himele bewarn.

1427 Ê daz die boten kœmen   vol durch Peyer lant,
Wärbel der vil snelle   den guoten bischof vant.
waz der dô sînen friunden   hin ze Rîne enbôt,
daz ist mir niht gewizzen: niwan sîn golt alsô rôt

1428 Gap er den boten ze minne,   riten er si lie.
dô sprach der biscof Pilgerîm   «und solde ichs sehen hie,
mir wære wol ze muote,   die swester sûne mîn:
wand ich mac vil selten   zuo zin komen an den Rîn.»

1429 Welhe wege si fûeren   ze Rîne durch diu lant,
des kan ich niht bescheiden.   ir silber unt gewant
daz ennam in niemen: man vorhte ir herren zorn.
jâ was vil gewaltec   der edele künec wol geborn.

1430 Inre tagen zwelfen   si kômen an den Rîn,
ze Wormez zuo dem lande,   Wärbel und Swemmelin.
dô sagte man diu mære   den künegen und ir man,   .
dâ kœmen boten vremede: Gunther dô vrâgen began.

1426, 2 triuwe unde minne
3 dô si die rede gehôrten,   die boten muosin varn.
1427, 4 daz ist mir ungewizzen.
1428, 1 Daz gab er in ze minne.
2   sold ich si sehen hie.
4 wan ich mac leider selten.
1429, 2 des enkan ich niht bescheiden.   ir golt und ir gewant.
3   man vorht ir herren haz.
Ezel was vil gewaltic,   man erkande in allen landen daz.
1430, 1 Inre tagen zehenen.
2 ze Wormze zuo der veste.
4   Gunther vrägen dô began.

1426, 3 dô si die rede gevrieschen.
1429, 2   ir golt unt gewant.
3   man vorhte ir herren haz,
wande vil gewaltec   der künec Etzele was (36).

1431 Dô sprach der vogt von Rîne «wer tuot uns daz bekant, 1371
von wannen dise vremden riten in daz lant?» (1459)
daz enwesse niemen unze daz si sach
Hagene von Tronege dô ze Gunthere sprach

1432 «Uns koment niuwemære, des wil ich iu verjehen.
die Etzeln videlære die hân ich hie gesehen.
si hât iuwer swester gesendet an den Rîn:
si suln uns durch ir herren grôze willekomen sîn.»

1433 Si riten al bereite für den palas dan.
ez gefuoren nie hêrlicher fürsten spileman.
des küneges ingesinde enpfie si sâ zehant:
man gap in hereberge unt hiez behalten ir gewant.

1434 Ir reisekleider wâren rîch und sô wol getân,
jâ möhten si mit êren für den künic gân:
der enwolden si niht mêre dâ ze hove tragen.
ob ir iemen geruochte, die boten hiezen daz sagen.

1435 In der selben mâze man ouch liute vant
die ez vil gerne nâmen: den wart ez gesant.
dô leiten an die geste verre bezzer wât,
als ez boten küneges ze tragene hêrliche stât.

1436 Dô gie mit urloube, dâ der künic saz,
daz Etzeln gesinde: gerne sach man daz.
Hagene zühteclîche gegen den boten spranc
unt enpfie si minneclîche. des sageten im die knappen danc.

1431, 1 wer tuot uns bekant
von disen vremden recken, die koment in daz lant?
3 unze si gesach
Hagene der küene: der helt zuo Gunthere sprach.
1432, 4 durch die Etzeln liebe si suln uns willekomen sîn.
1433, 1 Si riten vil bereite.
2 ez gefuoren hêrlicher nie fürsten spileman.
4 ir ros man herbergen hiez unt behalten ir gewant.
1434, 2 daz si mit êren möhten.
4 obs iemen nemen wolde.
1435, 3 verre rîcher wât.
1436, 2 vil gerne sah man daz.
Hagene von dem sedele.
4 unt lief in engegene.

1431, 3 unze si sach.
. 1434, 2 si möhten mit êren.

1437 Durch diu kunden mære   vrâgen er began,
    wie sich Etzel gehabete   unde sîne man.
    dô sprach der videlære   «daz lant gestuont nie baz,
    noch sô vrô die liute;   nu wizzet endeclîche daz.»

1438 Si giengen zuo dem wirte.   der palas der was vol.
    do enpfie man die geste   sô man von rehte sol
    güetlîchen grüezen   in ander künige lant.
    Wärbel vil der recken   dâ bî Gunthere vant.

1439 Der künec gezogenlîche   grüezen si began.
    «sît willekomen beide,   ir Hiunen spileman,
    und iuwer hergesellen.   hât iuch her gesant
    Etzel der rîche   zuo der Burgonden lant?»

1440 Si nigen deme künige: dô sprach Wärbelîn
    «dir enbiutet holden dienest   der liebe herre mîn,
    und Kriemhilt dîn swester,   her in ditze lant.
    si habent uns in recken   ûf guote triuwe gesant.»

1441 Dô sprach der fürste rîche   «der mære bin ich vrô.
    wie gehabet sich Etzel»,   sô sprach der künic dô,
    «und Kriemhilt mîn swester   ûzer Hiunen lant?»
    dô sprach der videlære   «diu mære tuon ich iu bekant.

1442 Daz sich noch nie gehabten   deheine liute baz
    dan si sich gehabent beide,   ir sult wol wizzen daz,
    und allez ir gedigene,   die mâge und ouch ir man.
    si vreuten sich der verte,   dô wir scieden von dan.»

1443 «Genâde sîner dienste,   die er mir enboten hât,
    unde mîner swester,   sît ez alsô stât,

1437, 2 wie sich gehabte Etzel   unt ouch sîne man.
    4 noch wurden vrô die liute: ich sag iu endeclîche daz.
1438, 1 Er brâhtes zuo dem wirte.
    3 minneclîche grüezen.
    4 Swämmil vil der degene.
1439, 2   ir Etzeln spileman.
    4 der künic von den Hiunin.
1440, 1 Mit zuht si nigen beide.
    2 iu enbiutet sînen dienest.
    3 unt Kriemhilt iuwer swester.
    4 si habent uns in heleden   in grôzen triuwen her gesant.
1442, 1 Sich gehabten künige,   ir sult wol wizzen daz,
    in debeinem lande   vrœlîcher noch baz.
    4 si freuten sich der reise,   dô wir schieden von in dan.
1443, 2 unt ouch mîner swester.   mir ist liep daz alsô stât,

daz si lebent mit freuden,   der künec und sîne man:
wande ich doch der mære   gefrâget sorgende hân.»

1444 Die zwêne jungen künege   die wâren ouch nu komen: 1384
si heten disiu mære   alrêrst dô vernomen.   (1472)
durch sîner swester liebe   die boten gerne sach
Gîselher der junge   zuo zin minneclîchen sprach

1445 «Ir boten solt uns grôze   willekomen sîn,
ob ir dicker woldet   her riten an den Rîn:
ir fündet hie die friunde   die ir gerne möhtet sehen.
iu solde hie ze lande   vil wênic leides geschehen.»

1446 «Wir getriwen iu aller êren»,   sprach dô Swemmelin.
«ine könde iu niht bediuten   mit den sinnen mîn,
wie rehte minnecliche   iu Ezel enboten hât
unt iuwer edeliu swester,   der dinc in hôhen êren stât.

1447 Genâde unde triuwe   mant iuh des küneges wîp,
unt daz ir ie was wæge   iwer herze unt iuwer lîp.
und ze vorderst dem künege   sîn wir her gesant,
daz ir geruochet rîten   in daz Etzelen lant.

1448 Daz wir iuch des bæten,   vil vaste uns daz gebôt
Etzel der rîche   iu allen daz enbôt,
ob ir iuch iuwer swester   niht sehen woldet lân,
sô wold er doch gerne wizzen   waz er iu hête getân,

1443, 3 daz si sô lebent mit vreuden.
1444, 1   wâren ouch nu komen:
     wande si diu mære   heten êrst vernomen.
     durch ir swester liebe.
     4   zuo zin güetlichen sprach.
1445, 1 Ir boten soldet grôze   uns willekomen sîn.
     2   zuns rîten an den Rîn:
     ich wæn ir friunde fundet.
     4 iu solde von uns degenen   lützil leides geschehen.
1446, 2 ine kund iu niht bewæren.
     3 wie minneclîch iu Etzel   her enboten hât.
     4   der dinc in hôher wirde stât.
1447, 4   zuo zin in der Hiunin lant.
1448, 1 Ez sol ouch mit in rîten   der herre Gêrnôt.
     4 sô wolde er gerne wizzen   waz er iu recken hete getân,

1444, 2 si heten êriste   diu mære vernomen (188).

1449 Daz ir in alsô vremdet   unde siniu lant.   1389
     ob iu diu küneginne   wære nie bekant,   (1477)
     sô möht er doch verdienen   daz ir in ruochet sehen.
     swenne daz ergienge,   sô wær im liebe geschehen.»

1450 Dô sprach der künec Gunther   «über dise siben naht
     sô künde ich iu diu mære,   wes ich mich hân bedâht
     mit den mînen friunden.   die wîle sult ir gân
     in iuwer herberge   und sult vil guote ruowe hân.»

1451 Dô sprach aber Würbelin   «unt möhte daz geschehen,
     daz wir mîne vrouwen   künden ê gesehen,
     Uoten die vil rîchen,   ê wir schüefen uns gemach?»
     Gîselher der edele   dô vil zühteclîchen sprach

1452 «Daz ensol iu niemen wenden.   welt ir für si gân,
     ir habet mîner muoter   willen gar getân:
     want sie sihet iuch gerne   durch die swester mîn,
     vrouwen Kriemhilde: ir sult ir willekomen sîn.»

1453 Gîselher si brâhte   da er die vrouwen vant.
     die boten sach si gerne   von der Hiunen lant.
     si gruoztes minneclîche   durch ir tugende muot.
     dô sageten ir diu mære   die boten höfsch unde guot.

1454 «Ja enbiutet iu mîn vrouwe»,   sô sprach Swemmelîn,
     «dienest unde triuwe.   möhte daz gesîn,

1449, 1 Daz ir alsô vremdet   in unt siniu lant.
      4 swenne daz geschæhe.
1450, 1   nu lât die rede stân,
        unt vart ze herbergen.   ich wil iuch hœren lân
        in disen siben nahten,   wil ich in sîn lant.
        swes ich mich berâte,   diu mære tuon ich iu bekant.
1451, 1 Dô sprach der bote Wärbel   «künde daz geschehen.
      2   möhten ê gesehen.
1452, 2 dâ habt ir mîner muoter   willen an getân.
      4 und durch den künic Etzeln: des sult ir âne zwîvel sîn.
1453, 1   dâ sîn muoter saz.
        si sach die boten gerne: mit triuwen tet si daz.
        si gruoste si mit tugende,   wan si was wol gemuot.
        jâ dûhten si diu mære   von der küniginne guot.
1454, 1 Mîn frouwe iu here enbiutet.
      2 ir dienst in grôzen triuwen: des sult ir sicher sîn.

_____

1453, 1   dâ sîn muoter saz.
        die boten von den Hiunen   si vil gerne sach (37).

daz si iuch dicke sæhe,   ir sult gelouben daz,
sô wære ir in der werlde   mit deheinen vreuden baz.»

1455 Dô sprach diu küneginne   «des enmac niht gesîn.   1395
swie gerne ich dicke sæhe   die lieben tohter mîn,   (1483)
so ist leider mir ze verre   des edelen küneges wîp.
nu sî immer sælic   ir und Etzelen lîp.

1456 Ir sult mich lâzen wizzen,   ê irz gerûmet hie,
wenne ir wider wellet: ine gesach sô gerne nie
boten in langen zîten   denne ich iuch hân gesehen.»
die knappen ir dô lobeten   daz si daz liezen geschehen.

1457 Zen herbergen fuoren   die von Hiunen lant.
dô het der künic rîche   nâch friunden sîn gesant.
Gunther der edele   vrâgte sîne man,
wie in diu rede geviele.   vil maniger sprechen dô began,

1458 Daz er wol möhte rîten   in Etzelen lant:
daz rieten im die besten   die er dar under vant,
âne Hagene eine.   dem was ez grimme leit.
er sprach zem künige tougen   «ir habt iu selben widerseit.

1459 Nu ist iu doch gewizzen   waz wir haben getân.
wir mugen immer sorge   zuo Kriemhilde hân:
wand ich sluoc ze tôde   ir man mit mîner hant.
wie getorste wir gerîten   in daz Etzelen lant?»

1460 Dô sprach der künec rîche   mîn swester lie den zorn.
mit kusse minneclîche   si hât ûf uns verkorn

1454, 3 daz ir ir sît sô fremde,   daz heizet si iu *klagen:*
     des muoz si herzenleide   *dicke in ir* muote tragen.
1455, 3 jâ ist mir ze verre.
     4 nu sîn immer sælic   si und Etzelen lîp.
1456, 1   ê daz irz rûmet hie,
     wenne ir rîten wellet.
     4 die boten ir dô lobten.
1457, 3 Gunther der vil edele.
     4 wie in diu rede behagte.   vil maniger râten dô began,
1458, 1 Er rite wol mit êren.
     3 niwan Hagene aleine.
1459, 1 Nu ist in wol gewizzen.
     2 des muge wir immer sorge   ûf Kriemhilde hân:
     ouch sluog ich ze tôde.

1458, 1 Er möhte wol rîten.

daz wir ir ie getûten,   ê daz si hinnen reit:
ez ensî et, Hagene,   danne iu einem widerseit.»

1461 «Nu lât iuch niht betriegen»,   sprach Hagene, «swes si jehen, 1401
die boten von den Hiunen.   welt ir Kriemhilde sehen,   (1489)
ir muget dâ wol verliesen   die êre und ouch den lîp:
ez ist vil lancræche   des künec Etzelen wîp.»

1462 Dô sprach zuo dem râte   der fürste Gêrnôt
«sît daz ir von schulden   fürhtet dâ den tôt
in hiunischen rîchen,   solde wirz dar umbe lân
wir ensæhen unser swester,   daz wær vil übele getân.»

1463 Dô sprach der fürste Gîselher   zuo dem degene
«sît ir iuch schuldec wizzet,   friwent Hagene,
sô sult ir hie belîben   unt iuch vil wol bewarn,
und lâzet die getürren   mit uns zuo mîner swester varn.»

1464 Dô begonde zürnen   von Tronege der degen:
«ine wil daz ir iemen   füeret ûf den wegen
der mit iu getürre   rîten ze hove baz.
sît ir niht welt erwinden,   ich sol iu wol erzeigen daz.»

1465 Dô sprach der kuchenmeister,   Rûmolt der degen,
«der vremden unt der kunden   möht ir wol heizen pflegen
nâch iuwer selbes willen: wand ir habt vollen rât.
ich wæne niht daz Hagene   iuch noch vergîselet hât.»

1460, 4 ez ensî et, Hagene, danne   iu einem von ir widerseit.
1461, 3   iwer êre und iuwern lîp.
1462, 2 ob ir nu von schulden   fürhtet den tôt.
    3   solde wirz dar durch lân.
    4   daz wære zägelich getân.
1463, 1 Dô sprach der herre Gîselher.
    2   friunt her Hagene.
    4   mit uns zuo den Hiunen varn.
1464, 3 der mit iu türre rîten   hin ze hove baz.
    4   ich lâze iuch wol versuochen daz.
1465, 2 der geste und iuwer selber   mugt ir heizen pflegen.
    3   ir habt vil guoten rât,
       und wizzet daz iu Hagene   daz wægist noch gerâten hât.

1461, 3   êre unde lîp.

1466 Welt ir niht volgen Hagenen,   in rætet Rûmolt,   1406
wand ich iu bin mit triuwen   vil dienestlichen holt,   (1494)
daz ir sult hie beliben   durch den willen min,
und lât den künec Etzel   dort bî Kriemhilde sîn.

1467 Wie kunde iu in der werlde   immer baz gewesen?
ir muget vor iuwern vinden   harte wol genesen.
ir sult mit guoten kleidern   zieren wol den lip:
trinket win den besten   unt minnet wætlichiu wip.

1468 Dar zuo gît man iu spîse   die besten di ie gewan
in der werlte künec deheiner.   ob des niht möhte ergân,
ir soldet noch beliben   durch iuwer schœne wip,
ê ir sô kintliche   soldet wâgen den lip.

1469 Des rât ich iu beliben.   rîch sint iuwer lant:
man mac iu baz erlœsen   hie heime din pfant
danne dâ zen Hiunen.   wer weiz wiez dâ gestât?
ir sult beliben, herre: daz ist der Rûmoldes rât.»

1466, 1 Und welt ir im niht volgen.
     2 ich bin iu mit triuwen.
     3 daz ir hie belibet.
1467, 2   hie heime wol genesen.
        ir sult mit rîcher wæte.
1468, 1   die besten die man hât
        inder in der werlde.   iwer lant vil schöne stât.
        ir mugt iuch Etzeln hôchgezît   mit êren wol bewegen
        unt mugt mit iuwern friunden   vil guoter kurzwile pflegen.
     5 Ob ir niht anders hêtet   des ir möht geleben,   (1497)
        ich wolde in einer spîse   den vollen immer geben,
        sniten in öl gebrouwen: deist Rûmoldes rât,
        sît ez sus angestlichen   erhaben dâ zen Hiunen stât.
     9 Ich weiz daz min frou Kriemhilt   iu nimmer wirdet holt. (1498)
        ouch habt ir und Hagene   zir anders niht versolt.
        des sult ir beliben: ez mag iu werden leit.
        ir kumet es an ein ende   daz ich iu niht hân misseseit.
1469, 2 man mac iu michel sanfter   lœsen hie din pfant.
     3   in weiz wiez dâ gestât.
     4   daz ist mit triuwen min rât.

1468, 1 Dar zuo gît man iu spîse   die bezzisten,
        die man ie in der werlde   gewan mit listen.
        ir muget iuch wol verzihen   Etzeln hôchgezît,
        ô ir sô kintliche   soldet wâgen den lip (37).

1470 «Wir wellen niht beliben»,   sprach dô Gérnôt,   1410
     «sît daz uns mîn swester   sô friuntlîch enbôt   (1500)
     unt Etzel der rîche.   zwiu solde wir daz lân?
     der, dar niht gerne welle,   der mac hie heime bestân.»

1471 Des antwurte Hagene   «lât iuh unbilden niht
     mîne rede dar umbe,   swie halt iu geschiht.
     ich rât iu an den triuwen,   welt ir iuch bewarn,
     sô sult ir zuo den Hiunen   vil gewärliche varn.

1472 Sit ir niht welt erwinden,   so besendet iuwer man,
     die besten die ir vindet   oder inder müget hân.
     sô wel ich ûz in allen   tûsent ritter guot:
     sone mag in niht gewerren   der argen Kriemhilde muot.»

1473 «Des wil ich gerne volgen»,   sprach der küenec zehant.
     dô hiez er boten rîten   wîten in sîniu lant:
     dô brâhte man der helde   driu tûsent oder mêr.
     sine wânden niht zerwerben   alsô græzlichiu sêr.

1474 Si riten vrœlîche   in Guntheres lant.
     man hiez in geben allen   ross unt gewant,
     die dâ varen solden   von Burgonden dan.
     der küenec mit guotem willen   der vil manegen gewan.

1470, 1 Wir enwellen niht beliben.
     5 «Entriuwen», sprach dô Rûmolt,   «ich solz der eine sîn   (1501)
        der durch Etzeln hôchgezît   kumt nimmer über Rîn.
        zwiu solde ich daz wâgen   daz ich wæger hân?
        die wîle ich mag immer,   wil ich mich selbe leben lân.»
     9 «Des selben wil ich volgen»,   sprach Ortwîn der degen.   (1502)
        «ich wil des geschäftes   hie heime mit iu pflegen.»
        dô sprâchen ir genuoge,   si woldenz ouch bewarn.
        «got lâz iuch, liebe herren,   zuo den Hiunen wol gevarn.»
    13 Der küenec begunde zürnen,   dô er daz gesach,   (1503)
        daz si dâ heime wolden   schaffen ir gemach.
        «dar umbe wirz niht lâzen,   wir müezen an die vart.
        ez waldet guoter sinne   der sich alle zît bewart.»
1471, 1 «Nu lât iuch unbilden»,   sprach dô Hagene, «niht.
     3   welt ir iuch wol bewarn.
1472, 4 sone kan uns niht gewerren.
1473, 2   wîten in sîn lant.
     3   driu tûsint unde mêr.
        si wânden niht erwerben   alsô gremelîchiu sêr.
1474, 1 Si riten willeclîche.
     3 die mit in varen solden   zuo den Hiunen dan.
        der künic in guotem willen.

1475 Dô hiez von Tronege Hagene　Danewart den bruoder sîn 1415
ir beider recken ahzec　　füeren an den Rîn.　　　　　(150ᵇ)
die kômen ritterlîche:　　harnasch unt gewant
fuorten die vil snellen　in daz Guntheres lant.

1476 Dô kom der küene Volkêr,　ein edel spileman,
zuo der hovereise　　mit drîzec sîner man:
die heten sölech gewæte,　ez möhte ein künec tragen.
daz er zen Hiunen wolde,　daz hiez er Gunthere sagen.

1477 Wer der Volkêr wære,　daz wil i'uch wizzen lân.
er was ein edel herre:　im was ouch undertân
vil der guoten recken　in Burgonden lant.
durch daz er videlen konde,　was er der spileman genant.

1478 Hagene welte tûsent:　die hete er wol bekant,
unt waz in starken stürmen　hete gefrümet ir hant,
oder swaz si ie begiengen,　des het er vil gesehen.
den konde anders niemen　niwan frümekeite jeben.

1479 Die boten Kriemhilde　vil sêre dâ verdrôz:
wand ir vorhte zir herren　diu was harte grôz.
si gerten tägelîche　urloubes von dan.
des engonde in niht Hagene:　daz was durch liste getân.

1480 Er sprach zuo sîme herren　«wir suln daz wol bewarn
daz wir si lâzen rîten　ê daz wir selbe varn
dar nâch in tagen sibenen　in Etzelen lant.
treit uns iemen argen willen,　daz wirt uns deste baz bekant.

1481 Sone mac ouch sich vrou Kriemhilt　bereiten niht dar zuo
daz uns durch ir ræte　iemon schaden tuo.

1475, 2 ir beider recken sehzic　bringen an den Rîn.
4 des brâhten vil die degene.
1476, 1 Dô kom der herre Volker,　ein küene spileman,
hin ze hove nâch êren.
4　　　　　　　　　daz hiez er dem künige sagen.
1478, 1 Tûsent welte Hagene.
3 unt swaz si ie begiengen.
4 in kunde ouch anders niemen.
1479, 1 Die boten von den Hiunen.
4 des engunde niht Hagene.
1480, 2 daz wirs iht lâzen rîten.
3　　　　　　　　　wider in ir lant.
treit uns iemen argen muot.
1481, 1 Sone kan ouch sich vrou Kriemhilt.

hât aber si den willen,　ez mac ir leide ergân:
wir füeren mit uns hinnen　sô manigen ûz erwelten man.»

1482 Seilde unde sätele　unt allez ir gewant,　　　　1422
daz si füeren wolden　in Etzelen lant,　　　　　(1515)
daz was nu gar bereitet　vil manigem küenem man.
die boten Kriemhilde　hiez man für Guntheren gân.

1483 Dô die boten kômen,　dô sprach Gêrnôt
«der künec wil gevolgen　des uns Etzel her enbôt.
wir wellen komen gerne　zuo sîner hôhgezît
und sehen unser swester:　daz ir des âne zwîfel sît.»

1484 Dô sprach der künec Gunther　«kunnet ir uns gesagen
wenne sî diu hôhzît　oder in welhen tagen
wir dar komen solden?»　dô sprach Swemmelîn
«zen næhsten sunewenden　sol si wærlîche sîn.»

1485 Der künic in erloubte,　des was noch niht geschehen,
ob si wolden gerne　froun Prünhilde sehen,
daz si für si solden　mit sînem willen gân.
daz understuont dô Volkêr:　daz was ir liebe getân.

1486 «Jan ist mîn vrouwe Prünhilt　nu niht sô wol gemuot,
daz ir si müget schouwen»,　sprach der ritter guot.
«bîtet unze morgen:　sô lât mans iuch sehen.»
dô si se wânden schouwen,　dône kundes niht geschehen.

1481, 4 wand wir füeren hinnen　manigen ûz erwelten man.
1482, 1 Sätil unde schilde　unt ander ir gewant,
　　4 daz si füeren solden.
　　4 die Etzeln videlære　hiez man dô ze hove gân.
1483, 1 Dô si die fürsten sâhen.
　　2 der künic wil nu leisten　daz Etzel uns enbôt.
1484, 1 　　　　　　　　　　«ir sult uns wizzen lân,
　wenne si die hôchgezît　zen Hiuneu wellen hân.»
　des antwurtem künige　der bote Swämmelîn.
　　4 　　　　　　　　　　sô sol si sicherlîchen sîn.
1485, 3 ob si gerne wolden　Prünhilde sehen.
1486, 1 «Jan ist», sô sprach Volkêr,　ein edel ritter guot,
　«Prünhilt mîn frouwe　nu niht wol gemuot.

1483, 2 der künec wil gehengen.
1484, 1 Dô sprach der künec Gunther　«kunnet ir uns gesagen
　wenne si die hôhzît　zen Hiunen wellen haben?»
　des antwortem künige　der bote Swemmelîn (37).
1486, 1 Jan ist, sô sprach Volkêr,　ein rittære guot,
　Prünhilt mîn frouwe　nu niht wol gemuot.

1487 Dô hiez der fürste riche, er was den boten holt, 1427
durch sin selbes tugende tragen dar sîn golt (1520)
ûf den breiten schilden: des moht er vile hân.
ouch wart in richin gâbe von sinen vriunden getân.

1488 Giselhêr und Gêrnôt, Gêre und Ortwin,
daz si ouch milte wâren, daz tâten si wol schîn.
alsô riche gâbe si buten die boten an,
daz si se vor ir herren niwet torsten enpfân.

1489 Dô sprach zuo dem künige der bote Wärbelin
«her künie, lât iuwer gâbe hie ze lande sin.
wir mugen ir niht gefüeren: min herre iz uns verbôt,
daz wir iht gâbe næmen: ouch ist es harte lützel nôt.»

1490 Dô wart der vogt von Rîne dâ von vil ungemuot,
daz si versprechen wolden sô riches küneges guot:
doch muosen si enpfâhen sîn golt und sîn gewant,
daz si mit in fuorten sît in Etzelen lant.

1491 Si wolden sehen Uoten ê daz si schieden dan.
Giselher der snelle brâht die spileman
für sine muoter Uoten. diu vrouwe enbôt dô dan,
swaz si êren hête, daz wære ir liebe getân.

1492 Dô hiez diu küneginne ir porten und ir golt
geben durch Kriemhilde, want der was si holt,
unt durch den künic Etzeln den selben spileman.
si mohtenz gerne enpfâhen: ez was mit triuwen getân.

1487, 1 Dô hiez der künic riche, der was den boten holt,
    durch sines herzen tugende.
  3   des er vil mohte hân.
1488, 1 Gêrnôt unt Giselher.
  2 daz ouch si milto wæren, daz wart dâ vil wol schîn.
  3   si sie buten an,
    daz si ir vor ir herren deheine torsten enpfân.
1489, 2   in iurem lande sin.
  4 daz wir iht gâbe enpfiengen: ouch ist es keiner slahte nôt.
1490, 1 Des wart der künic hêre sêre ungemuot.
  4 daz si mit in brâhten.
1491, 3 ze hove für sine muoter.
1492, 4 si mohtenz wol enpfâhen.

1488, 2   daz wart dâ wol schîn (239).
1491, 3 füre sine muoter.

1493 Urloup genomen hêten   die boten nu von dan   1433
    von wiben und von mannen,   vrœlich si dô dan   (1526)
    fuoren unz in Swâben;   dar hiez si Gêrnôt
    sine helde beleiten,   daz ez in niemen missebôt.

1494 Dô sich die von in schieden,   die ir solden pflegen,
    diu Etzelen hêrschaft   si vridet ûf allen wegen:
    des ennam in niemen   ros noch ir gewant.
    si ilten harte balde   in daz Etzelen lant.

1495 Swâ si der vriunde iht wessen,   daz tâten si den kunt,
    daz die Burgonden   in vil kurzer stunt
    kœmen her von Rîne   in der Hiunen lant.
    dem bischof Pilgerîme   wart ouch daz mære bekant.

1496 Dô si für Bechelâren   die strâze nider riten,
    man sagetez Rüedegêre,   daz wart niht vermiten,
    unde Gotelinde,   des marcgrâven wip.
    daz si si sehen solde,   des wart vil vrœlich ir lip.

1497 Gâhen mit den mæren   sah man die spileman.
    Etzeln si funden   in der stat ze Gran.
    dienest über dienest,   der man im vil enbôt,
    sageten si dem künige.   vor liebe wart er freuden rôt.

1498 Dô diu küneginne   diu mære rehte ervant,
    daz ir bruoder solden   komen in daz lant,

1493, 1   von wibe unt von man.
    die boten Kriemhilde,   mit freuden si dô dan.
    4 sine liute leiten.
1494, 3   ir ros noch ir gewant.
    si begunden vaste gâhen   wider in der Hiunen lant.
1495, 1 Swâ si ir friunde iht wisten.
    3 ze tal von Rîne fueren.
    4   diu mære wurden ouch bekant.
1496, 1 Dô si mit solher ile   für Bechelâren riten,
    si sagtenz Rüedegêre.
    3 und ouch Gotelinde.
    4 daz si si sehen solden.
1497, 1   sach man die poten dan.
    3   des man im vil enbôt.

1494, 4 si gâheten balde (241).

dô was ir wol ze muote: si lônt den spilman
mit vil grôzer gâbe: daz was ir êre getân.

1499 Si sprach «nu saget beide,   Wärbel und Swemmelîn,   1439
welhe mîne mâge   zer hôhzît wellen sîn,   (1532)
der besten die wir ladeten   her in ditze lant?
nu saget waz redete Hagene   dô er diu mære bevant?»

1500 Er sprach «er kom zer sprâche   an einem morgen fruo:
lützel guoter sprüche   redet er der zuo.
dô si die reise lobeten   her in Hiunen lant,
daz was dem grimmen Hagenen   gar zem tôde genant.

1501 Ez koment iuwer brüeder,   die künige alle drî,
in hêrlîchem muote.   swer mêr dâ mite sî,
der mære ich endeclîchen   wizzen niene kan.
ez lobte mit in rîten   Volkêr der küene spileman.»

1502 «Des enbær ich harte lîhte»,   sprach des küneges wîp,
«deich immer hie gesæhe   den Volkêres lîp.
Hagenen bin ich wæge: der ist ein helt guot.
daz wir in hie sehen müezen,   des stât mir hôhe der muot.»

1503 Dô gie diu küneginne   dâ si den künec sach.
wie rehte minneclîche   vrou Kriemhilt dô sprach!

1498, 3   si gap den spilman
alsô rîche gâbe,   si mohtens immer frumen hân.
1499, 1 Si sprach «nu sagt mir beide,   vil lieben boten mîn,
welhe mîne friwende   hie bî uns wellen sîn
der hôhsten die wir ladeten.
4 si sprach «waz redete Hagene.
1500, 2 niht güetlicher sprüche.
3   von Wormez über Rîn,
daz wizzet, küniginne,   ez kunde im leider niht gesîn.
1501, 2   wer recken mit in sî.
1502, 1 Des enbær ich lîhte.
3   der ist ein recke guot.
daz er kumt zen Hiunen.

1498, 3   si gebt den spileman
mit vil grôzer gâbe,   als ez ir êren gezam (22).
1500, 2 niwet guoter sprüche.
3 dô si die reise lobten   her in Hiunen lant,
daz widerredete sêre   der recke küen unde balt (37).

«wie gevallent iu diu mære,   vil lieber herre mîn?
des ic mîn wille gerte,   dů sol nu verendet sîn.»

1504 «Dîn wille derst mîn vreude»,   sprach der künic dô.   **1444**
«ine wart mîn selbes mâge   nie sô rehte vrô,   (1537)
ob si immer komen solden   her in miniu lant.
durch liebe diner friunde   sô ist mîn sorge verswant.»

1505 Des küneges ambetliute   die hiezen über al
mit gesidele rihten   palas unde sal
gegen den lieben gesten   die in dâ solden komen.
sît wart von in dem künege   vil michel wünne benomen.

XXV. ÂVENTIURE,

WIE DIE HERREN ALLE ZEN HIUNEN FUOREN.

1506 Nu lâzen daz belîben,   wie si gebâren hie.
hôchgemuoter recken   die gefuoren nie
sô rehte hêrlîche   in deheines küneges lant.
si heten swaz si wolden,   beidiu wâfen unt gewant.

1507 Der vogt von dem Rîne   kleidete sine man,
sehzec unde tûsent,   als ich vernomen hân,
und niwen tûsent knehte   gegen der hôhgezît.
die si dâ heime liezen,   die beweinten ez sît.

1508 Dô truoc man diu gereite   ze Wormez über den hof.
dô sprach dâ von Spîre   ein alter bischof
zuo der schœnen Uoten   «unser friunde wellent varn
gegen der hôhgezîte: got müeze ir êre dâ bewarn.»

1503, 3 wie zement iu diu mære.
  4 des ic mîn herze gerte,   daz sol nu wol verendet sîn.
1504, 3 so ich si weste komende   her in ditze lant.
  4   ist mîn sorge gar verswant.

1506, 4   dar zuo wâfen und gewant.
1508, 3 ze der alten küniginne   «unser friwent die wellent varn
  hin zer hôchgezite: got müeze ir êre wol bewarn.

1508, 3   got müeze ir êre bewarn (240).

1509 Dô sprach zuo zir kinden   diu edele Uote   1449
«ir soldet hie belîben,   helde guote.   (1542)
mir ist getroumet hinte   von angestlicher nôt,
wie allez daz gefügele   in disem lande wære tôt.»

1510 «Swer sich an troume wendet»,   sprach dô Hagene,
«der enweiz der rehten mære   niht ze sagene,
wenne ez im zen êren   volleclîchen stê.
ich wil daz mîn herre   ze hove nâch urloube gê.

1511 Wir suln gerne rîten   in Etzelen lant:
dâ mac wol dienen künegen   guoter helde hant,
dâ wir dâ schouwen müezen   Kriemhilde hôhgezît.»
Hagene riet die reise: iedoch gerouw ez in sît.

1512 Er hetez widerrâten,   wan daz Gêrnôt
mit ungefüegen sprüchen   im alsô missebôt:
er mant in Sifrides,   vroun Kriemhilde man;
er sprach «dâ von wil Hagene   die grôzen hovereise lân.»

1513 Dô sprach von Tronege Hagene   «durch vorhte ich nine tuo.
swenne ir gebietet, helde,   sô sult ir grîfen zuo.
jâ rite ich mit iu gerne   in Etzelen lant.»
sît wart von im verhouwen   manic helm unde rant.

1514 Diu scif bereitet wâren.   dâ was vil manic man:
swaz si kleider hêten,   diu truoc man dar an.

1509, 2 ir möhtet noch belîben.
       3 ich sach hint in troume   vil angestlîche nôt.
       4   in disem lande læge tôt.
1510, 1 Swer geloubet troumen.
       3 wenne ez im nâch den êren.
       4 jâ wil ich daz mîn herre.
1511, 2 dâ mac wol künigen dienen.
       3 dâ wir dâ müezen schouwen.
1512, 1   niwan daz Gêrnôt.
       2   im sêre missebôt.
1513, 1 Dô sprach der von Tronege.
       2 swenne ir helde wellet.
1514, 1   ze varn über Rîn.
       2   diu truoc man dar în.

1509, 2 ir soldet belîben.
1512, 2   ime missebôt.
1514, 1 Diu schif bereitet wâren: si wolden dannen varen.
        swaz si kleider bêten,   diu truoc man in dare (38).

si wâren vil ummüezee   vor âbendes zît.
si huoben sich von hûse   vil harte vrœliche sît.

1515 Gezelt unde hütten   spien man an daz gras   1455
anderthalp des Rînes.   dô daz geschehen was,   (1549)
den künec bat noch belîben   sîn vil schœnez wîp:
si trûte noch des nahtes   den sînen wætlichen lîp.

1516 Pusûnen, floytieren   huop sich des morgens fruo,
daz si varen solden: dô griffen si dô zuo.
swer hete liep an arme,   der trûte friundes lîp.
des schiet sît vil mit leide   des künec Etzelen wîp.

1517 Diu kint der schœnen Uoten   die heten einen man,
küenen und getriuwen: dô si wolden dan,
dô sagt er dem künege   tougen sînen muot.
er sprach «des muoz ich trûren,   daz ir die hovereise tuot.»

1518 Er was geheizen Rûmolt   und was ein helt zer hant.
er sprach «wem welt ir lâzen   liute unde lant?
daz niemen kan erwenden   iu recken iuwern muot!
diu Kriemhilde mære   nie gedûhten mich guot.»

1519 «Daz lant si dir bevolhen   unt ouch mîn kindelîn,
unt diene wol den vrouwen: daz ist der wille mîn.
swen du sehest weinen,   dem trœste sînen lîp.
ja getuot uns nimmer leide   des künec Etzelen wîp.»

1514, 4 doch kômen si von hûse.
1515, 1   si spienen an daz gras.
1516, 1 Floiten unde videlen.
     2 dô si dâ hin muosten.
1517, 1 Rûmolt der kuchenmeister,   ein vil küene man,
       der nam sîne herren   heimliche dan.
1518, 1 Ich hân iuch vil gewarnet   und ouch genuoc gemant.
     3   iu recken tumben muot!
     4   nie gedûhten si mich guot.
1519, 1 Daz lant si dir enpfolhen   und andern mînen man,
       die ich hie heime lâze,   und allez daz ich hân,
       mîn kint und mîn gesinde   und mîner frouwen lîp.
     5 Ê daz si schieden dannen,   der künic ze râte gie   (1553)
       mit sînen hôhsten mannen.   unberihtet er niht lie
       lant unde bürge;   die der solden pflegen,
       den liez er ze huote   vil manigen ûz erwelten degen.

——————

1518, 3   iu recken den muot!
1519, 1 Daz lant si dir bevolhen   unt mînen mannen,
       die ich dâ heime lâze   in mînen landen (38).

1520 Diu ros bereitet wâren   den künegen und ir man.   1460
     mit minneclichem küssen   schiet vil maniger dan,   (1554)
     dem in hôhem muote   lebete dô der lîp.
     daz muose sît beweinen   vil manic wœtlîchez wîp.

1521 Dô man die snellen recken   sah zen rossen gân,
     dô kôs man vil der vrouwen   trûreclîchen stân.
     daz ir vil langez scheiden   saget in wol ir muot
     ûf grôzen schaden ze komene,   daz herze niemer sanfte tuot.

1522 Die snellen Burgonden   sich ûz huoben.
     dô wart in dem lande   ein michel noben:
     beidenthalp der berge   weinde wîp und man.
     swie dort ir volc getœte,   si fuoren vrœlîche dan.

1523 Die Nibelunges helde   kômen mit in dan
     in tûsent halspergen,   die ze hûse heten lân
     vil manige schœne vrouwen,   di si gesâhen nimmer mê.
     die Sîfrides wunden   tâten Kriemhilde wê.

1524 Dô scihten si ir reise   gegen dem Meune dan,
     ûf durch Ôstervranken,   die Guntheres man.
     dar leite si dô Hagene: dem was ez wol bekant.
     ir marschalk was Dancwart,   der helt von Burgonden lant.

1525 Dô si von Ôstervranken   gein Swanevelde riten,
     dô mohte man si kiesen   an hêrlîchen siten,
     die fürsten unt ir mâge,   die helde lobesam.
     an dem zwelften morgen   der künic zer Tuonouwe quam.

1520, 5 Wuofen unde weinen   des hôrte man genuoc.   (1555)
       ir kint diu küniginne   zem künige ûf armen truoc.
       «wie welt ir nu verweisen   unser beider lîp?
       ir sult durch uns belîben»,   sô sprach daz jâmerhafte wîp.
     9 «Ir sult niht, frouwe, weinen   durch den willen mîn.   (1556)
       ir sult in hôhem muote   hie heime ân angest sîn.
       wir komen schiere widere   mit freuden wol gesunt.»
       si schieden minniclîchen   von ir friwenden sâ zestunt.
1521, 2 dô kôs man weinende   vil manige frouwen stân.
1522, 3 beidenthalp des Rînes   weinten wîp und man.
1523 *fehlt*.
     5 In den selben zîten   was der geloube kranc.   (1559)
       doch frumtens einen kappelân,   der in messe sanc:
       der kom gesunder widere,   wand er vil kûme entran.
       die andern muosten alle   dâ zen Hiunen bestân.
1524, 2   der drîer künige man.
     4 Dancwart was marscalch.
1525, 1   durch Swanevelde riten.

1526 Dô reit von Tronege Hagene   zaller vorderôst: 1466
(1562)
er was den Nibelungen   ein helflicher trôst.
do erbeizt der degen küene   nider ûf den sant,
sin ross er harte balde   zuo zeinem boume gebant.

1527 Daz wazzer was engozzen,   diu scif verborgen:
ez ergie den Nibelungen   ze grôzen sorgen,
wie si komen übere: der wâc was in ze breit.
do erbeizte zuo der erden   vil manic ritter gemeit.

1528 «Leide», sô sprach Hagene,   «mac dir wol hie geschehen,
voget von dem Rine.   nu maht du selbe sehen,
daz wazzer ist engozzen,   vil starc ist im sin fluot.
jâ wæn wir hie verliesen   noch hiute manigen helet guot.»

1529 «Waz wîzet ir mir, Hagene?»   sprach der künec hêr.
«durh iuwer selbes tugende   untrœstet uns niht mêr.
den furt sult ir uns suochen   hin über an daz lant,
daz wir von hinnen bringen   beidiu ross unt ouch gewant.»

1530 «Jan ist mir», sprach Hagene,   «min leben niht sô leit,
daz ich mich welle ertrenken   in disen ünden breit.
ê sol von minen handen   ersterben manic man
in Etzelen landen: des ich vil guoten willen hân.»

1531 «Belibet bi dem wazzer,   ir stolzen ritter guot.
ich wil die vergen suochen   selbe bi der fluot,
die uns bringen übere   in Gelfrâtes lant.»
dô nam der starke Hagene   sinen guoten schildes rant.

1532 Er was vil wol gewâfent: den schilt er dannen truoc,
sinen helm ûf gebunden,   lieht was er genuoc.

1526, 3 dô stuont der degen küene.
1527, 2 ez kom den Nibelungen.
3   der wâc was gar ze breit.
4   manic ritter gemeit.
1528, 4 ich wæn wir hie verliesen   noch hiute manigen ritter guot.
1529, 1   sprach dô der künic her.
4 daz wir hinnen bringen   beidiu ros und gewant.
1530, 1 «Ja enist mir», sprach dô Hagene.
2   in disem wâge breit.
1531, 3 die uns über bringen   in Etzelen lant.
Hagene der küene   nam sinen schilt an die hant.
1532, 1 Der helt vil guot gewæfen   an sinem libe truoc, .
einen helm ûf sinem houpte,   lûter genuoc.

1527, 3   der wâc was ze breit.
1531, 4 sinen schilt nam Hagene,   der recke küen unde balt.

dô truog er ob der brünne   ein wâfen alsô breit
daz ze bêden eken   harte vreislichen sneit.

1533 Dô suochte er nâh den vergen   wider unde dan.   1473
er hôrte wazzer giezen: losen er began.   (1569)
in einem schœnen brunnen   daz tâten wîsiu wîp:
die wolden sih dâ küelen   unde badeten ir lîp.

1534 Hagene wart ir innen,   er sleich in tougen nâch.
dô si daz versunnen,   dô wart in dannen gâch.
daz si im entrunnen,   des wâren si vil hêr.
er nam in ir gewœte: der helet schadete in niht mêr.

1535 Dô sprach daz eine merewîp,   Hadebure was si genant,
«edel ritter Hagene,   wir tuon iu hie bekant,
swenne ir uns, degen küene,   gebt wider unser wât,
wie iu zuo den Hiunen   disiu hovereise ergât.»

1536 Si swebten sam die vogele   vor im ûf der fluot.
des dûhten in ir sinne   starc unde guot.
swaz si im sagen wolden,   er geloubte ins deste baz.
des er dô hin zin gerte,   wol beschieden si im daz.

1537 Si sprach «ir muget wol rîten   in Etzelen lant.
des setze ich iu ze bürgen   mîn triuwe hie zehant,
daz helde nie gefuoren   in deheinin riche baz
nâch alsô grôzen êren: nu geloubet wærlichen daz.»

1532, 4 daz ze sînen ecken   harte pitterlîche sneit.
1533, 1 Er suochte nâch den vergen.
     4 die kuolten sich dar inne.
1534, 1   er sleich in sanfte nâch.
     dô si den helt ersâhen,   dô wart in von im gach.
     4 dô nam er ir gewœte.
1535, 1   diu was Hadebure genant,
     «aber Hagene, gebt uns widere   unser gewant.
     sô ir uns, edel recke.
     4 ich sag iu wie iur reise   hin zen Hiunen ergât.
1536, 2 des dûhten in ir liste.
     3 swaz si ime sageten.
     4 des er an si gerte,   ir einiu saget ime daz.
1537, 2 des si mîn triuwe bürge,   mîn houbt sî iuwer pfant.
     4   ·   ir sult wol gelouben daz.

1535, 2 nu bœret disiu mære,   edel ritter balt (22).
1537, 2 des si iu mîn triuwe   ze bürgen versalt (22).

1538 Der rede was dô Hagene   in sînem herzen hêr.   1478
    dô gap er in ir kleider   und sûmte sich niht mêr.   (1570)
    dô si dô an geleiten   ir wunderlîch gewant,
    dô sageten si im rehte   die reise in Etzelen lant.

1539 Dô sprach daz ander merewîp,   diu hiez Sigelint,
    »ich wil dich warnen, Hagene,   daz Aldrîânes kint.
    durch der wæte liebe hât   mîn muome dir gelogen:
    und kumestu zen Hiunen,   sô bistu sêre betrogen.

1540 Jâ soltu kêren widere;   daz ist an der zît:
    wand ir helde küene   alsô geladet sît
    daz ir ersterben müezet   in Etzelen lant.
    swelhe dar gerîtent,   die habent den tôt an der hant.«

1541 Dô sprach aber Hagene   »ir trieget âne nôt.
    wie möhte ez sich gefüegen   daz wir alle tôt
    solden dâ belîben   durh iemannes haz?«
    si begonden im diu mære   sagen küntlicher baz.

1542 Dô sprach aber diu eine   »ez muoz alsô wesen,
    daz iuwer deheiner   kan dâ niht genesen,
    niwan des küneges kappelân: daz ist uns wol bekant,
    der kumet gesunder widere   in daz Guntheres lant.«

1543 Dô sprach in grimmem muote   der küene Hagene
    »daz wære mînen herren   müelîch ze sagene,
    daz wir zen Hiunen solden   vliesen alle en lîp.
    nu zeige uns überz wazzer,   daz aller wiseste wîp.«

1544 Si sprach »sît du der verte   niht welles haben rât:
    swâ obene bi dem wazzer   ein herberge stât,

1538, 2 er gab ir wider ir kleider.
    4 dô sagten si im die reise   in daz Etzelen lant.
1539, 1   diu hiez Winelint.
    2   daz Adriânes kint.
1540, 3 in der Hiunen lant.
1541, 1 Des antwurte Hagene.
    2 wie künde sich gefüegen.
    3 zer hôchgezît gelegen.
    4 do begunde si im diu mære.
1542, 1 Si sprach »nu merket, Hagene: jâ muoz ez alsô wesen.
    2   dâ niht kan genesen
    wan eine sküniges kappelân: dâ bi sî iu bekant.
1544, 1 Si sprach »sit ir der verte   niht wellet haben rât,
    swâ jenhalp bi dem wazzer.

1538, 2 er gap in ir kleider.

dâ inne ist ein verge und ninder anderswâ.»
der mære der er vrâgte, der geloubet er sich sâ.

1545 Dem ungemuoten recken sprach diu eine nâch 1485
«nu bitet noch, her Hagene: jâ ist in gar ze gâch. (1589)
vernemet noch baz diu mære, wier komet über sant.
dirre marc herre der ist Else genant.

1546 Sin bruoder ist geheizen der degen Gelpfrât,
ein herre in Beyer lande. vil müelich ez iu stât,
welt ir durch sine marke. ir salt iuh wol bewarn
uud sult ouch mit dem vergen vil bescheidenliche varn.

1547 Der ist sô grimmes muotes, er lât iuch niht genesen,
ir enwelt mit guoten sinnen bî dem helde wesen:
welt ir daz er iuh füere, sô gebet im den solt.
er büetet disses landes unt ist Gelpfrâde holt.

1548 Und kum er niht bezîte, ´sô ruofet über fluot,
unt jehet ir heizet Amelrich. der was ein helt guot,
der durch flentschefte rûmte ditze lant.
sô kumet iu der verge, swenne im der name wirt genant.»

1549 Der übermüete Hagene den vrouwen dô neic:
ern redete niht mêre, wan daz er stille sweic.
dô gie er bî dem wazzer hôher an den sant,
dâ er anderthalben eine herberge vant.

1550 Er begonde ruofen vaste über fluot.
«nu hol mich hie, verge», sprach der degen guot,
«sô gib ich dir ze miete von golde ein bouc vil rôt.
jâ ist mir dirre verte, daz wizze, wærlichen nôt.»

1551 Der verge was sô riche, daz im niht dienen zam:
dâ von er lôn vil selten von iemen dâ genam.
ouch wâren sine knehte vil hôhe gemuot.
noh stuont allez Hagene eine disehalp der fluot.

1545, 1 sprach ir einiu nâch.
      2 lât iu niht sin ze gâch.
         vernemet baz diu mære.
1546, 2 ein vogt in Beierlande: des es iu müelich stât.
1548, 1 Und kum er niht vil schiere.
      2 und jeht ir sit ez Amelrich. daz was ein recke guot.
      4 als im der name wirt genant.
1549, 2 des râtes und der lêre: der helt vil stille sweic.
         dô gieng er bî der flüete.

1545, 3 lât iu niht ze gâch.

1552 Dô ruofte er mit der krefte daz al der wâg erdôz,
wan des heldes sterke was michel unde grôz,
«nu hol mich Amelrîchen: ich pin der Elsen man,
der durch grôze fintschaft von disen landen entran.»

1553 Vil hôhe aneme swerte einen bouc er im dô bôt,
lieht unde schœne was er von golde rôt,
daz er in über fuorte in Gelpfrâdes lant.
der übermüete verge nam selbez ruoder an die hant.

1554 Ouch was der selbe verge vil müeltch gesit.
diu gir nâch grôzem guote vil bœsez ende gît.
dô wold er verdienen daz Hagenen golt sô rôt:
des leit er von dem degene den swertgrimmigen tôt.

1555 Der verge fuor genôte hin über an den sant.
den er dâ nennen hôrte, do er des niht envant,
dô zurnde er ernestlichen: als er Hagenen sach,
vil harte grimmeclichen er dô zuo dem helde sprach

1556 «Ir muget wol sîn geheizen benamen Amelrîch:
des ich mich hie verwæne, dem sît ir ungelîch.
von vater und von muoter was er der bruoder mîn.
nu ir mich betrogen habet, ir müezet dischalben sîn.»

1557 «Nein, durch got den richen», sprach dô Hagene.
«ich bin ein vremder recke unt sorge ûf degene.
nu nemet vriuntlîche hine mînen solt,
daz ir mich über füeret: ich pin iu wærlichen holt.»

1558 Dô sprach aber der verge «des mac niht gesîn.
ez habent fîande die lieben herren mîn:

1552, 3 des herren Elsen man,
   der von disen landen durch grôze vintschefte entran.
1553, 1 Vil hôh an sinem swerte er iu den bouc dô bôt,
   vil lieht und vil schœne.
   3 in daz Elsen lant.
1554, 3 dô wânde er verdienen.
   4 sint den grimmigen tôt.
1555, 1 Der verge zôch genôte hin über an daz lant.
   3 ez muot in harte sêre.
   4 der helt wider den recken in vil grôzem zorne sprach.
1556, 4 nu ir mich sus betrogen habt.
1557, 3 nu nemt hin minniclîche mîn ellendes solt,
   daz ir mich füeret übere: ich wil iu immer wesen holt.
1558, 1 Des antwurt der verge «jâ kan ez niht gesîn.

dar umbe ich niemen vremden   füere in ditze lant.
sô liep dir sî ze lebene,   sô trit vil balde ûz an den sant.»

1559 «Nune tuot des niht», sprach Hagene: «trûrec ist mîn muot. 1499
nemet von mir ze minne   ditze golt vil guot   (1593)
unt füert uns über tûsent ross   unt alsô manigen man.»
dô sprach der grimme verge   «daz wirdet nimmer getân.»

1560 Er huop ein starkez ruoder,   michel unde breit,
er sluoc ez ûf Hagenen   (des wart er ungemeit),
daz er in dem schiffe   strûchte ûf siniu knie.
sô rehte grimmer verge   kom dem Tronegære nie.

1561 Dô wolde er baz erzürnen   den übermüeten gast:
er sluoc eine schalten,   daz diu gar zerbrast,
Hagenen über daz houbet: er was ein starker man.
dâ von der Elsen verge   grôzen schaden dâ gewan.

1562 Mit grimmegem muote   greif Hagene zehant
vil balde zeiner scheiden,   dâ er ein wâfen vant.
er sluoc im ab daz houbet   und warf ez an den grunt.
diu mære wurden schiere   den stolzen Burgonden kunt.

1563 An den selben stunden   do er den schifman sluoc,
daz scif daz vlôz en ouwe: daz was im leit genuoc.
è erz gerihte widere,   müeden er began:
dô zôh vil krefteclîche   des künec Guntheres man.

1558, 4 als liep dir sî ze lebene.
1559, 1 Des entuot ir niht, sprach Hagene: mir ist der reise nôt,
            und nemt von mir ze lône   disen ponc von golde rôt,
            und füert mir über tûsent ros.
        4 entriuwen, sprach der verge.
1560, 2 und sluog ez ûf Hagenen   (des was er ungemeit).
        4   kom dem helt von Tronege nie.
1561, 1 Er wolde baz erzürnen   den ungemuoten gast:
            dô sluog er eine schalten.
1562, 1   des küenen Hagenen hunt
            greif zuo einer scheiden   da er sin wâfen vant.
1563, 1   do er den vergen sluoc,
            daz schif flôz enouwe.

_____

1559, 1 Des entuot niht, sprach Hagene (234),   der rittære guot:
            nemt von mir ze minne   ditze golt rôt (14).
1562, 1 Mit grimmigem muote   Hagen der recke balt
            greif zuo einer scheiden (28).

1564 Mit zügen harte swinden   kêrte ez der gast,   1504
    unz im daz starke ruoder   in sîner hende brast.
    er wolde zuo den recken   ûz an einen sant.
    dâ was deheinez mêre: hey wie schier erz gebant

1565 Mit einem sciltvezzel!   daz was ein porte smal.
    gegen einem walde   kêrte er hin ze tal.
    dô vant er sînen herren   an dem stade stân:
    dô gie im hin engegene   vil manic wætlîcher man.

1566 Mit gruoze in wol enpfiengen   die rittere guot.
    dô sâhens in dem sciffe   riechen daz bluot
    von einer starken wunden   die er dem vergen sluoc.
    dô wart von den degenen   gevrâget Hagene genuoc.

1567 Dô der künic Gunther   daz heize bluot ersach
    sweben in dem sciffe,   wie balde er dô sprach!
    «wan saget ir mir, Hagene,   war ist der verge komen?
    iuwer starkez ellen   wæn im daz leben hât benomen.»

1568 Dô sprach er lougenlîche   «da ich daz scif dâ vant,
    bî einer wilden widen,   dâ lôstez mîn hant.
    ich hân deheinen vergen   hinte hie gesehen:
    ez ist ouch niemen leide   von mînen sculden hie geschehen.»

1569 Dô sprach von Burgonden   der herre Gêrnôt
    «hiute muoz ich sorgen   ûf lieber friunde tôt,
    sît wir der sciffiute   bereite niine hân,
    wie wir komen übere.   des muoz ich trûrende stân.»

1570 Vil lûte rief dô Hagene   «leit nider ûf daz gras,
    ir knehte, diu gereite.   ich gedenke daz ich was

1564   *fehlt.*
1565, 1 Hagenen wac vil ringe   des starken vergen val.
    dô kêrt er harte balde   daz wazzer hin zetal.
1566, 1   die selben ritter guot.
    2   noch riechen daz bluot.
    4 dâ von sô muose Hagene   hœren frâgen genuoc.
1567, 2 swebende in dem schiffe.
1568, 3   ninder hie gesehen.
1569, 1   der starke Gêrnôt.
    3   .   zem scheffe niene hâu,
    wie wir nu komen übere: dar umbe muoz ich freude lân.
1570, 2   ja gedenke ich daz ich was.

1569, 3   bereite niene haben,
    wie wir komen übere: daz muoz ich wærlîche klagen (22).

der aller beste verge   den man bî Rîne vant:
ja getrouwe ich iuch wol bringen   über in Gelpfrâdes lant.»

1571 Daz si deste balder   koemen über fluot,   1511
diu ros si ane sluogen: der swimmen daz wart guot,   (1606)
wand in. der starken ünden   deheinez dâ benam.
etlichez ouwete verre,   als ez ir müede gezam.

1572 Dô truogen si zem sceffe   ir golt und ouch ir wât,
sît daz si der verte   niht mohten haben rât.
Hagene was dâ meister: des fuort er ûf den sant
vil manegen rîchen recken   in daz unkunde lant.

1573 Zem êrsten brâht er übere   tûsent ritter hêr:
dar nâch sîne recken.   dannoch was ir mêr:
niwen tûsent knehte   fuort er an daz lant.
des tages was unmüezec   des küenen Tronegæres hant.

1574 Do er si wol gesunde   brâhte über die fluot,
do gedâhte vremder mære   der snelle degen guot,
diu im ê dâ sageten   diu wilden merewîp.
des hete des küneges kapelân   nâch verlorn sînen lîp.

1575 Bî dem kappelsoume   er den pfaffen vant:
ob dem heilectuome   er leinte an sîner hant.
des mohte er niht geniezen: dô in Hagene sach,
der gotes arme priester   muose lîden ungemach.

1570, 4 ich getrouwe iuch wol füeren.
1571, 1 Daz si gewærlîche.
1572, 3   des fuort er über sant
    vil manigen küenen recken.
1573, 2 und sehzic sîner degene.
    3   fuort er an den sant.
    des tages was vil unmüezic   des vil küenen Hagenen hant.
    5 Daz schif ze sîner lenge   was starc wît und grôz: (1628)
    des in dem gedrenge   manic helt genôz.
    ez truoc wol mit ein ander   vier hundert über fluot.
    an riemen muoste ziehen   des tages manic recke guot.
1574, 4   vil nâch verlorn sînen lîp.
1575, 1   er den priester vant.
    gennoc heilictuomes   lag under sîner hant.
    3   dô in Hagene ersach,
    der vil arme kappelân.

1573, 2 unde sîne recken.

1576 Er swang in ûz dem sciffe: dar zuo was im gâch.
 dô riefen ir genuoge «vâhâ, herre, vâch!»
 Giselher der junge, zürnen erz began.
 ern wold iz doh niht lâzen: daz was im leide getân.

1577 Dô sprach von Burgonden der herre Gêrnôt
 «waz hilfet iuh nu, Hagene, des kappelânes tôt?
 tæt ez ander iemen, ez sold iu wesen leit.
 umbe welhe sculde habt ir dem priester widerseit?»

1578 Der pfaffe swam genôte: er wolde sin genesen,
 ob im iemen hülfe: des moht dô niht gewesen,
 wan der starke Hagene vil zornec was gemuot.
 er stiez in zuo dem grunde: daz dûhte niemenne guot.

1579 Dô der arme priester der helfe niht ensach,
 dô kêrt er wider übere: des leid er ungemach.
 swie er niht swimmen kunde, im half diu gotes hant
 daz er kom wol gesunder hin wider ûz an daz lant.

1580 Dô stuont der arme priester und schutte sîne wât.
 dâ bî sach wol Hagene daz sin niht wære rât
 daz im für mære sageten diu wilden merewîp.
 er dâhte «dise degene müezen vliesen den lîp.»

1581 Dô si daz scif entluoden und gar getruogen dan
 swaz si dar ûfe hêten, der drier künege man,
 Hagene ez sluoc ze stucken und warf ez an die fluot.
 des hete michel wunder die recken küene unde guot.

1576, 3   zürnen dô began.
    daz erz niht lâzen wolde.
1577, 1   der starke Gêrnôt.
1578, 3 wan der grimme Hagene   zornic was genuoc.
    4   daz dûht si michel ungefuoc.
1580, 1   und schutte sin gewant
    2   daz ez wær ungewant
    daz im ê dâ sagten   diu wisen merewîp.
    er gedâhte «dise degene.
1581, 3 Hagene ez schriet ze stucken   und stiez ez an die fluot.

1576, 3   zürnen began.
1578, 3   zornec was genuoc.
    4   daz dûhte niemenne guot (14).
1580, 1   und schutte sine wât.
    2   daz ez wær ungespart
    daz im ê sageten.

1582 «Zwiu tuot ir daz, bruoder?»   sô sprach Dancwart.   1522
«wie sul wir komen übere,   sô wir die widervart   (1519)
rîten von den Hiunen   wider an den Rîn?»
seht, dô sagete im Hagene   daz des kunde niht gesin.

1583 Dô sprach der helt von Tronege   «ich tuon iz ûf den wân,
ob wir an dirre reise   deheinen zagen hân,
der uns entrinnen welle   durch zageliche nôt,
der muoz an disem wâge   doch lîden schamelichen tôt.»

1584 Si fuorten mit in einen   ûz Burgonden lant,
der was ein helt zen handen,   Volkêr was er genant.
der redete spæheliche   allen sînen muot.
swaz ie begie Hagene,   daz dûht den videlære guot.

1585 Ir ros bereitet wâren,   die soumer wol geladen.
si heten an der verte   noch deheinen schaden
genomen der si muote,   wan des küneges kapelân.
der muose ûf sînen füezen   hin wider zuo dem Rîne gân.

_____

1582, 1   sprach dô Dancwart.
4   daz des niht kônde gesin.
1583, 2 ob wir an dirre verte.
4   doch ligen schemelichen tôt.
1584, 1   von Burgonden lant
4 swes ie begonde Hagene.
1585   _dafür folgende fünf Strophen:_
1584, 5 Dô des küniges kappelân   daz schif zehouwen sach,   (1631)
hin wider über daz wazzer   er ze Hagenen sprach
«ir morder ungetriuwer,   waz het ich iu getân,
daz ir mich âne schulde   hiute ertrenket woldet hân?»
9 Des antwort im Hagene   «nu lât die rede wesen.   (1622)
mir ist leit ûf mîne triuwe   daz ir sît genesen
hie vor mînen handen: daz wizzet sunder spot.»
dô sprach der arme kappelân   «des wil ich immer loben got.»
13 Ich fürht iuch nu vil kleine,   des sult ir sicher sin.   (1623)
nu vart ir zuo den Hiunen: sô wil ich an den Rîn.
got enlâz iuch nimmer   zem Rîne wider komen:
des wünsch ich iu vil sêre;   ir het mir nâch den lîp benomen.»
17 Dô sprach der künie Gunther   zuo sînem kappelân   (1624)
«ez wirt iu wol gebüezet   swaz iu hât getân
Hagene in sînem zorne,   und kum ich an den Rîn
wider mit mînem lebene: des sult ir ân angest sîn.

_____

1582, 1   sprach Dancwart.
1584, 3 einen helt ze sînen handen.

XXVI. ÂVENTIURE,

WIE GELFRÂT ERSLAGEN WART VON DANCWARTE.

1586 Dô si nu wâren alle   komen ûf den sant,   1526
der künec begonde vrâgen   «wer sol uns durch daz lant (1626)
die rehten wege wisen,   daz wir niht irre varn?»
dô sprach der starke Volkêr   «daz sol ich eine bewarn.»

1587 «Nu enthaldet iuch», sprach Hagene,   «ritter unde kneht.
man sol friunden volgen: jâ dunket ez mich reht.
vil ungefüegiu mære   diu tuon ich iu bekant:
wir enkomen nimmer widere   in der Burgonden lant.

1588 Daz sageten mir zwei merewîp   hiute morgen fruo,
daz wir niht kœmen widere.   nu rât ich waz man tuo:
daz ir iuch wâfent, helede.   ir sult iuch wol bewaren:
wir haben hie starke fînde;   daz wir gewärlîche varen.

1589 Ich wânde an lügene funde   diu wîsen merewîp.
si jâhen daz gesunder   unser deheines lîp
wider ze lande kœme,   niwan der kappelân:
dar umbe ich in gerne   hiute ertrenket wolde hân.»

1590 Dô flugen disiu mære   von schare baz ze schare.
des wurden snelle helde   vor leide missevare,

1584, 21 Vart wider heim ze lande,   wan ez muoz nu sîn.   (1625)
.   ich enbiute mînen dienest   der lieben frouwen mîn
und andern mînen mâgen,   als ich von rehte sol.
ir sagt in liebiu mære   daz wir noch alle varen wol.»

1586, 1 Dô si nu wol gesunde   kômen ûf den sant.
3   daz wir niht vervarn?»
dô sprach der küene Volkêr   «daz sol ich eine wol bewarn »
1587, 2 und engâhet niht ze sêre: daz dunket mich reht.
3   tuon ich iu bekant.
wir enkomen nimmer   wider heim in unser lant.
1588, 2 wir enkœmen nimmer widere.
3   und ze strît iuch wol bewart.
4   daz ir gewerlîchen vart.
1589, 1   diu wîsen wazzerwîp.

dô si begonden sorgen   ûf den herten tôt
an dirre hovereise: des gie in wærliche nôt.

1591 Dâ ze Mœringen   si wâren über komen,   1531
dâ dem Elsen vergen   was der lîp benomen.   (1631)
dô sprach aber Hagene   «sît daz ich vinde hûn
verdienet ûf der strâze,   wir werden sicherlich bestân.

1592 Ich sluoc den selben vergen   hiute morgen fruo.
si wizzen wol diu mære.   nu grîfet balde zno,
ob Gelpfrât und Else   hiute hie bestê
unser ingesinde,   daz iz in schädelîch ergê.

1593 Ich erkenne si sô küene,   ez wirdet niht verlân.
diu ros diu sult ir lâzen   deste sanfter gân,
daz des iemen wæne,   wir vliehen ûf den wegen.»
«des râtes wil ich volgen»,   sô sprach Giselher der degen.

1594 «Wer sol daz gesinde   wîsen über lant?»
si sprâchen «daz tuo Volkér,   dem ist hie wol bekant
stîge unde strâze,   der küene spileman.»
ê daz mans vollen gerte,   man sach wol gewâfent stân

1595 Den snellen videlære,   den helm er ûf gebant:
in hêrlîcher varwe   was sîn wiegewant.
er bant ouch zeime scafte   ein zeichen, daz was rôt:
sit kom er mit den künegen   in eine grœzliche nôt.

1596 Dô was tôt des vergen   Gelpfrâte komen
mit gewærem mære;   dô het ez ouch vernomen
Else der vil starke.   ez was in bêden leit.
si sanden nâch ir heleden: die wâren schiere bereit.

1590, 3   ûf den grimmen tôt
an der hovereise.
1591, 4 an dirre vart erworben.
1592, 1 Ich sluoc der herren vergen.
3 ob Else unde Gelpfrât   noch hiute hie bestê.
1593, 4 «des râtes suln wir volgen»,   sprach dà vil manic küener degen.
1594, 1 Wer sol nu daz gesinde.
2   dem sint hie wol bekant.
4 ê daz manz gespræche,   dô sah man wol gewâfent stàn.
1595, 2   was al sin wiegewant.
1596, 2 mit eime wâren mære.
3 Else sin bruoder.
4 si sanden nàch ir degenen.

1597 In vil kurzen zîten,   ich wilz iuch hœren lân,   1537
sach man zuo zin rîten   die scaden heten getân   (1637)
in starkem urliuge,   vil ungefüegiu sêr:
der kômen Gelpfrâte   wol siben hundert oder mêr.

1598 Dô si ir grimmen vinden   begonden rîten nâch,
jâ leiten si ir herren.   den was ein teil ze gâch
nâch den küenen gesten: si wolden anden zorn.
des wart der herren friwende   sider mêre verlorn.

1599 Dô hete von Tronege Hagene   wol gefüeget daz
(wie möhte siner friunde   ein helt gehüeten baz?),
er pflac der nâchhuote   mit den sinen man,
und Dancwart sin bruoder: daz was vil wîslich getân.

1600 In was des tages zerunnen: des enheten si niht mêr.
er vorhte an sinen vriunden   leit unde sêr.
si riten under scilden   durch der Beyer lant:
dar nâch in kurzer wile   die helde wurden an gerant.

1601 Beideuthalp der strâzen   und hinden vaste nâch
si hôrten hüeve klaffen: dem liute was ze gâch.
dô sprach der küene Dancwart   «man wil uns hie bestân.
nu binden ûf die helme: daz ist rætlich getân.»

1602 Si hielten abe ir verte,   als iz muoste sin.
si sâhen in der vinster   der liehten schilde schîn.
dône wolde Hagene   niht langer si verdagen:
«wer jaget uns ûf der strâze?»   daz muos im Gelpfrât dô sagen.

1603 Dô sprach der marcgrâve   ûzer Beyer lant
«wir suochen unser vinde   und haben her nâch gerant.

1597, 1   als wir vernomen hân.
1599, 1 Dô het der wise Hagene.
     3   mit sehzec siner man.
1600, 4 dar nâch in kurzen stunden.
1601, 2 huofslege si hôrten: dem volke was ze gâch.
1602, 1   als ez dô muose sin.
     2   der liehten helme schîn.
1603, 2 wir haben unsern viuden   dâ her nâch gerant.

_____ __

1597, 1 In vil kurzen zîten,   daz wil ich iu sagen,
     sah man zuo in rîten '   die getäten scaden (28).
1599, 3   samet sinen man.

ine weiz niht wer mir hinte　　minen vergen sluoc.
der was ein helt zen handen:　　daz ist mir leide genuoc.»

1604 Dô sprach von Tronege Hagene　«und was der verge din?　1544
der wolde uns niht füeren.　des ist din schulde min:　(1644)
dô sluoc ich den recken.　deiswâr des gie mir nôt:
ich hete von sinen handen　vil nâch gewunnen den tôt.

1605 Ich bôt im ze miete　golt und gewant,
daz er uns über fuorte,　helt, in din lant.
daz zurnde er sô sêre,　daz er mich dô sluoc
mit einer starken scalden:　des wart ih grimme genuoc.

1606 Dô kom ich zuo dem swerte　und wert im sinen zorn
mit einer starken wunden:　des wart der helt verlorn.
daz bringe ich in ze suone　swie iuch dunket guot.»
dô gie ez an ein strîten:　si wâren herte gemuot.

1607 «Ich wesse wol», sprach Gelpfrât,　«dô hie für gereit
Gunther und sin gesinde,　daz uns tæte leit
Hagene von Tronege.　nu sol er niht genesen:
für des vergen ende　der helet muoz hie pürge wesen.»

1608 Si neigten über schilde　ze stiche nu diu sper,
Gelpfrât und Hagene:　in was zein ander ger.
Else unde Danewart　vil hêrliche riten,
si versuochten wer si wâren:　dâ wart vil grimme gestriten.

1604, 3 dô sluog ich dinen vergen.
4 ich hete von dem degene.
1605, 1 Ich bôt im mine miete,　golt silber und gewant
2　　　　　　　　　ber in iuwer lant.
daz muote in harte sêre,　in zorne er mich dô sluoc.
4　　　　·　　　　　vil wênic ich im dô vertruoc.
1606, 3　　　　　　swie iuch nu dunket guot.
4　　　　　　　si wurden zornic gemuot.
1607, 1 «Ich wistez wol», sprach Gelpfrât.
2 Gunther mit den sinen,　daz uns geschæhe leit
von Hagenen übermüete.
4　　　　　　muoz er selbe pfant hie wesen.
1608, 1　　　　　　ze stich diu starken sper.
3　　　　　　　ouch zesamne riten
in vil hôhem muote:　dâ wart grimme dô gestriten.

1605, 4　　　　　　des gewan ich grimmigen muot (22).
1608, 1　　　　　　ze stiche diu sper.

1609 Wie möhten sich versuochen   immer helde baz?   1549
von einer starken tjoste   hinderz ors gesaz   (1619)
Hagene der küene   von Gelpfrâtes hant.
im brast daz fürebüege: dô wart im *strûchen* bekant.

1610 Von ir ingesinde   der krach der scefte scal.
do erholte ouch sich dort Hagene,   der ê was zetal
komen von dem stiche   nider an daz gras.
er wæne unsânftes muotes   wider Gelpfrâte was.

1611 Wer in diu ros behielde,   daz ist mir umbekant.
si wâren zuo der erden   komen ûf den sant,
Hagene unde Gelpfrât   ein ander liefen an.
des hulfen ir gesellen,   daz in wart striten kunt getân.

1612 Swie pitterlîchen Hagene   zuo Gelpfrâte spranc,
der edele marcgrâve   des schildes hin im swanc
ein vil michel stücke,   deiz fiwer dræte dan.
des was vil nâch erstorben   des künic Guntheres man.

1613 Dô begonde er rüefen   Dancwarten an.
«hilfâ, lieber bruoder,   jâ hât mich bestân
ein helt ze sînen handen: ern lât mich niht genesen.»
dô sprach der küene Dancwart   «des sol ich sceidære wesen.»

1614 Der helt dô spranc dar nâher   und sluoc im einen slac
mit einem scarpfen wâfen,   dâ von er tôt gelac.
Else wolde gerne   rechen dô den man.
er und sîn gesinde   schieden scedeliche dan.

1609, 1 Wie kunden sich versuochen.
     2 von eime starken schafte   hinder orz gesaz.
     4   dô wart im vallen bekant.
1610, 2   der ê des was zetal
     komen von der tjoste.
1611, 2 si wâren von den sâtelen.
     3 Gelpfrât und Hagene.
     4   dâ wart striten getân.
1612, 1 Swie krefteclichen Hagene.
     3 wol gegen einer ellen.
1613, 3 ein rehter helt zen handen.
1614, 1 Dô sprang er dar vil balde.
     2 dâ von der herre Gelpfrât   vor im tôt gelac.
     4 sît muos er schedeliche   mit den sinen kêren dan.

1615 Im was erslagen der bruoder: selbe wart er wunt.   1555
wol ahzec siner degene   beliben dâ zestunt   (1655)
mit dem grimmen tôde: der herre muose dan
flühteclichen wenden   von den Guntheres man.

1616 Dô die von Beyer lande   wichen ûz dem wege,
dô hôrt man nâch hellen   die vreislichen slege:
dô jageten die von Tronege   ir fianden nâch,
dies niht enkelten wânden: den was allen ze gâch.

1617 Dô sprach an ir flühte   Danewart der degen
«wir suln wider wenden   balde ûf disen wegen,
und lâze wir si riten: si sint von bluote naz.
gâhe wir zen friunden: ich râte wœrlichen daz.»

1618 Dô si hin wider kômen   da der scade was geschen,
·   dô sprach von Tronege Hagene   «helde, ir sult besehen
wes uns hie gebreste   oder wen wir hân verlorn
hie in disem strite   durh den Gelpfrâdes zorn.»

1619 Si heten vlorn viere: die muosen si verklagen.
die wâren wol vergolten: dâ widere was erslagen
der von Beyer lande   hundert oder baz.
des wâren den von Tronege   ir schilde trüebe unde naz.

1615, 2   beliben an der stunt
     mit dem vil grimmen tôde.   Else muose dan.
    4   daz heten geste getân.
1616, 1   wichen ûf dem wege,
     dô hôrte man noch hellen.
1617, 2   wir suln wider kêren.
    4   an triuwen rât ich iu daz.
1618, 1   da der strit was geschehen,
     dô sprach der küene Hagene.
    4 in disem herten strite.
1619, 1   daz liezens alsô sin.
     ez was wol vergolten   mit wunden under in.
     den von Beierlanden   si hundert liezen tôt.
    4   ir schilde trüeb unde rôt.

1615, 3   der herre muose dane
     flühteclichen wenden: daz was ein grœzlichiu scame (22).
1619, 1   die muosen si verklagen.
     doch heten si vergolten   mit vollen ir scaden.
     der von Beyer lande   erslagen hundert was.
     des waren den von Tronege   ir schilde trüebe unde naz (38).

1620 Ein teil schein ûz den wolken   des liehten mânen prëben. 1560
dô sprach aber Hagene   «niemen sol verjehen   (1660)
den mînen lieben herren   waz wir hie haben getân:
lât si unze morgen   âne sorge bestân.»

1621 Dô si nu nâch in kômen,   die dort striten ê,
dô tet dem ingesinde   diu müede harte wê.
«wie lange sul wir rîten?»   des vrâgte manic man.
dô sprach der küene Dancwart   «wir mugen niht herberge hân.

1622 Ir müezet alle rîten   unz ez werde tac.»
Volkêr der snelle,   der des gesindes pflac,
bat den marscalch vrâgen   «wâ sul wir hînte sîn,
da gerasten unser mœre   und ouch die lieben herren mîn?»

1623 Dô sprach der küene Dancwart   «ine kans in niht gesagen.
wir enmugen niht geruowen   ê iz beginne tagen:
swâ wirz danne vinden,   dâ legen uns an ein gras.»
dô si diu mœre hôrten,   wie leit in sümelichen was!

1624 Si beliben unvermeldet   des heizen bluotes rôt,
unze daz diu sunne   ir liehtez schînen bôt
dem morgen über berge,   daz ez der künic gesach
daz si gestriten hêten.   der helt vil zorneclichen sprach

1625 «Wie nu, friunt Hagene?   in wen versmâhet daz,
daz ich pî iu wœre   dâ iu die ringe naz
sus wurden von dem bluote.   wer hât daz getân?»
er sprach «daz tet Else: der het uns nähten bestân.

1626 Durch den sînen vergen   wir wurden an gerant.
dô sluoc Gelpfrâten   mînes bruoder hant.

1620, 4 man sol si âne sorge   unze morgen rîten lân.
1621, 1 Dô si dâ nâch in kômen.
2   diu müede starke wê.
1622, 1   unz daz ez werde tac.
Volkêr der küene,   der des vanen phlac.
4 da geruowen unser mœre.
1623, 3   sô ligen in ein gras.
dô si daz vernâmen,   wie leit in etelichen was!
1624, 3   dô daz der künic gesach.
1625, 3   wer hât iu daz getân?»
er sprach «daz tet Gelpfrât.

1620, 4 lât si âne sorge   unze morgene stân (22).
1621, 2   diu müede vil wê.
1623, 4 dô si daz gevrieschen.

sit entran uns Else.   des twang in michel nôt:
in hundert und uns viere   beliben in dem strite tôt.»

1627 Wir kunnen niht bescheiden   wâ si sich leiten nider.   1567
al die lantliute   die gevriescen sider   (1667)
daz ze hove füeren   der edelen Uoten kint.
si wurden wol enpfangen   dâ ze Pazzouwe sint.

1628 Der edelen künege œheim,   der biscof Pilgerîn,
dem wart vil wol ze muote,   dô die neven sin
mit alsô vil der recken   kômen in daz lant.
daz er in willec wære,   daz wart in schiere bekant.

1629 Si wurden wol enpfangen   von vriunden ûf den wegen.
dâ ze Pazzouwe   man konde ir niht gepflegen.
si muosen überz wazzer,   dâ si funden velt.
dâ wurden ûf gespannen   beide hütten und gezelt.

1630 Si muosen dâ beliben   allen einen tac
und ouch die naht mit vollen.   wie scône man ir pflac!
dar nâch si muosen riten   in Rüedegêres lant.
dem wurden ouch diu mære   dar nâch vil schiere bekant.

1631 Dô die wegemüeden   ruowe genâmen
unde si dem lande   nâher quâmen,
dô fundens ûf der marke   slâfende einen man,
dem von Tronege Hagene   ein starkez wâfen an gewan.

1632 Jâ was geheizen Eckewart   der selbe ritter guot.
er gewan dar umbe   vil trûrigen muot,
daz er verlôs daz wâfen   von der helde vart:
die marke Rüedegêres   fundens übele bewart.

1627, 2   erfunden ez wol sider.
1628, 1 Der edelu fürsten œhelm.
     2   dô er die neven sin
    sub mit sô vil der recken   komen in daz lant.
    daz er si gerne sæhe.
1629, 2   kond er si niht gelegen.
     4 dâ sluogen ûf die knehte   manic hütte und gezelt.
1630, 4 dem kômen ouch diu mære: daz was im liebe bekant.
1631, 2   nâber bekâmen,
    si funden ûf der marke.
1632, 1 Eckewart was geheizen.
     3 daz er verlôs sin wâfen.

1629, 1 man konde in Pazzouwe   in niht herberge geben (23).

1633 «Owê mir dirre schande», sprach dô Eckewart. 1573
«jâ riuwet mich vil sêre der Burgonden vart. (1673)
sit ich vlôs Sifriden, sit was mîn freude ergân.
ouwê, herre Rüedegêr, wie hân ich wider dich getân!»

1634 Dô hôrte vil wol Hagene des edelen recken nôt:
er gab im wider sîn wâfen und sehs pouge rôt.
«die habe dir, helt, ze minnen, daz du mîn friunt sîst.
du bist ein degen küene, swie eine du ûf der marke list.»

1635 «Got lône iu iuwer pouge», sprach dô Eckewart.
«doch riuwet mich vil sêre zen Hiunen iuwer vart.
ir sluoget Sifriden: man ist iu hie gehaz.
daz ir iuch wol behüetet, in triuwen rât ich iu daz.»

1636 «Nu müeze uns got behüeten», sprach dô Hagene.
«jan hânt niht mêre sorge dise degene
wan umb die herberge, die künige und ir man,
wâ wir in disem lande noch hînte nahtselde hân.

1637 Diu ros sint uns verdorben ûf den verren wegen,
unt der spîse zerunnen», sprach Hagene der degen.
«wir vindenz nînder veile: uns wære wirtes nôt,
der uns noch hînte gæbe durch sîne tugende sîn brôt.»

1638 Dô sprach aber Eckewart «ich zeig iu einen wirt,
daz ir ze hûse selten sô wol bekomen birt
in deheinem lande, als iu hie mac geschehen,
ob ir vil snelle degene wellet Rüedegêren sehen.

1639 Der sitzet bî der strâze und ist der beste wirt
der ie kom ze hûse. sîn herze tugende birt,
alsam der süeze meije daz gras mit bluomen tuot.
so er sol helden dienen, sô ist er vrœlîch gemuot.»

1633, 3   dô was mîn freude ergân.
    4   wiech wider dich geworben hân!
1634, 1 Hagene vil wol hôrte, sîn sorge im klagen gebôt.
1635, 1 Got lôn iu iuwer gâbe.
1636, 2 wir haben an disen zîten niht mêr ze tragene
    niwan wâ mîne herren noch hînte mügen hân
    nahtselde in disem lande, dâ si geruowen und ir man.
1637, 1 Diu ros sint uns vermüedet.
    4   durch sîne milde sîn brôt.
1638, 1 Des antwurt im dô Eckewart.
    3 in keinem fremden lande, als iu wol mac geschehen.
1639, 3 als der liehte meije.

1639, 3 alsô der meije.

1640 Dô sprach der küner Gunther   «welt ir mîn bote sîn,   1580
ob uns welle enthalden   durch den willen mîn   (1640)
mîn lieber friunt Rüedegêr,   mîn mâge und unser man?
daz wil ih immer dienen   sô ich aller beste kan.»

1641 «Der bote pin ich gerne»,   sprach dô Eckewart.
mit vil guotem willen   huob er sich an die vart
und sagete Rüedegêre   als er hete vernomen.
im was in manigen zîten   niht sô lieber mære komen.

1642 Man sah ze Bechelâren   îlen einen degen.
selbe erkande in Rüedegêr,   er sprach «ûf disen wegen
dort 'her gâhet Eckewart,   ein Kriemhilde man.»
er wânde daz die vînde   im heten leide getân.

1643 Dô gie er für die porte   da er den boten vant.
daz swert er abe gurte   und leitez von der hant.
diu mære diu er brâhte   wurden niht verdaget
den wirt unt sine friunde: ez wart in schiere gesaget.

1644 Er sprach zem marcgrâven   «mich hât zuo ziu gesant
Gunther der herre   von Burgonden lant
und Giselher sîn bruoder   und ouch Gêrnôt.
der recken ieslîcher   iu sînen dienest her enbôt.

1645 Daz selbe hât ouch Hagene   unde Volkêr
mit triuwen vlîzecliche.   noch sage ich iu mêr,

1640, 3 der marcgrâve Rüedegêr,   unser mâge und unser man.
    4   mit triuwen sô ich beste kan.
1641, 2 in vil guotem willen.
    3   wen er hete gesehen,
und ouch Gotelinde.   dô was in liebe geschehen.
1642, 1   gâhen einen degen.
    4   im heten etewaz getân.
1643, 2 daz swert er von im gurte.
    3 er sprach zuo dem degene   «waz habt ir vernomen,
daz ir alsô sêre gâhet?   hât uns iemen iht genomen?»
1644, 1 «Uns hât geschadet niemen»,   sprach Eckewart zehant.
«mich habent drie künige   her zuo ziu gesant,
Gunther von Burgonden,   Giselher und Gêrnôt.
1645, 1 Daz selbe tuot her Hagene   unt ouch Volkêr
ir dienest willecliche.

_____

1640, 4   sô ich bezziste kan (187).
1641, 3   unde sîner konen.
in was in manigen zîten   niht sô lieber mære komen (38).
1645, 1 Daz selbe hât Hagene (236).

daz in des küneges marscalch   bî mir daz enbôt,
daz den guoten knehten   wær iuwer hereberge nôt.»

1646 Mit lachendem munde   sprach dô Rüedegêr,   1586
«nu wol mich dirre mære,   daz die künige hêr   (1636)
geruochent mîner dienste: der wirt in niht verseit.
koment si mir ze hûse,   des pin ich vrô unt gemeit.»

1647 «Dancwart der marscalch   der hiez iuch wizzen lân
wen ir ze hûse   mit in soldet hân:
sehzec sneller recken   unt tûsent ritter guot
und niwen tûsent knehte.»   dô wart er vrœlich gemuot.

1648 «Nu wol mich dirre geste»,   sprach dô Rüedegêr,
«daz mir komeut ze hûse   dise recken hêr,
den ich noch vil selten   iht gedienet hân.
nu rîtet in engegene,   beide mâge unde man.»

1649 Dô îlten zuo den rossen   ritter unde kneht.
swaz in gebôt ir herre,   daz dûhtes alle reht:
dô liezens in der dienste   zogen deste baz.
noch enweste es niht vrou Götelint,   diu in ir kemenâten saz.

1645, 3   Dancwart daz enbôt,
    daz den guoten degenen.
1646, 3 mîner herberge ruochent: diu wirt in niht verseit.
    4   mit dienste bin ich in bereit.
1647, 1 Iuch hât des küniges marschalc   heizen wizzen lân,
    wen ir ze herbergen   noch hînte müezet hân:
    sehzec küener recken.
1648, 1 Sô wol mich dirre geste.
    2   die recken alsô hêr.
    4 nu rîtet in begegene,   mîne mâge unde man.
1649, 1 Von gâhen zuo den rossen   huop sich dâ michel nôt
    von rittern unt von knehten.   der wirt dô gebôt
    den sînen ambetliuten: si schuofenz deste baz.

1646, 3   der wirt in niht versaget.
    koment si mir ze hûse,   si werdent gerne behabet (23).
1648, 2   die recken vil hêr.
1649, 1 Vil harte zuo den rossen   wart dô gegâhôt
    von rittern und von knehten.   der wirt dô gebôt (38).

XXVII. ÂVENTIURE,

WIE SI ZE BECHELÂREN KÔMEN.

1650 Dô gie der maregrâve   da er die vrouwen vant,   1590
sîn wip mit sîner tohter,   unt sagete in zehant   (1650)
diu vil lieben mære   diu er hete vernomen,
daz in ir frouwen bruoder   dar ze hûse solden komen.

1651 «Vil liebiu triutinne»,   sprach dô Rüedegêr,
«ir sult vil wol enpfâhen   die edelen künige hêr,
sô si mit ir gesinde   her ze hove gân.
ir sult ouch schône grüezen   Hagenen Guntheres man.

1652 Mit in kumet ouch einer,   der heizet Dancwart:
der ander heizet Volkêr,   an zühten wol bewart.
die sehse sult ir küssen   unt diu tohter min,
und sult ouch bi den recken   in zühten güetliche sin.»

1653 Daz lobeten dô die vrouwen   und wâren sin bereit.
si suochten ûz den kisten   diu hêrlichen kleit,
dar inne si begegene   den recken wolden gân.
dâ wart vil michel vlizen   von schœnen frouwen getân.

1654 Gevelschet frouwen varwe   vil lützel man dâ vant.
si truogen ûf ir houbet   von golde lichtiu bant
(daz wâren scapel riche),   daz in ir schœne hâr
zefuorten niht die winde: daz ist an den triuwen wâr.

1655 In solhen unmuozen   sul wir die vrouwen lân.
hie wart vil michel gâhen   über velt getân
von Rüedegêres vriunden   dâ man die fürsten vant.
si wurden wol enpfangen   in des maregrâven lant.

1650   kein Aventiurenanfang.
1650, 2 sîn wip unt sîne tohter.   dô sagter in zehant
      4 daz ir frouwen bruoder   ir ze hûse solden komen.
1651, 3   für iuch ze hove gân.
1652, 3   ir unt diu tohter mîn,
       unt sult ouch bi den degenen   in zühten grœzliche sin.
1653, 1   unt wârens vil bereit.
       2   diu maniger hande kleit.
1654   fehlt.
1655   Aventiurenanfang.
1655, 3   dâ man die geste vant.

1656 Dô si der marcgrâve   zuo zim komen sach,   1596
Rüedegêr der snelle,   wie vrœlich er sprach!   (1695)
«sît willekomen, ir herren,   und ouch iuwer man.
hie in mînem lande   wie gerne ich iuh gesehen hân!»

1657 Dô nigen im die recken   mit triuwen âne haz.
daz er in willec wœre,   vil wol erzeigt er daz.
besunder gruozte er Hagenen: den het er ê bekant.
sam tet er Volkêren   ûzer Burgonden lant.

1658 Er enpfie ouch Dancwarten.   dô sprach der küene degen
«sît ir uns welt beruochen,   wer sol danne pflegen
des unsern ingesindes,   daz wir haben brâht?»
dô sprach der marcgrâve   «ir sult haben guote naht.

1659 Und allez iwer gesinde,   swaz ir in daz lant
habt mit iu gefüeret,   ross und gewant,
dem scaffe ich sölhe huote,   daz sin niht wirt verlorn
daz iu ze scaden bringe   gegen einigem sporn.

1660 Spannet ûf, ir knehte,   die hütten an daz velt.
swaz ir hie verlieset,   des wil ich wesen gelt.
ziehet abe die zoume,   diu ros lâzet gân.»
daz het in wirt deheiner   dâ vor vil selten getân.

1661 Des vreuten sich die geste.   dô daz gescaffet was,
die herren riten dannen.   sich leiten in daz gras
über al die knehte: si heten guot gemach.
ich wœne in an der verte   nie sô sanfte gescach.

<hr/>

1656, 4 hie in disem lande.
1657, 1 Dô dancten im die recken.
    3 sunder gruozter Hagenen.
    4   den helt von Burgonden lant.
1658, 1 Dô sprach zem marcgrâven   Dancwart der degen.
    2   wer sol uns danne pflegen.
    3   von Wormez über Rîn?»
    4   die angest sult ir lâzen sin.
1659, 1 Ez wirdet wol behalden.
    2   ros silber unt gewant.
    4   gegen einem halben sporn.
1660, 3 unt ziehet abe die zoume.

<hr/>

1656, 3   und iuwere man.
1658, 3   daz wir haben brâht.
    4   des wirt noch wœrlîche rât (38).

1662 Diu edele marcgrâvinne   was für die burc gegân
     mit ir vil schœnen tohter.·   dô sah man bî ir stân
     die minneclîchen vrouwen   und manige scœne meit:
     die truogen vil der bouge   unde hêrlîchiu kleit.

1663 Daz edele gesteine   lûhte verre dan
     ûz ir vil rîchen wæte: si wâren wol getân.
     dô kômen ouch die geste   und erbeizten sâ zehant.
     hey waz man grôzer zûhte   an den Burgonden vant!

1664 Sehs unt drizec mägede   unt ander manic wîp,
     den was wol ze wunsche   geschaffen der lîp,
     die giengen in engegene   mit manigem küenem man.
     dâ wart ein scœne grüezen   von edelen vrouwen getân.

1665 Diu junge marcgrâvinne   kust die künige alle drî
     (alsam tet ir muoter):   dâ stuont ouch Hagene bî.
     ir vater hiez in küssen;   dô blihte si in an:
     er dûhte.si sô vorhtlich,   daz siz vil gerne hete lân.

1666 Doch muoste si dâ leisten   daz ir der wirt gebôt.
     gemischet wart ir varwe,   bleich unde rôt.
     si kuste ouch Dancwarten,   dar nâch den spileman:
     durch sînes lîbes ellen   .wart im daz grüezen getân.

1667 Diu junge marcgrâvinne   nam bî der hant
     Giselher den recken   von Burgonden lant:
     alsam tet ir muoter   Gunther den küenen man.
     si giengen mit den helden   vil harte vrœlîche dan.

1668 Der wirt gie bî Gêrnôte   in einen wîten sal.
     ritter unde vrouwen   gesâzen dâ zetal.

1662, 1 Nu was diu marcgrâvinne   für daz tor gegân.
     4   unt ouch diu hêrlichen kleit.
1663, 1   verre lûhte von in dan.
     2   die wären wol getân.
     dô kômen ouch die recken.
1664, 2 den was ze wunsche schœne   unt minneclich der lip.
     3   unt wolden si enpfân.
     4   von den frouwen getân.
1665, 1   kust die künige drî.
     3 den bat ir vater küssen.
     4 er dûhte si sô gremelich,   daz siz gerne hete lân.
1667, 1   nam dô bi der hant.
     4 Gêrnôten fuorte Rüedegêr   mit im minneclîchen dan.
1668, 1 In der schœnen bürge   stuont ein witer sal.

1664, 3   als ez wol gezam (28).

dô hiez man balde scenken   den gesten guoten win.
jane dorften nimmer helede   baz gehandelet sin.

1669 Mit lieben ougen blicken   wart gesehen an   1608
diu Rûedegêres tohter: diu was sô wol getân.   (1708)
jâ trûtes in den sinnen   vil manic ritter guot.
daz konde ouch si verdienen: si was vil hôhe gemuot.

1670 Si gedâhten swes si wolden: des enmoht ab niht gescehen.
hin und her widere   wart dâ vil gesehen
an magede und an vrouwen: der saz dâ genuoc.
der edele videlære   dem wirte holden willen truoc.

1671 Nâch gewonheite   sô schieden si sich dâ:
ritter unde vrouwen   die giengen anderswâ.
dô rihte man die tische   in dem sale wit.
den unkunden gesten   man diende hêrliche sit.

1672 Durch der geste liebe   hin ze tische gie
diu edele marcgrâvinne.   ir tohter si dô lie
belîben bî den kinden,   dâ si von rehte saz.
die geste ir niht ensâhen: si muote wærlîchen daz.

1673 Dô si getrunken hêten   unt gezzen über al,
dô wîste man die schœnen   wider in den sal.
gâmelîcher sprüche   der wart dâ niht verdeit:
der redete vil dâ Volkêr,   ein degen küen unt gemeit.

1674 Dô sprach offenlîchen   der edele spileman
«vil rîcher marcgrâve,   got hât an iu getân
vil genædeclîchen,   wand er iu hât gegeben
ein wîp sô rehte schœne,   dar zuo ein wunneclîchez leben.

1675 Ob ich ein fürste wære»,   sprach der spileman,
«und solde ich tragen krône,   ze wîbe wolde ich hân

1668, 4 ez endorften nimmer helede   gehandelt güetlicher sin.
1669, 1   wart vil gesehen an.
     3 jâ trûtes in dem herzen.
1670, 1   es enmoht ab niht gescheben.
     an mâgede unt ouch an frouwen.
     3 für unde widere,   wande ir saz dâ genuoc.
1671, 1   dô schieden si sich dâ.
     4 den vil lieben gesten   man diente willeclîche sit.
1672, 2 niwan diu marcgrâvinne.
     4 daz si ir niht ensâhen,   die geste mûete sêre daz.
1673, 1 Dô si mit freuden heten   gezzen über al.
1674, 3   daz er iu hât gegeben.
1675, 1   sprach aber der spileman.

die iuwern schœnen tohter: des wûnschet mir der muot.
diu ist minneclîch ze schene,   dar zuo edel unde guot.»

1676 Dô sprach der marcgrâve   «wie möhte daz gesîn,   (1715)
daz immer künec gegerte   der lieben tohter mîn?
wir sîn ellende,   ich und mîn wîp:
waz hilfet grôziu schœne   dan der juncvrouwen lip?»

1677 Des antwurte Gêrnôt,   der wol gezogene man,
«und solde ich triutinne   nâch mînem willen hân,
sô wold ich solhes wîbes   immer wesen vrô.»
des antwurte Hagene   vil harte güetlîchen dô

1678 «Nu sol mîn herre Giselher   nemen doch ein wîp:
ez ist sô hôher mâge   der marcgrâvinne lîp,
daz wir ir gerne dienden,   ich und sîne man,
und soldes under krône   dâ zen Burgonden gân.»

1679 Diu rede Rüedegêren   dûhte harte guot,
und ouch Gotelinde: jâ freutes in den muot.
sît truogen an die helde   daz si ze wîbe nam
Giselher der edele,   als ez wol künege gezam.

1680 Swaz sich sol gefüegen,   wer mac daz understên?
man bat die juncvrouwen   hin ze hove gên.
dô swuor man im ze gebene   daz wünnecliche wîp.
dô lobte ouch er ze minnen   den ir vil minneclîchen lip.

1675, 3   des wünnet mir der muot.
1676, 3 wir sîn beide ellende.
    4 unt haben niht ze gebene: waz hilfet danne ir schœner lip?
1677, 1 Dô sprach der herre Gêrnôt   «ir sult die rede lân.
    3 âne guot ze wibe   wær ich ir immer vrô.
    4   vil harte minneclîchen dô.
1678, 1 Nu sol doch her Giselher   mîn herre nemen wîp.
    3 daz wir ir dienten gerne,   ich und ander iuwer man.
1679, 1   von in dûhte guot,
    unt ouch die marcgrâvinne.
    4   wand ez in beiden wol gezam.
1680, 3   daz wünnecliche kint.
    ouch lobt er ze nemene   die vil minneclîchen sint.

1677, 1   ir sult der rede gedagen.
    2   nâch mînem willen haben (28).
1680, 3   daz wünnecliche wîp.
    dô lobt ouch er ze minnen   die vil minneclîchen sît (39).

1681 Man besciet der juncvrouwen   bürge unde lant.   1619
    des sichert dâ mit eiden   des edelen küniges hant,   (1720)
    und ouch der herre Gêrnôt,   daz wurde daz getân.
    dô sprach der marcgrâve   «sit ich der bürge niht enhân,

1682 Sô sol ich iu mit triuwen   immer wesen holt.
•   ich gibe zuo miner tohter   silber unde golt
    swaz hundert soumære   meiste mügen getragen,
    daz ez des heldes mâgen   nâch êren müge wol behagen.»

1683 Dô hiez man si beide   stên an einen rinc
    nâch gewonheite.   vil manic jungelinc
    in vrœlichem muote   ir zegagene stuont:
    si gedâhten in ir sinne   sô noch die tumben gerne tuont.

1684 Dô man begonde vrâgen   die minneclichen meit,
    ob si den recken wolde,   ein teil was ez ir leit,
    unt dâhte doch ze nemene   den wætlichen man.
    si scamete sich der vrâge   sô manic maget hât getân.

1685 Ir riet ir vater Rüedegêr   daz si spræche jâ
    unt daz si in gerne næme.   vil schiere dô was dâ
    mit sinen wizen handen,   der si umbeslôz,
    Giselher der junge,   swie lützel si sin doch genôz.

1686 Dô sprach der marcgrâve   «ir edelen künege rich,
    als ir nu wider ritet   (daz ist gewonlich)
    heim ze Burgonden,   sô gib ich iu mîn kint,
    daz ir si mit iu füeret.»   daz gelobten si sint.

1687 Swaz man dâ scalles hôrte,   den muosen si doch lân.
    man hiez die juncvrouwen   zir kemenâten gân;

1681, 2   des richen küniges hant,
     unt Gêrnôt der herre.
    4   sit ich der lande niht enhân,
1682, 1 Sone lât iu niht versmâhen   min ellendes solt.
    3 swaz zwei hundert mœre.
    4 diu rede muost den degenen   beidenthalben wol behagen.
1683, 1 Nâch gewonheite   man hiez an einen rinc
    stên die minneclichen.   manec sneller jungelinc
    in gezweietem muote.
1685, 1 Ir riинte ir vater Rüedegêr.
    2 unt iu vil gerne næme.   vil schiere was dô dâ.
    3   der si dô umbeslôz.
    4   swie lützil si des sit genôz.
1686, 2 als ir nu wider wendet.
    3 heim zuo ziuren landen.

     und ouch die geste slâfen   und ruowen an den tac.
     do bereitte man die spîse: der wirt ir güetlîche pflac.

1688 Dô si enbizzen wâren,   si wolden dannen varn   1626
     gegen der Hiunen landen.   «daz heiz ich wol bewarn»,   (1727)
     sprach der wirt vil edele: «ir sult noch hie bestân;
     wand ich sô lieber geste   selten her gewunnen hân.»

1689 Des antwurte Dancwart   «jane mag es niht gesin.
     wâ næmet ir die spîse,   daz brôt und ouch den wîn,
     daz ir sô manigem recken   noch hînte müeset hân?»
     dô daz der wirt gehôrte,   er sprach «ir sult die rede lân.

1690 Mîne vil lieben herren,   ir sult mir niht versagen.
     jâ gæbe ich iu die spîse   ze vierzehen tagen,
     mit allem dem gesinde   daz mit iu her ist komen:
     mir hât der künec Etzel   noch vil wênic iht genomen.»

1691 Swie sêre si sich werten,   si muosen dâ bestân
     unz an den vierden morgen.   dô wart dâ getân
     von des wirtes milte   daz verre wart geseit:
     er gap den sînen gesten   beidiu ross unde kleit.

1692 Ez enkunde niht wern langer,   si muosen dannen varn.
     Rüedgêr der küene konde   vil wênic iht gesparn
     vor der sînen milte: swes iemen gerte nemen,
     daz versagete er niemen: ez muose in allen gezemen.

1687, 3   si erbiten an den tac.
    4   der wirt ir minneclîchen pflac.
1688, 1 Dô si nu gezzen hêten   unt wolden dannen varn.
1689, 3 daz sô manigem manne   wære hie bereit?»
    4   ez was im âne mâze leit.
1690, 1 Dô sprach der marcgrâve   «diu rede ist âne nôt.
    ze vierzehen nehten   wîn unde brôt
    gæbe ich iu völleclîchen   mit den die ir hie hât.
    ir müezet hie belîben: des ist deheiner slahte rât.»
1691, 1 Swie vil si dannen gerten.
    2   dô wart ouch dâ getân.
    4   beidiu wâfen unde kleit.
1692, 1 Ez mohte wern niht langer.
    2 Rüedegêr der kunde.

1689, 3 daz ir sô manigen recken   möhtet hie behaben.»
    dô daz der wirt hôrte,   er sprach «des sult ir gedagen (39).
1690, 3   daz ir her habet brâht.
    ir müezet hie belîben: des ist debeiner slahte rût (47).

1693 Ir edel ingesinde   bråhte für daz tor   1631
     gesatelet vil der mœre.   dô kom zuo zin då vor   (1732)
     vil der vremden recken: si truogen schilde enhant,
     wand si wolden riten   in daz Etzelen lant.

1694 Der wirt dô sine gåbe   bôt über al
     ê daz die edelen geste   kœmen für den sal.
     er konde mitteclîche   mit grôzen êren leben.
     die sine schœnen tohter   die het er Giselher gegeben.

1695 Dô gap er Gunthêre,   dem helde lobelîch,
     daz wol truoc mit êren   der edel künic rich,
     swie selten er gåbe enpfienge,   ein wåfenlîch gewant.
     dar nåch neic dô Gunther   des edelen Rüedegêres hant.

1696 Dô gap er Gêrnôte   ein wåfen guot genuoc,
     daz er sit in stürmen   vil hêrlîchen truoc.
     der gåbe im vil wol gonde   des marcgråven wip:
     då von der guote Rüedegêr·   sit muose vliesen den lip.

1697 Gotelint bôt Hagenen,   als ir wol gezam,
     ir minneclîche gåbe,   sit si der künec nam,
     daz er åne ir stiure   zuo der hôhgezît
     von ir varn niht solde: doh widerredete er iz sit.

1698 «Alles des ich ie gesach»,   sprach dô Hagene,
     «sone gerte ich niht mêre   hin ze tragene
     niwan jenes schildes   dort an jener want:
     den wolde ich gerne füeren   in daz Etzelen lant.»

1693, 1 Daz edel ingesinde.
      2 gesatelt vil der rosse.   dô warte ouch in då vor
        vil der guoten recken: die truogen schilde enhant,
        wand si rîten wolden   nider in der Hiunen lant.
1695, 3 swier nie gåbe enpfienge.
      4 dô neic der fürste hêre   des milten Rüedegêres hant.
1696, 4   muose vliesen sit den lip.
1697, 1 Dô bôt diu marcgråvinne   Hagen ir gabe alsam
        mit bete minneclîche.
      4 varn niene solde.   der helt gelobt ez åne strît.
1698, 2   nu ze habene.
      3   der dort hanget an der want.
      4   mit mir in der Hiunen lant.

1697, 1 Dô bôt diu marcgråvinne   Gotelint Hagenen an
        ir gåbe minneclîche (28).
      4   des gert das wætlîche wip (23).
1698, 3   dort an der want.

1699 Dô diu maregrâvinne   Hagenen rede vernam, `   1637
     ez mande si ir leide: weinen si gezam.   (1735)
     do gedâhte si vil tiure   an Nuodunges tôt.
     den het erslagen Witege: dâ von sô het si jâmers nôt.

1700 Si sprach zuo dem degene   «den schilt wil ich iu geben.
     daz wolde got von himele,   daz er noch solde leben, ·
     der in dâ truoc enhende!   der lag in sturme tôt.
     den muoz ich immer weinen: des gât mir armem wîbe nôt.»

1701 Diu edele maregrâvinne   von dem sedele gie,
     mit ir vil wîzen handen   si den schilt gevie:
     diu vrouwe truog in Hagenen,   er nam in an die hant.
     diu gâbe was mit êren   an den recken gewant.

1702 Ein hulft von lichtem pfelle   ob sîner varwe lac,
     bezzern scilt deheinen   belûhte nie der tac, ·
     von edelem gesteine;   swer sîn hete gegert
     ze koufen, an der koste   was er wol tûsent marke wert.

1703 Den schilt hiez dô Hagene   von im tragen dan.
     dô begonde Danewart   hin ze hove gân.
     dem gap vil rîchiu kleider   des maregrâven kint.
     diu truoc er dâ zen Hiunen   vil harte hêrliche sint.

1704 Allez daz der gâbe   von in wart genomen,
     in ir deheines hende   wær ir niht bekomen,
     wan durh des wirtes liebe,   derz in sô schône bôt.
     sît wurdens im sô vîent   daz si in muosen slahen tôt.

1705 Volkêr der snelle   mit sîner videlen dan
     gie gezogenliche   für Gotelinde stân.

1699, 1   Hagenen bete vernam.
       4   .   des twanc si jæmerlichiu nôt.
1701, 1   von ir sedele gie,
       bî dem schiltvezzil.
       3 dô brâhte si in Hagenen,   si selbe mit ir hant.
1702, 3   swers ze koufen hete gegert
       oder in veile hête,   er was wol tûsint marke wert.
1703, 2 dô kom sin bruoder Danewart   hin ze hove gegân.
       4 diu er dâ zen Hiunen   truoc vil hêrlîchen sint.
1704, 1   von in dâ wart genomen.
       3   derz in sô schône erbôt.
1705, 2 kom gezogenliche.

1699, 4   des twanc si jâmeres nôt.

er videlte süeze dœne   und sanc ir sîniu liet:
dâ mite nam er urloup,   do er von Bechelâren sciet.

1706 Ir hiez diu marcgrâvinne   eine lade tragen.   1644
von friuntlicher gâbe   muget ir nu hœren sagen.   (1743)
dar ûz nam si zwelf pouge   und spiens im an die hant.
«die sult ir hinnen füeren   in daz Etzelen lant,

1707 Und sult durh mînen willen   si ze hove tragen,   •
swenne ir wider wendet,   daz man mir müge sagen,
wie ir mir habet gedienet   dâ zer hôhgezît.»
des diu vrouwe gerte,   vil wol leister daz sît.

1708 Dô sprach der wirt zen gesten: «ir sult dest sanfter varn.
ich wil iuch selbe leiten   und heizen wol bewarn
daz in ûf der strâze   niemen müge geschaden.»
dô wurden sîne soume   harte schiere geladen.

1709 Der wirt wart wol bereitet   mit fünf hundert man
mit rossen und mit kleidern.   die fuort er mit im dan
vil harte frœlichen   zuo der hôhgezît:
der einer mit dem lebene   kom nie ze Bechelâren sît.

1710 Mit kusse minneclîche   der wirt dô dannen schiet:
alsô tet ouch Giselher,   als im sîn tugent riet.
mit umbeslozzen armen   si trûten schœniu wîp.
daz muose sît beweinen   vil maniger juncvrouwen lîp.

1711 Dô wurden allenthalben   diu venster ûf getân.
der wirt mit sînen mannen   zen rossen woldo gân.
ich wæn ir herze in sagete   diu krefteclîchen leit:
dâ weinde manic vrouwe   und manic wætlîchiu meit.

1706, 3 dar ûz si nam sehs pouge.
4 die sult ir füeren, Volkèr,   von mir in der Hiunen lant.
1707, 4 des si zem recken gerte,   vil wol gewert er sis sît.
1708, 3 daz man iu ûf der strâzen   nem deheiniu pfant.
ich sol iuch selbe leiten   in daz Etzelen lant
1709, 2 ze rossen unt ze kleidern.
3 in vrœlichem muote.
4 der deheiner·nimmer mère   kom ze Bechelâren sît.
1710, 2 als im diu liebe riet.
1711, 1 Vil venster wart entslozzen   unt wît ûf getân.
3 in wæn ir herzen sageten   diu krefteclîchen sèr,
daz si der lieben friunde   dar nâch gesehen nimmer mèr.

1708, 3 daz iu ûf der strâze   niemen müge taren.
ich sol mit iu selbe   in lant daz Etzelen varen (47).
1709, 4 der kom deheiner   nie ze Bechelâren sît.

1712 Nâch ir lieben friunden   genuoge heten sêr,   1650
     die si ze Bechelâren   gesâhen nimmer mêr.   (1751)
     doch riten si mit vreuden   nider über sant
     zetal bî Tuonouwe   unz in daz hiunische lant.

1713 Dô sprach zen Burgonden   der ritter vil gemeit,
     Rüedegêr der edele,   «jâ sulen niht verdeit
•   wesen unser mære,   daz wir zen Hiunen komen.
     im hât der künic Etzel   nie sô liebes niht vernomen.»

1714 Zetal durch Österriche   der bote balde reit:
     den liuten allenthalben   wart daz wol geseit,
     daz die helde kœmen   von Wormez über Rîn.
     des küneges ingesinde   kond ez niht lieber gesîn.

1715 Die boten für strichen   mit den mæren
     daz die Nibelunge   zen Hiunen wæren.
     «du solt si wol enpfâhen,   Kriemhilt, vrouwe mîn:
     dir koment nâch grôzen êren   die lieben bruodere dîn.»

1716 Kriemhilt diu vrouwe   in ein venster stuont:
     si warte nâch den mâgen,   sô friunt nâch friunden tuont.
     von ir vater lande   sach si manigen man;
     der künic vriesc ouch diu mære: vor liebe er lachen began.

1712, 1   heten genuoge leit.
       dô weinten âne mâze   vil frowen unt manic meit.
1713, 1   der ritter unverzaget.
       2   jâ suln niht sin verdaget
       Etzeln disiu mære.
       4 unt ouch mîne frouwen: sine hânt sô liebes niht vernomen.
1714, 1   vil manec bote reit.
       3 daz die herren kœmen.
       4 dem Etzeln ingesinde   kund niht lieber gesîn.
1715, 1   mit disen mæren.
       4   her die stolzen bruoder dîn.
1716, 1717 *dafür folgende drei Strophen:*
       Dô diu küniginne   vernam diu mære,   (1755)
       ir begunde entwîchen   ein teil ir swære.
       von ir vater lande   kom ir vil manic man:
       dâ von der künic Etzel   vil manigen jâmer sît gewan.

       Si gedâhte tougenliche   «noch möhte is werden rât.   (1756)
       der mich an mînen freuden   alsô gepfendet hât,
       mag ich daz gefüegen,   ez sol im leide ergân
       ze dirre hôchgezîte: des ich vil guoten willen hân.

1717 «Nu wol mich mîner vreuden»,   sprach Kriemhilt.   1655
  «hie bringent mîne mâge   vil manigen niuwen schilt
und halsperge wîze: swer nemen welle golt,
der gedenke mîner leide,   und wil im immer wesen holt.»

XXVIII. ÂVENTIURE,
WIE DIE BURGONDEN ZE ETZELN BÜRGE KÔMEN.

1718 Dô die Burgonden   kômen in daz lant,
do gevriesc ez von Berne   der alte Hildebrant.
er sagtez sîme herren.   ez was im harte leit:
er bat in wol enpfâhen   die ritter küene unt gemeit.

1719 Wolfhart der snelle   hiez bringen diu marc.
dô reit mit Dietriche   vil manic degen starc,
da er si enpfâhen wolde,   zuo zin an daz velt.
dâ hetens ûf gebunden   vil manic hêrlich gezelt.

1720 Dô si von Tronege Hagene   verriste sach,
zuo den sînen herren   gezogenlîch er sprach
«nu sult ir snellen recken   von dem sedele stân,
und gêt in hin engegene,   die iuch hie wellent enpfân.

Ich solz alsô schaffen   daz mîn râche ergê   (1757)
in dirre hôchgezîte,   swiez dar nâch gestê,
an sînem argen lîbe,   der mir hât benomen
vil der mînen wunne: des sol ich nu ze gelte komen.

1718, 1 Dô die Nibelunge.
    2   meister Hildebrant.
    3   ez was im grimme leit.
    4   die küenen ritter gemeit.
1719, 1 Dô hiez der starke Wolfhart   bringen in diu marc.
    2   vil manic recke starc,
dâ si se enpfâhen wolden.
1720, 1   verrest komen sach.
    2   der helt vil balde sprach
«nu sult ir snellen degene.
  4 unt gêt in hin begegene.

1718, 3   ez was ime leit.

1721 Dort kumet her ein gesinde,   daz ist mir wol bekant.   1659
ez sint vil snelle degene   von Amelunge lant.   (1761)
die füeret der von Berne: si sint vil hôhgemuot.
ir sult iz niht versmâhen   swaz man iu dieneste tuot.»

1722 Dô stuonden von den rossen   (daz was michel reht)
neben Dietrîche   manic ritter unde kneht.
si giengen zuo den gesten   dâ man die helede vant:
si gruozten minneclîche   die von Burgonden lant.

1723 Dô si der herre Dietrich   gegen im komen sach,
hie muget ir hœren gerne,   waz der degen sprach
zuo den Uoten kinden.   ir reise was im leit:
er wânde ez weste Rüedegêr,   daz erz in hête geseit.

1724 «Sit willekomen, ir herren,   Gunther und Giselhêr,
Gêrnôt unde Hagene: sam si Volkêr
unt Danewart der snelle.   ist iu daz niht bekant?
Kriemhilt noch sêre weinet   den helt von Nibelunge lant.»

1725 «Si mac vil lange weinen»,   sprach dô Hagene:
«er lît vor manigem jâre   ze tôde erslagene.
den künec von den Hiunen   sol si nu holden haben:
Sifrit kumet niht widere,   er ist nu lange begraben.»

1726 «Die Sifrides wunden   lâzen wir nu stên:
sol leben diu vrouwe Kriemhilt,   noch mac schade ergên.»

1721, 4 ir sultz in wol erbieten: daz rât ich», sprach der degen guot.
1722, 1   (daz was vil michel reht)
    nider mit Dietrîche.
1723, 1   zuo zin komen sach,
    beide liebe und leide   im der an geschach.
    er weste wol diu mære.
1724, 1 Sit willekomen, her Gunther,   Gêrnôt unt Giselher,
    Hagene unde Danewart: sam si ouch Volkêr
    unt allez iwer gedigene.   den Sifrides tôt
    weinet min frou Kriemhilt   noch dicke in angestlicher nôt.
1725, 1 Si mac vil geweinen.
     3   den si genomen hât,
    den sol si nu minnen.   Sîvrit sô gâhes niht erstât.
1726, 1 Tôt des küenen recken.
     2 sol leben min frou Kriemhilt.

1722, 2 samet Dietrîche.
1723, 2 vil grôzes unmuotes   der küene degen was (23).
1724, 3   Kriemhilt weinôt
    noch alle stunde sêro   des küenen Sifrides tôt (39).

sô redete von Berne   der herre Dietrich.
«trôst der Nibelunge,   dâ vor behüete du dich.»

1727 «Wie sol ich mich behüeten?»   sprach der künic hér.   1665
«Ezel uns boten sande   (wes sol ich vrâgen mér?),   (1767)
daz wir zuo zim solden rîten   her in daz lant:
ouch hât uns manigiu mære   mîn swester Kriemhilt gesant.»

1728 «Ich kan iu wol gerâten»,   sprach aber Hagene.
«nu bitet iu diu mære   baz se sagene
den herren Dietrîchen   unt sîne helde guot,
daz si iuch lâzen wizzen   der vrouwen Kriemhilde muot.»

1729 Dô giengen sundersprâchen   die drî künige rîch,
Gunther unde Gêrnôt   und ouch her Dietrîch.
«nu sage uns, von Berne   vil edel ritter guot,
wie dir sî gewizzen   umb der küneginne muot.»

1730 Dô sprach der voget von Berne   «waz sol i'u mére sagen?
ich hœre alle morgen   weinen unde klagen
mit jâmerlichen sinnen   daz Etzelen wîp
dem rîchen gote von himele   des starken Sîfrides lîp.»

1731 «Ez ist et unerwendet»,   sprach der küene man,
Volkêr der videlære,   «daz wir vernomen hân.
wir suln ze hove rîten   und suln lâzen sehen
waz uns snellen degenen   müge zen Hiunen geschehen.»

1732 Die küenen Burgonden   hin ze hove rîten:
si kômen hêrlîche   nâch ir landes siten.
dô wundert dâ zen Hiunen   vil manegen küenen man
umb Hagenen von Tronege,   wie der wære getân.

1727, 3 daz wir zuo zim kœmen   her in sîniu lant.
        ouch hât uns unser swester   aller triuwen gemant.
1728, 1 Sô wil ich iu wol râten,   sprach dô Hagene.
1729, 4   der frouwen Kriemhilde muot.
1730, 2 wan alle morgen früeje.
      3 hœr ich vil jæmerliche.
1731, 2   sprach dô der spileman,
        Volkêr der vil küene.
      3   unt suln daz besehen.

_____

1731, 1   sprach dô der spileman,
        Volkêr der videlære (218).
      3   unde sulen sehen.

1733 Durch daz man sagete mære   (des was im genuoc)   1671
daz er von Niderlanden   Sîfriden sluoc,   (1778)
sterkest aller recken,   den Kriemhilde man,
des wart michel vrâgen   ze hove nâh Hagenen getân.

1734 Der helt was wol gewahsen,   daz ist alwâr:
grôz was er zen brusten,   gemischet was sîn hâr
mit einer grîsen varwe.   diu bein im wâren lanc,
und eislîch sîn gesihene.   er hete hêrlîchen ganc.

1735 Dô hiez man herbergen   die Burgonden man.
Gunthers gesinde   wart gesundert dan.
daz riet diu küniginne   diu im vil hazzes truoc.
dâ von man sît die knehte   an der herberge sluoc.

1736 Dancwart Hagenen bruoder   der was marscalch.
der künec im sîn gesinde   vlîzeclîch bevalch,
daz er ir wol pflæge   und in gæbe genuoc.
der helt von Burgonden   in allen guoten willen truoc.

1737 Kriemhilt diu küniginne   mit ir gesinde gie
dâ si die Nibelunge,   mit valschem muote enpfie.
si kuste Gîselhêren   und nam in bî der hant.
daz sah von Tronege Hagene: den helm er vaster gebant.

1738 «Nâch sus getânem gruoze»,   sprach Hagene,
«mugen sich verdenken   snelle degene:
man grüezet sunderlingen   die künige und ir man.
wir haben niht guoter reise   zuo dirre hôhgezît getân.»

1739 Si sprach «nu sît willekomen   swer iuch gerne siht.
durch iuwer selbes friuntschaft   grüeze ich iuch niht,

1735, 1   vil manigen küenen man.
      daz gesinde von dem Rine.
   3   diu in argen willen truoc.
1736, 2   vil vlîzeclîch bevalch,
      daz er ir volleclîche   mit spîse solde pflegen.
      daz tet dô willeclîche   mit triuwen der vil küene degen.
1737, 2   in valschem muote enpfie.
   4 dô daz gesach Hagene.
1738, 1   sprach dô Hagene,
      mugen sich bedenken wol   snelle degene.
   3   die fürsten unt ir man.
1739, 1 Nu sît, sprach si, willekomen.

1736, 3 daz er ir wol pflæge   und in gæbe genuoc.
      der helt von Burgonden   het des willigen muot (39).

saget waz ir mir bringet   von Wormez über Rîn,
dar umbe ir mir sô grôze   soldet willekomen sîn.»

1740 «Het ich gewest diu mære»,   sprach dô Hagene,   1678
«daz iu gâbe solden   bringen degene,   (1780)
ich wære wol sô rîche,   het ich mich baz verdâht,
daz ich iu mîne gâbe   her ze lande hete brâht.»

1741 «Nu sult ir mich der mære   mêre wizzen lân:
hort der Nibelunge,   war habet ir den getân?
der was doh mîn eigen,   daz ist iu wol bekant:
den solt ir mir gefüeret   hân in Etzelen lant.»

1742 «Entriuwen, mîn vrou Kriemhilt,   des ist vil manec tac
deich hort der Nibelunge   niene gepflac.
den hiezen mîne herren   senken in den Rîn:
dâ muoz er wærliche   unz an daz jungeste sîn.»

1743 Dô sprach diu küneginne   «ich hâns ouch gedâht.
ir habet mirs noch vil wênic   her ze lande brâht,
swier mîn eigen wære   und ich sîn wilen pflac.
des hân ich alle zîte   vil manigen trûrigen tac.»

1744 «Ich bringe iu den tiuvel»,   sprach aber Hagene.
«ich hân an mînem schilde   sô vil ze tragene
und an mîner brünne: mîn helm der ist lieht,
daz swert an mîner hende,   des enbringe ich iu nieht.»

1739, 3 nu sagt waz ir mir bringet.
1740, 2 daz iu gâbe bringen   solden degene.
3   het ich miha baz verdâht.
4   her zen Hiunen hete brâht.
1741, 3 der was idoch mîn eigen.
4 den solt ir mir gefüeret hân   her in Etzelen lant.
1742, 4 dâ muoz er wætliche.
1743, 1   ich hâns ouch ê gedâht.
mir ist sîn harte kleine   noch her ze lande brâht.
4 nâch im unt sîme herren   hân ich vil manigen leiden tac.
1744, 1 Daz ist verlorn arebeit.
2 wie möhte ich iu iht bringen?   ich hân vil ze tragene
an halsperge unt an schilte,   an mîme helme lieht.
5 Jane rede ihz niht dar umbe   deich mêre goldes welle gern.   (1785)
ich hâns sô vil ze gebene   deich iwer gâbe mac enbern.
ein mort und zwêne roube,   die mir sint genomen,
des möhte ich vil arme   noch ze liebem gelte komen.

1745 Dô sprach diu küneginne   zen recken über al   1683
«man sol deheiniu wâfen   tragen in den sal.   (1786)
ir helde, ir sult mirs ûf geben: ich wils behalten lân.»
«entriuwen», sprach dô, Hagene,   «daz wirdet nimmer getân.

1746 Jane ger ich niht der êren,   fürsten wine milt,
daz ir zen herbergen   trüeget mînen schilt
und ander mîn gewæfen: ir sît ein künegin.
daz enlêrte mich mîn vater niht: ich wil selbe kameræere sîn.»

1747 «Owê mîner leide»,   sprach dô Kriemhilt.
«war umbe wil mîn bruoder   und Hagene sînen schilt
niht lâzen behalden?   si sint gewarnôt.
und wesse ich wer iz tæte,   ich riete im immer sînen tôt.»

1748 Des antwurte mit zorne   der herre Dietrich
«ich pinz der hât gewarnet   die edelen fürsten rich,
und Hagenen den küenen,   den Burgonden man.
nu zuo, vâlandinne,   du solt mihs niht geniezen lân.»

1749 Des schamte sich vil sêre   daz Etzelen wip:
si vorhte bitterlîchen   den Dietrîches lip.
dô gie si von in balde,   daz si niht ensprach,
wan daz si swinde blicke   an ir vîande sach.

1750 Behenden sich dô viengen   zwêne degene:
daz eine was her Dietrich,   daz ander Hagene.
dô sprach gezogenlîchen   der recke vil gemeit
«daz iuwer komen zen Hiunen   daz ist mir wærlîche leit

1751 Durch daz diu küneginne   alsô gesprochen hât.»
dô sprach von Tronege Hagene   «des wirt wol alles rât.»
sus redeten mit ein ander   die zwêne küene man.
daz sach der künec Etzel: dar umbe er vrâgen began.

1745, 1 Diu frouwe hiez dô künden   den recken über al,
daz niemen tragen solde   kein wâfen in den sal.
   3   ich sols behalten lân.
1747, 1 Owê mir der leide.
   3 von in niht tragen lâzen.
1748, 3 unt Hagenen den starken.
1749, 3 dô gie si von in dannen,   daz si niht mêre ensprach.
1750, 4   daz ist mir græzlîchen leit.
1751, 1 Dô stuonden bî ein ander   die recken lobelich,
Hagene von Tronege   unt ouch her Dietrich
in grôzen zühten manigen,   die ritter wol getân.

1751, 3   die recken lobesam (28).

1752 «Diu mære ich weste gerne»,   sprach der künec rîch,   1690
«wer jener recke wære,   den dort her Dietrich   (1793)
sô friuntlîch enpfâhet.   er treit vil hôhen muot:
swer sîn vater wære,   er mac wol sîn ein helet guot.»

1753 Des antwurtem künege   ein Kriemhilde man
«er ist geborn von Tronege,   sîn vater hiez Aldrîân.
swie blîde er hie gebâre,   er ist ein grimmer man.
ich lâze iuch daz schouwen,   daz ich gelogen niene hân.»

1754 «Wie sol ich daz erkennen,   daz er sô grimmec ist?»
dannoch er niht enwiste   vil manigen argen list,
den sît diu küneginne   an ir mâgen begie,
daz si ir mit dem lebene   deheinen von den Hiunen lie.

1755 «Wol erkande ich Aldrîânen: der was mîn man.
lob und michel êre   er hie bî mir gewan.
ich machet in ze ritter   und gap im mîn golt.
Helche diu getriuwe   was im inneclîchen holt.

1756 Dâ von ich wol erkenne   allez Hagenen sint.
ez wurden mîne gîsel   zwei wætlîchiu kint,
er und von Spâne Walther: die wuohsen hie ze man.
Hagenen sande ich widere: Walther mit Hiltegunde entran.»

1757 Er gedâhte langer mære,   diu wâren ê geschehen.
sînen friunt von Tronege   den hete er rehte ersehen,
der im in sîner jugende   vil starken dienest bôt.
sît frumt er im in alter   vil manigen lieben vriwent tôt.

1753, 2   sîn vater hiez Adriân.
1754, 2 noch dann er niht enwiste.
    3 den diu küniginne   an ir friunden begie.
    4   niht einen dannen komen lie.
1755, 1 Wol erkande ich Adriânen.

XXIX. ÂVENTIURE,

WIE ER NIHT GÊN IR ÛF STUONT.

1758 Dô schieden sich die zwêne   recken lobelîch,   1696
Hagene von Tronege,   unt ouch her Dietrîch.   (1799)
dô blihte über ahsel   der Guntheres man
nâch einem hergesellen,   den er vil schiere gewan.

1759 Dô sah er Volkêren   bî Gîselhere stên:
den spæhen videlære   den bat er mit im gên,
wand er vil wol erkande   sînen grimmen muot.
er was an allen dingen   ein ritter küene unde guot.

1760 Noch liezen si die herren   ûf dem hove stûn.
niwan si zwêne aleine   sach man dannen gân
über den hof vil verre   für einen palas wît.
die ûz erwelten degene   vorhten niemannes nît.

1761 Si gesâzen vor dem hûse   gegen eime sal,
der was Kriemhilde,   ûf eine banc zetal.
dô lûhte in vor ir lîbe   ir hêrlîch gewant.
genuoge die si sâhen   si heten gerne bekant.

1762 Alsam tier diu wilden   wurden gekapfet an
die übermüeten helde   von den Hiunen man.
do ersah si durch ein venster   daz Etzelen wîp:
des wart aber betrüebet   der schœnen Kriemhilde lîp.

1763 Ez mande si ir leide: weinen si began.
des hete michel wunder   die Etzelen man,
waz ir sô schiere ertrüebet   hête den muot.
si sprach «daz hât Hagene,   ir helde küene unde guot.»

1758, 4   den er vil schiere dô gewan.
1759, 1 Er sach den videlære.
     2 Volkêrn den vil küenen.
     3   den sînen grimmen muot.
       er was an allen tugenden.
1760, 2   die sach man dannen gên.
     4 die ûz erwelten beide.
1762, 2   von manigem Hiunen man.
     4 des wart dô vil trüebe   der frouwen Kriemhilde lîp.
1763, 3 waz ir sô snelle ertrüebet   het ir hôhen muot.

1764 Si sprâchen zuo der vrouwen   «wie ist daz geschehen?   **1702**
wand wir iuch niuwelîche   haben vrô geschen.   (1805)
nie niemen wart sô küene,   derz iu hât getân,
heizet irz uns rechen,   ez sol im an sîn leben gân.»

1765 «Daz wolde ich immer dienen,   swer ræche mîniu leit:
alles des er gerte,   des wær ich im bereit.
ich biut mich in ze füezen»,   sprach des küniges wîp:
«rechet mich an Hagenen,   daz er vliese den lîp.»

1766 Dô garten sich vil balde   sehzec küener man:
durh Kriemhilde willen   si wolden hine gân
und wolden slahen Hagenen,   den vil küenen man,
und ouch den videlære.   daz wart mit râte getân.

1767 Dô diu küneginne   ir scar sô kleine sach,
in eime grimmem muote   si zuo den helden sprach
«des ir dâ habet gedingen,   des sult ir abe gân.
jane durfet ir sô ringe   nimmer Hagenen bestân.

1768 Swie starc unt swie küene   von Tronege Hagene sî,
noch ist verre sterker,   der im dâ sitzet bî,
Volkêr der videlære: der ist ein übel man.
jane sult ir die helde   niht sô lîhte bestân.»

1769 Dô si daz gehôrten,   dô garte sich ir mêr,
vier hundert sneller recken.   diu küneginne hêr
was des vil genœte   daz si in tæte leit.
dâ von wart sît den degenen   vil michel sorge bereit.

1770 Dô si vil wol gewâfent   ir gesinde sach,
zuo den snellen recken   diu küneginne sprach

1764, 1 Si sprâchen «frouwe hêre.
2 wir habèn iuch niuwelîche   sô frô gemuot geseben.
niemen ist sô küene,   swerz in hât getân.
1765, 2 allez daz er wolde.
1766, 1 Dô garten sich zehanden   wol sehzec küener man :
durch der frouwen liebe.
1768, 1   der von Tronege si,
noch ist verre küener.
4 jane sult ir die degene.
1769, 2 driu hundert sneller recken.
3   daz si geræche ir leit.
4   vil michel arebeit bereit.
1770, 1 Dô si nu wol gewâfent.
2 zuo den snellen degenen.

───────

1764, 2 wir haben iuch niuwelîche   sô vrôwe geseben.

«nu bttet cine wîle:　　jâ sult ir stille stân.
ich wil under krône　　zuo mînen vîanden gân.

1771 Und hœret itewîze,　　waz mir hât getân
Hagene von Tronege,　　der Guntheres man.
ich weiz in sô übermüeten　　daz er mir lougent niht.
sô ist ouch mir unmære,　　swaz im dar umbe gesciht.»

1709
(1612)

1772 Dô sach der videlære,　　ein küene spileman,
die edelen küneginne　　ab einer stiegen gân
nider abeme hûse.　　als er daz gesach,
Volkêr der vil küene　　zuo sîme hergesellen sprach

1773 «Nu schouwet, vriunt Hagene,　　wâ si dort here gât
diu uns âne triuwe　　inz lant geladet hât.
in gesach mit küniges wîbe　　nie sô manegen man,
die swert enhende trüegen,　　alsô strîtlichen gân.

1774 Wizzet ir, friunt Hagene,　　ob si iu sîn gehaz?
sô wil ich iu daz râten,　　ir hüetet deste baz
des lîbes unt der êren.　　jâ dunket ez mich guot.
als ich mich versinne,　　si sint vil zornec gemuot.

1775 Und sint ouch sümeliche　　zen brusten alsô wît,
swer sîn selbes hüete,　　der tuo daz enzît.
ich wæne si die lichten　　brünne drunder tragen:
wen si dâ mite meinen,　　daz kan ich niemen gesagen.»

1776 Dô sprach in zornes muote　　Hagene der küene man
«ich weiz wol daz iz allez　　ist ûf mich getân,

1770, 3　　　　　　　　　　　　ir sult noch stille stân.
　　jâ wil ich under krône　　mit in zuo mînen vinden gân.
1771, 3 ich weiz in wol sô küenen.
1772, 1　　　　　　　　　　　　ein vil küene man.
　　3 nider ûzme hûse.
　　4 der vil wîse recke.
1773, 1　　　　　　　　　　　　wâ si her gât,
　　diu uns in untriuwen.
　　3 ich gesach mit küniginne.
　　4　　　　　　　　　　　　　alsô strîteclichen gân.
1774, 1　　　　　　　　　　　　daz si iu sîn gehaz?
　　sô rât ich iu mit triuwen.
　　4　　　　　　　　　　　　　si sint vil übele gemuot.
1775, 3 ich wæn si under sîden　　die vesten prünne tragen.
　　waz si dâ mite meinen.
1776, 1　　　　　　　　　　　　der vil küene man.

daz si diu liehten wâfen   tragent an der hant.
vor den möht ich geriten   noch in der Burgonden lant.

1777 Nu saget mir, vriunt Volkêr,   ob ir mir welt gestân,   1715
ob mit mir wellent strîten   die Kriemhilde man?   (1818)
daz lâzet ir mich hœren,   als lieb als ich iu sî.
ich wone iu immer mêre   mit triuwen dienstlichen bî.»

1778 «Ich hilfe iu sicherlîchen»,   sprach der spileman.
«ob ich uns hie engegene   sæhe en künec gân
mit allen sînen recken,   die wîle ich leben muoz,
so entwiche ich iu durch vorhte   ûz helfe nimmer einen fuoz.»

1779 «Nu lône iu got von himele,   vil edel Volkêr.
ob si mit mir strîten,   wes bedarf ich danne mêr?
sit ir mir helfen wellet,   als ich hân vernomen,
sô suln dise recken   vil gewärlîchen komen.»

1780 «Nu stê wir von dem sedele»,   sprach der spileman:
«si ist ein küneginne;   und lât si füre gân.
bieten ir die êre: si ist ein edel wîp.
dâ mite ist ouch getiuret   unser ieweders lîp.»

1781 «Nein durch mîne liebe»,   sprach Hagene:
«sô wolden sich versinnen   dise degene
daz ihz durch vorhte tæte,   und solde ich hine gên.
ich enwil durch ir deheinen   nimmer von dem sedele stên.

1782 Jâ zimet ez uns beiden   zewâre lâzen baz.
zwiu solde ich den êren,   der mir ist gehaz?
daz engetuon ich nimmer,   die wîle ich hân den lîp.
ouch enruoche ich waz mich nîdet   des künic Etzelen wîp.»

1777, 1   welt ir mir gestân.
    ob mit mir strîten wellent.
1778, 1   spruch dô der spileman.
1779, 3   als ich vernomen hân,
    sô suln dise degene   vil gewärlîchen gân.
1780, 1   sprach dô der spileman.
    2   unt lân si für gân.
    4   an zühten unser beider lip.
1781, 2 sô wolden lihte wænen.
1782, 4 jano ruoche ich waz mich hazzet.

1780, 4   unser beidere lip.
1782, 4 jano ruoche ich waz mich vêhet.

1783 Der übermüete Hagene　　leit über siniu bein　　　　　　1721
　　　ein vil lichtez wâfen,　　ûz des knopfe scein　　　　　　(1824)
　　　ein vil liehter jaspes,　　grüener danne ein gras,
　　　wol erkandez Kriemhilt,　　daz ez Sifrides was.

1784 Dô si daz swert erkande,　　dô gie ir trûrens nôt.
　　　sîn gehilze daz was guldîn,　　diu scheide ein porte rôt.
　　　ez mande si ir leide:　　weinen si began.
　　　ich wæne ez hete dar umbe　　der küene Hagene getân.

1785 Volkêr der küene　　zôch nâher ûf der banc
　　　einen videlbogen starken,　　michel unde lanc,
　　　gelîch eime swerte,　　vil scarpf unde breit.
　　　dô sâzen unervorhten　　die zwêne degene gemeit.

1786 Nu dûhten sich sô hêre　　die zwêne küene man
　　　daz si niht enwolden　　von dem sedele stân
　　　durch niemannes vorhte.　　des gie in an den fuoz
　　　diu edele küneginne　　und bôt in vîntlîchen gruoz.

1787 Si sprach «nu saget mir, Hagene,　　wer hât nâch iu gesant,
　　　daz ir getorstet rîten　　her in ditze lant,
　　　und ir daz wol erkandet　　waz ir mir habet getân?
　　　hetet ir guote sinne,　　ir solt ez pillîche lân.»

1788 «Nâch mir ensande niemen»,　　sprach dô Hagene.
　　　«man ladete her ze lande　　drîe degene:
　　　die heizent mîne herren,　　sô bin ich ir man.
　　　deheiner hovereise　　bin ich selden hinder in bestûn.»

1789 Si sprach «nu saget mir mêre,　　zwiu tâtet ir daz,
　　　daz ir daz habet verdienet,　　daz ich iu bin gehaz?»

1783, 1 Hagene der starke　　der leit über bein.
　　　2　　　　　　　　　　　　　　ûz des knopfe erschein.
1784, 1　　　　　　　　　　　　　des gie si michel nôt.
　　　4 ich wæn iz hete Hagene　　ir ze reizen getân.
1785, 1 Volkêr der vil küene.
　　　3 glîch eime scarpfen swerte,　　vil lieht unde breit.
1786, 3 durch deheine vorhte.
1787, 3 zuo alsô starken leiden　　unt ich von iu hân?
　　　　het ir rehte sinne,　　sô het irz pillîche lân.
1788, 4　　　　　　　　　　　　　bin ich vil selten in bestân.
1789, 1　　　　　　　　　　　　　war umbe tæt ir daz.

―――――――

1783, 1　　　　　　　　　　　　　leit über bein.
1787, 3 und ir doch wol wizzet　　waz mir von iu bequam (29).

ir sluoget Sîfrîden,   den mînen lieben man:
des ich unz an mîn ende   immer gnuoc ze weinen hân.»

1790 Er sprach «waz sol des mêre?   der rede ist nu genuoc.   **1728**
ich pinz et aber Hagene,   der Sîfrîden sluoc,   (1531)
den helt ze sînen handen.   wie sêre er des engalt,
daz diu vrouwe Kriemhilt   die schœnen Prünhilde scalt!

1791 Ez ist et âne longen,   küneginne rich,
ich hân es alles sculde,   des schaden scedelich.
nu rechez swer der welle,   ez sî wîp oder man.
ihn wolde in danne liegen,   ich hân in leides vil getân.»

1792 Si sprach «nu hôrt, ir recken,   wa er mir lougent niht
aller mîner leide.   swaz im dâ von gesciht,
daz ist mir vil unmære,   ir Etzelen man.»
die übermüeten degene   ein ander sâhen si an.

1793 Swer den strît dâ hüebe,   sô wære dâ geschehen
daz man den zwein gesellen   der êren müese jehen,
wan siz in stürmen hêten   vil dicke wol getân.
des sich jene vermâzen,   durch vorhte muosen si daz lân.

1794 Dô sprach ein der recken   «wes sehet ir mich an?
daz ich ê dâ lobete,   des wil ich abe gân,
durch niemannes gâbe   verliesen mînen lîp.
jâ wil uns verleiten   des künec Etzelen wîp.»

1795 Dô sprach dâ bî ein ander   «des selben hân ich muot.
der mir gæbe türne   von rôtem golde guot,
disen videlære   wolde ich niht bestân,
durch sîne swinde blicke,   die ich an im gesehen hân.

1796 Ouch erkenne ich Hagenen   von sînen jungen tagen:
des mac man von dem recken   lîhte mir gesagen.
in zwein und zweinzec stürmen   hân ich in gesehen,
dâ vil maniger vrouwen   ist herzenleide geschehen.

1790, 1 «Waz sol der rede mêre?»   sprach er: «ir ist genuoc.
    3 einen helt ze sînen handen.
1792, 3 daz sol mir sîn unmære.
    4   sâhen raste ein ander an.
1795, 1 Dô sprach aber ein ander.

1792, 3 daz ist mir unmære (240).

1797 Er unt der von Spâne   die trâten manigen stic,   1735
     dô si hie bî Etzeln   vâhten manigen wîc   (1838)
     zen êren dem künege: des ist vil geschehen.
     dar umbe muoz man Hagenen   der êren pillîche jehen.

1798 Dannoch was der recke   sîner jâre ein kint.
     daz dô die tumben wâren,   wie grîse die nu sint!
     nu ist er komen ze witzen   und ist ein grimmec man.
     ouch treit er Palmungen,   daz er vil übele gewan.»

1799 Dâ mite was gescheiden   daz dâ niemen streit.
     dô wart der küneginne   vil herzenlichen leit.
     die helde kêrten dannen: jâ vorhten si den tôt
     von dem videlære: des gie in sicherlichen nôt.

1800 Dô sprach der videlære   «wir haben daz wol ersehen,
     daz wir hie vinde vinden,   als wir ê hôrten jehen.
     wir suln zuo den künegen   hin ze hove gân:
     sone tar unser herren   mit strite niemen bestân.»

1801 Wie dicke ein man durch vorhte   manigiu dinc verlât,
     swâ sô friunt bî friunde   friuntlichen stât,
     und hât er guote sinne,   daz ers niht entuot.
     schade vil maniges mannes   wirt von sinnen wol behuot.

1802 «Nu wil ich iu volgen»,   sprach dô Hagene.
     si giengen dâ si funden   die zieren degene
     in grôzem antpfange   an dem hove stân.
     Volkêr der vil küene   lûte sprechen began

1803 Zuo den sînen herren   «wie lange welt ir stên,
     daz ir iuch lâzet dringen?   ir sult ze hove gên

1797, 3   des ist von im vil geschehen.
       4   der êren wol von schulden jehen.
1798, 2 daz dô tumben wâren.
       4   dâ vor eukunde niht gestân.
1799, 4   des gie in wærliche nôt.
1800, 1 Dô sprach der küene Volkêr.
1801, 1 Wie dicke man durch vorhte.
       2 swâ sô friunt friunde   friuntlich gestât.
       3   daz erz wîslîche tuot.
1802, 2   vil der degene.
       3   noch an dem hove stân.
       4   lûte rüefen began.
1803, 1 Er sprach zuo sînen herren.

──────────────

1798, 4   daz er Sifride nam (23).

und hœret an dem künege,   wie der si gemuot.»
dô sach man sich gesellen   die helde küene unde guot.

1804 Der fürste von Berne   der nam an die hant   1742
Gunthern den rîchen   von Burgonden lant,   (1845)
Irnfrit nam Gêrnôten,   den vil küenen man:
dô sach man Rüedegêren   ze hove mit Giselhere gân.

1805 Swie iemen sich gesellet   und ouch ze hove gie,
Volkêr unde Hagene   geschieden sich nie,
niwan in eime sturme,   an ir endes zît.
daz muosen edele vrouwen   beweinen grœzlîchen sît.

1806 Dô sach man mit den künegen   hin ze hove gân
ir edeln ingesindes   tûsent küener man,
dar über sehzec recken,   die wâren mit in komen:
die hete in sîne lande   der küene Hagene genomen.

1807 Hâwart und ouch Îrinc,   zwên ûz erwelte man,
die sach man geselleclîchen   bî den künegen gân.
Danewart und Wolfhart,   ein tiwerlicher degen,
die sach man wol ir tugende   vor den anderen pflegen.

1808 Dô der voget von Rîne   in den palas gie,
Etzel der rîche   daz langer niht enlie,
er spranc von sîme sedele,   als er in komen sach.
ein gruoz sô rehte schœne   von künege nie mêr geschach.

1809 «Sît willekomen, her Gunthêr,   und ouch her Gêrnôt,
und iuwer bruoder Giselher.   mîn dienst ich iu enbôt
mit triuwen vlizeclîchen   ze Wormez über Rîn.
und allez daz gesinde   sol mir willekomen sîn.

*

1804, 3 Irenvrit Gêrnôten.
    4 dô sah man Giselhêren   ze hove mit sînem sweher gân.
1805, 4 daz muosen beweinen   vil schœne juncfrouwen sît.
1806, 3   mit in wâren komen.
1807, 2 die sah man friuntlîche.
    3   die heten sich bewegen.
    man sach si grôzer tugende   in ir übermüete pflegen.
1808, 2   daz niht langer lie.   *
    3   als er si komen sach.
1809, 2   dem ich mîn dienst enbôt.
    4 unt allez daz gedigene.

————

1804, 3 Irnfrit Gêrnôten   nam, den küenen man.
1807, 3   die giengen in eneben (29).

1810 Nu sît uns grôze willekomen,   ir zwêne degene,   1748
Volkêr der vil küene   und ouch her Hagene,   (1851)
mir und mîner vrouwen   her in ditze lant.
si hât iu boten manigen   hin ze Rîne gesant.»

1811 Dô sprach von Tronege Hagene   «des hân ich vil vernomen.
wær ich durch mîne herren   zen Hiunen niht komen,
sô wære ich iu zen êren   geriten in daz lant.»
dô nam der wirt vil edele   die lieben geste bî der hant.

1812 Er brâhte si zem sedele   dâ er selbe saz.
dô schancte man den gesten   (mit vlize tet man daz)
in wîten goldes schalen mete,   môraz unde wîn,
und bat die ellenden   grôze willekomen sîn.

1813 Dô sprach der küene Etzel   «des wil ich iu verjehen,
mir enkunde in dirre werlde   lieber niht geschehen
denne ouch an iu helden,   daz ir mir sît bekomen.
des ist der küneginne   michel trûren benomen.

1814 Mich nimet des michel wunder,   waz ich iu habe getân,
sô manigen gast vil edelen   den ich gewunnen hân,
daz ir nie geruochet   komen in mîniu lant.
daz ich iuch nu gesehen hân,   daz ist zen vreuden mir gewant.»

1815 Des antwurte Rüedegêr,   ein ritter hôhgemuot,
«ir muget si sehen gerne: ir triuwe diu ist guot,
der mîner vrouwen mâge   sô schône kunnen pflegen.
si bringent iu ze hûse   vil manegen wætlîchen degen.»

1816 An sunewenden âbent   die herren wâren komen
in Etzeln hof des rîchen.   vil selten ist vernomen

1810, 2 Volkêr der küene.   ͏
    4 si hât in grôzen triuwen   vil dicke mich umb iuch gemant.
1811, 1 Dô sprach der starke Hagene   «daz haben wir wol vernomen.
    2   zen Hiunen niht bekomen.
    4   die lieben geste zehant,
1812, 1 Unt brâhte si zem sedele.
    3 in wîten goldes schâlen.
1813, 1 Dô sprach der künic der Hiunin.
    2 mir enkunde in disen zîten.
    3 denne ouch an iu recken,   daz ir uns her sît komen.
    des ist mîner frouwen.
1814, 3 daz ir nie komen ruochet   her in mîniu lant.
1816, 1   als wir hân vernomen,
    wârn si ze Etzeln bürge   dem künic ze hûse komen.
    _____
1814, 3 daz ir nie ruochet   komen in mîniu lant.

von alsô hôhem gruoze   als er die helde enpfie.
nu was ouch ezzens zîte: der künic mit in ze tische gie.

1817 Ein wirt bî sînen gesten   schôner nie gesaz.   1755
man gab in volleclîchen   trinken unde maz: (1858)
alles des si gerten,   des was man in bereit.
man hete von den helden   vil michel wunder geseit.

XXX. ÂVENTIURE,

WIE SI DER SCHILTWAHT PFLÂGEN.

1818 Der tac der hete nu ende   und nâhet in diu naht.
die wegemüeden recken,   ir sorge si ane vaht,
wann si solden ruowen   und an ir bette gân.
daz beredete Hagene: ez wart in sciere kunt getân.

1819 Gunther sprach zem wirte   «got lâze iuch wol geleben.
wir wellen varen slâfen: ir sult uns urloup geben.

1816, 3 ein wirt nie sîne geste   sô minneclîch enpfie.
dar nâch er zuo den tischen   mit in vil vrœliche gie.
1817, 1 Ein künic bî sînen gesten.
3 unt allez daz si wolden.
4 man hete von den degenen.
5 Etzel der rîche   het an bou geleit   (1859)
sînen vlîz kostenlîche   mit grôzer arebeit,
palas unde türne,   kemenâten âne zal,
in einer wîten bürge,   unt einen hêrlîchen sal.
9 Den het er heizen bouwen,   lanc hôch unt wît,   (1860)
durch daz sô vil der recken   in suohte zaller zît.
ân ander sîn gesinde,   zwelf rîche künige hêr
unt vil der werden degene,   het er zallen zîten mêr
13 Denne ir künic ie gewunne,   als ich vernomen hân.   (1861)
er lebt in hôher wunne.   von mâgen unt von man
schallen unde dringen   het der fürste guot,
von manigem snellem degene: des stuont im hôhe der muot.
1818, 2 den wegemüeden degenen   ir sorgen ane vaht.
die herren solden ruowen.
1819, 1   got lâz iuch mit freuden leben.

swenne ir daz gebietet,   sô kome wir morgen fruo.»
er sciet von sînen gesten   vil harte vrœlîchen duo.

1820 Dringen allenthalben   die geste man dô sach.   1758
Volkêr der küene   zuo den Hiunen sprach   (1864)
«wie geturret ir den recken   für die füeze gân?
und welt irs iuch niht mîden,   sô wirt iu leide getân.

1821 Sô slah ich etelîchem   sô swæren gigen slac,
hât er getriuwen iemen,   daz erz beweinen mac.
wan wîchet ir uns recken!   jâ dunket ez mich guot.
ez heizent allez degene   und sint gelîche niht gemuot.»

1822 Dô der videlære   sô zorneclîchen sprach,
Hagene der küene   hinder sich dô sach.
er sprach «iu rœtet rehte   der küene spileman.
ir Kriemhilde helde,   ir sult zen herbergen gân.

1823 Des ir dâ habet willen,   ich wæn iz iemen tuo.
welt ir ihtes beginnen,   sô komet uns morgen fruo
und lât uns ellenden   hint haben gemach:
jâ wæne ez von heleden   mit solhem willen ie geschach.»

1824 Dô brâhte man die geste   in einen wîten sal:
den funden si berihtet   den recken über al
mit vil rîchen betten,   lanc unde breit.
in riet diu vrouwe Kriemhilt   diu aller græzesten leit.

1825 Vil manigen kolter spæhe   von Arraz man dâ sach
der vil liehten pfellel   und manec pettedach
von arâbischen sîden,   die beste mohten sîn.
dar ûffe lâgen listen: die gâben hêrlîchen schîn.

1819, 3 als ir uns gebietet,   wir komen morgen fruo.
     4   vil harte minneclîchen duo.
1820, 3   ûf die füeze gân?
   unt welt irs iuch niht mâzen.
1822, 2   über ahsel sach.
     4 ir Kriemhilde degene.
1823, 3 unt lât uns wegemüeden.
1824, 2 dar inne si sit nâmen   den tœtlîchen val.
   dâ funden si gerihtet   vil manigiu bette breit.
   in riet diu küneginne.
1825, 2 von vil liehten pfellen.
     3   so si beste kunden sîn.
   ouch lag in ûf den enden   von golde hêrlîcher schîn.

1824, 2 dar inne sît ersturben   die wætlîchen man (23).

1826 Diu declachen härmîn   vil manegiu man dâ sach,
und von swarzem zobele,   dar under si ir gemach
des nahtes scaffen solden   unz an den liehten tac.
ein küuec mit sim gesinde   nie sô hêrlîch gelac.

1827 «Owê der nahtselde»,   sprach Giselher daz kint,
«und owê mîner friunde   die mit uns komen sint.
swie et ez mîn swester   sô güetlîche erbôt,
ich fürhte daz wir müezen   von ir schulden ligen tôt.»

1828 «Nu lâzet iuwer sorgen»,   sprach Hagene der degen.
«ich wil noch hînte selbe   der sciltwache pflegen.
ich trouwe iuch wol behûeten   unz uns kumet der tac.
des sît gar ân angest: so genese danne swer der mac.»

1829 Dô nigen si im alle   und sagten im des danc.
si giengen zuo den betten.   diu wîle was niht lanc
daz sich geleget hêten   die wætlîchen man.
Hagene der küene   der helt sich wâfen began.

1830 Dô sprach der videlære,   Volkêr der degen,
«versmâht ez iu niht, Hagene,   so wolde ich mit iu pflegen
der sciltwache hînte   unze morgen fruo.»
der helt vil minneclîche   dancte Volkêre duo.

1831 «Nu lône iu got von himele,   vil lieber Volkêr.
zallen mînen sorgen   son gerte ich niemen mêr,
niwan iuch aleine,   swâ ich hete nôt.
ich sol ez wol verdienen,   mich enwendes der tôt.»

1832 Dô garten si sich beide   in liehtez ir gewant.
dô nam ir ietwedere   den schilt an sîne hant,
und giengen ûz dem hûse   für die tür stân.
dô pflâgen si der geste: daz was mit triuwen getân.

1826, 2 unt ouch von swarzem zobele.
        3 des nahtes solden schaffen.
        4 ein künic mit sînen friunden.
1827, 2   die mit mir komen sint.
        3   mir güetlîch erbôt.
1828, 2 ich wil der schiltwache   noch hînte selbe pflegen.
        ich behüete iuch wol mit triuwen.
        4 daz wizzet, snelle degene.
1829, 3 daz sich engestet hêten   die ellenden man.
        Hagene der starke   sich dô wâfen began.
1831, 1   vil edel Volkêr.
1832, 3   für die tür dô stân.
        dô huoten si der degene.

1833 Volkêr der snelle,   zuo des sales want   1771
     sînen scilt den guoten   leint er von der hant.   (1877)
     dô gie er hin widere,   die videln er genam:
     dô diende er sînen friunden   als ez dem helde gezam.

1834 Under die tür des hûses   saz er ûf den stein.
     küener videlære   wart nie dehein.
     dô im der seiten dœnen   sô suozlich erklanc,
     die stolzen ellenden   sagtens Volkêre danc.

1835 Dô klungen sîne seiten   daz al daz hûs erdôz.
     sîn ellen zuo der fuoge   diu beidiu wâren grôz.
     süezer unde senfter   videlen er began:
     do entswebete er an den betten   vil manegen sorgenden man.

1836 Dô si entslâfen wâren   und er daz ervant,
     dô nam der degen widere   den schilt an die hant,
     und gie ûz dem gademe   für den turn stân,
     und huote der ellenden   vor den Kriemhilde man.

1837 Des nahtes wol enmitten,   ine weiz iz ê geschach,
     daz Volkêr der küene   einen helm schînen sach
     verre ûz einer vinster.   die Kriemhilde man
     wolden an den gesten   scaden gerne hân getân.

1838 Dô sprach der videlære   «friunt her Hagene,
     uns zimet disiu sorge   ensamt ze tragene.»

1833, 1 Volkêr der vil snelle.
      2   leinte von der hant.
      4   als ez dem degene gezam.
1834, 2   diu sunne nie beschein.
      4   sagten im des grôzen danc.
1835, 3 senfter unde süezer.
      4 do enswebter an dem bette.
1836, 2   den schilt an sîne hant.
      dô gie er ûz dem hûse   für die türe stân
      unt huote sîner friunde.
1837, 1 Nâch dem êrsten slâfe,   ich wæn ez ê geschach,
      Volkêr der vil küene.
      5 Ê Kriemhilt dise recken   hete dan gesant,   (1882)
      si sprach «ob irs alsô vindet,   durch got sô sît gemant
      daz ir dû slahet niemen   wan den einen man,
      den ungetriuwen Hagenen: die andern sult ir leben lân.
1838, 1   nu seht, her Hagene.
      jane zimt mir diz mære   niht ze dagene.

1838, 2 jâ zimet uns nu beiden   stên zesamene (24).

                         •

ich sihe gewâfent liute   vor dem hûse stên:
als ich mich versinne,   ich wæn si wellent uns bestên.»

1839 «Sô swiget», sprach dô Hagene,   «lât se uns her nâher baz. 1777
è si unser werden innen,   sô wirt hie belmevaz   (1884)
verrucket mit den swerten   von unser zweier hant.
si werdent Kriemhilde   hin wider übele gesant.»

1840 Ein der Hiunen recken   vil schiere daz gesach,
daz diu tür was behüetet: wie balde er dô sprach!
«des wir dâ heten willen,   jan mag es niht ergân.
ich sihe den videlære   an der schiltwache stân.

1841 Der treit ûf sîme houbte   einen helm glanz,
lûter unde herte,   starc unde ganz.
· ouch lohent im die ringe   sam daz fiwer tuot.
bî im stêt ouch Hagene: des sint die geste wol behuot.»

1842 Zehant si kêrten widere.   dô Volkêr daz ersach,
wider sînen gesellen   er zorneclîchen sprach
«nu lât mich zuo den recken   von dem hûse gân:
ich wil vrâgen mære   der vrouwen Kriemhilde man.»

1843 «Nein durch mîne liebe»,   sprach dô Hagene.
«komet ir von dem hûse,   die snellen degene
bringent iuch mit swerten   lîhte in sölhe nôt,
daz ich iu müese helfen,   wærz aller mîner mâge tôt.

1838, 3 jâ sih ich mit gewæfen   dort her liute gên.
1839, 1 «Nu swiget», sprach dô Hagene.
    3 mit swerten verrucket   von der mînen hant.
    si werdent hint ir frouwen.
1841, 2   veste unde ganz.
    ouch lohent sîne ringe.
1842, 1 Zehant si wider kêrten.
    2 zuo sîme hergesellen.
    3 lât mich zuo den recken.
    4 ich wil vrâgn der mære.
1843, 1   sprach Hagene der degen.
    welt ir deheines strîtes   mit den helden pflegen,
    so bestênt si iuch mit swerten   unt bringent iuch in nôt.
    sô müese ich iu helfen.

1842, 2 zuo sîme gesellen.
1843, 2 komet ir zuo den recken   ûz dem gademe (39),
    si bringent iuch mit swerten   lîhte in solhe nôt.

1844 Sô wir danne beide   kœmen in den strit,
     ir zwêne oder viere   in einer kurzen zit
     sprungen zuo dem hûse   und tæten uns diu leit
     an den slâfenden,   diu nimmer würden verkleit.»

1845 Dô sprach aber Volkêr   «sô lât doch daz geschehen,
     daz wir si bringen innen   daz ich si habe geschen,
     daz des iht haben lougen   die Kriemhilde man,
     daz si ungetriuwelîche   vil gerne hêten getân.»

1846 Zehant dô rief in Volkêr   hin engegene
     «wie gêt ir sus gewâfent,   ir snellen degene?
     welt ir scâchen rîten,   ir Kriemhilde man?
     dar sult ir mich ze helfe   und mînen hergesellen hân.»

1847 Des antwurte im niemen.   zornec was sîn muot.
     «pfî, ir zagen bœse»,   sprach der helt guot,
     «wolt ir slâfende   uns ermordert hân?
     daz ist sô guoten helden   noch vil selten her getân.»

1848 Dô wart der küneginne   rehte daz geseit
     daz ir boten niht enwurben.   von schulden was ir leit.
     dô fuogte siz anders: vil grimmec was ir muot.
     des muosen sît verderben   helde küene unde guot.

1844, 2 zwêne oder viere.
      3 die sprungen zuo dem hûse.
1845, 2 daz wir si innen bringen.
      3 daz des niht haben lougen.
      4 daz si vil mortlîche   gerne hêten getân.
1846, 1 Dô sprach der videlære   den Hiunen vaste nâch.
      2   war ist iu sô gâch?
        welt ir schaden rîten.
1847, 2   sprach der degen guot.
      4 daz ist sô guoten degenen   her vil selten noch getân.
1848, 3 dô fuogte siz sît anders.
      4 des muosen sît engelten   degene küene unde guot.
                                      *

1846, 1 Dô rief der videlære   in die menege
        «wie gêt ir sus gewâfent,   snelle degene (40).
1847, 4   her vil selten getân.

XXXI. ÂVENTIURE,

WIE SI ZE KIRCHEN GIENGEN.

1849 «Mir kuolent sô die ringe»:   sô sprach Volkêr.   1787
«jâ wæn diu naht uns welle   nu niht wern mêr.   (1894)
ich kiusez von dem lufte,   ez ist vil schiere tac.»
dô wahten si der manigen,   der noch slâfende lac.

1850 Do erschein der liehte morgen   den gesten in den sal.
Hagene begonde wecken   die recken über al,
ob si zuo dem münster   zer messe wolden gân.
nâch siten kristenlîchen   man vil liuten began.

1851 Si sungen ungelîche,   daz dâ vil wol schein,
kristen unde heiden,   die wâren niht enein.
dô wolden zuo der kirchen   die Guntheres man:
si wâren von den betten   al gelîche gestân.

1852 Dô næten sich die recken   in alsô. guot gewant,
daz nie helde mêre   in deheines küneges lant
ie bezzer kleider brâhten.   daz was Hagenen leit.
er sprach «jâ sult ir helde   hie tragen anderiu kleit.

1853 Jâ sint iu doch genuogen   diu mære wol bekant.
nu traget für die rôsen   diu wâfen an der hant,
für scapel wol gesteinet   die liehten helme guot,
sît wir wol erkennen   der argen Kriemhilde muot.

1854 Wir müezen hiute strîten,   daz wil ich iu sagen.
ir sult für sîden hemde   die halsperge tragen,
unde für die mentel   die guoten schilde wît,
ob iemen mit iu zurne,   daz ir vil werlîche sît.

1850, 2 Hagen begunde vrâgen.
     3 ob si zem münster wolden   zuo der messe gân.
1851, 2   die zugen niht enein.
1852, 3 bezzer kleider brâhten.
     4 er sprach «jâ sult ir degene.
1853, 1 Nu sint iu doch genuogen.
     4 sît wir sô wol erkennen.
1854, 2   .   die liehten prünne tragen.
     3   die vesten schilde wît.

1855 Mîne vil lieben herren,   dar zuo mûge und man,   1793
ir sult vil willeclîchen   zuo der kirchen gân,   (1900)
und klaget gote dem rîchen   sorge und iuwer nôt,
und wizzet sicherlîchen   daz uns nâhet der tôt.

1856 Irn sult ouch niht vergezzen,   swaz ir habet getân,
und sult vil vlîzeclîche   dâ gein gote stân.
des wil ich iuch warnen,   recken vil hêr.
ez enwelle got von himele,   ir vernemet messe nimmer mêr.»

1857 Sus giengen zuo dem münster   die fürsten und ir man.
ûf dem vrônen vrîthove   dâ hiez si stille stân
Hagene der küene,   daz si sich schieden niht.
er sprach «jâ weiz noch niemen   waz von den Hiunen uns geschiht.

1858 Leget, mîne friunde,   die schilde für den fuoz,
und geltet ob iu iemen   biete swachen gruoz,
mit tiefen verchwunden: daz ist Hagenen rât;
daz ir sô werdet funden   daz ez iu lobelîchen stât.»

1859 Volkêr unde Hagene,   die zwêne giengen dan
für daz wîte münster.   daz wart durh daz getân,
daz si daz wolden wizzen,   daz des küneges wîp
müese mit in dringen: jâ was vil grimmec ir lîp.

1860 Dô kom der wirt des landes   und ouh sîn schœne wîp.
mit rîchem gewande   gezieret was ir lîp,
der vil snellen recken,   die man sach mit ir varn:
dô kôs man hôhe stouben   von den Kriemhilde scharn.

1861 Dô der künec rîche   sus gewâfent sach
die künege und ir gesinde,   wie balde er dô sprach!
«wie sihe ich friunde mîne   under helmen gân?
mirst leit ûf mîne triuwe,   und hât in iemen iht getân.

1856, 2 unt sult vil vlêgelîche.
    3 ir sult sin gewarnet,   recken alsô hêr.
1857, 2 ûf den vrônen kirchof.   dô hiez si stille stân.
1859, 2 stên für das münster.
    4 mit in dâ müese dringen.
1860, 2 mit vil rîchem gwande.
    3 der recken genuoge.
    4   von der küniginne scharn.
1861, 1 Dô der künic Etzel   alsus gewâfent sach.
    die recken von dem Rîne.

1862 Ich solz in gerne büezen   swie si dunket guot.   1800
hât iemen iu beswæret   daz herze und ouch den muot,   (1907)
des bringe ich si wol innen   daz ez mir ist vil leit.
swaz si mir gebietent,   des pin ich alles in bereit.»

1863 Des antwurte Hagene   «uns hât niemen niht getân.
ez ist site mîner herren,   daz si gewâfent gân
zallen hôhgeziten   ze vollen drîen tagen.
swaz man uns hie getæte,   wir soldenz Etzelen sagen.»

1864 Vil wol hôrte Kriemhilt   waz Hagene dô sprach.
wie rehte fientlîche   si im under dougen sach!
sine wolde doch niht melden   den site von ir lant,
swie lange si den hête   zen Burgonden bekant.

1865 Swie grimme und swie starke   si in vîent wære,
het iemen gesaget Etzeln   diu rehten mære,
er hete wol understanden   daz doch sît dâ geschach.
durch ir vil starken übermuot   ir deheiner ims verjach.

1866 Dô gie vil grôziu menege   mit der küneginne dan:
done wolden dise zwêne : idoch niht hôher stân
zweier hande breite.   daz was den Hiunen leit.
jâ muose si sich dringen   mit den helden gemeit.

1867 Etzeln kamerære   dûhte daz niht guot:
jâ heten si den recken   erzürnet dô den muot,
wan daz sine torsten   vor dem künege hêr.
dâ was vil michel dringen   unt doch niht anderes mêr.

1868 Dô man dâ gote gediende   unt daz si wolden dan,
vil balde kom zen rossen   vil manec Hiunen man.

1862, 1 Ich sol in gerne büezen.
      4 swie si mir gebietent.
1863, 1 Dô sprach von Tronege Hagene.
      4 het uns iemen iht getân,   wir soldenz iu billiche sagen.
1864, 1 Wol hôrt diu küniginne.
      3   die site von ir lant,
        swie lange sis dâ heime   mit freuden hête bekant.
1865, 3 er het iz understanden,   daz niht dâ wær geschehen:
        si liezenz durch ir übermuot,   daz sis im wolden niht verjehen.
1866, 1 Dô gie diu küniginne   mit grôzer menege dan.
      3 drier trite breiter.
      4   mit den degenen gemeit.
1867, 1 Die Etzeln kamerære.
1868, 2 dô kômen dâ zen rossen.

1864, 1 Wol hôrte Kriemhilt.
1868, 2 dô kômen zen rossen.

dô was bî Kriemhilde   vil· manec schœniu meit:
wol siben tûsent degene   bî der küneginne reit.

1869 Kriemhilt mit ir vrouwen   in diu venster gesaz   1807
zuo Etzeln dem rîchen: vil liep was im daz.   (1914)
si wolden schouwen rîten   die helde vil gemeit.
hey waz vremder recken   vor in ûf dem hove reit!

1870 Dô was ouch der marschalch   mit den knehten komen,
Danewart der vil küene: der het zuo zim genomen
sîns herren ingesinde   von Burgonden lant.
diu ros man wol gesatelet   den küenen Nibelungen vant.

1871 Dô si zen rossen kômen,   die künige und ir man,
Volkêr der starke   rûten began,
si solden bûhurdieren   nâch ir landes siten.
des wart von den helden   sît vil hêrlich geriten.

1872 Der helt het in gerâten   des si doch niht verdrôz.
der bûhurt unt daz scallen   diu wurden beidiu grôz.
ûf den hof vil wîten   kom vil manec man.
Etzel unde Kriemhilt   daz selbe schouwen began.

1873 Ûf den bûhurt kômen   sehs hundert degene
der Dietriches recken,   den gesten zegegene.

1868, 3 ouch was bî Kriemhilde.
1869, 1 In des sales venster   Kriemhilt gesaz
mit maniger schœnen frouwen,   mit freuden âne haz.
Etzel der rîche   gesaz ouch zuo zir nider,
unt sâhen kurzewile   von den guoten recken sider.
1870, 1 Nu was ouch in der marschalc   mit den rossen komen,
Danewart der snelle: er het zuo zim genomen.
4   den ellenden recken vant.
1871, 2 Volkêr der küene   râten dô began.
4 des wart von den degenen.
1872, 1 Ûf den hof vil wîten   kom dô manic man.
Etzel unde Kriemhilt   ez sâhen allez an.
bûhurt unde schallen   diu beidiu wurden grôz
von kristen und von heiden.   wie lützil iemen dâ verdrôz!
1873, 1   alzehant geriten
die Dietriches recken   in hôchvertigen siten.

───────────

1869, 2 zuo Etzeln dem rîchen,   dâ si die recken sach (24).
1873, 1 Ûf den bûhurt kômen   sehs hundert degene
der Dietriches recken,   rîch und edele (40).

si wolden kurzewîle   mit den Burgonden hân.
het ers in gegunnen,   si hetenz gerne getân.

1874 Hey waz guoter recken   in dâ nâch reit!   1812
dem herren Dietrîche   dem wart daz geseit.   (1919)
mit Guntheres mannen   daz spil er in verbôt.
er vorhte sîner manne: des gie im sicherlichen nôt.

1875 Dô dise vone Berne   gescheiden wâren dan,
dô kômen von Bechelâren   die Rüedegêres man
fünf hundert under schilde   für den sal geriten:
liep wær dem marcgrâven   daz siz hêten vermiten.

1876 Dô reit er wislîchen   zuo zin durh die schar
und sagete sînen degenen,   si wæren des gewar,
daz in ummuote wæren   die Guntheres man:
ob si den bûhurt liezen,   daz wære im liebe getân.

1877 Dô si von in geschieden,   die helde vil gemeit,
dô kômen die von Düringen,   als uns daz ist geseit,
unt der von Tenemarken   wol tûsent küener man.
von stichen sach man vliegen   vil der trunzûne dan.

1878 Irnfrit unde Hâwart   in den bûhurt riten.
ir heten die von Rîne   vil stolzlîch erbiten:
si buten manige tjoste   den von Düringen lant.
des wart von stichen dürkel   vil manic hêrlîcher rant.

1873, 3   mit den gesten hân.
    dô enwolde ers in niht gunnen: ir herre hiez siz balde lân.
1874. 1875. *dafür*
    Mit Guntheres mannen   daz spil er in verbôt.
    er vorhte sîner degene: des gie im grôziu nôt.
    dô kômen von Bechelâren   die Rüedegêres man:
    dar umbe dô der edele   starke zürnen began.
1876, 1 Er kom zuo zin vil balde   gedrungen durch die schar.
1877, 1 Dô sich die von in schieden,   als uns ist geseit,
    dô kômen dâ von Düringen   helde vil gemeit,
    unt die von Tenemarken.
1878, 1 Hâwart unt ouch Irnfrit   geselleclîche riten.
    des wæren die von Rîne   in hôchvertigen siten.

1873, 3 si wolden kurzwîle   mit den Burgonden haben.
    dô enwolde ers in niht gunnen,   er hiez siz balde vertragen (24).

1879 Dô kom der herre Blœdelin   mit drin tûsent dar.   1817
Etzel unde Kriemhilt   nâmen sin wol war,   (1923)
wande vor in beiden   diu ritterschaft gescach.
diu küneginne ez gerne   durch leit der Burgonde sach.

1880 Scrûtân unde Gibeche   ûf den bûhurt riten,
Râmunc und Hornboge,   nâch hiunischen siten.
si hielten gegen den helden   von Burgonden lant.
dio scefte drœten hôhe   über des küneges sales want.

1881 Swes iemen dâ pflœge,   sô was ez niwan schal.
man hôrt von schilde stœzen   palas unde sal
harte lût erdiezen   von Guntheres man.
den lop daz sîn gesinde   mit grôzen êren gewan.

1882 Dô was ir kurzewile   sô michel und sô grôz,
daz durch die kovertiure   der blanke sweiz dô flôz
von den vil guoten rossen   diu die helde riten.
si versuochtenz an die Hiunen   mit vil hôhverten siten.

1883 Dô sprach der videlœre,   Volkêr der spileman,
«ich wæn uns dise recken   türren niht bestân.

1879, 1 Dô kom ouch zuo dem schalle   der herro Blœdelin   (1924)
mit tûsent sîner recken: die tâten dâ wol schîn
wie si riten kunden.   sich huop grôz ungemach.
Kriemhilt ez vil gerne.
5 Si gedâht in ir muote,   als ez was nâch geschehen,
«geschæh iemen von in leide,   sô möhte ich mich versehen
daz ez erhaben wurde,   an den vînden mîn
wurde ich wol errochen: des wolde ich gar ân angest sîn.
1880, 2 Hornboge unt Râmunc.
3   ûz Burgonden lant.
4   mit kreften für des sales want.
1881, 1 Swes dâ iemen pflæge.
4   mit grôzen êren dâ gewan.
1882, 1   sô lanc unt ouch sô grôz.
3 von den vil guoten marken.
4 si suohtenz an den Hiunen   in vil hôchvertlîchen siten.
1883, 1   Volkêr der küene man.

1879, 1 Dô kom der herre Blœdel,   mit im drin tûsunt,
geriten zuo dem schalle: die tâten dâ wol kunt
daz ir ieslîcher   wol ein recke was.
Kriemhilt ez gerne   durch leit der Burgonde sach (47).
1882, 1   sô lanc unt sô grôz (236).

ich hôrte ic sagen mære,   si wæren uns gehaz.
nunc kundez sich gefüegen   zwâre niemêre baz.»

1884 «Zen herbergen füeren»,   sprach aber Volkêr,   1821
«sol man uns die mære,   und riten danne mêr   (1929)
gegen âbende,   sô des wirdet zît.
waz op diu küneginne   lop den Burgonden gît?»

1885 Dô sâhens einen riten   sô weigerlîchen hie,
daz ez al der Hiunen   getet dehoiner nie.
jâ moht er in den zinnen   wol haben herzen trût.
er fuor sô wol gekleidet   sam eines ritteres prût.

1886 Dô sprach aber Volkêr   «wie möhte ich daz verlân?
jener trût der vrouwen   muoz ein gepiuze hân.
ez kunde niemen gescheiden: ez gât im an den lîp.
jane ruoche ich ob ez zürne   des künec Etzelen wîp.»

1887 «Nein durch mîne liebe»,   sprach der künec sân.
«ez wîzent uns die liute,   ob wir si bestân.
ir lât iz heben die Hiunen: daz füeget sich noch baz.»
dannoch der künec Etzel   bî der küneginne saz.

1888 «Ich wil den bûhurt mêren»,   sprach dô Hagene.
«lât die vrouwen schouwen   und die degene,
wie wir künnen riten: daz ist guot getân.
man gît doh lop deheinen   des künec Guntheres man.»

1889 Volkêr der vil snelle   den bûhurt wider reit.
daz wart sît maniger vrouwen   græzlîchen leit.
er stach dem rîchen Hiunen   daz sper durch sînen lîp:
daz sach man sît beweinen   beide maget unde wîp.

1883, 3   daz si uns trüegen haz.
nunc kundez sich zer werlde   zwâre nimmer füegen baz.
1884, 1   sprach der künec bèr,
sol man nu die mære.
    4   lop den unkunden gît?
1885, 2   tet deheiner nie.
jâ mohter in den venstern.
    4 er was sô wol gekleidet   sam eins vil werden ritters brût.
1886, 3 daz kunde niemen wenden.
1888 *fehlt.*
1889, 1 «Ine mag es niht gelâzen»,   sprach dô Volkêr.
den bûhurt reit er widere: mit volleclîcher gêr
stach er dem rîchen heiden.

1884, 2 sol man die mære (234).

1890 Vil harte hurteclîche　　Hagene und sîne man,　　　　　**1827**
　　　mit sehzec sîner degene　　riten er began　　　　　　　**(1934)**
　　　nâch dem videlære,　　dâ daz spil geschach.
　　　Etzel unde Kriemhilt　　ez besceidenlîchen sach.

1891 Done wolden die künege　　ire spileman
　　　bî den fîanden　　niht âne huote lân.
　　　dâ wart von tûsent heleden　　vil kunstlîch geriten.
　　　si tâten daz si wolden.　　in vil hôhverten siten.

1892 Dô der rîche Hiune　　ze tôde was erslagen,
　　　man hôrte sîne mâge　　wuofen unde klagen.
　　　dô vrâgte al daz gesinde　　«wer hât ez getân?»
　　　«daz hât der videlære,　　Volkêr der küene spileman.»

1893 Nâch swerten und nâch schilden　　riefen dâ zehant
　　　des marcgrâven mâge　　von der Hiunen lant:
　　　si wolden Volkêren　　ze tôde erslagen hân.
　　　der wirt ûz eime venster　　vil sêre gâhen began.

1894 Dô huop sich von den liuten　　allenthalben schal.
　　　die künege und ir gesinde　　erbeizten für den sal.
　　　diu ros ze rucke stiezen　　die Burgonden man.
　　　dô kom der künec Etzel:　　der herre ez scheiden began.

1895 Ein des Hiunen mâge,　　den er bî im vant,
　　　ein vil starkez wâfen　　brach er im ûz der hant:
　　　dô sluoc ers alle widere:　　wand im was vil zorn.
　　　«wie het ich mînen dienest　　an disen heleden verlorn!

1890, 1 Dô ruhte hurtecliche　　Hagene nâch im dan.
　　　3　　　　　　　　　　dâ diu tjost geschach.
1891, 1 Done wolden ouch die künige.
　　　2　　　　　　　　　　niht âne helfe lân.
　　　4　　　　　　　　　　in vil hôchvertlichen siten.
1892, 2　　　　　　　　　　weinen unde klagen.
　　　4 dô sprâchen die daz sâhen　　«daz hât der starke spileman.»
1893, 3 dô wolden si den spileman.
　　　4　　　　　　　　　　sêre gâhen dô began.
1894, 2 die Guntheres recken　　erbeizten über al.
　　　3　　　　　　　　　　die künige unt al ir man.
　　　4　　　　　　　　　　der helt ez scheiden began.
1895, 1　　　　　　　　　　den er dâ bî im vant.

1890, 1 Harte hurtecliche　　Hagene dô quam (29).
1894, 2 . . . . . erbeizten　　die Guntheres man (24).

1896 Ob ir hic bi mir slüeget disen spileman», **1833**
  sprach der künec Etzel, «daz wære missetân. (1940)
  ich sach vil wol sîn rîten, do er den Hiunen stach,
  deiz âne sîne schulde von eime strûche geschach.

1897 Ir müezet mîne geste vride lâzen hân.»
  dô wart er ir geleite. diu ros diu zôh man dan
  zuo den herebergen: si heten manegen kneht,
  die in ze dieneste mit vlîze wâren gereht.

1898 Der wirt mit sînen friunden in den palas gie.
  zorn er mêr deheinen dâ niht werden lie.
  dô rihte man die tische, daz wazzer man in truoc.
  dâ heten die von Rîne starker vînde genuoc.

1899 Ê die herren gesæzen, des was harte lanc.
  diu Kriemhilde sorge si ze sêre twanc.
  si sprach «fürste von Berne, ich suoches dînen rât,
  helfe und genâde: mîn dinc mir angestlîchen stât.»

1900 Des antwarte ir Hildebrant, ein recke lobelich,
  «swer sleht die Nibelunge, der tuot iz âne mich,
  durch deheines scatzes liebe. ez mac im werden leit:
  si sint noch umbetwungen, die snellen ritter gemeit.»

1896, 1 Ob ir nu disen spileman het dar umbe erslagen,
  ich hiez iuch alle hâben, daz wil ich iu sagen.
  4 deiz âne sînen willen.
1897, 4 die in ze dienste wâren mit allem vlîze gereht.
1898, 4 dô heten die von Rîne starker vinde dâ genuoc.
  5 Swie leit ez Etzeln wære, gewâfent manige schar (1942)
  sach man nâch fürsten dringen, unt wol ze vlîze gar,
  dâ si zen tischen giengen, durch der geste haz.
  ir mâc si rechen wolden, ob sich gefüegen kunde daz.
  9 «Sit ir gewâfent gerner ezzot danne blôz», (1944)
  sprach der wirt des landes, «diu unzuht ist ze grôz.
  swer aber mînen gesten hie tuot deheiniu leit,
  ez gêt im an sîn houbet: daz si iu Hiunen geseit.»
1899, 1   daz was harte lanc.
  2   si alze sêre twanc.
  si sprach «herre Dietrich.
1900, 1 Dô sprach für sînen herren Hildebrant der ellens rich.
  4   die snellen degene gemeit.
  5 Si sprach «jâ hât mir Hagene alsô vil getân, (1947)
  er morte Sivrîden, den mînen lieben man.
  der in ûz den andern schiedo, dem wær mîn golt bereit.
  engultes ander iemen, daz wær mir inneclîchen leit.

1901 Dô sprach in sînen zühten   dar zuo her Dietrich   1838
«die bete lâ belîben,   küneginne rîch.   (1949)
mir habent dîne mâge   der leide niht getân,
daz ich die degene küene   mit strîte welle bestân.

1902 Diu bete dich lützel êret,   vil edeles fürsten wîp,
daz du dînen mâgen   rætest an den lîp.
si kômen ûf genâde   her in ditze lant.
Sîfrit ist unerrochen   von der Dietriches hant.»

1903 Dô si der untriuwe   an dem Berner nine vant,
dô lobetes alsô balde   in Blœdelînes hant
eine wîte marke   die Nuodunc ê besaz.
sît dô sluoc in Dancwart,   daz er der gâbe gar vergaz.

1904 Si sprach «du solt mir helfen,   herre Blœdelîn.
jâ sint in disem hûse   die vîande mîn,
die Sîfriden sluogen,   den mînen lieben man.
swer mir daz hilfet rechen,   dem bin ich immer undertân.»

1905 Des antwurte ir Blœdel   «vrouwe, nu wizzet daz,
jan getar ich in vor Etzeln   gerâten keinen haz,
wande er dîne mâge   vrœwe gerne siht.
tæt ich in iht ze leide,   der künec vertrüege mir sîn niht.»

1906 «Neinâ, herre Blœdel,   ich pin dir immer holt.
jâ gib ich dir ze miete   silber unde golt,
und eine maget schœne,   daz Nuodunges wîp:
sô maht du gerne triuten   den ir vil minneclîchen lîp.

1900, 9 Dô sprach meister Hildebrant   «wie kunde daz geschehen,   (1948)
daz man in bî in slüege?   ich lieze iuch daz gesehen,
ob man den helt bestüende,   sich hüebe liht ein nôt,
daz arme unde riche   dar umbe müesen ligen tôt.
1901, 4 daz ich die edeln degene.
1903, 1 Dô sî an dem Bernære   den willen niht envant.
        2   an Blœdelînes hant.
1904, 2 ez sint in disem hûse.
        4 der mir daz hilfet rechen.
1905, 1   dâ er bî ir saz,
        «jane getar ich dînen mâgen.
        3 wande si mîn bruoder   bî im gerne siht.
        ob ich si bestüende.
1906, 2 jâ gib ich dir dar umbe   mîn silber unt mîn golt,
        unt eine schœne frouwen.

1905, 1   do er ir willen sach (29).

1907 Daz lant zuo den bürgen   wil ich dir allez geben: 1844
    sô maht du, ritter edele,   mit vreuden immer leben,   (1955)
    gewinnestu die marke   dâ Nuodunc inne saz.
    swaz ich dir gelobe hiute,   mit triuwen leist ich dir daz.»

1908 Dô der herre Blœdel   die miete vernam,
    unt daz im durch ir schœne   diu vrouwe wol gezam,
    mit strîte wânde er dienen   daz minnecliche wîp.
    dar umbe muost der recke   dô verliesen den lîp.

1909 Er sprach zer küneginne   «gêt wider in den sal.
    ê is iemen werde inne,   sô hebe ich einen schal.
    ez muoz erarnen Hagene   swaz er iu hât getân:
    ich antwurt iu gebunden   des künec Guntheres man.»

1910 «Nu wâfent iuch», sprach Blœdel,   «alle mîne man.
    wir suln den vîanden   in die herberge gân.
    des wil mich niht erlâzen   daz Etzelen wîp.
    dar umbe suln wir helde   alle wâgen den lîp.»

1911 Dô diu küneginne   Blœdelînen lie
    in des strîtes willen,   ze tische si dô gie
    mit Etzeln dem künege   und ouch mit sînen man.
    si hete swinde ræte   an die geste getân.

1907, 1   soltu haben dir,
    vil tiurlîcher recke: du solt gelouben mir,
    daz ich dich sicherlîche   alles des gewer
    daz ich dir hie benennet hân,   ob du leistes mîne ger.
1908, 4 dar umbe muosen recken   mit im verliesen den lîp.
1909, 1 Er sprach «man sol geswigen   der rede über al.
    ê man is werde inne.
   3 ez muoz arnen Hagene.
   4 oder ich wil dar umbe   mînen lîp verloren hân.
1910, 2   in ir herberge gân.
   4 dar umbe suln wir degene.
1911, 5 Wie si ze tische giengc,   daz wil ich iu sagen.   (1960)
    man sach dâ künige riche   krône vor ir tragen.
    vil manigen hôhen fürsten   unt manigen werden degen
    sach man vil grôzer zühte   vor der küniginne pflegen.
   9 Der wirt der schuof den gesten   den sedel über al,   (1961)
    den hôhsten unt den besten,   zuo zim in den sal.
    den kristen unt den beiden   ir spîse er underschiet.
    man gab genuoc in beiden,   als ez der wîse künec beriet.
  13 Ir ander ingesinde   zen herbergen âzen.   (1962)
    den wâren truhsæzen   ze dienste lâzen:
    die muosen ir mit spîse   wol ze vlîze pflegen.
    ir wirtschaft unt ir freude   wart sît mit jâmer widerwegen.

1912 Dô der strit niht anders   kunde sin erhaben   1849
(Kriemhilde leit daz alte   in ir herzen was begraben),   (1963)
dô hiez si tragen ze tische   den Etzelen sun.
wie kunde ein wip durch râche   immer vreislîcher tuon?

1913 Dar giengen an der stunde   vier Etzelen man:
si truogen Ortlieben,   den jungen künec, dan
zuo der fürsten tische,   dâ ouch Hagene saz.
des muosiz kint ersterben   durch sînen mortlîchen haz.

1914 Dô der künec riche   sînen sun ersach,
zuo sînen konemâgen   er güetliche sprach
«nu seht ir, friunde mîne,   diz ist mîn einec sun,
und ouch iuwer swester: daz mac iu allen wesen frum.

1915 Geræht er nâch dem künne,   er wirt ein küene man,
rich und vil edele,   starc und wol getân.
leb ich deheine wîle,   ich gib im zwelf lant:
sô mag iu wol gedienen   des jungen Ortliebes hant.

1916 Dar umbe bite ich gerne   iuch, lieben friunde mîn,
swenn ir ze lande rîtet   wider an den Rîn,
sô sult ir mit iu füeren   iuwer swester sun,
und sult ouch an dem kinde   vil genædeclîchen tuon.

1917 Und ziehet in zen êren,   unz er werde ze man.
hât iu in den landen   iemen iht getân,

1912, 1 Do die fürsten gesezzen   wâren über al
        unt nu begunden ezzen,   dô wart in den sal
        getragen zuo den fürsten   daz Etzelen kint.
        dâ von der künec riche   gewan vil starken jâmer sint.
1914, 4   der mag iu noh vil dienste tuon.
1915, 2 rich unt ouch vil edele.
     3   ich gib im drizec lant.
1916, 1 Dar umbe ich bite gerne.
     2 swenn ir ze lande widere   rîtet an den Rîn.
     3   den iuwern swester sun.
1917, 1 Ziehet in zen êren.

1912, 1 Dô der strît niht anders   kunde sin erhaben,
        dô hiez diu küniginne   tragen in daz gadem,
        dâ die fürsten sâzen,   den Etzelen sune.
        des wart dem richen künige   vil michel vreude benumen (48).
 1914, 3   diz ist mîn einec sune,
        und ouch iuwer swester: der mag iu allen gefrumen (15).

daz hilfet er iu rechen, gewahset im sin lip.»
die rede hôrte ouch Kriemhilt, des künec Etzelen wîp.

1918 «Im solden wol getrouwen dise degene,   1855
gewüehse er zeinem manne», sô sprach Hagene: (1969)
«doch ist der künec junge sô veiclich getân.
man sol mich sehen selden ze hove nâch Ortliebe gân.»

1919 Der künec an Hagenen blihte: diu rede was im leit.
swie niht dar umbe redete der fürste vil gemeit,
ez betruobte im sîn herze und beswârte im den muot.
dô was der Hagenen wille niht ze kurzewîle guot.

1920 Ez tet den fürsten allen mit dem künege wê
daz Hagene von sîm kinde hete gesprochen ê.
daz siz vertragen solden, daz was in ungemach.
sin wessen niht der mære waz von dem recken sît geschach.

XXXII. ÂVENTIURE,
WIE BLŒDELÎN ERSLAGEN WART.

1921 Blœdelînes recken die wâren alle gar:
mit tûsent halspergen huoben si sich dar
dâ Dancwart mit den knehten ob den tischen saz.
dâ huop sich under helden der aller græzeste haz.

1922 Alsô der herre Blœdel für die tische gie,
Dancwart der marschalch in vlîzeclîche enpfie:

1917, 3   daz habt ûf mînen lip.
1919, 1 Der künic Hagen an blihte: im was diu rede leit.
1920, 3 daz siz versitzen solden.
  5 Genuoge die ez hôrten unt im doch wâren gram, (1972)
  in heten gerne bestanden. ouch het der künec alsam,
  getorster von sîn ôren, sô wær ers komen in nôt.
  sît tet im Hagene mère: er sluogen vor sîn ougen tôt.

1921, 1 Die Blœdelînes recken.
  4 dô huop sich under degenen mort unt nîtlicher haz.
1922, 2   in güetlich enpfie.

1917, 3   kumt ez an die zît.

«willekomen her ze hûse,   mîn her Blœdelîn.
jâ wundert mich der mœre: waz sol disiu rede sîn?»

1923 «Jane darftu mich niht grüezen»,   sô sprach Blœdelîn.
«wan ditze komen daz mîne   daz muoz dîn ende sîn,   (1975)
durch Hagenen dînen bruoder,   der Sifriden sluoc.
des engiltest du zen Hiunen   und ander degene genuoc.»

1924 «Neinâ, herre Blœdel»,   sprach Dancwart:
«sô möhte uns balde riuwen   disiu hovevart.
ich was ein wênic kindel   dô Sifrit vlôs den lîp:
ine weiz niht waz mir wîzet   des künec Etzelen wîp.»

1925 «Jane weiz ich dir der mœre   nimêr ze sagene:
ez tâten dîne mâge,   Gunther und Hagene.
nu wert iuch vil ellenden: ir kunnet niht genesen,
ir müezet mit dem tôde   pfant daz Kriemhilde wesen.»

1926 «Sone welt ir niht erwinden»,   sprach Dancwart.
«sô riuwet mich mîn vlêhen: daz wœre baz gespart.»
der snelle degen küene   von dem tische spranc:
er zôch ein scharpfez wâfen,   daz was michel unde lanc.

1927 Dô sluoc er Blœdelîne   einen swinden swertes slac,
daz im daz houbet schiere   vor den füezen lac.
«daz sî dîn morgengâbe»,   sprach Dancwart der degen,
«zuo Nuodunges briute,   der du mit minnen woldest pflegen.

1928 Man mac si morgen mehelen   einem andern man:
wil er die brûtmiete,   dem wirt alsam getân.»

1922, 4 waz iuwer reise meine,   des wundert gar die sinne mîn.
1923, 1   sprach dô Blœdelîn.
      2   daz sol dîn ende sîn.
1924, 1   sprach dô Dancwart.
      3 ich was ein vil kleiner kneht.
      4 jane weiz ich waz mir wîzet.
1926, 1   sprach dô Dancwart.
1927, 2 daz imz houbt mit helme.
      3   sprach Dancwart der helt.
      4   die du ze freuden hâst erwelt.
1928, 1 Si mac sich morgen mâhelen.
      2   ez mac im sam ergân.
_____
1923, 1   sprach Blœdelîn (238).
1924, 4 ine weiz waz mir wîzet.
1927, 3   sprach Dancwart der degen,
      zuo Nuodunges briute,   die man dir wolde hân gegeben (41).
1928, 2   dem geschihet sam (24).

ein vil getriuwer Hiune   hete im daz geseit,
daz in diu küneginne   riet sô grœzlíchiu leit.

1929 Dô sâhen Blœdelínes man,   ir herre lac erslagen: 1866
done wolden si den gesten   niht langer daz vertragen.   (1981)
mit ûf erbürten swerten   si sprungen für diu kint,
in grimmigem muote: daz gerou vil manigen sint.

1930 Vil lûte rief dô Dancwart   daz gesinde allez an
«ir sehet wol, edeln knehte,   wie ez wil umbe gân.
nu wert iuch ellenden,   deiswâr des gât uns nôt,
swie uns diu edele Kriemhilt   sô rehte güetlich enbôt.»

1931 Die niht swert enhêten,   die reichten für die banc
und huoben von den füezen   vil manigen schâmel lanc:
der Burgonden knehte   in wolden niht vertragen.
dâ wart von swæren stüelen   durch helme biulen vil geslagen.

1932 Wie grimme sich dô werten   diu ellenden kint!
si triben ûz dem hûse   die gewâfenden sint:
doch beleip ir tôt dar inne   fünf hundert oder baz.
dô was daz ingesinde   von bluote rôt unde naz.

1933 Disiu starken mære   wurden dan geseit
den Etzelen recken   (ez was in grimme leit),
daz erslagen wære Blœdel   unde sîne man:
daz hete Hagenen bruoder   mit den knehten getân.

1934 Ê ez der künec erfunde,   die Hiunen, durch ir haz,
der garte sich zwei tûsent   oder dannoch baz.
si giengen zuo den knehten,   daz muos et alsô wesen,
und liezen des gesindes   ninder einen genesen.

1928, 3 ein getriuwer Hiune.
1929, 2 daz enwolden si den gesten   langer niht vertragen.
    4 in eime grimmen muote: jâ gerouw ez si sint.
1930, 1 Vil lûte rief der marschalc   al die knappen an.
    3   als iuch des twinget nôt,
    daz ir frumeclîche   âne schande liget tôt.
1931, 1 Die swerte niht enhêten.
    2 si huoben ûz den füezen.
1933, 3 daz erslagen wære   der herre unt sîne man.
1934, 1 Ê manz ze hove erfunde.

1929, 2 daz enwolden si den gesten   niht langer vertragen.
1930, 4 uns treit diu vrouwe Kriemhilt   harte grimmigen muot (24).
1934, 1 Die ungetriuwen drungen   zuo dem gademe.
    dô werten sich vil sêre   die vremden degene (49).

1935 Die ungetriuwen brâhten   fûrz hûz ein michel her.   1872
     die ellenden knehte   die stuonden wol ze wer.   (1937)
     waz half ir baldez ellen?   si muosen ligen tôt:
     dar nâch in kurzen stunden   huop sich ein vreislîchiu nôt.

1936 Hie muget ir hœren wunder   bî ungefüege sagen.
     niwen tûsent knehte   die lâgen tôt erslagen,
     dar über rîtter zwelfe   der Dancwartes man.
     man sah in alterseine   noch bî den vîanden stân.

1937 Der schal der was geswiftet,   der dôz der was gelegen.
     dô blihte über ahsel   Dancwart der degen.
     er sprach «owê der friunde   die ich verlorn hân!
     nu muoz ich leider eine   bî mînen fîanden stân.»

1938 Diu swert genôte vielen   ûf sîn eines lîp.
     daz muose sît beweinen   vil maneges heldes wîp.
     den schilt den ruhte er hôher,   den vezzel nider baz:
     dô frumte er vil der ringe   mit bluote vliezende naz.

1939 «Sô wê mir dirre leide»,   sprach Aldrîânes kint.
     «nu wichet, Hiunen recken,   ir lât mich an den wint,
     daz der luft erküele   mich sturmmüeden man.»
     dô sah man den recken   vil harte hêrlîche gân.

1940 Also der strîtes müede   ûz dem hûse spranc,
     waz iteniuwer swerte   ûf sîne helme erklanc!
     die niht gesehen hêten,   waz wunders tet sîn hant,
     die sprungen hin engegene   dem von Burgonden lant.

1941 «Nu wolde got», sprach Dancwart,   «möht ich den boten hân
     der mînen bruoder Hagenen   kunde wizzen lân
     daz ich vor disen recken   stên in solher nôt!
     er hulfe mir von hinnen   oder er gelæge bî mir tôt.»

1935, 1 Dô die vil ungetriuwen   drungen in daz gadem,
        dô huop sich zwischen recken   vil ungefüeger kradem.
     4   huop sich engestlîchiu nôt.
. 1936, 1   bî unfuoge sagen.
1938, 3 den schilt er ruhte hôher.
1939, 1 «Owê mir dirre leide»,   sprach Adriänes kint.
     4 do begunder ân ir willen   in strîte gegen der türe gân.
1940, 1 Der helt in grôzem zorne   zuo dem hûse spranc.
     4 die muosen dâ belîben   von dem von Burgonden lant.

1938, 3 den schilt ruhter hôher.

1942 Dô sprâchen Hiunen recken   «der bote muostu sîn,   1879
sô wir dich tragen tôten   für den bruoder dîn.   (1994)
sô sihet im êrste leide   der Guntheres man.
du hâst dem künege Etzel   sô grôzen schaden hie getân.»

1943 Er sprach «nu lât daz dreuwen   und stêt ûf hôher baz.
ja getuon ich etelichem   noch die ringe naz.
ich wil diu mære selbe   hin ze hove sagen,
und wil ouch mînen herren   mînen grôzen kumber klagen.»

1944 Er leidet sich sô sêre   den Etzelen man,
daz si in mit den swerten   torsten niht bestân.
dô scuzzen si der gêre   sô vil in sînen rant
daz er in durch die swære   muose lâzen von der hant.

1945 Dô wândens in betwingen,   do er niht schildes truoc.
hey waz er tiefer wunden   durch die helme sluoc!
des muose vor im strûchen   vil manic küener man:
dar umbe lop vil grôzen   der küene Dancwart gewan.

1946 Ze beiden sînen sîten   sprungen si im zuo.
jâ kom ir eteslîcher   in den strît ze fruo.
dô gie er vor den vînden   alsam ein eberswîn
ze walde tuot vor hunden: wie môht er küener gesîn?

1947 Sîn vart diu wart erniuwet   von heizem bluote naz.
jane kunde ein einec recke   gestriten nimmer baz
mit sînen vîanden   danne er hete getân.
man sach den Hagenen bruoder   ze hove hêrlîchen gân.

1943, 1 Nu lât die drô belîben.
3 nu wer mir swer der welle,   ich wil ze hove gân
unt wil selbe disiu mære   mînen herren wizzen lân.
1944, 2   nu torsten niht bestân.
1945, 1 Si wânden in betwingen.
2   •   sît durch helme sluoc!
1946, 1   si im sprungen zuo.
3 er gie vor sînen vînden.
1947, 3 mit alsô vil der vinde.
4 dô muosen si in lâzen   âne ir danc ze hove gân.

1943, 1 Nu lâzet daz dreuwen.
3 ich wil dîn mære selber   hin ze hove sagen,
waz hie mînen herren   geschehen sî grœzliches schaden (41).
1945, 2   durch helme sluoc!
1946, 3 er gie vor den vînden.

1948 Truhsæzen unde scenken   die hôrten swerte klanc.   1885
      vil maneger dô daz trinken   von der hende swanc,   (2000)
      und eteslîche spîse,   die man ze hove truoc:
      dô kom im vor der stiegen   der starken vînde genuoc.

1949 «Wie nu, ir truhsæzen?»   sprach der müede degen.
      «jâ soldet ir der geste   güetlîche pflegen,
      und soldet den herren   guote spîse tragen,
      und liezet mich diu mære   mînen lieben herren sagen.»

1950 Swelher durch sîn ellen   im für die stiegen spranc,
      der sluoc er eteslîchem   sô swæren swertes swanc,
      daz si durch die vorhte   ûf hôher muosen stân.
      ez het sîn starkez ellen   vil michel wunder getân.

XXXIII. ÂVENTIURE,

WIE DIE BURGONDEN MIT DEN HIUNEN STRITEN.

1951 Alsô der küene Dancwart   under die türe getrat,
      daz Etzeln gesinde   er hôher wîchen bat.
      mit bluote was berunnen   allez sîn gewant:
      ein vil starkez wâfen   daz truog er blôz an sîner hant.

1952 Vil lûte rief dô Dancwart   vor dem gademe
      «ir sitzet al ze lange,   bruoder Hagene.

1948, 3 unt sumelîche spîse.
1949, 1 Wie nu, ir guoten knehte?
        3 unt soldet nu den herren   die edeln spîse tragen.
        4   ze hove mînen herren sagen.
1950, 4 jâ het sîn starkez ellen   vil maniges ende getân.
1951   kein Aventiurenanfang.
1951, 3 mit bluote berunnen   was allez sîn gewant.
        5 Ez was reht in der wîle,   dô Dancwart kom für die tür,   (2004)
          daz man Ortlieben   truoc wider unde für,
          von tische ze tischen,   den fürsten wol geborn.
          von disen starken mæren   wart daz kindelin verlorn.
1952   Aventiurenanfang.
1952, 1 Vil lûte rief dô Dancwart   eime degene.

iu unde gote von himele   klage ich unser nôt:
ritter unde knehte   sint in der herberge tôt.»

1953 Er rief im hin engegene   «wer hât daz getân?»   1890
«daz hât der herre Blœdel   unde sine man.   (2006)
ouch hât ers sêre engolten,   daz wil ich iu sagen:
ich hân mit mînen handen   im sîn houbet abe geslagen.»

1954 «Daz ist ein schade kleine»,   sprach Hagene,
«dâ man saget mære   von eime degene,
ob er von recken henden   verliuset sînen lîp:
in suln deste ringer   klagen wîrtlîchiu wîp.»

1955 «Nu saget mir, bruoder Dancwart,   wie sît ir sô rôt?
ich wæne ir von wunden   lîdet grôze nôt.
ist er inder inme lande,   derz iu hât getân,
in erner der übel tiuvel,   ez muoz im an sîn leben gân.»

1956 «Ir sehet mich wol gesunden: mîn wât ist bluotes naz.
von ander manne wunden   ist mir geschehen daz,
der ich alsô manegen   hiute hân erslagen,
ob ich des swern solde,   ine kund iz nimmer gesagen.»

1957 Er sprach «bruoder Dancwart,   sô hüetet uns der tür,
und lât der Hiunen einen   komen niht derfür.
ich wil reden mit den recken,   als uns des dwinget nôt.
unser ingesinde   liget unverdienet tôt.»

1958 «Sol ich sîn kamerære»,   sprach der küene man,
«alsô rîchen künegen   ich wol gedienen kan:
sô pflige ich der stiegen   nâch den êren mîn.»
den Kriemhilde degenen   kunde leider niht gesîn.

1953, 1 Er rief im engegene.
    3 ouch hât ers niht genozzen.
    4 ich hân im sîn houbet   mit mînen handen abe geslagen.
1954, 1   sprach aber Hagene,
    «swâ·man solhiu mære   saget von degene.
1955, 1 Nu saget mir, lieber bruoder.
1957, 3   des uns nu dwinget nôt.
    4   lît unverdienet hie tôt.
1958, 1   sprach dô der küene man.
    3 sô hüet ich der stiegen.

_____

1954, 2 dâ man saget mære   vone degene.

1959 «Mich nimet des michel wunder»,   sprach Hagene,   1896
«waz nu hinne rûnen   die Hiunen degene.   (2012)
si wæn des lihte enbæren   der an der türe stât,
unt diu hovemære   gesaget den Burgonden hât.

1960 Ich hân vernomen lange   von Kriemhilde sagen,
daz si ir herzen leide   wolde niht vertragen.
nu trinken wir die minne   und gelten küneges wîn.
der junge vogt der Hiunen   der muoz der êriste sîn.»

1961 Dô sluoc daz kint Ortlieben   Hagene der helt guot,
daz im gegen der hende   ame swerte vlôz daz bluot
unt der küneginnez houbet   spranc in die scôz.
dô huop sich under degenen   ein mort vil grimmec unde grôz.

1962 Dar nâch sluog er dem magezogen   einen swinden slac
mit beiden sînen handen,   der des kindes pflac,
daz im daz houbet schiere   vor tische nider lac.
ez was ein jæmerlîcher lôn,   den er dem magezogen wac.

1963 Er sach vor Etzeln tische   einen spileman:
Hagene in sîme zorne   gâhen dar began.
er sluoc im ûf der videlen   abe die zeswen hant:
«daz habe dir ze boteschefte   in der Burgonden lant.»

1964 «Sô wê mir mîner hende»,   sprach Werbel der spileman.
«her Hagene von Tronege,   waz het ich iu getân?
ich kom ûf grôze triuwe   in iuwer herren lant.
wie klenke ich nu die dœne,   sît ich verlorn hân die hant?»

1965 Hagenen ahte ringe,   gevidelt er nimmer mêr.
dô frumte er in dem hûse   diu verchgrimmen sêr

1959, 1   sprach dô Hagene,
    «waz die recken rûnen   in disem gademe.
    3   der an der tür dort stât,
unt ouch diu hovemære.
1960, 1 Ich hân gehôrt vil lange.
    4   der muoz hie der êrste sîn.
1961, 2 daz im an dem swerte   zer hende vlôz daz bluot,
unt daz des kindes houbet   spranc Kriemhilt in ir schôz.
1962, 1 Ouch sluog er dem magezogen.
    2   der Ortliebes pflac.
1963, 3   ab die einen hant.
1964, 1 «Owê mir», sprach Werbel,   der Etzeln spileman

1960, 1 Ich hân gehôrt lange.
1962, 1 Er sluoc deme magezogen.

an den Etzeln recken,   der er sô vil ersluoc.
dô brâhte er in dem hûse   ze tôde liutes genuoc.

1966 Volkêr der vil snelle   von dem tische spranc: 1903
sîn videlboge im lûte   an sîner hende erklanc.   (2019)
dô videlte ungefnoge   Guntheres spileman.
hey waz er im ze vînde   der küenen Hiunen gewan!

1967 Ouch sprungen von den tischen   die drîe künege hêr.
si woldenz gerne scheiden,   ê daz scaden geschæhe mêr.
sine mohtenz mit ir sinnen   dô niht understân,
dô Volkêr unde Hagene   sô sêre wüeten began.

1968 Dô sach der vogt von Rîne   ungescheiden den strît:
dô sluoc der fürste selbe   vil manige wunden wît
durch die liehten ringe   den vianden sîn.
er was ein helt zen handen: daz tet er græzlîchen schîn.

1969 Dô kom ouch zuo dem strîte   der starke Gêrnôt:
jâ frumte er der Hiunen   vil manegen helt tôt,
mit einem scarpfen swerte,   daz im gap Rüedegêr.
den Etzelen recken   tet er diu græzlîchen sêr.

1970 Der junge sun vroun Uoten   zuo dem strîte spranc:
sîn wâfen hêrlîchen   durch die helme erklanc
den Etzelen recken   ûzer Hiunen lant.
dâ tet vil michel wunder   des küenen Giselheres hant.

1971 Swie frum si alle wæren,   die künige und ouch ir man,
doch sach man vor in allen   Giselheren stân

1965, 3   der er sô manigen sluoc
    er brâht ir in dem gademe   zuo dem tôde genuoc.
1966, 1 Volkêr sin geselle.
    3   der künige spileman.
1967, 1 Dô sprungen von den tischen.
    2   ô des schaden wurde mêr.
    sine kundenz mit ir sinnen.
1968, 4   daz wart dâ græzlîchen schîn.
1969, 3 mit dem scharpfen swerte.
    4 den Etzelen mâgen   frumt er diu græzlîchen sêr.
1971, 2 doch sah man Giselhêre   ze vorderest stân

1965, 3   der er sô vil sluoc.

gegen den vîanden: er was ein helt guot,
er frumte dâ mit wunden   vil manegen vallen in daz pluot.

1972 Onch werten sich vil sêre   die Etzelen man.   1909
dô sach man die geste   houwende gân   (2025)
mit den vil lichten swerten   durh des küneges sal.
dô hôrt man allenthalben   von wuofe græzlichen schal.

1973 Dô wolden die dar ûze   zir friunden sîn dar in:
die nâmen an den türnen   vil kleinen gewin.
dô wæren die dar inne   vil gerne für den sal:
Dancwart liez ir deheinen   die stiegen ûf noch zetal.

1974 Des huop sich vor den türnen   vil starker gedranc
unde ouch von den swerten   grôzer helmklanc.
des kom der küene Dancwart   in eine grôze nôt:
daz besorgte sîn bruoder,   als im sîn triuwe gebôt.

1975 Vil lûte rief dô Hagene   Volkêren an
»sehet ir dort, geselle,   mînen bruoder stân
vor hiunischen recken   under starken slegen?
vriunt, nert mir den bruoder   ê wir vliesen den degen.«

1976 «Daz tuon ich sicherlîchen»,   sprach der spileman.
er begonde videlende   durch den palas gân:
ein hertez swert im ofte   an sîner hende erklanc.
die recken von dem Rîne   im sageten græzlîchen danc.

1971, 3 bî den vîanden.
    4 er schuof dâ mit den wunden   vil manigen nider in daz bluot.
1972, 3 mit den liehten swerten.
    4   von strîte græzlîchen schal.
1973, 2 si nâmen an der stiegen.
    3 dô wolden die dar inne   vil gerne für die tür:
    done lie der portenære   ir deheinen dar für.
1974, 1 Dô huop sich in der porten   vil grôzer gedranc.
    2   ûf helme lûter klanc.
    3   in vil starke nôt:
    daz bedâhte Hagene.
1976, 3 ein scharpfez swert im dicke.
    4   sagten im des grôzen danc.

———————

1971, 4 er schuof dâ mit wunden.
1973, 3 dô wæren die dar inne   vil gerne für daz hûs.
    dône lie Dancwart   ir deheinen dar ûz (41).
1976, 3 ein swert ime dicke.

1977 Volkêr der vil küene   zuo Dancwarte sprach   1914
«ir habet erliten hiute   vil grôzen ungemach.   (2030)
mich bat iuwer bruoder   durch helfe zuo zin gân.
welt ir nu sin dar ûze,   sô wil ich innerthalben stân.»

1978 Dancwart der snelle   stuont ûzerhalp der türe:
er werte in die stiege,   swaz ir kom der füre.
des hôrt man wâfen hellen   den heleden an der hant.
sam tet ouch innerthalben   Volkêr von Burgonden lant.

1979 Der küene videlhere   rief über die menege
«der sal ist wol beslozzen,   vriwent her Hagene.
jâ ist alsô verschranket   diu Etzelen türe:
von zweier helde handen   dâ gênt wol tûsent rigele füre.»

1980 Dô von Tronege Hagene   die tür sah sô behuot,
den schilt warf ze ruke   der mære helt guot:
alrêrst begond er rechen   daz im dâ was getân.
dô heten sine vinde   ze lebene keiner slahte wân.

1981 Dô der voget von *Berne*   rehte daz ersach,
daz Hagene der starke   sô manegen helm brach,
der künec von Amelunge   spranc ûf eine banc;
er sprach «hie schenket Hagene   daz aller wirsiste tranc.»

1982 Der wirt het grôze sorge,   als im dô daz gezam
(waz man im lieber vriunde   vor sinen ougen nam!),
wand er vor sinen vinden   vil küme dâ genas.
er saz vil angestliche: waz half in daz er künec was?

1977, 2   grôzen ungemach.
     4 welt ir, nu sît dar ûze.
1978, 1 Dancwart der vil snelle.
     2 dô wert er in die stiegen.
     3   an der helede hant.
1979, 1   rief zuo dem degene
  «daz hûs ist wol beslozzen,   friwent Hagene.
  ez ist alsô verschranket.
     4 von zweier recken handen.
1980, 1 Dô der starke Hagene.
     2   der küene degen guot.
     3   siner friunde leit.
  sîns zornes muose engelten   vil manic ritter gemeit.
1981, 1   daz wunder reht ersach.
1982, 1   sin wîp diu het alsam.

1980, 3   daz im getân was:
   dâ von sinen vinden   harte leide geschach (41).
1982, 1   umbe sine man (29).

1983 Kriemhilt diu rîche   rief Dietrichen an   1920
«nu hilf mir, ritter edele,   mit dem libe dan,   (2036)
durch aller fürsten tugende   ûz Amelunge lant:
wan erreichet mich Hagene,   ich hân den tôt an der hant.»

1984 Wie sol ich iu gehelfen»,   sprach her Dietrich,
«edeliu küneginne?   nu sorge ich umbe mich.
ez sint sô sêre erzürnet   die Guntheres man,
daz ich an disen zîten   gefriden niemen enkan.»

1985 «Neinâ, herre Dietrich,   vil edel ritter guot,
lâzâ hiute schînen   dînen tugentlîchen muot,
daz du mir helfest hinnen: oder ich belibe tôt.»
der sorge gie Kriemhilt   vil harte grœzlîche nôt.

1986 «Daz wil ich versuochen,   ob ich iu gehelfen kan;
wande ich iu langen zîten   nie gesehen hân
sô bitterlîch erzürnet   manegen ritter guot.
jâ sihe ich durch die helme   von swerten springen daz pluot.»

1987 Mit kraft begonde ruofen   der degen ûz erkorn,
daz sîn stimme erlûte   alsam ein wisentes horn,
unt daz diu burc vil wîte   von sîner kraft erdôz.
diu sterke Dietriches   was unmæzlîche grôz.

1988 Dô gehôrte Gunther   ruofen disen man
in dem herten sturme: losen er began.
er sprach «Dietriches stimme   ist in mîn ôre komen:
ich wæne im unser degene   haben etwen hie benomen.

1989 Ich sihe in ûf dem tische: er winket mit der hant.
ir friunt unde mâge   von Burgonden lant,

1983, 1 Kriemhilt diu frouwe.
      2 nu hilf mir von dem sedele,   ritter, von in dan.
      4 unt erreichet mich dort Hagene.
1984, 1   sprach dô Dietrich,
       vil edeliu küneginne.
1985, 4 nu hilf mir unt dem künige   ûz dirre angestlichen nôt.
1986, 2   niht gesehen hân.
      4   von swerten vliezen daz bluot.
1987, 2 daz im sîn stimme erlûte.
      3 unt daz der palas wîte.
      4   was vil unmæzlîche grôz.
1988, 2 in dem starken sturme.

1984, 1   sprach Dietrich.
      4   gevriden niemenne kan (192).
1987, 3 unt daz diu burc wîte (240).

gehabet ûf des strîtes,   lât hœren unde sehen,
waz hie deme degene   von mînen mannen sî geschehen.»

1990 Dô der künec Gunther   bat und ouch gebôt,   1927
si habten ûf mit swerten   in des strîtes nôt.   (2043)
daz was gewalt vil grôzer   daz dâ niemen sluoc.
er vrâgte den von Berne   der mære schiere genuoc.

1991 Er sprach «vil edel Dietrich,   waz ist iu hie getân
von den mînen vriunden?   willen ich des hân,
buoze unde suone   bin ich iu bereit.
swaz iu iemen tæte,   daz wær mir inneclîchen leit.»

1992 Dô sprach der herre Dietrich   «mir ist niht getân.
lât mich ûz dem hûse   mit iuwerm vride gân
von disem herten strîte   mit dem gesinde mîn:
daz wil ich sicherlîchen   immer dienende sîn.»

1993 «Wie vlêhet ir sô schiere?»   sprach Wolfhart.
«jâ hât der videlære   die tür nie sô verspart,
wir entsliezen si sô wîte   daz wir dar füre gân.»
«nu swîget», sprach her Dietrich   «ir habet den tiuvel getân.»

1994 Dô sprach der künec Gunther   «erlouben ich iu wil,
füeret ûz dem hûse   lützel oder vil,
âne mîne vînde: die suln hie bestân.
si hânt mir zen Hiunen   sô rehte leide getân.»

1995 Dô er daz erhôrte,   under arm er beslôz
die edeln küneginne: der sorge was grôz.

1989, 4 waz hie Dietriche   von uns ze schaden si geschehen.
1990, 2   in des sturmes nôt.
     3   daz dô niemen streit.
    dô reiten mit ein ander   die küenen recken gemeit.
1991, 2 von den mînen mâgen.
     3 suone unde buoze.
1992, 1   mir ist noch niht getân,
    des ich schaden deheinen   von iu müge hân.
    wan lât mih von dem strîte.
     4 daz wil ich umbe iuch degene.
1993, 1 Wie vlêget ir sô sêre,   sprach dô Wolfhart.
1994, 4   leides harte vil getân.
1995, 1 Der herre von Berne   under einen arm beslôz.
     2   der angest diu was grôz.

1990, 3   daz dâ niemen sluoc.
    dô reiten mit ein ander   die recken küen unde guot (41)
1992, 2 von den iuwern recken,   daz mir müge getarn (24).
    lât mich von dem strîte.

dô fuort er anderthalben   Etzeln mit im dan.
ouch gie mit Dietrîche   sehs hundert wætlîcher man.

1996 Dô sprach der marcgrâve,   der edel Rüedegêr,   1933
«sol aber ûzem hûse   iemen komen mêr   (2049)
die iu doch gerne dienen,   daz lâzet uns vernemen:
sô sol ouch vride der stæte   guoten vriunden gezemen.»

1997 Des antwurte Gîselher   von Burgonden lant
«vride unde suone   sî in von uns bekant,
sît ir sît triuwen stæte,   ir und iuwer man.
ir sult unangestlîchen   mit iuwern vriunden hinnen gân.»

1998 Dô Rüedegêr der herre   gerûmte den sal,
fünf hundert oder mêre   im volgten über al,
der von Bechelâren,   vriunt und sîner man,
von den der künic Gunther   schaden grôzen sît gewan.

1999 Dô sach ein Hiunen recke   Etzelen gân
bî Dietrîche nâhen: genozzen wold ers hân.
dem gap der videlære   einen solhen slac,
daz im vor Etzeln füezen   daz houbet schiere gelac.

2000 Dô der wirt des landes   kom für daz hûs gegân,
dô kêrte er sich hin widere   und sach Volkêren an.
«owê mir dirre geste,   ditz ist ein grimmiu nôt,
daz alle mîne recken   sulen vor in ligen tôt.»

1995, 4 ouch giengen mit im dannen   sehs hundert sîner küener man.
1996, 3 die iu doch dienen gerne.
1997, 1   sîme swcher zehant.
       4 sult gemeinlîche.
1998, 1 Dô der marcgrâve.
       2   im volgten zetal
         die stiegen von dem hûse,   daz wâren sîno man.
       4   vil grôzen schaden sît gewan.
1999, 2 bî dem Bernære.
       2   einen swæren slac.
2000, 1   kom von dem hûse dan.
       3   daz ist ein grimmiu nôt,
         daz alle mîne friunde.

1997, 1   der recke vil balt (29),
2000, 1   für daz hûs quam (29).

2001 Ach wê der hôhgezîte»,   sprach der künec hêr.   1938
«dâ vihtet einer inne,   der heizet Volkêr,   (2034)
alsam ein eber wilde,   und ist ein spileman.
ich dankes mîme heile   daz ich dem tiuvel entran.
   ·

2002 Sîn leiche lûtent übele,   sîn züge die sint rôt:
jâ vellent sîne dœne   vil manigen helt tôt.
ine weiz niht waz uns wîze   der selbe spileman:
wand ich gast nie dcheinen   sô rehte leiden gewan.»

2003 Si heten die si wolden   lâzen für den sal:
dô huop sich innerthalben   ein grœzlîcher schal.
die geste sêre râchen   daz in ê geschach.
Volkêr der vil küeue,   hey waz er helme zerbrach!

2004 Sich kêrte gegen dem schalle   Gunther der künec hêr.
«hœrt ir die dœne, Hagene,   die dort Volkêr
videlet mit den Hiunen,   swer zuo den türnen gât?
ez ist ein rôter anstrich,   den er zem videlbogen hât.»

2005 «Mich riuwet âne mâze»,   sô sprach Hagene,
«deich vor dem degene ie gesaz   in disem gademe.
ich was sîn geselle   unde ouch er der mîn:
und kome wir immer widere,   daz suln wir noch mit triuwen sîn.»

2006 Nu schouwe, künec hêre,   Volkêr ist dir holt:
er dienet willeclîche   dîn silber unt dîn golt.

2001, 4   daz ich dem vâlande entran.
2002, 4 wan ich gast neheinen   nie sô leiden gewan.
    5 Zir herbergen giengen   die recken alsô hêr,   (2034)
    der herre von Berne   unt ouch Rüedegêr.
    sine wolden mit dem strîte   niht ze schaffen hân,
    unt gebuten ouch ir degenen   daz sie mit fride solden lân.
    9 Unt heten si getrouwet   alsolher swære,   (2037)
    daz in diu von in beiden   sô künftic wære,
    sine wæren von dem hûse   niht sô sanfte komen,
    si heten eine stroufe   an den vil küenen ê genomen.
2003, 1   lâzen ûz dem sal.
    4   hey waz er liehter helme brach!
2004, 3 mit den Hiunen videlet,   swer gegen der tür gât?
2005, 1   sprach dô Hagene,
    daz ich vor Volkêre   ie gesaz dem degene.
2006, 1 Nu schouwe, künec Gunther.

_____

2005, 1   sprach Hagene (238).

sîn videlboge im snîdet   durch den herten stâl:
er brichet ûf den helmen   diu liehte schînenden mâl.

2007 Ine gesach nie videlære   sô hêrlîchen stân,   1944
     alsô der degen Volkêr   hiute hât getân.   ˙(2062)
     die sînen leiche hellent   durch helm unde rant.
     jâ sol er rîten guotiu ross   und tragen hêrlîch gewant.»

2008 Swaz der Hiunen mâge   in dem sale was gewesen,
     der enwas nu deheiner   dar inne mê genesen.
     des was der schal geswiftet,   daz niemen mit in streit:
     diu swert von handen legeten   die küenen recken gemeit.

XXXIV. ÂVENTIURE,

WIE SI DIE TÔTEN ABE WURFEN.

2009 Die herren nâch ir müede   gesâzen dô zetal.
     Volkêr unde Hagene   die giengen für den sal.
     sich leinden über schilde   die übermüeten man.
     dô wart dâ rede vil spæhe   von in beiden getân.

2010 Dô sprach von Burgonden   Gîselher der degen
     «jane muget ir, lieben vriunde,   noch ruowe niht gepflegen:
     ir sult die tôten liute   ûz dem hûse tragen.
     wir werden noch bestanden,   ich wilz iu wærlîche sagen.

2011 Sine suln uns under füezen   hie niht langer ligen.
     ê daz uns die Hiunen   mit sturme an gesigen,
     wir gehouwen noch die wunden,   diu mir vil sanfte tuot.
     des hân ich», sprach dô Gîselher,   «einen stætigen muot.»

2006, 4   diu liehten schînenden mâl.
2007, 1 Man gesach nie videlære.
2008, 1   in dem hûse was gewesen.
    2   dar inne genesen.
2009   *kein Absatz.*
2009, 3 sich leinten ûf die schilde.
    4 dâ wart rede genuoge.
2010, 2   niht ruowe noch gepflegen.
2011 *fehlt.*

2012 «Sô wol mich sölhes herren»,   sprach dô Hagene.   1949
    oder rât enzæme niemen   wan eime degene,   (2066)
    den uns mîn junger herre   hiute hât getân.
    des muget ir Burgonden   alle vrœlîche stân.»

2013 Dô volgten si dem râte   unt truogen für die tür .
    siben tûsent tôten   wurfen si derfür.
    vor des sales stiegen   vielen si zetal.
    dô huop sich von ir mâgen   ein vil klagelîcher schal.

2014 Ez was ir etellîcher   sô mœzlîchen wunt,
.   der sîn sanfter pflæge,   er würde noch gesunt,
    der von dem hôhen valle   muose ligen tôt.
    daz klageten dô ir friunde: des gie in wærlîche nôt.

2015 Dô sprach der videlære,   Volkêr, ein helt gemeit,
    «nu kiuse ich des die wârheit,   als mir ist geseit,
    die Hiunen sint bœse,   si klagent sam diu wîp.
    nu solden si beruochen   der vil sêre wunden lîp.»

2016 Dô wânde ein marcgrâve,   er reit iz durch guot.
    er sach einen sînen mâc   gevallen in daz pluot:
    er beslôz in mit den armen   und wolde in tragen dan.
    den schôz ob im ze tôde   der vil küene spileman.

2017 Dô dandern daz sâhen,   diu fluht huop sich dan.
    si begonden alle vluochen   dem selbem spileman.
    einen gêr er ûf zuhte,   vil scharpf unde hart,
    der von eime Hiunen   zuo zim dar ûf geschozzen wart.

2018 Den schôz er krefteclîchen   durch die burc dan
    über daz volc vil verre.   den Etzelen man
    gab er herberge   hôher von dem sal.
    sîn vil starkez ellen   die liute vorhten über al.

2013, 1 Dô volgten si dem kinde.
    2 wol zwei tûsent tôten.
2014, 2 der sîn mit helfe pflæge.
    4 die klagten dô ir friunde: des twanc si jâmerhaftiu nôt.
2015, 1   ein recke vil gemeit.
    3 die Hiunen sint vil bœse.
2017, 1 Dô dandern daz gesâhen.
    3 noh huob er under füezen   einen gêr vil hart.
    4   in daz hûs geschozzen wart.
2018, 1 Den schôz er dô hin widere.
    2 mit sîner kraft sô verre.
    3   ûf hôher von dem sal.
    daz sîn vil starkez ellen.

2018, 2 über daz volc verre.

2019 Dô stuonden vor dem hûse   vil manec tûsent man.   1956
    Volkêr unde Hagene   reden dô begau   (2073)
    mit Etzeln dem künege   allen ir muot.
    des kômen sit in sorge   die helede küene unde guot.

2020 «Ez zæme», sô sprach Hagene,   «vil wol volkes trôst,
    daz die herren væhten   zaller vorderôst,
    alsô der minen herren   hie ieslîcher tuot:
    die houwent durch die helme,   nâch swerten vliuzet daz pluot.»

2021 Etzel was sô küene,   er vazte sinen schilt.
    «nu vart gewerliche»,   sprach vrou Kriemhilt,
    «und bietet ir den recken   daz golt über rant:
    wan erreichet iuch dort Hagene,   ir habet den tôt an der hant.»

2022 Der künec was sô küene,   er wolde erwinden niht,.
    daz von sô riehen fürsten   selden nu geschiht:
    man muose in bi dem vezzel   ziehen wider dan.
    Hagene der grimme   in aber hœnen began.

2023 «Ez was ein verriu sippe»,   sprach Hagene der degen,
    «die Etzel unde Sifrit   zesamne hânt gepflegen.
    er minnet Kriemhilden   ê si ie gesæhe dich:
    künec vile bœse,   war umbe rætest anc mich?»

2024 Dise rede hôrte   des edeln küneges wip.
    des wart in unmuote   der Kriemhilde lip,
    daz er si torste scelden   vor Etzelen man:
    dar umbo si aber râten   an die geste began.

2025 Si sprach «der mir von Tronege   Hagenen slüege
    unde mir sin houbet   her für mich trüege,
    dem fult ich rôtes goldes   den Etzelen rant,
    dar zuo gæbe ich im ze miete   vil guote bürge unde lant.»

2019, 1   Ezel unt sine man.
    3 mit der Hiunen künige   ir willen unt ir muot.
    des kômen sit in sorgen.
2021, 3 alsô der künec Gunther   und Gêrnôt hie tuot.
2022, 1 Done wolt der künec hêre   des strîts erwinden niht.
    4   sin aber spotten began.
2023, 1 Ez was ein næhiu sippe,   sprach dô Hagene,
    die Sivrit unt Etzel   heten zesamene.
2024, 1   wol des küniges wip.
    des wart vil unmuotes.
2025, 2   ze gibe trüege.
    4 ouch gæb ich im ze miete.
_____
2025, 2   here trüege.

2026 «Nu enweiz ich wes si bîtent»,   sprach der spileman.   1963
«ine gesach nie helde mêre   sô zagelîchen stân,   (2080)
dâ man hôrte bieten   alsô hôhen solt.
jâne sold in Etzel   dar umbe nimmer werden holt.

2027 Die hie sô lasterlîchen   ezzent des fürsten brôt
unde im nu geswichent   in der græzesten nôt,
der sihe ich hie manigen   vil zagelîche stân,
und wellent doch sîn küene: si müezens immer schande hân.»

XXXV. ÂVENTIURE,

WIE ÎRINC ERSLAGEN WART.

2028 Dô rief von Tenemarke   der marcgrâve Îrinc
«ich hân ûf êre lâzen   nu lange mîniu dinc
und hân in volkes stürmen   des besten vil getân.
nu brinc mir mîn gewæfen: jâ wil ich Hagenen bestân.»

2029 «Daz wil ich widerrâten»,   sprach dô Hagene.
«sô heiz ûf hôher wîchen   die Hiunen degene.

2026, 3   sô rehte rîchen solt.
si möhten gerne dienen   die bürge unt ouch daz rôte golt.
2026, 5 Etzel der vil riche   het jâmer unde nôt.   (2081)
er klagte pitterlîche   mâge unt manne tôt.
dâ stuont von manigen landen   vil recken gemeit:
die weinten mit dem künige   sîniu kreftigen leit.
2027 Des begunde spotten   der küene Volkêr   (2082)
«ich sihe hie sêre weinen   vil manigen recken hêr.
si gestênt ir herren übele   in sîner starken nôt:
jâ ezzent si mit schanden   nu vil lange hie sîn brôt.»
5 Do gedâhten in die besten   «er hât uns wâr geseit.»   (2083)
doch enwas ez dâ niemen   sô herzenlîche leit
als euch Îringe,   dem helede ûz Tenelant:
daz man in kurzen zîten   mit der wârheit wol bevant.
2029, 2 so gewinnet inwer mâge   mêr ze klagene.

2029, 2 sô heiz die Hiunen wîchen   von dem gademe (25).

NIBELUNGENLIED.   22

gespringent iuwer zwêne   oder drî in den sal,
die sende ich ungesunde   die stiegen wider hin zetal.»

2030 «Dar umbe ihz niht enlâze»,   sprach aber Irinc.   1967
«ich hân ouch ê versuochet   sam sorclîchiu dinc.   (2086)
jâ wil ich mit dem swerte   eine dich bestân.
waz hilft dîn übermüeten,   daz du mit rede hâst getân?»

2031 Dô wart gewâfent balde   der degen Irinc
und Irnvrit von Düringen,   ein küener jungelinc,
und Hâwart der starke,   wol mit tûsent man:
swes Irinc begunde,   si woldens alle ime gestân.

2032 Dô sah der videlærc   eine vil grôze scar,
die mit Iringe   gewâfent kômen dar.
si truogen ûf gebunden   vil manegen helm guot.
dô wart der küene Volkêr   ein teil vil zornec gemuot.

2033 «Sehet ir, vriunt Hagene,   dort Iringen gân
der iuh mit dem swerte   lobt eine bestân?
wie zimet helede lügene?   ich wil unprîsen daz.
ez gênt mit im gewâfent   wol tûsent recken oder baz.»

2034 «Nu heizet mich niht liegen»,   sprach Hâwartes man.
«ich wilz gerne leisten   swaz ich gelobet hân,
durch deheine vorhte   wil ihs abe gân:
swic griulîch nu sî Hagene,   ich wil in eine bestân.

2029, 3   oder drî zuo mir her in,
       ist daz si mîn erbitent,   si scheident schedelîche hin.
2030, 3   aleine dich bestân,
       ob du mit strîte hêtest   mêr danne iemen getân.
2031, 1 Dô wart gewâfent Irinc   nâch ritterlîcher sit:
       alsam wart von Dürigen   der lantgrâve Irnfrit.
2032, 1   eine grôze schar.
       4 des wart der küene Volkêr.
2033, 1 Er sprach «seht ir, Hagene.
       3 der iuch hie mit dem swerte.
2034, 2 ich wil ez leisten gerne.
       4 swie vreislich nu sî Hagene,   ich wil zwâre in bestân.

2029, 3 gespringent iuwer zwêne   oder drî in daz hûs,
       die send ich vil schiere   ungesunde hin ûz (41).
2031, 1 Dô wart gewâfent schône   Irinc zehant,
       und Irnvrit von Düringen,   ein recke vil balt (42).

2035 Ze füezen bôt sich Îrinc   mâgen unde man,   1972
daz si in eine liezen   den recken bestân.   (2091)
daz tâten si ungerne: wand in was wol bekant
der übermüete Hagene   ûzer Burgonden lant.

2036 Doch bat er si sô lange   daz ez sît geschach.
dô daz ingesinde   den willen sîn ersach,
daz er warp nâch êren,   dô liezen si in gân.
dô wart von in beiden   ein grimmez strîten getân.

2037 Îrinc von Tenemarken   hôhe truoc den gêr,
sich dahte mit dem schilde   der tiwer degen hêr:
dô lief er ûf zuo Hagenen   vaste für den sal:
dô huop sich von den degenen   ein vil græzlîcher schal.

2038 Dô scuzzen si die gêre   mit kreften von der hant
durch die vesten scilde   ûf liehtez ir gewant,
daz die gêrstangen   vil hôhe dræten dan.
dô griffen zuo den swerten   die zwêne grimme küenen man.

2039 Des küenen Hagenen ellen   daz was starke grôz:
dô sluoc ûf in Îrinc   daz al daz hûs erdôz.
palas unde türne   erhullen nâch ir slegen.
done konde niht verenden   des sînen willen der degen.

2040 Îrinc lie Hagenen   unverwundet stân.
zuo dem videlære   gâhen er began.
er wânde in möhte twingen   mit sînen starken slegen:
daz konde wol bescermen   der vil zierlîche degen.

2041 Dô sluoc der videlære   daz über des schildes rant
dræte daz gespenge   von Volkêres hant.

2036, 4 dô wart ein grimmez strîten   von in beiden dâ getân.
2037, 1 Îrinc der vil starke.   hôhe erhurt den gêr,
    .   den schilt er für sich zuhte.
    3 dô lief er ûz zuo Hagenen.
2038, 2 durch die vil vesten schilde.
    4   die vil grimme küenen man.
2039, 1 Des starken Hagenen ellen   was unmâzen grôz.
    ouch sluog ûf in Îrinc   daz al diu burc erdôz.
2040, 1 Îrinc lie dô Hagenen.
    3 er wânde in solde twingen   mit den grimmen slegen.
    sich kunde wol beschirmen.
2041, 1   daz über schildes rant.

22 *

den liez er dô beliben: er was ein übel man:
dô lief er Gunthêren   von den Burgonden an.

2042 Dô was ir ietwedere   ze strîte starc genuoc.   1979
swaz Gunther und Îrinc   ûf ein ander sluoc,   (2098)
daz enbrâhte niht von wunden   daz vliezende pluot.
daz behuote ir gewæfen: daz was starc unde guot.

2043 Gunthern er lie belîben   und lief Gêrnôten an:
daz fiwer ûz den ringen   er houwen im began.
dô hete von Burgonden   der starke Gêrnôt
den küenen Îringen   erslagen nâchlîchen tôt.

2044 Dô spranc er von dem fürsten: snel er was genuoc.
der Burgonden viere   der helt vil balde sluoc,
des edeln ingesindes   von Wormez über Rîn.
done kunde Giselhêre   nimmer zorner gesîn.

2045 «Goteweiz, her Îrinc»,   sprach Giselher daz kint,
«ir müezet mir die gelten   die vor iu tôt sint
gelegen hie ze stunden.»   dô lief er iu an,
er sluoc den Tenelender,   daz er muose dâ bestân.

2046 Er scôz vor sînen handen   nider in daz pluot,
daz si alle wolden wænen   daz der helt guot
ze strîte nimmer mêre   geslüege keinen slac.
Îrinc doh âne wunden   hie vor Giselhere lac.

2047 Von des helmes dôze   und von des swertes klanc
wâren sîne witze   worden harte kranc,
daz sich der degen küene   des lebenes niht versan.
daz hete mit sînen kreften   der starke Giselher getân.

2041, 4 er lief den künic Gunther   dâ von Burgonden an.
2042, 4   .   daz was veste unde guot.
2043, 1   Gêrnôten lief er an.
     4   vil nâch gesendet in den tôt.
2044, 2   der helt vil schiere sluoc.
     4   "   zorner nimmer gesîn.
2045, 2   die veige vor in sint.
     4 er sluoc den Tenemarken,   daz' er strûchen began.
2046, 1 Er schôz vor sînen füezen.
     4 Îrinc noch âne wunden.
2047, 2   worden alsô kranc,
     3 daz sich der degen Îrinc.
     4 daz het mit sîner sterke   der küene Giselher getân.

___

2045, 4   daz er ze valle bequam (25).

2048 Do im begonde entwichen von houbte der dôz, 1985
den er ê dâ dolte von dem slage grôz, (2104)
er dâhte «ich pin noch lebende unde ninder wunt:
nu ist mir aller êrste daz ellen Giselheres kunt.»

2049 Dô hôrte er beidenthalben die vîande stân.
wisten si diu mære, im wære mêr getân.
ouch het er Giselhêren dâ bî im vernomen.
er dâhte wie er solde von den vîanden komen.

2050 Wie rehte tobelîche er ûz dem pluote spranc!
sîner snelheite er mohte sagen danc.
dô lief er ûz dem hûse da er aber Hagenen vant,
und sluoc im siege swinde mit sîner ellenthafter hant.

2051 Dô gedâhte Hagene «du muost des tôdes wesen.
dich envride der übel tiuvel, dune kanst niht genesen.»
doch wundet Îrinc Hagenen durch sînen helmhuot.
daz tet der helt mit Wasken: daz was ein wâfen alsô guot.

2052 Dô der herre Hagene der wunden enpfant,
do erwaget im ungefuoge daz swert an sîner hant.
aldâ muos im entwîchen der Hâwartes man:
hin nider von der stiegen Hagene im volgen began.

2053 Îrinc der vil küene en schilt über houbet swanc.
und wær diu selbe stiege drier stiegen lanc,
die wîle liez in Hagene nie slahen einen slac.
hey waz rôter vanken ob sîme helme gelac!

2054 Wider zuo den sînen kom Îrinc wol gesunt.
dô wurden disiu mære Kriemhilde kunt,

2048, 1 Do im begunde wichen.
2 von helm unt ouch von swerte, der was gewesen grôz.
3 mîn lîp ist ninder wunt.
2049, 2 heten siz gewisset.
4 mit dem libe dannen komen.
2050, 2 der sîner snelheite.
2051, 1 Dô gedâht ouch Hagene «du solt der mîne wesen.
dich enner der übel tinfel, du enkanst nu niht genesen.
2052, 1 Dô der grimme Hagene.
4 zetal von dem hûse Hagene volgen im began.
2053, 1 Îrinc über houbet den schilt vil balde swanc.
3 dône liez in Hagene slahen deheinen slac.
2054, 1 Dô sâhen sîne friunde Îringen noch gesunt.

waz er von Tronege Hagenen   mit strîte hete getân:
des im diu küneginne   vil hôhe danken began.

2055 »Nu lôn dir got, Irine,   vil mære helt guot,   1992
du hâst mir wol getrœstet   daz herze und ouch den muot. (2110)
nu sihe ih rôt von pluote   Hagenen sîn gewant.»
Kriemhilt nam im selbe   den schilt vor liebe von der hant.

2056 «Ir muget im mâzen danken»,   sô sprach Hagene.
«wold erz noch versuochen,   daz zæme degene:
kœm er danne widere,   so wær er ein küene man.
diu wunde frumet iuch kleine,   die ich von im enpfangen hân.

2057 Daz ir von mîner wunden   die ringe sehet rôt,
daz hât mich erreizet   ûf maniges mannes tôt.
ich pin alrêrste erzürnet   ûf Hâwartes man.
mir hât der degen Irine   scaden kleinen noch getân.»

2058 Dô stuont gegen dem winde   Irine von Tenelant:
er kuolte sich in ringen,   den helm er abe gebant.
dô sprâchen al die liute,   sîn ellen wære guot.
des hete der marcgrâve   einen rîche hôhen muot.

2059 Aber sprach dô Irine   «mîne vriunt, wizzet daz,
daz ir mich wâfent balde: ich wilz versuochen baz,
ob ich noch müge betwingen   den übermüeten man.»
sîn schilt was verhouwen: einen bezzern er gewan.

2054, 3 waz er dem von Tronege.
      4   hôhe danken began.
2055, 3 nu sihe ich Hagenen rôtez   von bluote sîn gewant.»
       dô nam si im selbe.
2056, 1   sprach dô Hagene.
       «jâ ist noch harte kleine   dâ von ze sagene.
       unt wolt erz noch versuochen.
      4   die ich von im gewunnen hân.
2057, 3   ûf in unt manigen man.
2058, 4   von den schulden hôhen muot.
2059, 1 Irine der vil küene   sînen friunden sagte daz:
       «nu wâfent mich vil balde.
     4 sîn schilt der was verhouwen.

2055, 4 si nam ime selbe.
2056, 1   sprach Hagene (238).
       wold erz noch versuochen   vor dem gademe (25).
2059, 2 nu wâfent mich balde (240).

2060 Vil schiere wart der recke   dô gewâfent baz.
einen gêr vil starken   nam er durch den haz,
dâ mite er aber wolde   Hagenen dort bestân.
dô warte im vîentlîche   der mortgrimmege man.

2061 Sin mohte niht erbiten   Hagene der degen.
er lief im hin engegene   mit scûzzen und mit slegen
die stiegen ûz an ein ende: sîn zurnen daz was grôz.
Îrinc sîner sterke   dô vil wênec genôz.

2062 Si sluogen durch die scilde   deiz lougen began
von fiwerrôten winden.   der Hâwartes man
wart von Hagenen swerte   krefteclîchen wunt
durch schilt und durch brûnne: des er wart nimmer mêr gesunt.

2063 Dô der degen Îrinc   der wunden enpfant,
den schilt er baz ruhte   über diu helmbant.
des schaden in dûht der volle,   den er dâ gewan:
sît tet im aber mêre   des künec Guntheres man.

2064 Hagene vor sînen füezen   einen gêr ligen vant:
er scôz Îringen,   den helt von Tenelant,
daz im von dem houbte   diu stange ragete dan.
im hete der recke Hagene   den grimmen ende getân.

2065 Îrinc muost entwîchen   zuo den von Tenelant.
ê daz man dô dem degene   den helm ab gebant,
man brach den gêr von houbte: dô nâhete im der tôt.
daz weinden sîne mâge: des gie in wærlîche nôt.

2060, 1   aber gewâfent baz;
    unt einen gêr vil starken   den nam er ûf den haz,
    daz er dâ mite Hagenen   wolde noch bestân.
    ez wær im frum unt êre,   ob erz hete nu verlân.
2061, 2 dô lief er im engegene   mit stichen und mit slegen,
    der stiege unz an ein ende.
    4   harte wênic dô genôz.
2062, 3   vil krefticlichen wunt.
2063, 2 den schilt er baz bedahte.
    4 sît tet im noch mêre   der vil übermüete man.
2064, 3   der gêr ragete dan.
    im het der übermüete.
2065, 1 Îrinc muose wichen.
    3 den gêr man brach von houbet.

2060, 1   gewâfenet baz.
2061, 2 er lief im engegene.
2063, 4 sît tet ime mêre.

2066 Dô kom diu küneginne   über in gegân: 2003
     den starken Íringen   klagen si began.   (2122)
     si weinde sîne wunden,   ez was ir grimme leit.
     dô sprach vor sînen mâgen   der recke küene unt gemeit.

2067 «Lât die klage belîben,   vil hêrlîchez wîp.
     waz hilfet iuwer weinen?   jâ muoz ich mînen lîp
     verliesen von den wunden   die ich enpfangen hân.
     der tôt wil mich niht langer   iu und Etzeln dienen lân.»

2068 Er sprach zuo den von Düringen   unt den von Tenelant
     «die gâbe sol enpfâhen   iwer deheines hant
     von der küneginne,   ir liehtez golt vil rôt.
     und bestêt ir Hagenen,   ir müezet kiesen den tôt.»

2069 Sîn varwe was erblichen,   des tôdes zeichen truoc
     Írinc der küene: daz was in leit genuoc.   ·
     genesen niht enkunde   der Hâwartes man:
     dô muost ez an ein strîten   von den von Tenemarke gân.

2070 Irnfrit unde Hâwart   die sprungen für daz gadem
     wol mit tûsent heleden.   vil ungefüegen kradem
     hôrt man allenthalben,   kreftee unde grôz.
     hey waz man starker gêre   zuo den Burgonden scôz!

2071 Irnfrit der küene   lief an den spileman:
     des er schaden grôzen   von sîner hant gewan.

2066, 1 Kriemhilt diu frouwe   klagen ouch began
       den küenen Íringen,   den schadehaften man.
     3   wande ez was ir leit.
     4   der snelle recke gemeit.
2067, 1 Lât iuwer klage belîben.
     4 der tôt wil mich niht dienen   iu unt Etzelen lân.
2068, 3   ir liehtez golt sô rôt.
     4   ir müezet lîden den tôt.
2069, 4   von den sînen friunden gân.
2070, 3   vil krefteclichen grôz.
     4   ûf die Burgonden schôz!
2071, 1 Irnvrit der herre.

2066, 1 Kriemhilt diu frouwe   über in dô quam.
       den starken Íringen   klagen si began.
     3   ez was ire leit.
2068, 3   ir liehtez golt rôt (238).

der edel videlære   den lantgráven sluoc
durch einen helm vesten: jâ was er grimme genuoc.

2072 Dô sluoc der herre Irnfrit   den küenen spileman,   2009
daz im muosen bresten   din ringes gespan,   (2128)
unt daz sich beschutte   diu brünne fiwerrôt.
doch viel der lantgrâve   vor dem videlære tôt.

2073 Hâwart unde Hagene   zesamne wâren komen.
er mohte wunder kiesen,   ders hete war genomen.
diu swert genôte vielen   den helden an der hant.
Hâwart muoste ersterben   von dem ûz Burgonden lant.

2074 Do die Tenen und die Dürenge   ir herren sâhen tôt,
dô huop sich vor dem hûse   ein vreislichiu nôt,
ê si die tür gewunnen   mit ellenthafter hant.
des wart dâ verhouwen   vil manec helm unde rant.

2075 «Wîchet», sprach dô Volkêr,   «und lât si her in gân.
ez ist sus unverendet   des si dâ habent wân:
si müezen drinne ersterben   in vil kurzer zît.
si arnent mit dem tôde   daz in diu küneginne gît.»

2076 Dô die übermüeten   kômen in den sal,
vil manegem wart daz houbet   geneiget sô zetal
daz er muose ersterben   von ir swinden slegen.
wol streit der küene Gêrnôt: sam tet ouch Giselher der degen.

2077 Tûsent unde viere   die kômen in daz hûs:
von swerten sach man blicken   vil manegen swinden sûs.
sît wurden doch die recken   alle drinne erslagen.
man mohte michel wunder   von den Burgonden sagen.

2071, 3 der küene videlære.
2072, 1 Dô sluoc der lantgrâve.
    2   ringes gespan.
    4 dô viel der lantgrâve.
2073, 3   den recken an der hant.
2074, 1 Dô die Dürigen unt die Tenen.
    2   ein vil grimmiu nôt.
2075, 1   lât si her in gân.
2076, 2 manigem wart daz houbet.
    3   von ir grimmen slegen.
2077, 1   die kômen dar in.
    die erzeigten drinne schiere   ir degenlichen sin.
    si wurden von den gesten   al zehant erslagen.

2077, 1   kômen in daz hûs.
    der enkom deheiner   lebender hin ûz (42).

2078 Dar nâch wart ein stille,   dô der scal verdôz.   2015
daz pluot allenthalben   durch diu löcher vlôz   (2134)
unt dâ zen rigelsteinen   von den tôten man.
daz heten die von Rîne   mit grôzem ellen getân.

2079 Dô sâzen aber ruowen   die von Burgonden lant.
diu wâfen mit den schilden   si leiten von der hant.
dô stuont noch vor dem hûse   der küene spileman:
er warte ob iemen wolde   noch zuo ziu mit strîte gân.

2080 Der küene klagete sêre,   sam tet ouch sîn wip:
megede unde vrouwen   die quelten dâ den lip.
ich wæne des daz hête   der tôt ûf si gesworn:
des wart noch vil der recken   von den gesten verlorn.

—

XXXVI. ÂVENTIURE,

WIE DIU KÜNIGIN DEN SAL VERBITEN HIEZ.

———

2081 «Nu bindet abe die helme»,   sprach Hagene der degen.
«ich und min geselle   sulen iuwer pflegen.
und welnt iz noch versuochen   die Etzelen man,
sô warne ich mîne herren   so ich aller schierreste kan.»

2082 Do entwâfent daz houbet   manic ritter guot:
si sâzen ûf die wunden,   die vor in in daz pluot

2078, 1   daz der schal verdôz.
      das bluot dô allenthalben.
   3   von den küenen man.
2079, 1   die kômen in daz lant.
      ir schilde unde wâfen.
   4 ob iemen zuo zin wolde   mit strîte zuo dem sale gân.
3080, 2   die quelten ouch den lip.
   4 des wart noch vil der degene.

2081, 1   sprach dô Hagene.
      «jâ lâzen wir den Hiunen   sô vil ze klagene,
      daz si der hôchgezîte   vergezzent nimmer hie.
      waz hilfet nu Kriemhilde   daz si uns ze Rîne niht enlie?»
2082, 1 Do entwâfent dâ dez houbet.
      2 si sâzen ûf den velgen.

———

2080, 2   die quelten den lip (236).

wâren zuo dem tôde   von ir handen komen.
dâ wart der edeln geste   vil übele goume genomen.

2083 Noch vor dem âbende   scuof der künec daz,   2020
und ouch diu küneginne,   daz ez versuochten baz   (2189)
die hiunischen recken.   der sah man vor in stân
noch wol zweinzec tûsent: die muosen dâ ze strite gân.

2084 Sich huob ein sturm herte   zuo den gesten sân.
Dancwart, Hagenen bruoder,   der vil snelle man,
spranc von sînen herren   zen vinden für die tür.
man wânde er wære erstorben: er kom gesunder wol dar für.

2085 Der herte strît werte   unz inz diu naht benam.
dô werten sich die geste,   als iz guoten helden zam,
den Etzelen mannen   den sumerlangen tac.
hey waz noch küener degene   vor in veige gelac!

2086 Zeinen sunewenden   der grôze mort geschach
daz diu vrouwe Kriemhilt   ir herzen leit errach
. an ir næhsten mâgen   unde manigem man:
dâ von der künec Etzel   vreude nimmer mêr gewan.

2082, 3 wâren in dem strîte   mit dem tôde komen.
    sit wart der Etzeln geste.
2083, 1 Vor âbendes zîte   geschuof der künic daz.
    3   durch der geste leit.
    des man an si gerte,   die helde wârens bereit.
2084, 1   hier ûz unt ouch dar in.
    2   durch degenlichen sin
    spranc vor sînen herren   zen vinden ûz der tür.
    si versâhen sich sîns tôdes.
2085, 1 Der herte strît dô werte.
    2   als iz in wol gezam,
    den Etzelen degenen.
    4 hey was noch der helede.
2086, 2 daz diu küniginne.
    3   unt sus an manigem man.
    4   vil manigen siechen gewan.
    5 Sine het der grôzen slahte   alsô niht gedâht   (2143)
    si het ez in ir ahte   vil gerne dar zuo brâht
    daz niwan Hagene aleine   den lip dâ hete lân.
    do geschuof der übel tinfel   deiz über si alle moose ergân.

2083, 3   durch der geste scaden.
    der was wol zweinzic tûsent,   die alle wurden erslagen (49).

2087 Iu was des tages zerunnen: dô gie in sorge nôt.   2024
     si gedâhten daz in bezzer   wære ein kurzer tôt   (2140)
     dan lange dâ ze quelne   ûf ungefüegiu leit.
     eins vrides si dô gerten,   die stolzen ritter gemeit.

2088 Si bâten daz man bræhte   den künec zuo in dar.
     die bluotvarwen helde   unde harnaschvar
     trâten ûz dem hûse,   die drie künege hêr.
     sine wessen wem ze klagene   diu ir vil grœzlichen sêr.

2089 Etzel unde Kriemhilt   die kômen beide dar.
     daz lant daz was ir eigen;   des mêrte sich ir schar.
     er sprach zuo den gesten   «nu saget waz welt ir mîn?
     ir wænet vride gewinnen: daz kunde müelîch gesîn.

2090 Ûf schaden alsô grôzen   als ir mir habet getân
     (ir sult is niht geniezen,   sol ich mîn leben hân),
     mîn kint daz ir mir sluoget   und vil der mâge mîn,
     vride unde suone   sol iu vil gar versaget sîn.»

2091 Des antwurte Gunther   «des twanc uns grôziu nôt.
     allez mîn gesinde lac   vor dînen helden tôt
     an der herberge: wie hete ich daz versolt?
     ich kom zuo dir ûf triuwe,   ich wânt daz du mir wærest holt.»

2092 Dô sprach von Burgonden   Giselher daz kint
     «ir Etzelen helde,   die noch hie lebende sint,
     waz wîzet ir mir recken?   waz hân ich iu getân?
     wand ich vriuntlîche   in ditze lant geriten hân.»

2093 Si sprâchen «dîner güete   ist al diu burc vol
     mit jâmer, zuo dem lande.   jâ gonden wir dir wol,
     daz du nie komen wærest   von Wormez über Rîn.
     daz lant habt ir verweiset,   du unt ouch die brüeder dîn.»

2088, 1   Etzelen dar.
     die bluotvarwen degene   unt schöne harnaschvar.
2089, 3 er sprach zuo den künigen   «sagt waz welt ir mîn?
2090, 4 des ensol mit sîme lebene   iwer deheiner komen hin.
2091, 1   des twanc uns starkiu nôt.
     allez mîn gesinde   lac von den dînen tôt
     an den herbergen.
     4   unt wânt daz du mir wærest holt.
2092, 2 ir Etzelen recken.
     3 waz wîzet ir mir degene?
     4 wande ich vil minneclîche.
2093, 4 diz lant ist gar verweiset   von dir unt ouch den mâgen dîn.

2093, 4 daz lant hâst du verweiset   unt die bruodere dîn.

2094 Dô sprach in zornes muote   Gunther der degen   2031
«welt ir ditze starke hazzen   zeiner suone legen   (2151)
mit uns ellenden recken,   deist beidenthalben guot.
ez ist gar âne schulde   swaz uns Etzel getuot.»

2095 Dô sprach der wirt zen gesten   «min und iuwer leit
diu sint vil ungelîche.   diu michel arebeit
des scaden zuo den schanden,   die ich hie hân genomen,
des sol iwer deheiner   nimmer lebende hinnen komen.»

2096 Dô sprach zuo dem künege   der starke Gêrnôt
«sô sol iu got gebieten   daz ir friuntlîchen tuot.
slahet' uns ellenden,   und lât uns zuo ziu gân
hin nider an die wîte: daz ist in êre getân.

2097 Swaz uns geschehen künne,   daz lâzet kurz ergân.
ir habt sô vil gesunder,   und turrens uns bestân,
daz si uns sturmmüede   lâzent niht genesen.
wie lange suln wir recken   in disen arebeiten wesen?»

2098 Die Etzelen recken   die hetenz nâch getân,
daz si si wolden lâzen   für den palas gân.
daz gehôrte Kriemhilt: ez was ir grimme leit.
des wart den ellenden   der vride gâhes widerseit.

2099 «Neinâ, Hiunen recken,   des ir dâ habet muot,
ich râte an rehten triuwen,   daz ir des niht entuot,
daz ir die mortræchen   iht lâzet für den sal:
sô müesen iuwer mâge   lîden den tœtlîchen val.

2094, 3 mit uns vil ellenden.
2095, 3   die ich hân genomen.
   4   mit dem lîbe hinnen komen.
2096, 1   Gêrnôt der hôchgemuot.
   2   daz ir wol tuot.
      wîchet von dem hûse.
   4 sît wir zuo dem lebene   haben alsô kleinen wân.
2097, 4 sît daz ist unwendec,   wir müezen hie verderbet wesen.
2098, 2 daz si se ûz dem hûse   wolden lâzen gân.
      dô daz gehôrte Kriemhilt.
   4   dô der vride widerseit.
2099, 4 sô müesen iuwer friunde   lîden tœtlîchen val.

2094, 3 mit uns ellenden.

2100 Ob ir nu niemen lebte   wan diu Uoten kint,   2037
     die mînen edelen bruoder,   und kœmens an den wint,   (2157)
     erknolent in die ringe,   sô sît ir alle vlorn.
     ez enwurden küener degene   nie zer werlde geborn.»

2101 Dô sprach der junge Giselher   «vil schœniu swester mîn,
     des getrouwet ich vil übele,   dô du mich über Rîn
     ladetes her ze lande   in dise grôze nôt.
     wie hân ich an den Hiunen   hie verdienet den tôt?

2102 Ich was dir ie getriuwe,   nie getet ich dir leit.
     ûf solhen gedingen   ich her ze hove reit,
     daz du mir holt wærest,   vil edeliu swester mîn.
     bedenke an uns genâde: ez mac niht anders gesîn.»

2103 «Ine mac iu niht genâden: ungenâde ich hân.
     mir hât von Tronege Hagene   sô grôziu leit getân,
     ez ist vil unversüenet,   die wîle ich hân den lîp.
     ir müezets alle engelden»,   sprach daz Etzelen wîp.

2104 «Welt ir mir Hagenen einen   ze gîsele geben,
     sone wil ich niht versprechen   ichn welle iuch lâzen leben:
     wand ir sît mîne bruoder   und einer muoter kint:
     sô rede ihz nâch der suone   mit disen helden die hie sint.»

2105 «Nune welle got von himele»,   sprach dô Gêrnôt.
     «ob unser tûsent wæren,   wir lægen alle tôt,

2100, 1   niwan diu Uoten kint.
    3 erknolten in die ringe.
2101, 1 Dô sprach der herre Giselher   «vil liebiu swester mîn,
    wie mohte ich des getrouwen.
    3 sô minneclîchen ladetes   her in ditze lant,
    daz mir sô grôzer kumber   solde werden hie bekant?
2102, 3 daz du mîn friunt wærest.
    4 begene an uns genâde.   sît ez niht anders kan gesîn.
2103, 2   sô leide getân
    dâ heime unt hie ze lande   sluog er mir mîn kint.
    des müezen sêre engelten   die mit in dâ her komen sint.
2104, 1 Welt aber ir mir ze gîsel   den mînen vîent geben,
    sone wil ichz niht versprechen.
    4 sô rede ihz zeiner suone   mit disen recken die hie sint.

2101, 3 ladetes her ze lande   zuo dîner hôhgezît,
    daz ich hie zen Hiunen   solde vliesen den lîp (42).
2103, 3 ez ist vil unversüenet,   die wîle ich hân den lîp.
    ir müezets alle engelden   daz ir her komen sît (42).

der sippen diner mâge, ê wir dir einen man
gæben hie ze gisel. ez wirdet nimmer getân.»

2106 «Wir müesen doch ersterben», sprach dô Giselher.   2043
«uns enscheidet niemen von ritterlîcher wer.   (2163)
swer gerne mit uns vehte, wir sin et aber hie,
wande ich deheinen mînen friunt an triuwen nie verlie.»

2107 Dô sprach der küene Danewart (im zæme niht ze dagene)
«jane stêt noch niht eine mîn bruoder Hagene.
die hie den vride versprechent, ez mac in werden leit.
des bringe wir iuch innen: daz sî iu wærlich geseit.»

2108 Dô sprach diu küneginne «ir helde vil gemeit,
nu gêt der stiegen nâher und rechet mîniu leit.
daz wil ich immer dienen als ich von rehte sol.
der Hagenen übermüete der gelôn ich im wol.

2109 Lât einen ûz dem hûse niht komen über al:
sô heiz ich vieren enden zünden an den sal:
sô werdent wol errochen elliu mîniu leit.»
die Etzelen degene die wurden schiere bereit.

2110 Die noch hie ûze stuonden, die tribens in den sal
mit slegen und mit sctûzzen: des wart vil grôz der schal.
doch wolden nie gescheiden die fürsten und ir man:
sine konden von ir triuwen niht ein ander verlân.

2111 Den sal hiez dô zünden daz Etzelen wîp.
dô quelte man den recken mit fiwer dâ den lîp.
daz hûs von einem winde vile balde enbran.
ich wæn daz volc deheinez græzer angest gewan.

2106, 3 swer gerne mit uns strite.
     4 wande ich der mînen friunde an triuwen nie deheinen lie.
2107, 1   für die degene.
2108, 2   unt rechet unser leit.
2109, 1 Springet ûz dem hûse, ir recken, über al.
     3   elliu unser leit.
2110, 1   die tribon si dar in.
     2   wider in den palas hin
        sich wolden nie gescheiden.
     4 sine mohten von ir triuwen.
2111, 3   mit kraft vil hôhe enbran.
        ich wæn ie volc deheinez græzer angest mêr gewan

2107, 1   vor dem gademe (29).

2112 Genuoge ruoften drinne   «owê dirre nôt!   2049
      wir möhten michel gerner   sîn in sturme tôt.   (2169)
      ez möhte got erbarmen: wie si wir alle vlorn!
      nu richet ungefuoge   an uns diu küneginne ir zorn.»

2113 Ir einer sprach dar inne   «wir müezen ligen tôt.
      waz hilfet uns daz grüezen   daz uns der künec enbôt?
      mir tuot von starker hitze   der durst sô rehte wê,
      des wæn min leben sciere   in disen sorgen zergê.»

2114 Dô sprach von Tronege Hagene   «ir edeln ritter guot,
      swen der durst twinge,   der trinke hie daz pluot.
      daz ist in solher hitze   noch bezzer danne wîn.
      ez enmac an disen zîten   et nu niht bezzer gesîn.»

2115 Dô gie der recken einer   da er einen tôten vant:
      er kniete im zuo der wunden,   den helm er abe gebant:
      dô begonde er trinken   daz vliezende pluot.
      swie ungewon ers wære,   ez dûhte in græzlichen guot.

2116 «Nu lône iu got, her Hagene»,   sprach der müede man,
      «daz ich von iuwer lêre   sô wol getrunken hân.
      mir ist noch vil selten   gescenket bezzer wîn.
      leb ich deheine wîle,   ich sol iu immer wæge sîn.»

2117 Dô dandern daz gehôrten,   daz ez in dûhte guot,
      dô wart ir michel mêre   die trunken ouch daz pluot.
      dâ von gewan vil krefte   ir eteslîches lîp.
      des engalt an lieben friunden sît   vil manec wætlîchez wîp.

2112, 3 daz müeze got erbarmen: wie vliesen wir den lîp!
     4   ir zorn an uns des küniges wîp.
2113, 2 vor rouche unt ouch vor hitze: deist ein grimmiu nôt.
      mir tuot vor starker hitze.
2114, 3 daz ist in solben nœten.
     4 für trinken unt für spîse   kan niht anders nu gesîn.
2116, 1 Nu lôn iu got von himele.
     2 daz ich von iurem râte.
     3 mir ist geschenket selten   dehein bezzer wîn.
     4   ich sol ez dienende sîn.
2117, 3 dâ von begunde kreften   der guoten recken lîp.
      des engalt an lieben friunden   sît vil manic schœne wîp.

2113, 2 des wil uns niht erlâzen   der Kriemhilde muot (25).
2116, 3 mir ist gescenket selten   bezzere wîn.

2118 Daz fiwer viel genôte   ûf si in den sal: **2055**
dô leiten siz mit schilden   von in hin zetal.   **(2175)**
der rouch und ouch diu hitze   in tâten beidiu wê.
ich wæn der jâmer immer   mêr an heleden ergê.

2119 Dô sprach von Tronege Hagene   «stêt zuo des sales want,
lât niht die brende vallen   ûf iuwer helmbant.
tret si mit den füezen   tiefer in daz pluot.
ez ist ein übel hôhzît   die uns diu küneginne tuot.»

2120 In sus getânen leiden   in doch der naht zeran.
noch stuont vor dem hûse   der küene spileman
und Hagene sin geselle,   geleinet über rant:
si warten scaden mêre   von den ûz Etzelen lant.

2121 Dô sprach der videlære   «nu gê wir in den sal.
sô wænent des die Hiunen   daz wir sîn über al
tôt von dirre quâle   diu an uns ist getân:
si schent uns noh begegene   in strite ir etelichen gân.»

2122 Dô sprach von Burgonden   Giselher daz kint
«ich wæn ez tagen welle: sich hebet ein küeler wint.
nu lâze uns got von himele   noch lieber zît geleben.
uns hât min swester Kriemhilt   ein arge hôhgezît gegeben.»

2123 Dô sprach aber einer   «ich kiuse nu den tac.
sît daz ez uns nu bezzer   wesen niene mac,

2118, 1   zuo zin in den sal.
   3   in beidiu tâten wê.
     jâ wæn ez an heleden   der jâmer immer mêr ergê.
2119, 3 unt tret si mit den füezen.
2120, 2 noch stuonden vor dem hûse   die zwêne küene man,
      Volkêr unt Hagene.
   4 si huoten ir gesindes   üzer Burgonden lant.
   5 Die geste half daz sêre.   daz der sal gewelbet was: **(2175)**
     dâ von ir deste mêre   in der nôt genas,
     wan daz si zen venstern   von fiure liten nôt.
     dô nerten sich die degene   als in ir ellen daz gebôt.
2121, 2 sô wellent die Hiunen   wænen über al,
     wir sîn in nôt erstorben.
   4 si sehent uns begegene   noch ir eteslichen gân.
2123, 2 sît daz ez uns bezzer.

2123, 2 sît ez uns bezzer.

sô wâfent ir iuch, helde,   gedenket an den lîp.
jâ kumt uns aber schiere   des künec Etzelen wîp.»

2124 Der wirt wolde warnen,   die geste wæren tôt
von ir arbeite   und von des fiwers nôt:
dô lebt ir noch dar inne   sehs hundert küener man,
daz nie künee deheiner   bezzer degene gewan.

2125 Der ellenden huote   hete wol ersehen
daz noch die geste lebten,   swie vil in was geschehen
ze schaden unt ze leide,   den herren unde ir man.
man sach si in dem gademe   noch vil wol gesunde stân.

2126 Man sagete Kriemhilde,   ir wære vil genesen.
dô sprach diu küneginne,   daz kunde nimmer wesen
daz ir deheiner lebte   von des fiwers nôt:
«ich wil des baz getrouwen   daz si alle ligen tôt.»

2127 Noch genæsen gerne   die fürsten und ir man,
ob noch iemen wolde   genâde an in begân.
dien kunden si niht vinden   an den von Hiunen lant:
dô râchen si ir sterben   mit vil williger hant.

2128 Des tages wider morgen   grüezen man in bôt
mit hertem urliuge: des kômen helde in nôt.
dô wart zuo zin gescozzen   vil manec starker gêr:
sich werten ritterlîchen   die recken küene unde hêr.

2123, 3 so bereitet ir iuch, recken,   ze strîte, deist uns nôt:
     wir komen doch nimmer hinnen;   daz wir mit êren ligen tôt.
2124, 1 Der künic wolde warnen.
     2 unt ouch diu küneginne,   von des fiures nôt.
2125, 3   den künigen unt ir man.
     man sah ir noch genuoge   vil wol gesunt dort inne stân.
2126, 1 Man sagt der küniginne.
     2 dô sprach diu frouwe hère.
     3   in des fiures nôt.
2127, 2 ob in iemen hæte   genâde dâ getân.
2128, 1 Vil fruo wider morgen.
     2 mit starkem urliuge.
     4 noch funden si dar inne   ze wer die recken alsô hêr.

2123, 3 sô gerwet ir iuch, helede,   wir müezen an den strît.
     jâ kumt uns aber schiere   des künic Etzelen wîp (49).
2127, 2 ob in iemen wolde   noch genâden (25).
     4 noch funden si dar inne   die küenen recken ze wer.

2129 Dem Etzeln gesinde   erweget was der muot,   **2066**
daz si wolden dienen   daz Kriemhilde guot: (2197)
dar zuo si wolden leisten   daz in der künec gebôt.
des muose maneger schiere   von in kiesen den tôt.

2130 Von geheize und ouch von gâbe   man mohte wunder sagen.
si hiez golt daz rôte   dar mit schilden tragen:
si gab ez swer sîn ruochte   und ez wolde enpfân.
jane wart nie grœzer solden   mêr ûf vinde getân.

2131 Ein michel kraft der recken   dar zuo gewâfent gie.
dô sprach der küene Volkêr   «wir sîn et aber hie.
ine gesach ûf vehten   nie helde gerner komen,
die daz golt des küneges   uns ze wâre hânt genomen.»

2132 Dô riefen ir genuoge   «nâher, helede, baz,
daz wir dâ suln verenden,   und tuon bezîte daz.
hie belîbet niemen   wan der doh sterben sol.»
dô sach man schiere ir schilde   stecken gêrschüzze vol.

2133 Waz mac ich sagen mêre?   wol zwelf hundert man
die versuochtenz vil sêre   wider unde dan.
dô kuolten mit den wunden   die geste wol ir muot.
ez enmoht nieman gescheiden: des sach man vliezen daz pluot

2134 Von verchtiefen wunden: der wart dâ vil geslagen.
ieslîchen nach sîn vriunden   hôrte man dô klagen.
die biderben sturben alle   dem rîchen küncge hêr.
des heten holde mâge   nâch in grœzlîchiu sêr.

2129, 2 si wolden vaste dienen.
   4 des kômen aber die degene   in vil angestlîche nôt.
2130, 2 dar hiez si golt daz rôte   in den schilden tragen.
2131, 2 dô sprach der videlære.
   3 ine gesach zem tôde.
2132, 2 daz wir dâ sulen enden.
2133, 2 versuohten ez vil sêre.
   3 dô kuolten an den vînden.
2134, 2 dô hôrte man genuoge   nâch ir friunden klagen.
   die frumen sturben alle.
   4   nâch in jâmer unde sêr.

2129, 4 des muose vil ersterben   der degene küen unde guot (25).
2134, 2 ieslîchen nâch friunden   hôrte man dô klagen.

XXXVII. ÂVENTIURE,

WIE DER MARCGRÂVE RÜEDEGÊR ERSLAGEN WART.

2135 Ez heten die ellenden   wider morgen guot getân.   2072
wine der Gotelinde   kom ze hove gegân.   (2193)
dô sach er beidenthalben   diu græzlichen sêr:
daz weinte inneclîche   der getriuwe Rüedegêr.

2136 «Owê mir», sprach der recke,   «deich ie den lîp gewan.
daz disen grôzen jâmer   kan niemen understân!
swie gerne ihz vriden wolde,   der künec entuot es niht,
wand er der sînen leide   ie mêr und mêre gesiht.»

2137 Dô sande an Dietrîchen   der guote Rüedegêr,
ob siz noch kunden wenden   an den künegen hêr.
do enbôt im der von Berne   «wer möht iz understân?
ez enwil der künec Etzel   scheiden niemenne lân.»

2138 Dô sah ein Hiunen recke   Rüedegêren stân
mit weinenden ougen,   und hetes vil getân.
der sprach zer küneginne   «nu seht ir wie er stât,
der doch gewalt den meisten   hie bî Etzelen hât,

2139 Unt dem ez allez dienet,   liut unde lant.
wie ist sô vil der bürge   an Rüedegêr gewant,
der er von dem künege   sô manege haben mac!
er gesluoc in disen stürmen   noch nie lobelîchen slac.

2140 Mich dunket ern ruoche   wie ez hie umbe gât,
sît daz et er den vollen   nâch sînem willen hât.
man giht im, er sî küener   danne iemen müge sîn:
daz ist in disen sorgen   worden bœslîche schîn.»

2035, 3   ·   diu ungefücgen sêr.
2136, 1   Owê, sprach der recke.
    2   daz disen starken jâmer.
2138, 2   unt het des vil getân.
    4   bî iu unt Etzelen hât.
2139, 2   unt der erbe an in gewant.
    3   sô vil gehaben mac.
2140, 2   daz et er den vollen.

2141 Mit trûrigem muote,   der vil getriuwe man,   2078
den er daz reden hôrte,   der helt der blihte in an.   (2199)
·   er dâht «du solt ez arnen.   du gihest ich sî verzaget:
du hâst diu dînen mœre   ze hove ze lûte gesaget.»

2142 Die fûst begond er twingen: dô lief er in an,
und sluoc sô krefteclîche   den hiunischen man,
daz er im vor den füezen   lac vil sciere tôt.
dô was aber gemêret   des künec Etzelen nôt.

2143 «Hin, du zage bœse»,   sprach dô Rüedegêr.
«ich hân doch gennoge   leit unde sêr:
daz ich hie niht envihte,   zwiu wîzest du mir daz?
jâ wære ich den gesten   von grôzen schulden gehaz,

2144 Und allez daz ich möhte,   daz het ich in getân,
niwan daz ich die recken   her gefüeret hân.
jâ was ich ir geleite   in mînes herren lant:
des ensol mit in niht strîten   mîn vil ellendes hant.»

2145 Dô sprach zem marcgrâven   Etzel der künec her
«wie habt ir uns geholfen,   vil edel Rüedegêr!
·   wand wir sô vil der veigen   hie ze lande hân,
wir bedorften ir niht mêre: ir habt vil übele getân.»

2146 Dô sprach der ritter edele   «da beswârt er mir den muot
und hât mir geitewîzet   êre unde guot,
des ich von dînen handen   hân sô vil genomen:
daz ist dem lügenære   ein teil unstæteliche komen.»

2147 Dô kom diu küneginne   und het iz ouch gesehen
daz von des heldes zorne   dem Hiunen was geschehen.
si klaget ez ungefuoge;   ir ougen wurden naz.
si sprach zuo Rüedegêre   «wie habe wir verdienet daz,

2142, 2 er sluoc sô krefteclîche.
2143, 1 Fürder, zage bœse.
     3 daz ich hie niht enstrite.
     4   gerne grœzlich gehaz.
2144, 2 niwan daz ich die degene.
     3 ich was ir geleite.
2146, 2 unt hât mir verwizzen.
     3   habe sô vil genomen.
2147, 1 Kriemhilt saz bî Etzeln,   diu het ez ouch gesehen
     daz von des recken zorne.
     3   ir ougen wâren naz.

2143, 1 Hine, zage bœse.

2148 Daz ir mir unt dem künege   mêret unser leit?   2085
nu habt ir uns, edel Rüedegêr,   allez her geseit,   (2206)
ir woldet durch uns wâgen   die êre und ouch daz leben.
ich hôrt iu vil der recken   den prîs vil grœzlîchen geben.

2149 Ich mane iuch der genâden   und ir mir habt gesworn,
do ir mir zuo Etzeln rietet,   ritter ûz erkorn,
daz ir mir woldet dienen   an unser eines tôt.
des wart mir armem wîbe   nie sô grœzlîche nôt.»

2150 «Daz ist âne lougen,   ich swuor iu, edel wîp,
daz ich durch iuch wâgte   die êre und ouch den lîp:
daz ich die sêle vliese,   des enhân ich niht gesworn.
zuo dirre hôhgezîte   brâht ich die fürsten wol geborn.»

2151 Si sprach «gedenke, Rüedegêr,   der grôzen triuwen dîn,
der stæte und ouch der eide,   daz du den schaden mîn
immer woldest rechen,   und elliu mîniu leit.»
dô sprach der marcgrâve   «ich hân iu selten iht verseit.»

2152 Etzel der rîche   vlêgen ouch began.
dô buten si sich beide   ze füezen für den man.
den edelen marcgrâven   unmuotes man dô sach.
der vil getriuwe recke   harte jâmerlîchen sprach

2153 «Owê mir gotes armen,   deich ditz gelebet hân.
aller mîner êren   der muoz ich abe stân,
triuwen unde zühte,   der got an mir gebôt.
owê got von himele,   daz mihs niht wendet der tôt!

2154 Swelhez ich nu lâze   unt daz ander begân,
sô hân ich bœslîche   und vil übele getân:
lâz aber ich si beide,   mich schiltet elliu diet.
nu ruoche mich bewîsen   der mir ze lebene geriet.»

2148, 2 nu habt ir uns doch, Rüedegêr.
2149, 1   unt ir mir habt geswarn,
      dô ir mir zuo Etzeln   her ze lande rietet varn.
2150, 2 ich wolde durch iuch wâgen.
      4 jâ brâht ich her ze lande   die iuwern bruoder wol geborn.
2151, 4 des man ich dich biute,   degen küene unt gemeit.
2152, 3 den guoten marcgrâven   trûren man dô sach.
2153, 1   sprach der getriuwe man.
      4 vil rîcher got von himele,   daz mihs wendet niht der tôt!
2154, 2   unt übele getân.

2151, 4 der edele marcgrâve   . . . . . . gesweic (25).

2155 Dô bâten si genôte,   der künec und ouch sîn wip.   2092
des muosen sider recken   verliesen den lip   (2213)
vor Rüedegêres handen,   dà ouch der helt erstarp.
ir muget daz hie wol hœren,   daz er vil jâmerlîchen warp.

2156 Er wiste schaden gewinnen   und ungefüegiu leit.
er hête dem künege   vil gerne verseit,
und ouch der küneginne.   vil sêre vorhte er daz,
ob er ir einen slüege,   daz im diu werlt trüege haz.

2157 Dô sprach zuo dem künege   der vil küene man
»her künec, nu nemt hin widere   al daz ich von iu hân,
daz lant mit den bürgen: des sol mir niht bestên.
ich wil ûf mînen füezen   in daz ellende gên.«

2158 Dô sprach der künec Etzel   »wer hülfe danne mir?
daz lant zuo den bürgen   daz gib ich allez dir,
daz du mich rechest, Rüedegêr,   an den vînden mîn.
du solt ein künec gewaltec   beneben Etzelen sîn.«

2159 Dô sprach aber Rüedegêr   »wie sol ihz ane vân?
heim ze mînem hûse   ich si geladen hân,
trinken unde spîse   ich in güetlîchen bôt,
und gab in mîne gâbe: wie sol ich râten in den tôt?

2160 Die liute wænent lihte   daz ich si verzaget.
deheinen mînen dienest   hân ich in widersaget,
den vil edeln fürsten   unde den ir man:
ouch riuwet mich diu vriuntschaft   die ich mit in geworben hân.

2161 Gîselher dem degene   gab ich die tohter mîn.
sine kunde in dirre werlde   niht baz verwendet sîn
ûf zuht und ouch ûf êre,   ûf triuwe und ouch ûf guot.
ine gesach nie künec sô jungen   sô rehte tugentlîch gemuot.«

2155, 3 des muosen sider degene.
       4 ir muget daz balde hœren.
2157, 1 Dô sprach der marcgrâve,   Rüedegêr der küene man.
       3 lant unde bürge.
       5 Alles guotes âne   sô rûm ich iu diu lant.   (2216)
         mîn wip unt mîne tohter   nim ich an mîne hant,
         è daz ich âne triuwe   belîben müese tôt.
         ich het genomen übele   iuwer golt alsô rôt.
2158, 4   beneben mîme lîbe sîn.
2159, 3   ich in mit triuwen bôt.
       4   sol ich si dar zuo slahen tôt?
2160, 3 solde ich nu mit in strîten,   daz wære missetân:
       sô rouwe mich diu friuntschaft.

2162 Dô sprach aber Kriemhilt　　«vil edel Rüedegér,　　　2099
nu lâ dich erbarmen　　unser beider sêr,　　　　　(2221)
mín nnd ouch des küneges.　gedenke wol dar an,
daz nie wirt deheiner　sô leide geste gewan.»

2163 Dô sprach der marcgrâve　wider daz edel wîp
«ez muoz noch hiute gelten　der Rüedegêres lip
swaz ir und ouch mín herre　mir liebes habt getân:
dar umbe muoz ich sterben.　daz mac niht langer gestân.

2164 Ich weiz wol daz noch hiute　mîn bürge und miniu lant
iu müezen ledec werden　von ir etelîches hant.
ich bevilhe iu ûf genâde　mîn wîp und mîniu kint
und ouch die vil ellenden　die dâ ze Bechelâren sint.»

2165 «Nu lôn dir got, Rüedegêr»,　sprach der künec dô.
er unt diu küneginne,　si wurden beidiu vrô.
«uns suln dîne liute　vil wol bevolhen wesen:
ouch trouwe ich mînem heile　daz du maht selbe wol genesen.»

2166 Dô liez er an die wâge　sêle unde lip.
dô begonde weinen　daz Etzelen wîp.
er sprach «ich muoz iu leisten　als ich gelobet hân.
owê der mînen friunde,　die ich vil ungerne bestân.»

2167 Man sah in von dem künege　trûreclîchen gên.
dô vant er sîne recken　vil nâhen bî im stên.
er sprach «ir sult iuch wâfen,　alle mîne man.
die küenen Burgonden　muoz ich leider bestân.»

2168 Si hiezen balde springen　da man ir gewæfen vant.
ez der helm wære　oder des schildes rant,

2163, 4　　　　　　　　ez mac niht langer gestân.
2164, 2　iu ledec müezen werden.
　　　3　　　　　　　　mîn wîp unt mîn kint,
　unt die vil ellenden.
2165, 4　ouch getrouwe ich mîme heile.
2166, 1　　　　　　　　die sêle unt ouch den lip.
　　　3　er sprach «ich wil iu leisten.
　　　4　　　　　　　　die ich leider muoz bestân.
2167, 1　　　　　　　　in starken riuwen gên.
　　dô sah er sîner recken　ein teil dâ nâhen stên.
　　　4　　　　　　　　muoz ich nu leider bestân.
2168, 1　Dô brâhte man den recken　ir gewæfen alzehant.
　　　2　　　　　　　　unt ouch des schildes rant.

2168, 1 Dô brâhte man den recken　ir gewæfen allesamt (29).

von ir ingesinde   wart ez in dar getragen.
sit hôrten leidiu mære   die stolzen ellenden sagen.

2169 Gewâfent wart dô Rüedegêr   mit fünf hundert man: 2106
dar über zwelf recken   ze helfe er gewan.   (2238)
die wolden prîs erwerben   in des sturmes nôt:
sin wessen niht der mære   daz in sô nâhte der tôt.

2170 Dô sah man Rüedegêre   under helme gân.
ez truogen swert diu scarpfen   des marcgrâven man,
dar zuo vor ir handen   die lichten schilde breit.
daz sach der videlære: ez was im græzlîche leit.

2171 Dô sah der junge Giselher   sînen sweher gên
mit ûf gebundem helme.   wie moht er dô verstên
waz er dâ mite meinte,   niwan allez guot?
des wart der künec edele   sô rehte vrœlich gemuot.

2172 «Nu wol mich solher vriunde»,   sprach Giselher der degen,
«die wir hân gewunnen   ûfe disen wegen.
wir suln mînes wîbes   vil wol geniezen hie.
mir ist liep ûf mîne triuwe   daz ic der hîrât ergie.»

2173 «Ine weiz wes ir iuch trœstet»,   sprah dô der spileman.
«wa gesâht ir ie durch suone   sô manegen helt gân
mit ûf gebunden helmen,   die trüegen swert enhant?
an uns wil dienen Rüedegêr   sine bürge und sîniu lant.»

2174 Bedaz der videlære   die rede volsprach,
Rüedegêrn den edelen   man vor dem hûse sach.
sînen schilt den guoten   sazt er für den fuoz.
dô muos er sînen friunden   versagen dienest unde gruoz.

2168, 4   die küenen ellenden sagen.
2169, 2   ze helf er ouch gewan.
2170, 3 unt dar zuo vor ir handen.
    4   ez was im âne mâzo leit.
2171, 1 Ouch sach der junge Giselher.
    4   von herzen vrœlich gemuot.
2172, 2   her ûf disen wegen.
2173, 2   sô manigen recken gân.
2174, 2 den guoten marcgrâven.
    4 dô muos er den gesten.

2175 Der edel marcgrâve   rief in den sal   2112
«ir küenen Nibelunge,   nu wert iuch über al.   (2234)
ir soldet mîn geniezen,   nu engeldet ir mîn.
ê do wâren wir friunde: der triuwen wil ich ledec sîn.»

2176 Do erscrahten dirre mære   die nôthaften man:
wand ir deheiner vreude   dâ von niht gewan,
daz mit in wolde strîten   dem si dâ wâren holt.
si heten von ir vînden   vil michel arebeit gedolt.

2177 «Nune welle got von himele»,   sprach Gunther der degen,
«daz ir iuch genâden   sült an uns bewegen
unt der vil grôzen triuwe,   der wir doch heten muot.
ich wil in des baz getrouwen   daz irz nimmer getuot.»

2178 «Jane mac ichs niht gelâzen»,   sprach dô der küene man:
«ich muoz mit iu strîten,   wand ihz gelobet hân.
nu wert iuch, küenen helde,   sô lieb iu si der lip.
mich enwoldes niht erlâzen   des künec Etzelen wîp.»

2179 «Ir widersagt uns nu ze spâte»,   sprach dô der künec hér.
«nu müez iu got vergelten,   vil edel Rüedegêr,
triuwe unde minne,   die ir uns habt getân,
ob irz an dem ende   woldet güetlîcher lân.

2180 Wir soldenz immer dienen,   daz ir uns habt gegeben,
ich und mîne mâge,   ob ir uns liezet leben,
der hêrlîchen gâbe,   dô ir uns brâhtet her
in Etzeln lant mit triuwen,   des gedenket, edel Rüedegêr.»

2175, 1   rief hin ûf zehant
    «nu wert iuch, edeln recken   von Burgonden lant.
    3   ir engeldet leider mîn.
    ê do wâren wir gefriunde: nu muoz ich iuwer vient sîn.
2176, 2 in waz der trôst enpfallen   den si dâ wânden hân,
    dô mit in wolde strîten.
    4 si heten doh von vînden.
2177, 2 daz ir iuch sült genâden   noch an uns bewegen.
2178, 1 Ine mages niht gelâzen.
    3 nu wert iuch, küenen degene.
2179, 4   woldet minneclîcher lân.
2180, 3 die hêrlîchen gâbe   dô ir unt iuwer man
    uns fuortet friuntlîche   zuo dirre hôchgezîte dan.

2175, 1   rief hin ûf zehant
    «ir küenen Nibelunge,   nu wert iuch allesamt (42).
2176, 2 wan ez in ir vreude   mit alle benam (26).
    4 si heten von vîanden.

2181 «Wie wol ich iu des gunde»,   sprach Rüedegêr der degen, 2118
   «daz ich iu mîne gâbe   mit vollen solde wegen   (2240)
   alsô willeclîchen   als ich des hete wân!
   sone wurde mir dar umbe   nimmer schelten getân.»

2182 «Erwindet, edel Rüedegêr»,   sprach dô Gêrnôt.
   «wand ez wirt deheiner   gesten nie erbôt
   sô rehte minneclîchen   als ir uns habt getân,
   des sult ir wol geniezen,   ob wir bî lebene bestân.»

2183 «Daz wolde got», sprach Rüedegêr,   «vil edel Gêrnôt,
   daz ir ze Rîne wæret   unde ich wære tôt
   mit etelichen êren,   sît ich iuch sol bestân!
   ez enwart noch nie an helden   wirs von friunden getân.»

2184 «Nu lôn iu got, her Rüedegêr»,   sprach aber Gêrnôt,
   «der vil rîchen gâbe.   mich riuwet iuwer tôt,
   sol an iu verderben   sô tugentlîcher muot.
   hie trage ich iuwer wâfen,   daz ir mir gâbet, helet guot.

2185 Daz ist mir nie geswichen   in aller dirre nôt:
   under sînen ecken   lît manic ritter tôt.
   ez ist lûter unde stæte,   hêrlîch unde guot.
   ich wæn sô rîche gâbe   .ein recke nimmer mêr getuot.

2186 Und welt ir niht erwinden   irn wellet zuo zuns gân,
   slaht ir mir iht der vriunde,   die ich noch hinne hân.
   mit iuwer selbes swerte   nim ich iu den lîp:
   sô riuwet ir mich, Rüedegêr,   und iuwer hêrlîchez wîp.»

2187 «Daz wolde got, her Gêrnôt,   und möhte daz ergân,
   daz aller iuwer wille   wære hie getân,
   unt daz genesen wære   iuwer friunde lîp!
   jâ sol iu wol getrouwen   bêdiu mîn tohter und mîn wîp.»

2188 Dô sprach von Burgonden   der scœnen Uoten kint
   «wie tuot ir sô, her Rüedegêr?   die mit mir komen sint,
   si sint iu alle wæge.   ir grîfet übele zuo.
   die iuwern scœnen tohter   welt ir verwitewen ze fruo.

2181, 2   noch dicke solde wegen
    mit vollen willecliche.
2183, 4 ez enwart noch nie an degenen.
2184, 2 die vil richen gâbe.
2187, 4 iu sol vil wol getrouwen.
2188, 1 Des antwurt im Giselher,   der edelu Uoten kint.

2189 Swenne ir und inwer recken mit strite mich bestât, 2126
   wie rehte unvriuntlîche ir daz schînen lât (2248)
   daz ich iu wol getrouwe für alle ander man,
   dâ von ich zeinem wîbe iuwer tohter mir gewan.»

2190 «Gedenket iuwer triuwe, vil edel künec hêr,
   gesende iuch got von hinnen»: sô sprach Rüedegér.
   «lât die junevrouwen niht engelten mîn:
   durch iuwer selbes tugende sô ruochet ir genædec sîn.»

2191 «Daz tæt ich pillichen», sprach Giselher daz kint.
   «die hôhen mîne mâge, die noch hier inne sint,
   suln die von iu ersterben, sô muoz gescheiden sîn
   diu vil stæte vriuntschaft zuo dir und ouch der tohter dîn.»

2192 «Nu müez uns got genâden», sprach dô der küene man.
   dô huoben si die schilde, alsô si wolden dan
   strîten zuo den gesten in Kriemhilde sal.
   dô rief vil lûte Hagene von der stiegen zetal

2193 «Belibet eine wîle, vil edel Rüedegêr.»
   alsô sprach dô Hagene. «wir wolden reden mêr,
   ich und mîne herren, als uns des twinget nôt.
   waz mac gehelfen Etzeln unser ellender tôt?»

2194 «Ich stên in grôzen sorgen», sprach aber Hagene.
   «den schilt den mir vrou Gotelint gap ze tragene,
   den habent mir die Hiunen zerhouwen vor der hant.
   ich fuort in friwentlîche in daz Etzelen lant.

2190, 4 durch aller fürsten tugende.
2191, 1 Daz tæt ich wol von schulden.
  2 die edeln mîne mâge.
  4   zuo ziu unt ouch dem wîbe dîn.
2193, 3   des uns twinget nôt.
  waz mac gefrumen Etzeln.
2194, 1   vil edel fürste milt.
  mir gap diu marcgrâvinne disen rîchen schilt.
  4 ich fuort in minneclîchen her in Etzelen lant.

2194, 1 Ich stên in grôzen sorgen umbe mînen schilt,
   den mir diu marcgrâvinne gap, vrou Gotelint (43).

2195 Daz des got von himele   ruochen wolde,   2132
    daz ich schilt sô guoten   noch tragen solde   (2254)
    sô den du hâst vor hende,   vil edel Rüedegêr!
    so bedorfte ich in den stürmen   deheiner halsperge mêr.»

2196 «Vil gerne wære ich dir guot   mit mînem schilde,
    torst ich dirn gebieten   vor Kriemhilde.
    doch nim du in hin, Hagene,   unt tragen an der hant.
    hey soldestu in füeren   in der Burgonden lant!»

2197 Do er im sô willeclichen   den schilt ze gebene bôt,
    dô wart genuoger ougen   von heizen trähenen rôt.
    ez was diu leste gâbe   die sider immer mêr
    gebôt deheinem degene   von Bechelâren Rüedegêr.

2198 Swie grimme Hagene wære   und swie herte gemuot,
    ja erbarmet im diu gâbe   die der helt guot
    bi sinen lesten zîten   sô nâhen hete getân.
    vil manec ritter edele   mit im trûren began.

2199 «Nu lône iu got von himele,   vil edel Rüedegêr.
    ez wirt iwer geliche   deheiner nimmer mêr,
    der ellenden recken   sô hêrliche gebe.
    got sol daz gebieten   daz iuwer tugent immer lebe.»

2200 «Sô wê mir dirre mære»,   sprach aber Hagene.
    «wir heten ander swære   sô vil ze tragene:
    sul wir mit friunden strîten,   daz si got gekleit.»
    dô sprach der marcgrâve   «daz ist mir inneclichen leit.»

2195, 1 Daz wolde got von himele,   sprach aber Hagene,
      unt het ich schilt sô guoten   hie ze tragene
      alsô du hâst vor hende.
    4 sone gerte ich hie zen Hiunen.
2196, 3   unt trag in vor der hant.
2197, 2   von weinen harte rôt.
2198, 2 doch erbarmet im diu gâbe.
2199, 3   sô milteclichen gebe.
2200   fehlt.

2195, 1 «Daz wolde got von himele»,   sprach Hagene der degen,
      «daz ich schilt sô guoten   solde noch tragen (43).
2197, 2   von weinenne rôt.

2201 «Nu lôn ich iu der gâbe,   vil edel Rüedegêr,   2138
swie halt gein iu gebâren   dise recken hêr,   (2259)
daz nimmer iuch gerüeret   in strîte hie mîn hant,
ob ir si alle slüeget   die von Burgonden lant.»

2202 Des neig im mit zühten   der guote Rüedegêr.
si weinten allenthalben,   daz disiu herzen sêr
niemen scheiden kunde:.   daz was ein michel nôt.
vater aller tugende   lag an Rüedegêre tôt.

2203 Dô sprach von dem hûse   Volkêr der spilemau
«sît mîn geselle Hagene   den fride hât getân,
den sult ir alsô stæte   haben von mîner hant.
daz habt ir wol verdienet,   dô wir kômen in daz lant.

2204 Vil edel marcgrâve,   ir sult mîn bote sîn.
dise rôten bouge   gap mir diu marcgrâvin,
daz ich si tragen solde   hie zer hôhgezît:
die muget ir selbe schouwen,   daz ir mîn geziuc des sît.»

2205 «Daz wolde got von himele»,   sprach dô Rüedegêr,
«daz iu diu marcgrâvinne   noch solde geben mêr!
diu mære sage ich gerne   der triutinne mîn,
gesihe ich si gesunde: des sult ir âne zwîvel sîn.»

2206 Als er im daz gelobete,   den schilt huop Rüedegêr:
des muotes er retobete,   done beit er dâ niht mêr,
er lief zuo den gesten   eim degene gelîch.
manegen slac vil swinden   sluoc der marcgrâve rîch.

2201, 1   sprach Hagene der degen,
«daz ich mich alles übeles   wil gein iu bewegen.
2202, 1 Des neig im dô mit zühten   der marcgrâve her.
die linte weinten alle,   daz disiu starken sêr.
2203, 1 Dô sprach ouch von dem hûse.
2204, 1 Vil edeler marcgrâve.
     4 daz hân ich geleistet.
2206, 3 er lief ûf zuo den gesten   eim recken gelîch.

2201, 1   ritter edele,
swie halt gein iu gebâren   dise degene (43).
2202, 2 si weineten alle.

2207 Die zwêne stuonden hôher,   Volkêr und Hagene,   2144
    wand ez im ê gelobten   die zwêne degene.   (2165)
    noch vant er alsô küenen   bî dem turne stân,
    daz Rüedegêr des strîtes   mit grôzen sorgen began.

2208 Durch mortræchen willen   sô liezen in dar in
    Gunther unde Gêrnôt: si heten helede sin.
    dô stuont ûf hôher Gíselher: ze wâre ez was im leit.
    er versach sich noch des lebenes: dar umbe er Rüedegêren meit.

2209 Dô sprungen zuo den vînden   des marcgrâven man.
    man sach si nâch ir herren   vil degenlîche gân.
    diu snîdenden wâfen   si truogen an der hant:
    des brast dâ vil der helme   und manec hêrlîcher rant.

2210 Dô sluogen die vil müeden   manegen swinden slac
    den von Bechelâron,   der eben und tiefe wac,
    durch die lichten ringe   vaste unz ûf daz verch.
    si tâten in dem sturme   diu vil hêrlîchen werch.

2211 Daz edel ingesinde   was nu komen gar dar in:
    Volkêr unde Hagene   die sprungen balde hin.
    sine gâben vride niemen,   wan dem einem man.
    von ir beider hende   daz pluot durh helme nider ran.

2212 Wie rehte gremelîche   vil swerte drinne erklanc!
    vil der schiltspangen   ûz den slegen spranc:
    des reis ir schiltgesteine   verhouwen in daz pluot.
    si vâhten alsô grimme   daz man ez nimmer mêr getuot.

2213 Der vogt von Bechelâren   gie wider unde dan,
    alsô der mit ellen   in sturme werben kan.
    dem tet des tages Rüedegêr   harte wol gelîch,
    daz er ein recke wære,   vil küene unt ouh vil lobelîch.

2207, 1 Die zwêne wichen hôher.
    2   die snellen degene.
2208, 1   sô liezen si in dar in.
    3 Giselher stuont ûf hôher.
2209, 2 man sah si degenlîche   nâch ir herren gân.
    diu vil scharpfen wâfen.
2210, 2   der ebene gelac.
    4 si frumten in dem sturme.
2211, 1   was komen gar dar in.
2213, 3   mit strîte wol gelîch,
    daz er ein degen wære.

2214 Hie stuonden dise recken,   Gunther und Gêrnôt: 2151
si sluogen in dem strite   vil manegen helt tôt.   (2272)
Giselher unt Dancwart,   die zwêne ez ringe wac:
des frumten si vil manegen   unz ûf ir jungesten tac.

2215 Vil wol zeigte Rüedegêr,   daz er was starc genuoc,
küene und wol gewâfent: hey waz er helde sluoc!
daz sach ein Burgonde: zornes gie im nôt.
dâ von begunde nâhen   des edelen Rüedegêres tôt.

2216 Gêrnôt der starke,   den helt den rief er an.
er sprach zem maregrâven   «ir welt mir miner man
niht genesen lâzen,   vil edel Rüedegêr.
daz müet mich âne mâze: ichn kans niht an gesehen mêr.

2217 Nu mag in inwer gâbe   wol ze scaden komen,
sit ir mir miner vriunde   habt sô vil genomen.
nu wendet iuch her umbe,   vil edel küene man.
iwer gâbe wirt verdienet   so ich aller hôheste kan.»

2218 Ê daz der maregrâve   vol zuo zim kœme dar,
des muosen liehte ringe   werden missevar.
dô sprungen zuo ein ander   die êre gernde man.
ir ietwedere schermen   für starke wunden began.

2219 Ir swert sô scherpfe wâren,   ez enkunde niht gewegen.
dô sluoc Gêrnôten   Rüedegêr der degen
durch helm vlinsherten,   daz nider vlôz daz pluot.
daz vergalt im schiere   der ritter küene unde guot.

2220 Die Rüedegêres gâbe   an hende er hôhe erwac:
swie wunt er wær zem tôde,   er sluoc im einen slac

2214, 1 Hie stuonden dise zwêne.
     3   die bêde ez ringe wac.
2215, 1 Wol zeigt der maregrâve.
     3   dô dwang in zornes nôt.
     4   des guoten Rüedegêres tôt.
2216, 1 Ez was der starke Gêrnôt.
2218, 4   für starke wunden im began.
2219, 4 daz vergalt im wol mit ellen.

2215, 1 Wol zeigte Rüedegêr.
2219, 4 daz vergalt im mit ellen.

durch den schilt vil guoten   unz ûf diu helmgespan.
dâ von muos ersterben   der schœnen Gotelinde man.

2221 Jane wart nie wirs gelônet   sô rîcher gâbe mêr.   2158
dô vielen beide erslagene,   Gêrnôt und Rüedegêr,   (2279
gelîch in dem sturme,   von ir beider hant.
alrêrst erzurnde Hagene   do er den grôzen schaden vant.

2222 Dô sprach der helt von Tronege   «ez ist uns übele komen.
wir haben an in beiden   sô grôzen schaden genomen,
den nimmer überwindent   ir liute und ouch ir lant.
die Rüedegêres helde   sint unser ellenden pfant.»

2223 «Owê mines bruoder,   der tôt ist hie gefrumt.
waz mir der leiden mære   zallen zîten kumt!
ouch muoz mich immer riuwen   der edele Rüedegêr.
der schade ist beidenthalben   unt diu vil grœzlîchen sêr.»

2224 Dô Giselher der herre   sach sinen sweher tôt,
die dô dar inne wâren,   die muosen lîden nôt.
der Tôt der suochte sêre   dâ sin gesinde was.
der von Bechelâren   dô langer einer niht genas.

2225 Gunther unde Giselher   und ouch Hagene,
Dancwart unde Volkêr,   die guoten degene,
die giengen dâ si funden   ligen die zwêne man:
dô wart dâ von den heleden   mit jâmer weinen getân.

2226 «Der Tôt uns sêre roubet»,   sprach Giselher daz kint.
«nu lâzet iuwer weinen,   und gê wir an den wint,

2220, 3 durch sînen schilt vil guoten.
     4 dâ von ersterben muose.
2221, 2   die recken alsô hêr.
2222, 4 die Rüedegêres degene   die müezen nu sîn unser pfant.
     5 Done wolde ir deheiner   dem andern niht vertragen.   (2261)
     vil maniger âne wunden   dar nider wart geslagen,
     der wol genesen wære.   ob im wart solch gedranc,
     swie gesunt er anders wære,   dêr in dem bluote doch ertranc.
2223, 3   mîn sweher Rüedegêr.
2224, 1 Dô die recken sâhen   daz si beide wâren tôt,
     die dô dannoch lebten.
     4   einer langer niht genas.
2225, 4 dâ wart von den heleden   mit jâmer weinens vil getân.

daz die ringe erkuolen   uns sturmmüeden man.
jâ wæn uns got langer   niht ze lebene hie engan.»

2227 Den sitzen, disen leinen   sah man dâ manegen degen.   2164
si wâren aber müezec: dâ wâren tôt gelegen   (2285)
die Rüedegêres helde.   vergangen was der dôz.
sô lange wert diu stille   daz sin Etzeln verdrôz.

2228 «Owê mir dirre dienste»,   sprach des küneges wîp:
«dine sint niht sô stæte,   daz unser vînde lîp
müge des engelten   von Rüedegêres hant.
er wil si wider bringen   in der Burgonden lant.

2229 Waz hilfet, künec Etzel,   daz wir geteilet hân
mit im swaz er wolde?   der helt hât missetân.
der uns dâ solde rechen,   der wil der suone pflegen.»
des antwurte ir Volkêr,   der vil zierlîche degen,

2230 «Der rede enist sô niht leider,   vil edeles küneges wîp.
getörste ich heizen liegen   alsus edelen lîp,
sô het ir tiuvellîchen   an Rüedegêr gelogen.
er unt die sînen degene   sint an der suone gar betrogen.

2231 Er tet sô willeclîche   daz im der künec gebôt,
daz er und sîn gesinde   ist hie gelegen tôt.
nu sehet al umbe, Kriemhilt,   wem ir nu gebieten welt.
iu hât unz ûf den ende   gedienet Rüedegêr der helt.

2232 Welt ir des niht gelouben,   man solz iuch sehen lân.»
durch ir herzen leide   sô wart dô daz getân:
man truoc den helt verhouwen   dâ in der künec sach.
den Etzelen degenen   sô rehte leide nie geschach.

2233 Dô si den marcgrâven   sâhen tôten tragen,
ez enkunde ein schrîbære   geprieven noch gesagen

2226, 4 jâ wæn uns got niht langer   nu daz leben welle lân.
2227, 4   daz sin diu künigin verdrôz.
2228, 1 Owê mir dirre swære.
     2 si sprâchent al ze lange.   unser vînde lip
        mac nu wol vri beliben   vor Rüedegêres hant.
     4   heim in der Burgonden lant.
2230, 1 Jane zimt niht reden übele   deheines küniges wîp.
        unt törst ich heizen liegen   alsus edel wîp,
        sô het ir Rüedegêre   vil vreislich an gelogen.
2232, 2   sô wart daz getân.
     3   dâ in der künic ersach.

die manegen ungebære   von wîbe und ouch von man,
diu sich von herzen jâmer   aldâ zeigen began.

2234 Der Etzelen jâmer   der wart alsô grôz,   2171
als eines lewen stimme   der rîche künec erdôz   (2293)
mit herzen leidem wuofe: alsam tet ouch sîn wîp.
si klageten ungefuoge   des guoten Rüedegêres lîp.

XXXVIII. ÂVENTIURE,
WIE HERN DIETRÎCHES RECKEN ALLE WURDEN ERSLAGEN.

2235 Dô hôrt man allenthalben   jâmer alsô grôz,
daz palas unde türne   von dem wuofe erdôz.
dô hôrt ez ouch von Berne   ein Dietrîches man:
durch disiu starken mære   wie balde er gâhen began!

2236 Dô sprach er zuo dem fürsten   «hœrt, mîn her Dietrich.
swaz ich noch her gelebt hân,   sô rehte unmügelîch
gehôrt ich klage nie mêre,   als ich nu hân vernomen.
ich wæn der künec Etzel   ist selbe zuo dem schaden komen.

2237 Wie möhtens anders alle   haben sollic nôt?
der künec oder Kriemhilt,   ir einez daz ist tôt
von den küenen gesten   durb ir nît gelegen.
ez weinet ungefuoge   vil manec zierlîcher degen.»

2238 Dô sprach der helt von Berne   «mîne vil lieben man,
nu gâhet niht ze sêre.   swaz hie hânt getân
die ellenden recken,   des gât in michel nôt.
und lât si des geniezen   daz ich in mînen fride bôt.»

2239 Dô sprach der küene Wolfhart   «ich wil dar gân
und wil der mære vrâgen,   waz si haben getân,

2233, 3   der wîb unde man
   von ir herzen swære   al dâ bezeigen began.
2234, 1 Dô wart der Etzln jâmer   sô starc unt alsô grôz.

2236, 2 swaz ich her gelebt hân.
2237, 4 ez weinet harte sêre   vil manic ûzerwelter degen.

24*

und wilz iu sagen danne,   vil lieber herre min,
als ich ez dort ervinde,   waz diu klage müge sin.»

2240 Dô sprach der herre Dietrich   «swa man zornes sich versiht, 2177
ob ungefüegiu vrâge   danne dá gesciht,   (2239)
daz betrüebet recken   lîhte den ir muot.
jane wil ich niht, Wolfhart,   daz ir die vrâge gein in tuot.»

2241 Dô bat er Helpfrichen   vil balde dar gân
und hiez in daz erviuden   an Etzelen man
oder an den gesten selben,   waz wære dâ gescehen.
done het man von liuten   sô grôzen jâmer nie gesehen.

2242 Der bote begonde vrâgen   «waz ist hie getân?»
dô sprach einer drunder   «dâ ist vil gar zergân
swaz wir vreuden hêten   in der Hiunen lant.
hie lît erslagen Rüedegêr   von der Burgonden hant.

2243 Die mit im dar in kômen,   der ist einer niht genesen.»
done konde Helpfriche   nimmer leider wesen.
jane gesaget er mære   sô rehte ungerne nie.
der bote ze Dietriche   vil sêre weinende gie.

2244 «Waz habt ir uns erfunden?»   sprach dô Dietrich.
«wie weinet ir sô sêre,   degen Helpfrich?»
dô sprach der edele recke   «ich mac wol balde klagen:
den guoten Rüedegére   hânt die Burgonde erslagen.»

2245 Dô sprach der helt von Berne   «daz ensol niht wellen got.'
daz wære ein starkiu râche   und ouch des tiuvels spot.

2239, 4 als ich ez rehte ervinde,   waz diu rede müge sin.
2240, 3   vil lîhte danne ir muot.
4   daz ir die vrâge dâ zin tuot.
2241, 1 Dô hiez er Helpfrichen.
2 unt bat in daz ervinden.
4 done het er nie von liuten   sô grôzen jâmer mêr gesehen.
2242, 1 Der bote vrâgte balde.
2 dô seit man im diu mære
2243, 2   leider nimmer wesen.
jane saget er siniu mære.
4 der bote dô hin widere.
2244, 3 dô sprach der küene recke.
4   hât uns her Gêrnôt erslagen.

2240, 4   daz ir die vrâge getuot.
2241, 4 done het man nie von liuten   sô grôzen jâmer gesehen.
2243, 3 jâne sagt er mære.

wâ mite hete Rüedegêr   an in daz versolt?
jâ ist mir daz wol künde,   er ist den ellenden holt.»

2246 Des antwurte Wolfhart   «und heten siz getân,   2183
sô solt ez in allen   an ir leben gân.   (2305)
ob wirz in vertrüegen,   des wære wir geschant.
jâ hât uns vil gedienet   des guoten Rüedegêres hant.»

2247 Der vogt von Amelunge   hiez iz ervarn baz.
vil harte seneclîche   er in ein venster saz:
dô bat er Hildebrande   zuo den gesten gân,
daz er an in erfünde,   waz dâ wære getân.

2248 Der sturmküene recke,   meister Hildebrant,
weder schilt noch wâfen   truog er an der hant:
er wolde in sînen zühten   zuo den gesten gân.
von sîner swester kinde   wart im ein strâfen getân.

2249 Dô sprach der grimme Wolfhart   «welt ir dar blôzer gân,
sô mag ez âne ein schelten   nimmer wol gestân:
sô müezt ir lasterlîche   tuon die widervart;
kumt ir dar gewâfent,   daz etelîcher wol bewart.»

2250 Dô garte sich der wîse   durch des tumben rât.
ê daz ers innen wurde,   dô wâren in ir wât
alle Dietriches recken   unt truogen swert enhant.
dem helde was iz leide: vil gerne hêt erz erwant.

2251 Er vrâgte war si wolden.   «wir wellen mit iu dar.
waz ob von Tronege Hagene   deste wirs getar
gein iu mit spotte sprechen,   des er wol kan gepflegen.»
dô er daz gehôrte,   dâ von gestattes in der degen.

2252 Dô sach der küene Volkêr   wol gewâfent gân
die recken von Berne,   die Dietriches man

2245, 4   er ist den Burgonden holt.
2246, 1 Dô sprach der küene Wolfhart.
2247, 1 Der vogt von Amelunge   bat iz ervarn baz.
     3 dô hiez er Hildebrande.
2249, 4 ob ir dar komet gewâfent.
2250, 2 ê iz erfunde Hildebrant.
2251, 3   des er kan wol gepflegen.
     do er die rede gehôrte.

begürtet mit den swerten: si truogen schilt enhant.
er saget ez sinen herren   úzer Burgonden lant.

2253 Dô sprach der videlære   «ich sihe dort her gân   2190
sô rehte vientliche   die Dietriches man   (2312)
gewâfent under helme: si wellent uns bestân.
ich wæn ez an daz übele   welle uns ellenden gân.»

2254 In den selben zîten   kom ouch Hildebrant.
dô sazt er für die füeze   sines schildes rant.
er begonde vrâgen   die Guntheres man
«owê ir guoten helde,   waz het iu Rüedegêr getân?

2255 Mich hât mîn herre Dietrich   her zuo ziu gesant:
ob erslagen hête   iwer deheines hant
den edeln marcgrâven,   als uns daz ist geseit,
wirn kunden überwinden   niht diu græzlichen leit.»

2256 Dô sprach von Tronege Hagene   «daz mære ist ungelogen.
wie wol ich iu des gunde,   het inch der bote betrogen,
durch Rüedegêres liebe,   daz lebte noch sin lip,
den immer mugen weinen   beidiu man unde wip!»

2257 Dô si daz rehte erhôrten,   daz er wære tôt,
dô klageten in die recken: ir triuwe in daz gebôt.
den Dietriches recken   sach man trâhene gân
über berte und über kinne: in was vil leide getân.

2258 Der herzoge úzer Berne   Sigestap dô sprach
«nu hât gar ein ende   genomen der gemach,
den uns ie fuogte Rüedegêr   nâch unser leide tagen.
vröude ellender diete   lit von iu helden erslagen.»

2259 Dô sprach von Amelungen   der degen Wolfwin
«und ob ich hiute sæhe   tôt den vater mîn,
mir enwurde nimmer leider   denn umbe sinen lip.
owê wer sol nu trœsten   des guoten marcgrâven wip?»

2252, 3   ir schilde vor der hant.
2253, 4 mich nimt des michel wunder,   waz wir den recken haben getân.
2254, 4 owê ir guoten degene.
2255, 3   als uns ist geseit.
2256, 1 Dô sprach der grimme Hagene.
2257, 2 dô klagten in die degene.
     3 den Dietriches mannen.
2258, 4   lit von iu degenen erslagen.

2260 Dô sprach in zornes muote   der degen Wolfhart   2137
«wer wiset nu die recken   sô manege herevart,   (2319)
alsó der marcgrâve   vil dicke hât getân?
owê, vil edel Rüedegêr,   daz wir dich sus vloren hân!»

2261 Wolfprant und Helpfrich   unde Helmnôt,
mit allen ir vriunden   si weinten sînen tôt.
vor siuften mohte vrâgen   niht mêre Hildebrant.
er sprach «nu tuot, ir degene,   dar nâch mîn herre hât gesant.

2262 Gebt uns Rüedegêren   also tôten ûz dem sal,
an dem gar mit jâmer   lît unser vreuden val:
und lât uns an im dienen   daz er ie hât begân
an uns vil grôze triuwe   und an manegem andern man.

2263 Wir sîn ouch ellende   als Rüedegêr der degen.
wes lâzet ir uns pîten?   lât in uns after wegen
tragen, daz wir nâch tôde   lônen noch dem man.
wir hetenz pillîcher   bî sîne lebene getân.»

2264 Dô sprach der künec Gunther   «nie dienest wart sô guot
sô den ein vriunt vriunde   nâch dem tôde tuot.
daz heiz ich stæte triuwe,   swer die kan begân.
ir lônet im von schulden: er hât iu liebe getân.»

2265 «Wie lange suln wir vlêgen?»   sprach Wolfhart der degen.
«sît unser trôst der beste   von iu ist tôt gelegen,
und wir sîn leider mêre   mugen niht gehaben,
lât in uns tragen hinnen   dâ wir den recken begraben.»

2266 Des antwurte Volkêr   «niemen in iu gît.
nemt in in dem hûse   dâ der degen lît
mit starken verchwunden   gevallen in daz pluot:
so ist ez ein voller dienest   den ir hie Rüedegêre tuot.»

2267 Dô sprach der küene Wolfhart   «got weiz, her spileman,
ir endurfet uns niht reizen: ir habt uns leit getân.

2260, 1   der küene Wolfhart.
       4   deich dînen tôt gelebet hân.
2262, 1   sô tôten ûz dem sal.
       4 an uns vil grôzer triuwen,   unt ouch an manigem vremden man.
2264, 2 den ein friunt friunde   sô nâch tôde tuot.
       4   wand er iu liebe hât getân.
2266, 3 mit sînen tiefen wunden.
2267, 1   lât sîn, her spileman.

törst ich vor mínem herren,　　só kœmet irs in nót:
des müezen wirz lâzen,　　wand er uns striten verbót.»

2268 Dô sprach der videlære　　«der vorhte ist gar ze vil,　　　2205
swaz man im verbiutet,　　derz allez lâzen wil.　　　　　　(2327)
daz enkan ich niht geheizen　　rehten heldes muot.»
diu rede dûhte Hagenen　　von sinem hergesellen guot.

2269 «Des enlât iuch niht gelangen»,　　sprach aber Wolfhart.
«ich entrihte iu sô die seiten,　　swenn ir die widervart
ritet gegen Rine,　　daz irz wol muget sagen.
iuwer übermüeten　　mag ich mit éren niht vertragen.»

2270 Dô sprach der videlære　　«swenn ir die seiten mín
verirret guoter dœne,　　der iuwer helmes schin
muoz vil trüebe werden　　von der mínen hant,
swie halt ich gerite　　in der Burgonden lant.»

2271 Dô wold er zuo zim springen,　　wan daz in niht enlie
Hildebrant sin œheim　　in vaste zim gevie.
«ich wæn du woldest wüeten　　durch dínen tumben zorn.
mínes herren hulde　　du hetes immer mér verlorn.»

2272 «Lât abe den lewen, meister,　　erst so grimme gemuot.
kumt er mir zen handen»,　　sprach Volkêr der degen guot,
«het er die werlt alle　　mit síner hant erslagen,
ich slahe in daz erz widerspel　　nimmer mére darf gesagen.»

2273 Des wart vil harte erzürnet　　der Bernære muot.
den schilt gezuhte Wolfhart,　　ein sneller degen guot:
alsam ein lewe wilder　　lief er vor in dan.
im wart ein gæhez volgen　　von sinen vriunden getân.

2267, 4　　　　　　　　wan er uns strit mit iu verbôt.
2269, 1 Welt ir den spot niht lâzen.
　2 ich entriht iu liht die seiten.
　4　　　　　　　　mag ich langer niht vertragen.
2270, 3 mac wol trüebe werden.
2271, 4　　　　　　　wir heten immer mér verlorn.
2272, 2　　　　　　　sprach Volkêr der helt guot.

2269, 2 ich entriht iu die seiten.
2272, 2　　　　　　　sprach Volkêr der guot (161).

2274 Swie witer sprunge er pflæge   für des sales want,   2211
doch ergähte in vor der stiege   der alde Hildebrant: (2333)
er wolde in vor im lâzen   niht komen in den strit.
si fanden daz si suochten   an den ellenden sit.

2275 Dô gespranc zuo Hagenen   meister Hildebrant:
diu swert man hôrte erklingen   an ir beider hant.
si wâren sêre erzürnet: daz moht man kiesen sint.
von ir zweier swerten   gie der fiwerrôter wint.

2276 Die wurden dô gescheiden   in des strites nôt:
daz tâten die von Berne,   als in ir kraft gebôt.
zehant dô wande Hildebrant   von Hagenen wider dan:
dô lief der starke Wolfhart   den küenen Volkêren an.

2277 Er sluoc den videlære   ûf den helm guot,
daz des swertes ecke   unz an die spangen wuot.
daz vergalt mit ellen   der küene spileman.
dô sluog er Wolfharten,   daz er stieben began.

2278 Des fiwers ûz den ringen   hiuwen si genuoc.
haz ir iesltcher   dem anderen truoc.
die sciet dô von Berne   der degen Wolfwin:
ob ez ein helt niht wære,   des enkunde nimmer gesin.

2279 Gunther der recke   mit williger hant
enpfie die helde mære   von Amelunge lant.
Giselher der herre,   diu liehten helmvaz,
der frumt er dâ vil manigez   von pluote rôt unde naz.

2280 Dancwart, Hagenen bruoder,   was ein grimmec man.
swaz er dâ vor hête   in strite getân

2274, 2 doch ergähte in vor der stiegen.
2175, 3 si wâren harte erzürnet: vil wol erkôs manz sint.
       von ir beider wâfen.
2276, 1 Si wurden dô gescheiden.
      3   von Hagenen balde dan.
2277, 4   daz er strûchen began.
2278, 1 Fiur ûz den ringen,   des hiuwen si genuoc.
       2   dem andern vaste truoc.
       dô schiet dô von Berne.
       4 ob er ein helt niht wære,   des enkunde niht gesin.
. 2279, 1 Gunther der vil küene.
       3 Giselher der starke.

2276, 3   vone Hagenen dan.

den Etzelen recken,   daz was gar ein wint:
nu vaht vil tobeliche   des küenen Aldriûues kint.

2281 Ritschart unde Gêrbart,   Helpfrich und Wîchart,   2218
die heten in manegen stürmen   vil selten sich gespart: (2340)
des brâhten si wol innen   die Guntheres man.
dô sach man Wolfpranden   in strîte hêrliche gân.

2282 Dô vaht alsam er wuote   der alde Hildebrant.
vil der guoten recken   vor Wolfhartes hant
mit tôde muose vallen   von swerten in daz pluot.
sus râchen Rüedegêren   die recken küene unde guot.

2283 Dô vaht der herre Sigestap   als im sin ellen riet.
hey waz er in dem strîte   der guoten helme schriet
den sînen vianden,   Dietriches swester sun!
er enkunde in dem sturme   nimmer bezzers niht getuon.

2284 Volkêr der starke,   dô er daz ersach,
daz Sigestap der küene   den bluotegen bach
hiu ûz herten ringen,   daz was dem helde zorn.
er spranc im hin engegene: dô hete Sigestap verlorn

2285 Von dem videlære   vil schiere dâ daz leben:
er begonde im sîner künste   alsolhen teil dâ geben,
daz er von sînem swerte   muose ligen tôt.
daz rach der alde Hildebrant,   als im sin ellen daz gebôt.

2286 «Owê liebes herren»,   sprach meister Hildebrant,
«der hie lît erstorben   von Volkêres hant.»

2280, 4 alrêst vaht tobeliche   des küenen Adriânes kint
2281, 1 Gêrbart unt Wîchart,   Helpfrich und Rîschart.
      4   in sturme hêrliche gân.
2282, 1 Dô streit als er wuote.
      2 vil manic küener recke.
2283, 1 Sigestap von Berne.
      2 hey waz er in dem sturme   der herten helme schriet.
      4 der kunde in dem sturme.
2284, 1 Volkêr der vil starke.
      3   daz was dem degene zorn.
      dô sprang er im begegene.
2285, 1   vil schiere aldà daz leben.
2286, 1 Owê vil liebes herren.

_____

2283, 2   der helme verschriet.
2284, 4 er spranc im begegene.

nune sol der videlære   langer niht genesen.»
Hildebrant der küene,   wie kunde er grimmer gewesen?

2287 Dô sluoc er Volkéren,   daz im diu helmbant   **2224**
    stuben allenthalben   zuo des sales want   (2346)
    von helme und ouch von schilde,   dem küenen spileman:
    dâ von der starke Volkêr   dô den ende dâ gewan.

2288 Dô drungen zuo dem strite   die Dietriches man.
    si sluogen daz die ringe   vil verre drœten dan,
    unt daz man ort der swerte   vil hôhe vliegen sach.
    si holten ûz den helmen   den heize vliezenden bach.

2289 Dô sach von Tronege Hagene   Volkéren tôt.
    daz was zer hôhgezîte   sîn aller meistiu nôt,
    die er dâ hete gewunnen   an mâgen und an man.
    owê wie harte Hagene   den helt dô rechen began!

2290 «Nune sol es niht genieczen   der alde Hildebrant.
    mîn helfe lît erslagene   von des heldes hant,
    der beste hergeselle,   den ich ie gewan.»
    den schilt ruht er hôher: dô gie er houwende dan.

2291 Helpfrich der starke   Dancwarten sluoc.
    Gunther unde Gîselher,   den was ez leit genuoc,
    dô si in sâhen vallen   in der starken nôt.
    er hete mit sînen handen   wol vergolten sînen tôt.

2292 Die wîle gie dô Wolfhart   beide wider unde dan,
    allez houwende   die Guntheres man.

2286, 4 zorn der Hildebrandes   kunde grimmer niht gewesen.
2287, 4 dâ von der videlære.
2288, 2   vil hôhe wæten dan.
    3   ime gewelbe stecken sach.
    si hiuwen ûz den helmen.
2289, 4 owê wie grimme Hagene   den helet rechen began!
2290, 2   hie von des heldes hant.
    3   den ie man gewan.
2291, 1 Helpfrich der vil starke.
    4 er hete wol vergolten   mit sînen handen sînen tôt.
    5 Swie vil von manigen landen   gesamnet wære dar,   (2351)
    vil fürsten krefteclîche   gegen ir kleinen schar,
    wærn die kristen liute   wider si niht gewesen,
    si wæren mit ir ellen   vor allen heiden wol genesen.

2292, 1 Die wîle gie Wolfhart.

er was die dritten kêre   komen durch den sal:
dâ viel von sinen handen   vil manec recke ze tal.

2293 Dô rief der herre Giselher   Wolfharten an   2230
«owê daz ich sô grimmen   vient ie gewan.   (2353)
edel ritter küene,   nu wendet gegen mîn.
ich wilz helfen enden: ez enmac niht langer gesîn.»

2294 Zuo Giselhere kêrte   Wolfhart in den strit.
dô sluoc ir ietwedere   vil manege wunden wît.
sô rehte krefteclîchen   er zuo dem künege dranc
daz imez pluot under füezen   al über daz houbet gespranc.

.2295 Mit swinden slegen grimmen   der schœnen Uoten kint
enpfie Wolfharten,   den küenen helt, sint.
swie starc der degen wære,   er kunde niht genesen.
ez endorfte künec sô junger   nimmer küener gewesen.

2296 Dô sluoc er Wolfharten   durch eine brünne guot,
daz im von der wunden   nider vlôz daz pluot.
er wunte zuo dem tôde   den Dietriches man.
ez enhet ân einen recken   zwâre niemen getân.

2297 Alsô der küene Wolfhart   der wunden enpfant,
den schilt liez er vallen,   hôher an der hant
huob er ein starkez wâfen: daz was scharpf genuoc.
durch helm unt durch ringe   der helt dô Giselheren sluoc.

2292, 3   den palas zende komen.
     jâ het er den künigen   sô vil der recken dâ genomen.
2293, 1 Dô rief der starke Giselher.
     3   nu wendet gegen mir.»
     si kòmen zuo ein ander   sit mit ellenthafter gir.
2294, 1 Wolfhart gein Giselhêre   kêrt in den strit.
     4 daz im daz bluot von füezen   al über daz houbet sîn gespranc.
2295, 1 Mit grimmen slegen swinden   der edeln Uoten kint
     enpfie vil pitterliche   den küenen recken sint.
     swie küene Wolfhart wære,   er mohte niht genesen
     vor dem jungen künige: niemen dorfte küener wesen.
2296, 2   vil sêre vlôz daz bluot.
     4   ander niemen getân.
2297, 2 den schilt liez er dô vallen.
     3 huob er daz starkez wâfen.

2292, 3   komen durch daz gadem.
     dâ viel von sinen handen   vil der recken erslagen (43).

2298 Si heten beide ein ander   den grimmen tôt getân.   2235
done lebte ouch nu niht mêre   der Dietriches man.   (2358)
Hildebrant der alte   Wolfharten vallen sach:
im wæn vor sinem tôde   sô rehte leide nie geschach.

2299 Dô wâren gar erstorben   die Guntheres man
und ouch die Dietriches.   Hildebrant was gegân
dâ Wolfhart was gevallen   nider in daz pluot:
er beslôz mit armen   den recken küen unde guot.

2300 Er wolden ûzem hûse   mit im tragen dan:
er was ein teil ze swære,   er muose in ligen lân.
dô blihte ouch ûz dem bluote   der rêwende man:
er sach wol daz im gerne   sîn neve het geholfen dan.

2301 Dô sprach der tôtwunde   «vil lieber œheim mîn,
ir muget an disen zîten   mir niht frum gesîn:
nu hüetet iuch vor Hagenen: jâ dunket ez mich guot.
er treit in sînem herzen   einen grimmigen muot.

2302 Und ob mich mîne mâge   nâch tôde wellen klagen,
den næhsten unt den besten   den sult ir von mir sagen,
daz si nâch mir niht weinen: daz ist âne nôt.
vor eines küneges handen   lig ich hie hêrlichen tôt.

2303 Ich hân ouch sô vergolten   hier inne mînen lîp,
daz ez wol mugen beweinen   der guoten ritter wîp.
ob iuch des iemen vrâge,   sô muget ir balde sagen,
vor mîn eines handen   lît wol hundert erslagen.»

2304 Dô gedâht ouch Hagene   an den spileman,
dem der küene Hildebrant   sîn leben an gewan:

2298, 3 wan Hildebrant aleine.   do er den neven vallen sach.
2299, 1 Ouch wâren gar gevallen   Gunthers degene,
niwan si einen zwêne,   er unt Hagene.
si stuonden in dem bluote   tief unz an diu knie.
Hildebrant harte balde   hin über sînen neven gie.
2300, 1 Er beslôz in mit armen   unt wolde in tragen dan
mit im ûzem hûse.
   3 er was ein teil ze swære: wider in daz bluot
enpfiel er im ûz handen.   dô bliht ûf der degen guot.
2302, 2   den sult ir daz sagen.
2303, 4   ir lît wol hundert erslagen.
2304, 2 dem der alde Hildebrant.

2302, 2   den sult ir sagen.

dô sprach er zuo dem degene   «ir geldet mîniu leit.
ir habt uns hinne erbunnen   vil maneges recken gemeit.»

2305 Er sluoc ûf Hildebranden,   daz man wol vernam   2242
     Balmungen diezen,   den Sifride nam   (2365)
     Hagene der küene,   da er den helt sluoc.
     dô werte sich der alte: jâ was er küene genuoc.

2306 Der recke Dietrîches   sluoc ein wâfen breit
     ûf den helt von Tronege,   daz ouch vil sêre sneit.
     done kund er niht verwunden   den Guntheres man:
     dô sluoc ab in Hagene   durch eine brünne wol getân.

2307 Dô der alde Hildebrant   der wunden enpfant,
     dô vorhte er schaden mêre   von der Hagenen hant:
     den schilt warf über rucke   der Dietrîches man,
     mit der starken wunden   der helt dô Hagenen entran.

2308 Dâ was niemen lebende   al der degene,
     niwan die einen zwêne,   Gunther und Hagene.
     mit bluote gie berunnen   der alde Hildebrant:
     er brâhte leidiu mære   dâ er Dietrîchen vant.

2309 Dô sah er trûreclîche   sitzen hie den man.
     der leide michel mêre   der fürste dô gewan.
     er sah ouch Hildebranden   in sîner brünne rôt:
     dô vrâgte er in der mære,   als im diu sorge gebôt.

2304, 3 dô sprach er zuo dem küenen.
2305, 2   daz Sivride nam.
    3   da er den recken sluoc.
       dô widerstuont im Hildebrant,   der im vil wênic iht vertruoc.
2306, 1 Der Wolfhartes œheim.
    2 ûf Hagenen von Tronege.
2307, 1 Alsô meister Hildebrant.
    4   der helt vil kûme danne entran.
2308, 1 Dar inn was niemen lebende,   als ich gesaget hân.
    2   Gunther unt ouch sîn man.
    4   dâ er sînen herren vant.
2309, 2 leides michel mêre.
    3 als er Hildebranden   ersach von bluote rôt.

—————— — ————

2305, 4 dô werte sich der alte,   ein recke küen unde guot (2C).
2308, 1 Dô was niemen lebende   in dem gademe,
          niwan die einen zwêne,   Gunther und Hagene.

2310 «Nu sagt mir, meister Hildebrant, wie sit ir sô naz   **2247**
von dem verchpluote? oder wer tet iu daz?   (2370)
ich wæne ir mit den gesten zem hûse habt gestriten:
ich verbôt ez iu sô sêre, dô het irz pillich vermiten.»

2311 Dô sagt er sînem herren «ez tet Hagene.
der sluog mir dise wunden in dem gademe,
dô ich von dem recken wolde wenden dan.
mit mînem lebene kûme ich dem tiuvel entran.»

2312 Dô sprach der Bernære «vil rehte ist iu geschehen,
dô ir mich friuntschefte den recken hôrtet jehen,
daz ir den vride brâchet, den ich in hete gegeben.
het ihs niht immer scande, ir soldet vliesen daz leben.»

2313 «Nu enzürnet niht sô sêre, min herre Dietrich.
an mir und mînen friunden der schade ist alze rich.
wir wolden Rüedegêren getragen haben dan:
des enwolden uns niht gunnen des künec Guntheres man.»

2314 «Sô wê mir dirre leide! ist Rüedegêr doch tôt,
daz muoz mir sîn ein jâmer vor aller mîner nôt.
Gotelint diu edele ist mîner pasen kint.
ach wê der armen weisen die dâ ze Bechelâren sint.»

2315 Riuwen unde leides mant in dô sîn tôt.
er begonde starke weinen: des gie dem helede nôt.
«owê getriuwer helfe, die ich verlorn hân!
jane überwinde ich nimmer des künec Etzelen man.»

2316 «Muget ir mir, meister Hildebrant, diu rehten mære sagen,
wer der recke wære, der in dâ hât erslagen?»

2310, 1 Wan sagt ir mir, meister.
    2 worden von dem bluote.
    4   dô wær ez pillich vermiten.»
2311, 1 «Swie übel disiu mære mir stên ze sagene»,
    sprach er, «dise wunden 'sluoc mir Hagene,
    dô ich ûz dem hûse wolde wenden dan.
    wie kûme ich mit dem lebene dem selben vâlande entran!
2312, 2   den helden hôrtet jehen.
2313, 2   der schade ist gremelich.
2315, 1 Riuwen unt ouch leides.
    3   der ich verlorn hân!
2316, 1 Er sprach ze Hildebrande «muget ir mir doch sagen,
    wer der degen wære.

er sprach «daz tet mit kreften   der starke Gêrnôt:
vor Rüedegêres handen   ist ouch der helt gelegen tôt.»

2317 Er sprach ze Hildebrande   «nu saget mînen man,
    daz si sich palde wâfen;   wand ich wil dar gân.
    und heizet mir gewinnen   mîn liebtez wîcgewant.
    ich wil selbe vrâgen   die helede ûz Burgonden lant.»
                                     2254
                                    (2377)

2318 Dô sprach meister Hildebrant   «wer sol zuo ziu gên?
    swaz ir habt der lebenden,   die seht ir bî iu stên.
    daz pin ich alterseine: die andern die sint tôt.»
    dô erschraht er dirre mære: des gie im wærlîche nôt;

2319 Wand er leit sô grôzez   zer werlde nie gewan.
    er sprach «und sint erstorben   alle mîne man,
    sô hât mîn got vergezzen,   ich armer Dietrich.
    ich was ein künec hêre,   vil gewaltic unde rich.»

2320 «Wie kunde ez sich gefüegen»,   sprach aber Dietrich,
    «daz si alle sint erstorben   die helde lobelich,
    von den strîtmüeden,   die doch heten nôt?
    wan durch mîn ungelücke,   in wære vremde noch der tôt.

2321 Sît daz es mîn unsælde   niht langer wolde entwesen,
    sô sagt mir, ist der geste   noch iemen genesen?»
    dô sprach meister Hildebrant   «daz weiz got, niemen mêr
    niwan Hagene aleine   und Gunther der künec hêr.»

2322 «Owê, lieber Wolfhart,   sol ich dich hân verlorn,
    sô mac mich balde riuwen   daz ich ie wart geborn;
    Sigestap und Wolfwin   und ouch Wolfprant.
    wer sol mir danne helfen   in der Amelunge lant?

2316, 4	muoz ouch der degen ligen tôt.
2317, 1	Er sprach «meister Hildebrant.
2	jâ wil ich dar gân.
2318, 4	des gie dem recken grôziu nôt.
2319, 3	ich was ein künic rich:
	nu mag ich wol heizen der vil arme Dieterich.
2321	*fehlt.*
2322, 1	Owê, vil lieber Wolfhart.

2316, 4	muoz ouch der helet ligen tôt.
2317, 2	ich wil dar gân.

2323 Helpfrich der vil küene,   und ist mir der erslagen,   2260
     Gêrbart und Wichart,   wie solde ich die verklagen?   (2382)
     daz ist an mînen vreuden   mir der leste tac.
     owê daz vor leide   niemen sterben nemac!»

XXXIX. ÂVENTIURE,

WIE GUNTHER UNDE HAGENE UNDE KRIEMHILT WURDEN ERSLAGEN.

2324 Dô suochte der herre Dietrich   selbe sîn gewant:
     im half, daz er sich wâfent,   meister Hildebrant.
     dô klagete alsô sêre   der kreftige man,
     daz daz hûs erdiezen   von sîner stimme began.

2325 Dô gewan er widere   rehten heldes muot.
     in grimme wart gewâfent   dô der degen guot,
     einen schilt vil vesten   den nam er an die hant.
     si giengen balde dannen,   er unde meister Hildebrant.

2326 Dô sprach von Tronege Hagene   «ich sihe dort here gân
     den herren Dietrîchen: der wil uns bestân
     nâch sînem starken leide,   daz im ist hie geschehen.
     man sol daz hiute kiesen,   wem man des besten müge jehen.

2327 Jane dunket sich von Berne   der herre Dietrich
     nie sô starc des lîbes   und ouch sô gremelich,
     und wil erz an uns rechen,   daz im ist getân»,
     alsô redete Hagene,   «ich getar in rehte wol bestân.»

2328 Dise rede hôrte   Dietrich und Hildebrant.
     er kom da er die recken   beide stênde vant
     ûzen vor dem hûse,   geleinet an den sal.
     sînen schilt den guoten   den sazte Dietrich zetal.

2324, 2 dô half daz er sich wâfent.
     4 daz im daz hûs erdiezen   gein sîner stimme began.
2325, 1 Der helt gewan dô widere   rehten mannes muot.
     4 nâch schaden in dô trôste   der vil küene Hildebrant.
2328, 1 Die rede erhôrte Dietrich   unde Hildebrant.
     er gie da er die recken.

2329 In leitlîchen sorgen　sprach dô Dietrîch　2366
»wie habet ir sô geworben,　Gunther, küenc rîch,　(2348)
wider mich ellenden?　waz het ich iu getân?
alles mînes trôstes　des pin ich eine bestân.

2330 Iuch endûhte niht der volle　an der grôzen nôt,
dô ir uns Rüedegêren　den helt sluoget tôt:
nu habet ir mir erbunnen　aller mîner man.
jane het ich iu helden　sölher leide niht getân.

2331 Gedenket an iuch selben　unde an iuwer leit,
tôt der iuwer vriunde　und ouch diu arebeit,
ob ez iu guoten recken　beswæret iht den muot.
owê wie rehte unsanfte　mir tôt der Rüedegêres tuot!

2332 Ez geschach in dirre werlde　nie manne leider mêr.
ir gedâhtet übele　an min und iuwer sêr.
swaz ich freuden hête,　diu liget von iu erslagen.
jane kan ich nimmer mêre　die mîne mâge verklagen.«

2333 »Jane sin wir niht sô schuldic«,　sprach dô Hagene.
»ez giengen iuwer helde　zuo disem gademe,
gewâfent wol ze vlîze,　mit einer schar sô breit.
mich dunket daz diu mære　iu niht rehte sîn geseit.«

2334 »Waz sol ich gelouben mêre?　mir seit ez Hildebrant,
dô mine recken gerten　von Amelunge lant
daz ir in Rüedegêre　gæbet ûz dem sal,
dô butet ir niwan spotten　den küenen helden her ze tal.«

2335 Dô sprach der küenc von Rîne　»si jâhen wolden tragen
Rüedegêren hinnen:　den hiez ich in versagen
Etzeln ze leide,　und niht den dînen man:
unze daz dô Wolfhart　dar umbe scelten began.«

2329, 3 ich ellender recke,　waz ist an mir getân.
2330, 1　　　　　　　　　　an der vil grôzen nôt.
　　2　　　　　　　　　　den recken sluoget tôt.
　　4 jâ het ich iu degenen.
2331, 3 ob ez iu guoten degenen.
2332, 1 Ez geschach in der werlde.
2333, 2 ez kômen her zem hûse　die iuwern degene,
ze vlîze wol gewâfent,　mit ir schar sô breit.
mich dunkt wie iu diu mære　niht ze rehte sîn geseit.
2334, 1 Waz sol ich anders glouben?
　　4 dô tât ir niwan spottens　die küenen helde her zetal.

2336 Dô sprach der helt von Berne   «ez muose et alsô sin.   2273
Gunther, künec edele,   durch die zühte din   (2395)
ergetze mich der leide   di mir von dir sint geschehen,
und süene iz, ritter küene,   daz ich des künne dir gejehen.

2337 Ergip dich mir ze gisel,   du und ouch din man:
sô wil ich behüeten,   so ich aller beste kan,
daz dir hie zen Hiunen   niemen niht entuot.
dune solt an mir niht vinden   niwan triuwe unde guot.»

2338 «Daz enwelle got von himele»,   sprach dô Hagene,
«daz sich dir ergæben   zwêne degene,
die noch sô werliche   gewâfent gegen dir stânt
und noch sô ledecliche   vor ir vianden gânt.»

2339 «Ir ensult iz niht versprechen»,   sô redete Dietrich,
«Gunther unde Hagene.   ir habt beide mich
sô sêre beswæret,   daz herze und ouch den muot,
welt ir mich ergetzen,   daz irz vil pillichen tuot.

2340 Ich gibe iu mine triuwe   und sicherliche hant,
daz ich mit iu rite   heim in iuwer lant.
ich leite iuch nâch den êren   oder ich gelige tôt,
und wil durch iuch vergezzen   der minen græzlichen nôt.»

2341 «Nune muotet sin niht mêre»,   sprach aber Hagene.
«von uns enzimt daz mære   niht wol ze sagene,

.

2336, 3 so ergetze mich der leide   die mir sint getân.
4   sô wil ich gar die schulde lân.
2337, 2 sô wil ich iuch behüeten,   sô ich beste kan,
daz iu hie zen Hiunen.
4 ir sult an mir niht vinden.
2338, 1 Nune welle got von himele.
3 die du sô werliche   sihest gewâfent stân.
daz hiez ein michel schande   unt wær ouch übele getân.
2339, 1   sprach aber Dietrich.
2   jâ habt ir beide mich.
2340, 1 Ich gibs iu mine triuwe   und giht es in min hant.
3 ich beleite iuch nâch den êren.
4 und wil durch iuch verkiesen.
2341, 1 Nune gewâhent sin niht mêre.
2   niht ze sagene.

———————

2336, 3   din ich von dir habe,
und süene iz, ritter küene,   sô wil ich allez verklagen (44).
2337, 2   so ih bezziste kan (188).
2339, 1   sprach Dietrich (238).

25 *

daz sich iu ergæben   zwên alsô küene man.
nu siht man bî iu niemen   wane Hildebranden stân.»

2342 Dô sprach meister Hildebrant   «got weiz, her Hagene,   2279
der iu den vride biutet   mit iu ze tragene,   (2401)
ez kumt noch an die stunde   daz ir in möhtet nemen.
die suone mines herren   möht ir iu lâzen gezemen.»

2343 «JÂ næme ich ô die suone»,   sprach aber Hagene,
ê ich sô lasterliche   ûz einem gademe
flühe, meister Hildebrant,   als ir hie habt getân.
ich wânde daz ir kundet   baz gein vianden stân.»

2344 Des antwurte Hildebrant   «zwiu verwizet ir mir daz?
nu wer was der ûfme schilde   vor dem Waskensteine saz,
dô im von Spanje Walther   sô vil der friunde sluoc?
ouch habt ir noch ze zeigen   an iu selben genuoc.»

2345 Dô sprach der herre Dietrich   «daz enzimt niht helede lîp,
daz si suln scelten   sam diu alden wîp.
ich verbiute iu, Hildebrant,   daz ir iht sprechet mêr.
mich ellenden recken   twinget grœzlichiu sêr.

2346 Lât hœren», sprach Dietrich,   «recke Hagene,
waz ir beide sprâchet,   vil snelle degene,
dô ir mich gewâfent   zuo ziu sâhet gân?
ir jâhet daz ir eine   mit strîte woldet mich bestân.»

2347 «Jane lougent iu des niemen»,   sprach Hagene der degen,
«ine wellez hie versuochen   mit den starken slegen,

2341, 4 nu siht man niemen mère   bî iu wan Hildebrande stân.
2342, 1 Des antwurte Hildebrant   «iuch möhte wol gezemen,
den fride mînes herren,   ob ir den ruochet nemen.
ez kumt noch an die stunde   vil lîht in kurzer zît,
daz ir in gerne næmet   unt iu danne niemen gît.
2343, 1   sprach dô Hagene.
      2   von eime degene.
      3   als ir habt hie getân.
2344, 1 Dô sprach meister Hildebrant.
2345, 1 Dô sprach der fürste Dietrich   «wie zimt daz belede lîp.
2346, 1 Lât hœren, friunt Hagene,   sprach dô Dietrich,
waz ir ê redetet,   ir recken lobelîch.
2347, 2   mit stichen unt mit slegen.

2343, 1   sprach Hagene.
2346, 1 Lât hœren, sprach Dietrich,   friwent Hagene,
waz ir recken redetet   ê zesamene (44).

ez ensi daz mir zebreste   daz Nibelunges swert.
mir ist zorn daz unser beider   ist ze gisel gegert.»

2348 Dô Dietrich gehôrte   den grimmen Hagenen muot,   2285
den schilt vil balde zuhte   der snelle degen guot.   (2407)
wie balde gein im Hagene   von der stiegen spranc!
Niblunges swert daz guote   vil lûte ûf Dietriche erklanc.

2349 Dô wesse wol her Dietrich   daz der küene man
vil grimmes muotes wære: schermen im began
der herre von Berne   vor angeslichen slegen.
wol erkand er Hagenen,   den vil zierlichen degen.

2350 Ouch vorht er Balmungen,   ein wâfen starc genuoc.
under wilen Dietrich   mit listen wider sluoc,
unze daz er Hagenen   mit strite doch betwanc.
er sluoc im eine wunden: diu was tief unde lanc.

2351 Do gedâht der herre Dietrich   «du bist in nôt erwigen:
ich hâns lützel êre,   soltu tôt vor mir geligen.
ich wilz sus versuochen,   ob ich ertwingen kan
dich mir ze einem gisel.»   daz wart mit sorgen getân.

2352 Den schilt liez er vallen: sin sterke diu was grôz,
Hagenen von Tronege   mit armen er beslôz.
des wart dô betwungen   von im der küene man.
Gunther der edele   dar umbe trûren began.

2353 Hagenen bant dô Dietrich   und fuort in dâ er vant
die edeln küneginne,   und gab ir bi der hant
den küenesten recken   der ie swert getruoc.
nâch ir vil starkem leide   dô wart si vrœlich genuoc.

2354 Vor liebe neic dem degene   daz Etzelen wip:
«immer si dir sælic   din herze und ouch din lip.»

2317, 4 mich müet daz mines herren   unt min ze gisel ist gegert.
2348, 1 Dô der recke erhôrte.
2349, 3 der voget von Berne.
      4   er was ein ûz erwelter degen.
2351, 2   soltu nu tôt geligen.
2352, 1 Den schilt lie vallen Dietrich.
      2 mit beiden sinen armen   er Hagenen umbeslôz.
        dô wart von im betwungen   der vil küene man.
        Gunther der vil edele.
2353, 2 die edeln Kriemhilde.
      4   dô wart ir liebe genuoc.
2354, 1 Vor freuden neic dem recken.

du hâst mich wol ergetzet   aller mîner nôt.
daz sol ich immer dienen,   mich ensûmes der tôt.»

2355 Dô sprach der herre Dietrich   «ir sult in lân genesen,   2292
edelîn küneginne.   und mac daz noch gewesen,   (2414)
wie wol er iuch ergetzet   daz er iu hât getân!
er sol des niht engelten   daz ir in seht gebunden stân.»

2356 Dô hiez si Hagenen füeren   an sîn ungemach,
dâ er lac beslozzen   und dâ in niemen sach.
Gunther der küene edele   , rüefen dô began
«war kom der helt von Berne?   der hât mir leide getân.»

2357 Dô gie im hin engegene   der herre Dietrich.
daz Guntheres ellen   daz was vil lobelich:
done beit ouch er niht mêre,   er lief her für den sal.
von ir beider swerten   huop sich ein grœzlicher scal.

2358 Swie vil der herre Dietrich   lange was gelobet,
Gunther was sô sêre   erzürnet und ertobet,
wand er nâch starkem leide   sîn herzevîent was:
man saget ez noch ze wunder,   daz dô her Dietrich genas.

2359 Ir ellen und ir sterke   beide wâren grôz.
palas unde türne   von den slegen dôz,
dô si mit swerten hiuwen   ûf die helme guot.
ez het der küene Gunther   einen hêrlichen muot.

2360 Sit twang in der von Berne,   sam Hagenen ê geschach.
daz pluot man durch die ringe   dem helde vliezen sach
von einem scarpfen swerte: daz truoc her Dietrich.
dô het gewert her Gunther   nâch müede lobelîche sich.

2354, 3   . nâch aller mîner nôt.
ich sol ez immer dienen,   mich enwendes der tôt.
2355, 2 vil edelîn küniginne.   ez mac vil wol noch wesen,
daz iuch sîn dienst ergetzet   des er iu hât getân.
4   daz man in siht gebunden stân.
2356, 1 Dô hiez si füeren Hagenen.
2357, 1 Dô gie im hin begegene.
2   daz was sô lobelich.
ern beite dô niht mêre.
4   huop sich ein ungefüeger schal.
2358, 4 man sagt ez noch für wunder,   daz dô Dietrich ie genas.
2360, 4 doch het gewert Gunther.

2357, 3 ern beit dô niht mêre.

2361 Der herre wart gebunden   von Dietriches hant,   2298
swie künege niene solden   liden solhiu bant.   (2420)
er dâht ob er si lieze,   den künec und sînen man,
alle die si fünden,   die müesen tôt vor in bestân.

2362 Dietrich von Berne   der nam in bî der hant:
dô fuort er in gebunden   da er Kriemhilde vant.
dô was mit sînem leide   ir sorgen vil erwant.
si sprach «willekomen Gunther ûzer Burgonden lant.»

2363 Er sprach «ich solde in nigen,   vil edele swester mîn,
ob iuwer grüezen möhte   genædeclîcher sîn.
ich weiz iuch, küneginne,   sô zornec gemuot,
daz ir mich und Hagenen   vil swache grüezen getuot.»

2364 Dô sprach der helt von Berne   «vil edeles küneges wîp,
ez enwart nie gîsel mêre   sô guoter ritter lîp,
als ich iu, vrouwe hêre,   an in gegeben hân:
nu sult ir die ellenden   mîn vil wol geniezen lân.»

2365 Si jach si tæt iz gerne.   dô gie her Dietrich
mit weinenden ougen   von den helden lobelich.
sît rach sich grimmeclîchen   daz Etzelen wîp:
den ûz erwelten degenen   nam si beiden den lîp.

2366 Si lie si ligen sunder   durch ir ungemach,
daz ir sît dewedere   den andern nie gesach,

2361, 3   ungebunden wesen,
       daz si zwêne inme lande niemen liezen genesen.
2362, 1 Der voget von Berne.
       2 dô brâht er in gebunden.
       3   Ir sorge ein teil benomen.
       si sprach «künic Gunther, sît mir grôze willekomen.»
2363, 4 daz ir mir unt Hagenen vil swachez grüezen getuot.
2364, 1   vil edel küniges wîp.
2365, 1   dô gie der küene man.
       2   von in balde dan.
       sît rach sich gremeliche.

2362, 3   ir sorgen vil erwant.
       «willekomen, Gunther,   ein recke küen unde balt (44).
2365, 1   der furste edele.
       2   gie von den heleden (44).

unz si ir bruoder houbet   hin für Hagenen truoc.
der Kriemhilde râche   wart an in beiden genuoc.

2367 Dô gie diu küneginne   dâ si Hagenen sach.　　2304
wie rehte fientliche   si zuo dem recken sprach!　　(2426)
«welt ir mir geben widere   daz ir mir habt genomen,
sô muget ir noch wol lebende   heim zen Burgonden komen.»

2368 Dô sprach der grimme Hagene   «diu rede ist gar verlorn,
vil edeliu küneginne.   jâ hân ich des gesworn,
daz ich den hort iht zeige   die wile]daz si leben,
deheiner miner herren,   sô sol ich in niemen geben.»

2369 «Ich bringez an ein ende»,   sô sprach daz edel wîp.
dô hiez si ir bruoder   nemen sâ den lîp.
man sluoc im abe daz houbet: bî hâre si ez truoc
für den helt von Tronege.   dô wart im leide genuoc.

2370 Alsô der ungemuote   sins herren houbet sach,
wider Kriemhilde   dô der recke sprach
«du hâst iz nâch dîm willen   zeinem ende brâht,
und ist ouch rehte ergangen   als ich mir hête gedâht.

2371 Nu ist von Burgonden   der edel künec tôt,
Giselher der junge,   und ouch her Gêrnôt.
den scaz den weiz nu niemen   wan got unde mîn:
der sol dich, vâlandinne,   immer wol verholen sîn.»

2372 Si sprach «sô habt ir übele   geltes mich gewert.
sô wil ich doch behalten   daz Sifrides swert.

2366, 3 swie ez verlobet hête   daz vil edele wîp,
si dâht «ich riche hiute   mîns vil lieben mannes lîp.»
2367, 2 wie reht erbolgenliche.
4 sô muget ir mit dem lebene   wider zen Burgonden komen.
2368, 3 　　　　　　　die wile deheiner lebe
der mînen edelen herren,   unt in niemanne gebe.
5 Er wiste wol diu mære,   sine lieze in niht genesen.　　(2423)
wie möhte ein untriuwe   immer sterker wesen?
er vorhte, sô si hête   im sînen lîp genomen,
daz si danne ir bruoder   lieze heim ze lande komen.
2369, 1 　　　　　　　sprach daz edel wîp.
2 　　　　　　　nemen den lîp.
2370, 3 du hâst ez zeime ende   nâch dîme willen brâht.
2371, 2 Giselher unt Volkêr,   Dancwart unt Gêrnôt.
den hort den weiz nu niemen.

2368, 3 　　　　　　　die wile deheiner lebe
der mînen edelen herren,   so enwirt er nieman gegeben (16).

daz truoc mîn holder vriedel, do ich in jungest sach,
an dem mir herzeleide von iuwern sculden geschach.»

2373 Si zôh iz von der scheiden: daz kunde er niht erwern. **2310**
dô dâhte si den recken des lîbes behern. **(2433)**
si huob ez mit ir handen, daz houpt si im abe sluoc.
daz sach dêr künec Etzel: dô was im leide genuoc.

2374 «Wâfen», sprach der fürste, «wie ist nu tôt gelegen
von eines wibes handen der aller beste degen
der ie kom ze sturme oder ie schilt getruoc!
swie vient ich im wære, ez ist mir leide genuoc.»

2375 Dô sprach der alde Hildebrant «ja geniuzet si es niht,
daz si in slahen torste. swaz halt mir geschiht,
swie er mich selben bræhte in angestliche nôt,
idoch sô wil ich rechen des küenen Tronegæres tôt.»

2376 Hildebrant mit zorne zuo Kriemhilde spranc,
er sluoc der küneginne einen swæren swertes swanc.
jâ tet ir diu sorge von Hildebrande wê.
waz mohte si gehelfen daz si sô græzlichen schrê?

2377 Dô was gelegen aller dâ der veigen lîp.
ze stücken was gehouwen dô daz edele wîp.
Dietrich und Etzel weinen dô began:
si klageten innecliche beidiu mâge unde man.

2378 Diu vil michel êre was dâ gelegen tôt.
die liute heten alle jâmer unde nôt.

2372, 3   di ir im nâmt den lip,
  mortlich mit untriuwen», sprach dô daz jâmerhafte wip.
2373, 1   daz enkunder niht gewern.
    2   des lîbes vol behern.
2375, 1 Dô sprach meister Hildebrant.
    4   des vil küenen recken tôt.
2376, 2   einen grimmen swanc.
    3   von dem degene wê.
  si mohte lützil helfen daz si sô angstlichen schrê.
2377, 2 ze stücken lac verhouwen.
    3 Etzel unde Dietrich.
    4 si klageten jæmerliche alle ir mâge unde man.

2372, 3   do er enlibe was,
  an dem mir herzeleide von iuwern sculden gescach (44).
2376, 4 waz mohte si helfen.

mit leide was verendet   des küniges hôhgezît,
als ie diu liebe leide   zaller jungeste gît. ·

2379 Ine kan iu niht bescheiden,   waz sider dâ geschach: 2316
wan ritter unde vrouwen   weinen man dâ sach,   (2439)
dar zuo die edeln knehte,   ir lieben friunde tôt.
hie hât daz mære ein ende: daz ist der Nibelunge nôt.

2378, 4   an dem ende gerne gît.
2379, 1 Ine kan iuch niht bescheiden.
    2 wan kristen unde heiden   weinen man dô sach,
        wîbe unde knehte   unt manige schœne meit:
        die heten nâch ir friunden   diu aller græzisten leit.
    5 Ine sage iu nu niht mère   von der grôzen nôt   (2440)
        (die dâ erslagen wâren,   die lâzen ligen tôt),
        wie ir dinc an geviengen   sît der Hiunen diet.
        hie hât daz mære ein ende: daz ist der Nibelunge liet.

- -- -   -- --

Berichtigungen.

1183, 3, statt: mân, lies: man
1831, 1, st.: gôt, l.: got
1935, 1, st.: hûz, l.: hûs
Unter dem Texte: 613, 2, st.: solt, l.: sult

Druck von F. A. Brockhaus in Leipzig.

Verlag von F. A. Brockhaus in Leipzig.

Das Nibelungenlied.

Uebersetzt
von

Karl Bartsch.

8. Geh. 1 Thlr. Geb. 1 Thlr. 10 Ngr.

Karl Bartsch' Uebertragung unsers größten Epos ins Hochdeutsche hat wesentliche
Vorzüge vor allen bisherigen Uebersetzungen. Während sie sich in der Versform
enger an das Original anschließt, vermeidet sie dagegen, ohne doch die Localfarbe
zu verwischen, die Beibehaltung altdeutscher Ausdrücke und Wendungen, welche dem
mit dem alten Idiom nicht vertrauten Leser das Verständniß erschweren würden.
In einer vorausgehenden Einleitung gibt der Uebersetzer dankenswerthe Aufschlüsse
über den Stoff und die Entstehungsgeschichte des Nibelungenliedes.

Deutsche Classiker des Mittelalters.

Mit Wort- und Sacherklärungen.

Begründet von

Franz Pfeiffer.

8. Jeder Band geh. 1 Thlr., geb. 1 Thlr. 10 Ngr.

In dieser Sammlung von Denkmälern der deutschen Nationalliteratur
werden dem deutschen Volke neue, sorgfältige, das Verständniss erleichternde
Ausgaben der schönsten mittelhochdeutschen Dichtungen zu billigem Preise
und in so ansprechender Ausstattung dargeboten, wie sie niemals bisher
den altdeutschen Dichtern zutheil geworden. Das Unternehmen hat denn
auch in der Presse wie im Publikum die glänzendste Aufnahme und beispiellos
rasche Verbreitung gefunden, sodass vom ersten Bande bereits die d ritte,
vom zweiten und dritten die zweite Auflage vorliegt.

Der I.—VIII. Band enthalten:

I. **Walther von der Vogelweide.** Herausgegeben von Franz Pfeiffer.
D ritte Auflage, herausgegeben von Karl Bartsch.
II. **Kudrun.** Herausgegeben von Karl Bartsch. Z weite Auflage.
III. **Das Nibelungenlied.** Herausgegeben von Karl Bartsch. Z weite
Auflage.
IV. **Hartmann von Aue.** Herausgegeben von Fedor Bech. Erster
Theil: Erec der Wunderaere.
V. **Hartmann von Aue.** Herausgegeben von Fedor Bech. Zweiter
Theil: Lieder. Erstes Büchlein. Zweites Büchlein. Grégorjus. Der
arme Heinrich.
VI. **Hartmann von Aue.** Herausgegeben von Fedor Bech. Dritter
Theil: Iwein.
VII. **Gottfried von Strassburg.** Herausgegeben von Reinhold Bechstein.
Tristan. Erster Theil.
VIII. **Gottfried von Strassburg.** Herausgegeben von Reinhold Bechstein.
Tristan. Zweiter Theil.

Die nächstfolgenden Bände werden enthalten:

Wolfram von Eschenbach. Parzival. Herausgegeben von Karl Bartsch.
Zwei Theile.
Buch der Schwänke und Erzählungen. Herausgegeben von Hans Lambel.

Druck von F. A. Brockhaus in Leipzig.

www.ingramcontent.com/pod-product-compliance
Lightning Source LLC
Chambersburg PA
CBHW032306280326
41932CB00009B/717